1916——1989

牙含章传

YAHANZHANG ZHUAN

郭正清　郭晓梅　著

甘肃人民出版社

图书在版编目（CIP）数据

牙含章传 / 郭正清，郭晓梅著. -- 兰州：甘肃人
民出版社，2016.12
ISBN 978-7-226-05084-2

Ⅰ.①牙… Ⅱ.①郭… ②郭… Ⅲ.①牙含章
(1916-1989) －传记 Ⅳ.①K825.1

中国版本图书馆CIP数据核字(2016)第298698号

出 版 人：王永生
责任编辑：马　强
封面设计：石　璞

牙含章传

郭正清　郭晓梅　著

甘肃人民出版社出版发行

（730030　兰州市读者大道 568 号）

兰州新华印刷厂印刷

开本 710×1020 毫米　1/16　印张 28　插页 2　字数 416 千
2016 年 12 月第 1 版　　2016 年 12 月第 1 次印刷
印数：1~2000 册

ISBN 978-7-226-05084-2　定价：68.00 元

（图书若有破损、缺页可随时与印厂联系）

于舍章

牙含章在书房

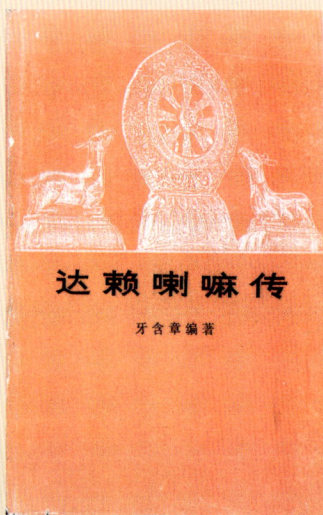

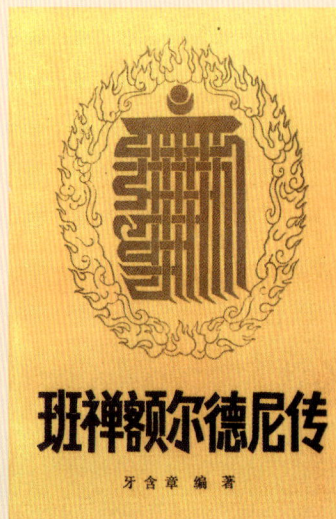

达 赖 喇 嘛 传

牙含章编著

班禅额尔德尼传

牙含章 编 著

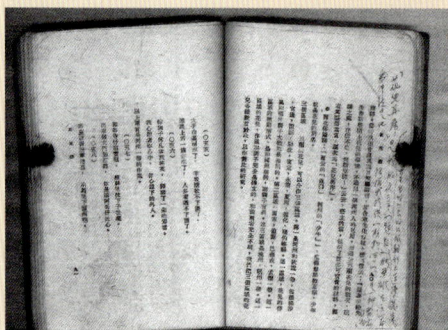

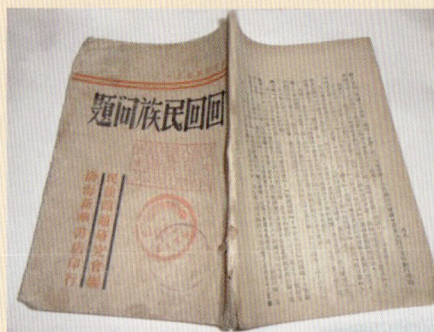

民族形成问题研究

西藏历史的新篇章

民族问题与宗教问题

陇右地下斗争

牙含章毕生的主要著作

作者自序

常说文贵有识。为人作传，多是出于有所感，有所识。换言之，作传者往往在传主身上发现了某种闪光的东西，让他有了情感的触动或思想的共鸣，于是萌生作传的意念，然后挥毫泼墨，借传主之言行，发自己之幽情；生发传主之事迹，借光自我之胸臆，从情感的触动和思想的共鸣，发而为文。

我们之敬爱牙含章，为其作传，不只是乡亲，也不只是意气相投，而敬重的是他用生命追求文化的刻苦精神，为国家为人民的牺牲精神和为实现自己理想而奋斗的精神，从而传扬传主的独特的人格魅力和精神境界。

为牙含章作传，议论的虽是一人之得失，但从社会价值的判断上，希望超出个人层面，获得历史意义与哲学的价值。

牙含章（1916—1989），中国当代著名民族问题理论家、宗教学家、藏学家。原名牙鸿伟，别名马尔沙，化名康明德，笔名章鲁、子元、史进、向阳、方仁等。他生于甘肃临夏州和政县一个农民家庭，1927年大革命时期，加入党的外围组织——导河青年社。1936—1937年在甘南拉卜楞寺和拉萨哲蚌寺，开始研究藏族历史和藏传佛教。1938年奔赴延安参加革命，同年加入中国共产党。1939年在中共中央西北工作委员会从事民族问题、民族政策的研究。1942年任中共中央调查研究局第四分局少数民族研究室副主任。1946—1949年在陇右从事党的地下斗争。1949年甘肃临夏解放后，任临夏专员公署专员。1950年任西北军政委员会民族事务委员会委员和中共甘肃省委统战部副部长。1951年任西北军政委员会驻班禅行辕副代表，护送十世班禅额尔德尼返回西藏。1952年任中共西藏工作委员会委员兼秘书长、政策研究室主任。1958—1964年任中国科学院民族研究所副所长。1964—1977年任内蒙古大学副校长。1979年任中国社会科学院民族研究所所长，先后当选为中国无神论学会副会长、中国民族理论研究会理事长、中国民族研究团体联合会副理事长。1983年受聘担任中国文化书院导师。同年应聘担任中国地方志指导小组成员兼中国民族志指导组副组长。1985年被聘为《中国大百科全书》总编辑委员会委员兼《民族卷》副主编。

在半个世纪的革命生涯中，牙含章始终把党的实际工作和理论研究紧密地结合在一起。他的理论活动的突出特点，是坚持马克思主义原理同中国民族问题的实际相结合。1934年对河州地区民族民间文化进行调查研究，撰写出《花儿再序》。1936—1937年对青藏地区进行考查，撰写出《青藏调查记》。1941年抗日战争第一阶段，在李维汉、贾拓夫主持下编写《回回民族问题》。中华人民共和国成立后，编写了《达赖喇嘛传》，得到中国共产党中央领导的支持和赞许。1958—1964年，主要进行民族问题理论、宗教政策和无神论问题研究，先后出版《无神论和宗教问题》《民族形成问题研究》。在1966—1976年的十年动乱时期，他以坚强的毅力，继续推动我国民族宗教理论的发展，先后完成了《达赖喇嘛传》的修订，《班禅额尔德尼传》《西藏历史的新篇章》和《中国无神论史初探》的撰写，主编《中国无神论史》，完成了革命回忆录《陇右地下斗争》。

牙含章集革命人生与学术人生为一身，他既有传奇的革命生涯，又有丰富的科学研究经历。无论在革命斗争中还是在学术理论研究方面，他都做出了杰出的贡献。最为突出的，一是他在著作中论证了马克思和恩格斯认为民族是在原始社会由部落发展而成，而斯大林讲的在资本主义上升时期形成的民族是现代民族等问题，从而丰富和发展了马克思主义民族理论。二是在无神论和宗教研究领域，对有神论观念、宗教和封建迷信，从理论上作出了明确的区分，推动了民族宗教理论的发展。三是在西藏工作和藏学研究中，他为加强民族团结，维护祖国统一做出了重要贡献。

我们花费了十多年功夫，调查和搜集资料，又用三年时间撰写完成这本《牙含章传》，是想传达出我们的传主——牙含章，这个受中华民族传统文化浸润的赤诚学子，抱着立志解决中国民族问题的理想，以不断进取的态度和奉献社会的人生价值观，从大西北的一个边远山村，走上广阔、漫长而坎坷的革命道路，以党、国家和人民的利益为至上信念，以惊人的毅力，克服常人难以想象的艰难，自强不息，奋发有为，为党的民族事业终身奋斗所表现出的理论勇气和扎实严谨的学风以及勇于探索、追求真理的品格，刚正不阿、知行统一的作风，百折不挠、坚韧不拔的意志和无私无畏、知难而进的革命精神。

（一）我们写这本书的勇气和动力来自于受牙含章事迹、精神的感召，更受北宋张载"横曲四句"："为天地立心，为生民立命，为往圣继绝学，为万世开太平"之启发。我们国家是一个多民族、多宗教、多文化的国家。民族平等、民族团结和各民族共同繁荣决定我们这个国家的命运。牙含章为了一个永恒的信念，倾尽所有的能量，献身党的民族事业。透过牙含章一生的革命工作和学术研究的历程，可以看到党的伟大事业的丰功伟绩，看到党的统战、民族、宗教政策的光辉始终照耀着前进的道路。如果不是党的正确领导，如果不是共产党人的艰苦奋斗，哪里有今天中国的天下太平和生民幸福。牙含章对此体验得很深，从他一生的奋斗经历中，我们获得一种历史的思考，产生一种强烈的使命感。牙含章这种为党、为国家、为人民的事业坚守信念与定力，咬紧牙关，屏息聚力，一步一个脚印，疾马奋蹄的精神，定会成为我们每一个共产党人，为实现中华民族伟大复兴的中国梦而努力奋斗的精神楷模和鼓舞力量。

（二）一个历史人物往往要经受时代的考验。几十年来，每与人们说起牙含章，大家都有一种发自内心的崇敬与仰慕之情。只要接触过统战、民族、宗教，或民歌花儿的，没有人不知道牙含章的。有人认为，牙含章是"墙内开花墙外红"，他的影响，国外比国内大，国内比省内大，省内比临夏大，临夏比和政大，他的家乡人只知道牙含章很早出去参加革命，但究竟干了什么事情，并不清楚。新中国建立之初，虽然他在家乡工作过一年，但是很多人缺乏了解他的机会，还有个别人为了自己的私利有意模糊历史，而诋毁他；对牙含章所从事的事业，缺乏宣传。这也是我们30多年来纠结于心的一件事情，也是我们不断积蓄资料写《牙含章传》的一个动机。

（三）写书的目的，只是为了给后人留下一个记录。牙含章传奇的一生中，经历了许多具有历史意义的事件，如抗战时期的民族工作，陇右地下斗争，夏河和平解放，西藏和平谈判，护送班禅返藏等，在这些事件中，牙含章发挥过特殊的作用。当人们在回顾这些文化和历史的时候，就像古埃及人看他们的金字塔一样，在一种深沉的历史感中，可以看见牙含章人性和人格上的动人之处。能够把牙含章在这些重大事件中的生动表现和行为模式展示给读者，是一件有意义的事情。

（四）人需要一种向上的思想和奋斗的精神。一个民族没有思想，就没有凝聚力；一个国民，没有国家意识，就没有奋斗精神，更没有创新精神。人类思想是各个民族在走过的道路上留下来的脚印，是支持我们前行的力量。传承和弘扬中华民族优秀传统思想文化，是关系我们国家和民族前途命运的重大问题。一个民族的思想的发展是一个漫长的过程，它具有连续性，这种连续性更多地体现在如牙含章这些优秀知识分子的行为和他们的著述之中。我们写《牙含章传》，就是为了认识和传承牙含章身上所表现出来的中华民族思想的博大精深和它强大的生命力。

（五）从牙含章身上我们看到了文化的力量。文化是培育理想和信念的土壤，有理想和信念，就有勇气和决心，就有不败的行动和力量。他在复杂多舛的人生境遇中靠着文化的力量，靠着找寻一条解决民族问题正确道路的崇高理想，靠着为实现这个理想的坚定信念和不达目的不罢休的坚强意志，克服各种来自外部和自己内心的压力，用自己的知识系统，做出努力，付出艰辛，为党、为国家、为人民做出了重要贡献，从而创造出自己不平凡而有意义的人生。这本书，则向读者提供了一个杰出人物成长的范例。

（六）牙含章的人和事，注定要写进历史。道理很简单：他是中国马克思主义民族宗教理论的主要奠基人之一，一生致力于推动民族团结和维护国家统一，在民族问题理论、宗教学和藏学领域以及无神论研究领域，都有独特的建树和巨大的贡献，这是人们不可以忘记的。唯有如此，才有了人们分析、研究和怀念他的理由，有了我们写《牙含章传》的理由。

目
录
Contents

第一章　花儿再序

第一章
花儿再序

我于 1916 年出生于甘肃省临夏县的一个中农家庭（现属于甘肃临夏回族自治州和政县买家集公社团结大队牙家嘴生产队）。我的故乡不仅现在是一个民族杂居地区，而且在历史上，是一个民族矛盾和民族斗争极其尖锐的地区。因此，我自幼就对民族问题非常关心，对如何解决民族问题，试图找寻一条正确的道路，并为这一目的而贡献自己的绵薄之力。

——牙含章自述①

如曦少年

公元 1916 年 10 月 15 日，在甘肃河州宁河堡的一个农家院内，出生了一个面貌清秀、聪颖灵慧的男孩——牙含章。

---

① 牙含章自述：引自《牙含章自传》，《中国当代社会科学家》（第三辑），书目文献出版社 1983 年版，第 7—20 页（下同）。

牙含章故居大门

牙含章故居正屋

牙含章的家乡，是一个只有七八户人家的小山村，坐落在一个突起于平地的小山包上，山形就像一个鹰嘴。因为全村都是牙姓人家，所以人们称之为"牙家嘴"。传说他们的远祖，就是西汉王朝赫赫有名的开国大将齐王、楚王、淮阴侯韩信。"萧何月下追韩信"的故事是大家都耳熟能详的。人们也都知道"成也萧何，败也萧何"这句古语。原是萧何向刘邦举荐了韩信，完成了西汉建国大业；也是这个萧何引导韩信踏入吕后设置的陷阱，丧失了宝贵的生命。韩信遇害后，族人四散逃亡，有一支流居广西东兰州长江哨板槛村，这个村有几户牙姓人家，他们遂改姓为牙。又不知在什么年代，牙含章这一族人迁至牙家嘴，生息至今。

牙家嘴是一个美丽的小山村，在它的前面有清澈的牙塘河潺潺流过，周围是肥沃平坦的农田，往西不远是巍峨的太子山。

太子山，即西倾山，藏名"阿姆尼念青"，系阿尼玛卿山的南部主峰，位于甘肃省临夏县、和政县与夏河县的交界之处，高耸入云，常年积雪。太子山的主峰，分公太子山和母太子山，最高处海拔4300多米，两山之间有盘坡垭口，白色的岩石，熠熠生辉，裸露的山脊，终年积雪不化，故有"雪山"之称，也称之为"露骨山"。当地的藏汉人民奉太子山为"神山"，其山谷沟壑中有数不清的涌泉流淌，相互穿插奏鸣，青山碧水风景如画。公太子山峰上有一天池，深不测底，水虽不见渊源，却从不枯竭，远近的人们将其称为"圣水"。来自青海、甘肃的藏汉香客络绎不绝，他们不辞千辛万苦地攀岩、登顶，取得一碗"圣水"，以解除病痛，得以健康。

牙家嘴

太子山名来历有两种说法：一是秦始皇三十三年（前214年），秦将蒙恬率军攻打匈奴，占据河州，秦太子扶苏为监军，曾驻军于此，后人为纪念秦太子，称此山为太子山。二是晋义熙八年（412年），西秦王乞伏乾归的太子乞伏炽磐迁都枹罕，在此山附近（今甘肃省临夏县双城）筑都城，太子常入山狩猎，人们便称此山为太子山。

太子山是青藏高原和黄土高原的分界岭，是农区和牧区的交汇处，也是雪域文化连接中原文化的纽带。太子山的南面，是甘南夏河县连绵起伏的草山，那里牛羊成群，是藏族人民劳动生活的牧区。太子山的北面，是汉族农耕畜牧的山丘地带。在这里，汉藏人民频繁交往。他们不仅有经济上的往来，而且有着文化上的交流。

太子山沿山一带流行

太子山远眺

和政松鸣岩花儿会场

的一种音调如同藏族"拉伊"，词式仿佛于陕北"信天游"的民歌——河州花儿，正是这里藏汉文化交流的产物。

太子山是河州花儿的摇篮。太子山古为藏汉相交地区，藏族游牧之地上飘来的悠长的草原牧歌，与汉族农耕区里飞起的婉转苍凉的黄土地民歌，在这里相互交流、感染、融合，生成了兼具两者特点的河州花儿。

河州花儿的歌调极其高亢，音调之高，音程音阶变换之奇特，为民歌中所独有。它的歌词和曲调都不长，但歌者在其中添加着许多的滑音或装饰音，如倚音、连音和颤音，变换着发出的乐音，却是那样的悠长。每起头的时候，

和政寺沟花儿会场

常常是一声漫长的拖音，作为引子，颤音和滑音相间，以当地方言中特有的"者""了""哈""嘛""们"等语助词作为节奏转换，常常一口气唱完一句很长的曲调。唱到高音时，使用假声，使歌唱高亢、开阔而清澈，有释放压抑的感觉；唱到低音时，回旋、婉转，常常掺和着苍凉忧伤的乐音，有倾诉内心委屈的感觉。

河州花儿的这种特质是高原环境决定的。任何民歌都产生于与之相适应的地理环境之中。这是因为不同的地理环境对唱歌人的限制，是不以其个人的意志为转移的。辽阔的草原，决定了自由散漫的游牧

生活，而这种生活方式和辽阔的地理环境，孕育出悠扬高昂的歌声，同时也滋生出独特的长调和起伏的颤音。

证明河州花儿为藏汉民歌交融而成的，还有其歌词的奇特格式。河州花儿的歌词结构比较规整，每首一律四句，前两句为上段，后两句为下段，上下段相对应，其中一三句每句四顿，十一个字，单字结尾；二四句每句三顿，八个字，双字结尾。其原因，是由当地特殊的宾语在前主谓语在后的倒装的河州方言决定的。一般普通话说："吃饭来！"河州方言却说："饭哈吃来！"如此，普通话中这句话的单字结尾，变成了河州方言中的双字结尾。这正是河州花儿一三句单字结尾、二四句双字结尾的根源。

公元755年，唐朝发生"安史之乱"，吐蕃乘机占领古河州（为今甘青部分地区），时间长达90余年。吐蕃占领该地区后，实行同化政策，逐渐形成以吐蕃为主的杂居区，原有方言受吐蕃语，即后来藏语的影响，形成了宾语前置特征的河州方言。这不仅是花儿产生的语言基础，而且使藏族和汉族的民歌进一步糅合，形成用河州方言演唱，有独特句式的河州花儿。

河州花儿的曲调与歌词结合得非常紧密。花儿的音乐一般为双乐句单乐段形式，上下段重复，一三乐句四个音节；二四乐句每句三个音节，与歌词的一三句四顿，二四句三顿相匹配，形成一种特殊节奏，听起来非常抒情、优美、动人。

牙含章的家乡在太子山下，是河州花儿盛行的地方。河州一带有名的三个花儿会——松鸣岩花儿会、寺沟花儿会、半苍岭花儿会，就在牙家嘴的周围。这里的人们个个

和政半苍岭花儿会场

是唱花儿的能手，无论是白天和夜晚，在那山谷里抑或是河边、山道上，总是飘荡着花儿的声音。那种高亢悠长的乐音，朴素简练的唱词，好像是乡间男人与女人之间亲热的对话。他们随口编词，按沿袭的格式随意吟唱，表达的内容多是男女之间的纯朴情意，诉说的大多是"爱"与"怨"的词句，是对爱情的渴望和得不到爱情的惆怅。歌唱原本就是用来消愁解忧、使人快活的，他们把自己心中流出的苦和悲的水，淌进情和爱的河流里，翻出快乐的浪花，以释放在贫瘠土地上苦难生活的郁闷和压力。

> 阳山嘛阴山的山对山，挡羊娃爱的是草山；
>
> 这一个尕妹大门上站，活像是才开的牡丹。

这是赞美心仪之人的溢美之词。

> 太子山哈嘛就雪压了，灵芝草搭不起架了；
>
> 尕妹妹活下的人大了，阿哥们搭不上话了。

这首花儿表达歌者对意中人的追求之意。

> 五山池边的紫牡丹，黄菊花赛金莲哩；
>
> 头顶上香盘者喊老天，多藏者成婚缘哩？

这首花儿表现了歌者期盼与心上人早成夫妻的期盼心情。

> 太子山根里的药水泉，担子担，桦木的尕勺拉舀干；
>
> 要得我拉的婚姻散，石头烂，十二道黄河的水干。

这是一首歌者盟誓永不变心的花儿。

> 热头们落了是实落了，长虫吧石崖上过了；
>
> 指甲吧连肉的分开了，刀割了连心的肉了。

这是一首表达情人分离时的痛楚心情。

> 兰州的木塔藏里的经，拉卜楞寺上的宝瓶；
>
> 疼破了肝花想烂了心，望麻了一对的眼睛。

这首花儿表达了对情人思念的凄苦心情。

> 衣裳们破了是破穿者，鞋破了麻绳拉连者；
>
> 光阴们穷了是穷推者，好来的日子哈盼者。

这是一首表现劳动人民在贫穷中盼望好日子的坚定信念。

少年时代的牙含章，在这样的花儿氛围中受到感染，使他非常喜欢花儿。根据牙含章亲属们的回忆，他在家乡龙泉学堂上学的时候，每当放学，就跑到田间地头，听大人唱花儿，并把听到的花儿抄在本子上保存起来，久而久之就有了很多积累。

牙含章在临夏凤林学堂上学时，他的很多同学来自于河州四乡。他们在闲暇之时，常常坐在大夏河边上，放松心情，吟唱着流行在各自家乡的花儿曲令。

每逢寒暑假，牙含章就到花儿流行地区进行调查，采访花儿歌手，搜集花儿。由此，他不仅熟悉了河州四乡的花儿曲令，还收集了很多花儿的文化素材。

牙含章的父亲牙生祥，字善卿，是当时牙家嘴唯一的读书人，也是和政县内有名的文化人。他为人正直，办事干练，广结善缘，有很多朋友。母亲牙康氏，是个农民，勤劳、善良、贤惠，得到大家的尊重。牙含章作为四个孩子中的唯一的男孩，格外受到父母亲的宠爱，他的父亲不论走到哪里都会把他带在身边。

牙含章四五岁时，他父亲是和政县龙泉学堂的教席。龙泉书院是清光绪二十一年（1899 年），河州知州杨增新拨款对原官办义学增修改设的，具有县学资格。在这里，他的父亲亲自教他读四书五经。

1924 年，牙善卿被延请为河州凤林学堂的教师，牙含章跟着他父亲到河州凤林学堂读书。不久，牙善卿被凉州镇守使马廷勷聘请为管理财政的师爷。

牙善卿的这个职位使他经常往来于凉州和河州之间，牙含章的母亲坚持带着大女儿守护自己家的庄院，不愿跟着丈夫往来奔波。马廷勷为了笼络住牙善卿，买了一个美丽的凉州姑娘照顾他的起居生活，这个凉州姑娘很喜欢牙含章兄妹，牙含章兄妹也乐意和她相处，称她为"新妈"。可以想见，牙善卿的收入是丰厚的。自然，牙含章的童年和少年是无忧快乐的。

牙含章在凤林学堂上学期间，正赶上国共合作的大革命时期。1927 年 4

月，时任国民党甘肃省党部特派员、中共兰州特别支部书记的胡廷珍视察临夏并成立中共导河特别支部，届时到凤林学堂进行演讲，宣传革命。牙含章从胡廷珍的讲演中第一次听到共产主义，受到了革命的教育，并参加了党的外围组织——导河青年社。

胡廷珍是临夏人。1919年，他从临夏凤林高等学堂毕业，考入兰州法政学校攻读，受五四运动影响，1919年他领导了要求恢复和补发助学金为主要内容的学生斗争，被称之"法政学潮"，因此被学校开除学籍。1921年，胡廷珍前往北平求学，考入朝阳大学。1924年在李大钊介绍下，胡廷珍加入中国共产党。1926年，党派他参加广州国民政府工作，并任黄埔军校政治教官，在周恩来同志直接领导下工作。北伐军组建后，任北伐军总政治部宣传股长。1926年底，党为了加强对冯玉祥领导的国民军的政治思想工作，派胡廷珍从广州到西安，任国民军联军政治总部副主任，在共产党员刘伯坚领导下工作。1927年3月，中共陕甘区委通过刘伯坚的关系，派胡廷珍等以国民党西北政治分会甘肃党务特派员和工作员的公开身份来到兰州，将国民党甘肃临时党部改组为国民党甘肃省党部，胡廷珍任组织部长。同年4月，根据中共陕甘区委关于重建甘肃党组织的决定，成立了中共兰州特别支部，胡廷珍任书记。旋以国民党甘肃省党部特派员身份视察临夏。

胡廷珍在临夏的革命活动主要在知识分子集中的凤林学堂开展，在这里，胡廷珍秘密同驻军所属政治部主任，共产党员李印平及其他3名共产党员杨松轩、李剑虹、傅玉秀取得联系，建立了临夏第一个地下党组织——中共导河特别支部。根据牙含章同学鲁子俊[①]回忆：胡廷珍以国民党甘肃省党部特派

---

①鲁子俊，名鲁效杰（1913—2000），字子俊。临夏县北塬大鲁家村人，民国初年徙居城内井巷。少时入凤林高等学堂，毕业后考入导河（今临夏）县立初级中学，后转入兰州师范简师部，后又入新陇学院深造。1930年结业回家，先后应聘在前河沿、复兴、德永、关家台小学任教。1949年初接受中共陇右工委负责人建议，任国民党兰州警备司令部秘书，期间为中共旅兰临夏党支部开展地下斗争提供了重要情报。临夏解放后，任临夏军管会代表，接管国立西北师范（今临夏师范），并代行校长职务。后调甘肃省民贸公司，从事商业管理工作至退休。

员的身份，赴河州（今临夏）视察工作期间，叫我们到河州凤林高等学堂（杨公祠）学习。我记得参加学习的有魏秉仁、李建章、胡廷宝（胡廷珍弟）、牙鸿伟（牙含章）、王砚生、刘应虎等 10 余人，教员有邓豪杰。学习刚开始时，胡廷珍说："今天你们参加学习后，就是'青年社'的社员了……"

在此期间，牙含章听了胡廷珍的演讲，感到十分兴奋，好像从心灵上见到了阳光一样。他还向胡廷珍认真地问什么是共产党，什么是共产主义？胡廷珍像大哥哥一样耐心地向他做了讲解。在中共导河特支的领导下，导河青年社在临夏凤林学堂成立，牙含章参加了导河青年社。导河青年社成立大会上，胡廷珍号召大家学习马列主义，并走向社会，和工农相结合。

1927 年 4 月，蒋介石发动"四一二"政变，4 月 27 日，在北京的奉系军阀残杀了李大钊。5 月 7 日在胡廷珍领导下，中共导河特支组织临夏各界人士600 人在东关庙广场召开悼念李大钊烈士大会，牙含章积极参加了胡廷珍主持的李大钊烈士追悼会，并参加了游行。据牙含章的堂兄牙耀明回忆，在李大钊追悼会结束后，牙含章领着班上同学高举各色旗帜，从现在的临夏市大十字开始，一路喊着口号，游行到河滩关。

大革命运动中的共产党员胡廷珍，给边远小城临夏吹进了新鲜强劲的革命风气，令少年的牙含章第一次受到马列主义教育，成为共产主义理想的追随者。

避难拉卜楞

1927 年 6 月，国民党进行清党，到处追捕胡廷珍，胡廷珍被迫逃亡，这使牙含章感到悲伤。由于牙含章是导河青年社的成员，引起了国民党反动派的注意，他也处于危险境地，便回到老家躲藏。随后，发生了更令他悲伤的事情，这就是 1928 年起始于西宁，发展于河州，漫延于甘青宁新的"河湟事变"，"河湟事变"是军阀之间的矛盾、民族之间的矛盾，以及这两种矛盾的交织和爆发，是辛亥革命以来波及甘、青、宁、新 4 省的一次大事件，造成的后果非常严重。数年之间，战火蔓延数千里地区，其中受祸最惨的为河州，即今临夏、永靖、和政、广河一带，并延及甘南、武威、永昌、民勤、天水、礼县等处，后波及青海、宁夏、新疆，直接、间接死亡人数不下百万，不少地方田园荒芜，庐舍为墟。这次事变彻底改变了牙含章的命运。

"河湟事变"改变牙含章命运的根本原因，是因为他父亲牙善卿作为凉州镇守使马廷勷的财务师爷而在这次事变中受到牵连。

1928 年 3 月，青海马麒"宁海军"的营长马仲英，在马麒的暗中蛊惑下，发动了世称之为"河湟事变"的反国民军的暴动，随后马廷勷的四弟、国民军刘郁芬部 26 师副师长马廷贤也倒戈加入。牙善卿外面交往很广，政治观察力很强，能够看清时局发展的方向，对自己遇到的危险有一个清醒的认识。当马廷贤加入暴动之后，他就预感到马廷勷必然会牵涉其中，而自己作为马廷勷的财务师爷，恐怕脱不了干系。牙善卿为避免祸及儿子，迅速委托自己侄子牙尚贵找到自己的结拜兄弟、临夏石佛寺主持——杨喇嘛，由他把牙含章送到夏河拉卜楞寺院避难。

这一年 5 月，不满 13 岁的牙含章来到夏河，成为拉卜楞寺的一个阿卡（即喇嘛）。在他眼中的拉卜楞寺，既是威严神秘的，又是美丽诱人的。

拉卜楞寺位于大夏河较宽的河谷中，靠山面河，寺区东西长约三里，南北宽约二里，面对大夏河，南边的山上有大片森林，郁郁苍苍，寺前大夏河

1925 年时的拉卜楞寺院（Gvibenow 摄）

自西蜿蜒东流，碧波荡漾，沿岸绿柳参差，山光水色，显得格外的庄严静谧。早晨站在谷广坡平的台地上看去，殿阁棋布，佛塔四立，僧众住舍，鳞次栉比，在阳光的映照下，整个寺院金碧辉煌，光彩炫目。

拉卜楞寺是甘肃藏传佛教第一大寺，是藏传佛教格鲁派（黄教）六大寺院之一，①创建于康熙四十八年（1709 年）。全寺合五大学院（闻思堂，续部上院，续部下院，金刚院，医学院）、十八囊欠（大院）及其他建筑而成，当寺主的大活佛是嘉木样呼图克图，已转生五世，下有五百小活佛，三千六百喇嘛。

大经堂是拉卜楞寺的中心建筑，是全寺喇嘛念经的地方。寺主嘉木样居住在大囊欠（宫殿），另有其他活佛居住的十八囊欠，均各建有自己的寺院。全寺殿宇僧舍连绵，喇嘛众多，念大经时将近 3000 人。大经堂高大宽敞，其西侧有灶房一处，内有 4 口大锅，每锅做饭时用大米 2000 多斤，牛羊肉 1000 多斤，酥油几百斤，新疆葡萄干及杏干几百斤，每锅饭足够念大经的喇嘛及有关人员吃一顿。这一锅饭吃完，等锅凉了放下长梯入内洗刷干净，下顿饭用别的大锅，如此轮流使用。该灶房管理森严，闲杂人等严禁入内，保障安全。吃大锅饭的人，不付饭费，由寺中负担。念大经的费用由寺向其所辖各部落派款。

拉卜楞寺每年正月、二月、七月、十月举行大的庙会各一次。庙会时，嘉木样活佛亲自出来在一高处盘膝端坐，左右有喇嘛护卫，寺内喇嘛有组织，有次序地披上法衣，头戴面具，表演舞蹈，其内容是迎神送鬼的宗教节目。此时各地藏民前来围观，人群拥挤，寺东市场非常热闹，是拉卜楞地区的盛会。

牙含章每次跟着其他喇嘛参加这些佛事活动时，感到非常神奇。他这时忘了自己正在避难，而是把拉卜楞寺当做是自己家和读书的学堂。

———————————————

①喇嘛教六大寺即指西藏拉萨附近的哲蚌、色拉、噶丹三寺、后藏日喀则的札什伦布寺、青海塔尔寺及甘南夏河的拉卜楞寺。

　　牙含章在拉卜楞寺时，参加的是集体学经。每一次的集体学经，按一天规定，分有上下两次。上午从七时开始到十一时止；下午三时至黄昏止。每次念经时，当喇嘛齐集到大经堂后，由二老爷带仪仗队吹奏着大号、唢呐、海螺、皮鼓等乐器到法台的住处去请迎。待法台居中上座面对佛像，主持诵经。下边的众僧分成左右，两面相对而坐。在诵经开始时，先由引经师引头，众僧相随诵经。与此同时，由僧官（又叫铁棒喇嘛，是诵经会场的最高权威）手执法棒，来回巡逻监督，若发现有违犯经堂法规，或不专心诵经的喇嘛，僧官就有当堂处分的权力。到诵经完毕后，仍由二老爷带仪仗队先送法台回寓所，然后众喇嘛走散。下午的诵经仪式与上午相同。

　　1928 年到 1930 年的三年岁月中，牙含章身着僧袍，和其他僧人们生活在一起，每天的日程和其他僧人一样，学藏语、习藏文、颂藏经。虽然吃了很多苦头，但由此打下了藏语、藏文和藏传佛教的基础。

　　牙含章被送入拉卜楞寺，当上喇嘛，安全得到保证的时候，他的父亲却面临着死亡的威胁。

　　马廷勷对马仲英反国民军的暴动，开始时采取的是两面手段。马廷勷骨子里面是反国民军的，但出于保全自己财产、权力的考虑，表面上向国民军示好，为表明自己绝不与马仲英为伍，表示国民军还相信他的话，他愿意带凉州军剿办马仲英。

　　牙善卿与当时的国民军刘郁芬部十七师的师长、河州镇守使赵席聘熟悉。于是，马廷勷便派他和另一位管家前去与国民军谈判。此时，赵席聘因事调回兰州，由二十五师师长戴靖宇主持河州军务。牙善卿遂找戴靖宇谈

拉卜楞寺院的小喇嘛

判。正在双方谈判期间，马仲英的部队屠戮了国民军设在一个寺庙里的战地救护医院，所有受伤的军人和医护人员被害。国民军迁怒于正在谈判的牙善卿两人，将其杀害。

牙含章的母亲在和政听到丈夫遇害的噩耗后，在极度伤心和惊恐中患急性肠炎不治身亡，牙含章的大姐也随之离世。

兰州求学

1931年"河湟事变"基本平息，当牙含章回到临夏的时候，已家破人亡，只剩下自己和年幼的两个妹妹。他看到许多村庄在事变中变为废墟，大部分乡亲逃亡没有回来。幸运的是他的父亲在"新妈"和伯父那里留着一些金银。在"新妈"带领下，牙含章和他的小妹牙兰芳一起迁居兰州，牙含章入甘肃省立第五中学①，重启一段读书生涯。

牙含章在甘肃省立第五中学学习的三年中，不仅提高了自己的学业，并受到新思想和新文化的影响，也了解到"五四"时期的歌谣运动，对自己以前搜集花儿和研究当地风俗民情有了更多的文化认识。

1933年，当他从甘肃省立第五中学毕业的时候，有人为"新妈"提婚，"新妈"也有意嫁人。牙含章这时思想很矛盾，他极想继续求学，争取接受大学教育。但同时，他也理解"新妈"的处境，"新妈"比他长十岁，这时也不过二十六七，正是青春年华。"新妈"是个好人，在父母双亡后，主要由"新妈"照顾他们兄妹，"新妈"也算尽到了自己的责任。再说，"新妈"还年轻，不能这样一直陪着他们，她应该有自己的生活。

牙含章为了让"新妈"开始自己新的婚姻生活，决定放弃继续求学，毅然领着小妹牙兰芳回到河州城。

---

①据《兰州市志·教育志》载：1925年教育厅长沙明远在兰州创设五族学院，次年增设中学部，地点在畅家巷穆公祠。1928年改为兰州中山大学附属中学，次年改为甘肃省立第五中学，1935年停办。

花儿调研

回到临夏的牙含章，年届十七岁。这个年龄是青年们充满理想的年龄。经受过沧桑而又充满理想的他，不敢荒废岁月，加倍勤奋自学。这时，他开始进行花儿的调查整理和研究，这是他青年时代的一项重要的学术活动。

据牙含章大妹牙伯琴的回忆，牙含章在回到临夏的一年时间里，一直在搞花儿的事情。

牙含章在这个时间"搞花儿的事情"，我们想，其动机可能有下面这样几点。

首先，他在兰州上学期间，看到很多青年学生受到新文化运动，特别是歌谣运动的影响，致力于搜集民间歌谣，成为一种风气。这一现象其实迎合了牙含章本来就喜爱花儿、收集花儿的初衷。

其次，在他人生的历练中，真正认识到花儿是贫苦人民的声音，是他们的所思、所想、所盼，因而，他觉得花儿最具人民性。搜集整理花儿，不仅是对文学的爱好，而且是一件有益于社会文化的进步事情。

再次，牙含章孩童时候的许多浪漫和美好记忆，都藏在他所搜集记载的花儿之中。他整理花儿的时候，着力抒发着对家乡的眷恋之情和对童年的美好回忆。

还有，民间文学是苦难生活的止痛药。此时的牙含章经受大革命失败后的流落，并躲过几次生死劫难，又逢亲人罹难，在巨大的痛苦和挫折中，花儿曾经给过他几许安慰。因为花儿本身就是劳动人民苦难的消化器，它始终鼓舞着贫穷和苦难的人们向往和期盼着美好和幸福。花儿丰富的意蕴和优美的韵味，像野火一般在他心中燃烧。他关起门来整理研究花儿，用花儿来平复精神上的苦闷。

这个时期，他的花儿工作分为三个部分：

（一）系统整理他原来收集的花儿，并进行分类。他对收集的大量花儿逐首整理，分为三类：第一类是本子花儿，如"杨家将"、"三国"、"清朝传"等；第二类是叙事花儿，如"十二月"、"五更曲"、"杏花二月天"等；第三类是野花儿，按男女对唱的内容，分为"雄花"和"雌花"，共一百多首。

（二）进行花儿流行情况的调查。在此期间牙含章基本走遍了甘肃、青海、宁夏的花儿流行的地方，进行了田野调查。在调查中，他解决了花儿文化形态方面的几个重要的理论问题。

1. 对花儿流行区域及分类作了分析。他从花儿的歌词格律、音乐风格、方言、流行区域等几个重要特征上进行分类。他作的结论是：三陇的花儿，可以分作三个区域。第一是河州和狄道一带，包括洮沙、官堡、渭源、和政、宁定、永靖、夏河、循化、碾伯等县。这一区域，花儿的作风和唱的调子大概都是相同的。第二区域是西宁、湟源、巴燕戎、贵德一带。这一区域的歌词形式和河州相同，而调子有异。第三区域是洮州、岷州一带。这一区域的花儿，作风和调子完全是独立的，和前两者完全不同。

2. 对花儿的流行状态作了人类学分析。牙含章在考查中发现花儿盛行的地方，不外乎河州一带、西宁一带、洮岷一带等三个区域。他认为其他地方亦流行有花儿的歌调，但上述三个区域乃出产花儿的地方，随口对唱，就产出一支曲子，所以产量很多。三个区域以外的地方是学唱曲子，不是对唱，是拾人牙慧，不是创造。出产花儿的地方，和不出花儿的地带，社会风尚的典型完全不同。出产花儿的地带，多少带一点部落时代的古风，儒化的色彩甚淡。不出产花儿的地带，已经是宗法社会的家族主义社会，深染儒化色彩。女子的缠脚与不缠脚，显然代表了两种典型。花儿地带的妇女，根本就没有经过缠脚这一阶段，故其劳作与男子等同。不产花儿的地带，女人已有被视为玩物的意味，深居简出，不大出头露面。在这点上，说明两种现象：第一，西北社会，有的停滞于部落时代的社会，或保有部落时代之遗风，有的停滞在封建社会的雏形；第二，山歌发达的地方，封建色彩淡。没有山歌对唱风气的地方，已经是封建社会的雏形。狄道、河州虽然是三陇花儿的圣地，但是因为后来"文风"一天一天盛起来（即儒化的色彩浓厚起来），会场上禁唱花儿。洮岷、青海，至今尚保存赛花儿的会场。

3. 调查了花儿会的文化形态。牙含章对甘肃青海各地花儿流行的状况和会场的情形，进行了深入的考查研究，发现了花儿会的文化特征和民俗特征，并得出科学的结论：花儿会是民间的游艺活动，是有季令性的，是约定俗成的，一般在农闲时节举行。花儿会与迎神赛会、骡马大会、赌博会、集市贸易相结合，交易而兼娱乐。"每逢会期，没有花儿的地带不要说起，花儿地带，俨然是一个山歌大会，大众作集体的对唱花儿"。

花儿会最盛行的季节是从除草（青苗时节）至拔田（收割时节）的过程中。在此期间到四乡去，歌声盈耳，满山遍谷是对唱花儿的声音。

4. 牙含章在调查中发现花儿的演唱方式主要是对唱。这是因为花儿的主要内容都是男女间的传情达意，是有指向性的，不是问对方的，便是回答对方的；即便在旅途上独自吟唱，都是在意念相会中的互相问答。牙含章"所有的曲子，都是一唱一和，没有单独唱"的论断，正是基于对花儿的透彻研究和深刻理解，他得出的这个结论对花儿的形成和流行历史的研究有重要的指导意义。

（三）进行花儿结构的分析研究。牙含章在花儿研究中，重点分析了花儿的基本文学、音乐形态，即对花儿结构的三个要素——句、令、调以及虚词的使用，作了科学的分析。

一是他在研究中，了解到花儿的句数是民歌结构的一个关键因素。他认为，花儿的句子，像河州一带有四句和六句两种。西宁与河州相同，洮岷的普遍是三句，也有四句和八句。河州花儿中的所谓六句式就是一、三句后重复后两顿，这是出于音乐上一、三乐句后重复两个音节的原因。实际是四句，四句分作上下两段，上段比兴，下段主题，一、三句单字结尾，二、四句双字结尾。河州花儿的这种句式是中国民歌中的一种独有的格式。而洮岷花儿为三句式或六句式，一般为三句式，所谓六句式或八句式就是三句式的反复而已。牙含章为理论上认识花儿的结构提供了科学依据。

二是牙含章认为"令"是花儿曲调的特殊名称。花儿的令，一个地方与一个地方不同，一个区域有一个区域的令。令是什么呢？就是花儿演唱中的帮腔，过门儿的一句贯语。这是指花儿中不同的衬词所表现出来的不同令名。它表现的是不同地方的人们唱花儿时表现出的不同的曲调和音乐特色。

三是牙含章对花儿的"调"，即花儿音乐的认识，表现出他独到的见解。他认为，音调是花儿最要紧的，花儿的灵魂完全寄托在音调上面。不同的曲调，表现出的是不同的情绪和不同的音乐特色。如河州的《阿哥的肉》这个调子抑扬宛转，刺激力极强。《六六儿三令》这个调子具有流浪人的情绪。《水红花》的调子，有一种如怨如慕、如泣如诉的意境。《平调》有慷慨悲歌的气概，而《西固》的调子（即今《仓啷啷令》），则有天真烂漫的风格。西宁的《尕马儿》这个令，有秋风马嘶、塞上笳鸣之状，音调甚为悲壮。《尕阿姐》倒有激昂愉快的曲风。《东峡令》系由番调变出，尖锐细长，音韵悦耳，撩人情愫。岷州调子像拉哭声，然而旖旎情深，大有红袖掩涕之状，允称哀艳。洮州调亦如之。他对每个令所下的判断，亦符合今天流传在甘宁青同名花儿的实际，这一方面说明牙含章有很高的音乐修养，另一方面也反映出这些曲令所特有的稳定性。

四是牙含章关于花儿结构中的虚词的研究，也表现出理论上的深度。花儿中的虚字，一种是语句构造上必需的虚字，一种是唱的时候临时加上的虚字。前者为文法上不可少的字眼，后者是在助长歌唱时的音节的委婉曲折。牙含章关于花儿中的虚字使用理论揭示了花儿不同于其他民歌的特性。花儿的语言是受羌藏语影响形成的主宾倒置的特殊汉语方言，它不是以语序表意，而是实词与虚字"者"、"哈"、"吧"、"们"、"了"、"哟"等虚字作介词结合表意。如"我你哈"，"哈"字作语助介词，意思是"我把你"。音乐中这些虚词又作音节之间的衔接和转换，形成特殊的节奏感和音韵感，增加了花儿的美感。花儿演唱中，如果离开这些虚字，不但不能解意，而且无法了解花儿的旋律结构。

这些研究成果，体现在后来他所发表的文章《花儿再序》之中。

1934年，青海马步芳由国民党军新编第九师改编为正规军陆军第一百师，并扩编为新编第二军，辖第一百师和两个独立骑兵旅。他为了扩军，在他控制的临夏大肆抓兵，牙含章为了避兵，第二次到了拉卜楞寺院，又与他以前的阿卡同伴们修习藏经。一年后回到河州。

1935年，在伯父的主持下，他娶了北塬胡家涝池的一个姑娘胡金棠为妻。

1936年，临夏又遇到抓兵，他为避兵祸，第三次到了拉卜楞寺。

牙含章离开临夏以后，妻子胡金棠抱着不到一岁的婴儿牙英彪，带着小姑子牙兰芳回到娘家过活。

花儿再序

牙含章第三次到拉卜楞寺，也是经过杨喇嘛推荐，作了拉卜楞保安司令部书记官（文书）和司令黄正清的秘书。

牙含章在夏河工作期间，从当时的《甘肃民国日报》上，看到该报副刊编辑张亚雄先生登载的征集花儿的启示后，将自己搜集整理的如"杨家将"、"三国"、"清朝"、"十二月"、"五更"等叙事花儿，和一部分传统花儿、爱情花儿，即所谓"野花"，一并寄给张亚雄，陆续刊登在《甘肃民国日报》的副刊上。当他在《甘肃民国日报》上看到张亚雄所写的《花儿后序》的文章后，把他以前所写的关于花儿基本理论方面的文章，题作《花儿再序》（署名冀达斋主），寄给张亚雄，张亚雄遂在民国二十五年（1936年）十一月的《甘肃民国日报》副刊上连载。后来张亚雄在编著《花儿集》时，对牙含章这篇文章作了一些修改，作为该书上编《西北山歌"花儿"集叙论》的第七章《花儿的派别及结构》收入，但仍保留着"花儿再序"的名目。该书于民国二十九年（1946年）由重庆文化书店出版发行。

如此，牙含章的这篇重要著作长期淹没在张亚雄的《花儿集》中，世人不清楚牙含章早期有这样重要的花儿研究成果。为了让读者能够看到当年牙含章这篇著作的原貌，现将恢复还原稿全文刊登如下：

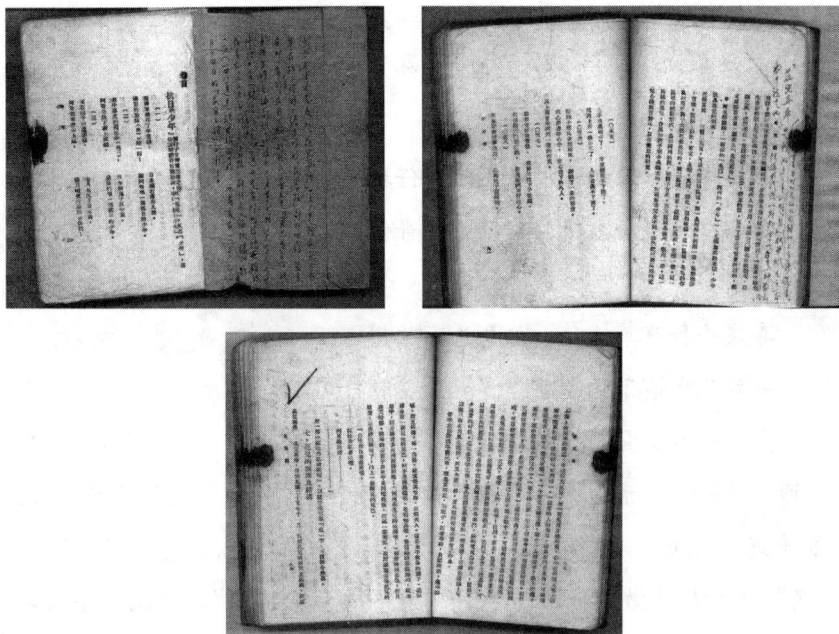

牙含章关于《花儿再序》原作的批注

花儿再序

冀达斋主

西北俗谚称："西安的'乱弹'，河州的'少年'"，乱弹即秦腔正宗，"少年"就是花儿的别名。

三陇的花儿，可以分作三个区域：第一是河州和狄道一带，包括洮沙、官堡、渭源、和政、宁定、永靖、夏河、循化、碾伯等县这一区域，花儿的作风和唱的调子大概都是相同的；第二区域是西宁、湟源、巴燕戎、贵德一带，这一区域的歌词形式是和河州相同，而调子有异；第三区域是洮州、岷州一带。这一区域的花儿，作风和调子完全是独立的，和前两者完全不同。我们把三个区域的花儿各录数首于此，以作对比的研究。

太子山里雨来了，羊轳鹿收不下圈了。

远路上看一趟你来了，人多者遇不下面了。

韩湘子落凡者渡林英，脚踏了一朵的彩云。

我心想者你心中，你心想下的外人。

以上两首是河州一带的作风。

郭莽寺仔溜宝瓶，铁丝儿拉下仔扯绳。

出来个大门难打听，你是脑阿哥仔扯心。

嘉庆爷折照草地里，尕马儿下兰州哩。

一处儿坐惯了你走哩，青刀儿挖脑仔肉哩。

上面这两首是西宁的花儿。“郭莽寺”在青海。“仔”是“的”的西宁读法。“溜”是“绿”字的西宁读法。“六”读如“溜”，这很普遍，“绿”读作“溜”，是仿其音。西宁人把“的”“地”“底”三字都读做“仔”“字”“紫”的音。“脑”，“我”字的转音。“照”，“者”字的转音。至于“折”是“损兵折将”的“折”字，甘青宁把此字读做shé。

松树林里虎丢盹！

撞见尕妹担的桶，人品压了十三省。

胛骨头上担桶担！

你把脸脑给我看，就合孔雀吸牡丹。

上面的两首是洮岷一带的花儿。“脸脑”即面孔，西宁、洮岷均有此土语。“就合”两字，“合”，好像的意思，“就合”乃“就好像”的意思。

大概地说来，花儿盛行的地方，不外上述三个区域。其他的地方，亦流行有花儿的歌调，但上述三个区域乃出产花儿的地方，随口对唱，就产出一支曲子，所以产量很多。三个区域以外的地方是学唱曲子，不是对唱，是拾人牙慧，不是创造。又出产花儿的地方和不出花儿的地带，社会风尚的典型完全不同。出产花儿的地带，

多少带一点部落时代的古风，儒化的色彩甚淡。不出产花儿的地带，
已经是宗法社会的家族主义社会，深染儒化色彩。女子的缠脚与不
缠脚，显然代表了两种典型。花儿地带的妇女，根本上就没有经过
缠脚这一阶段，故其劳作与男子等，如前首"胛骨头上担桶担"句。
不产花儿的地带，女人已有被视为玩物的意味，深居简出，不大出
头露面，在这点上，说明两种现象：第一，西北社会，有的停滞于
部落时代的社会，或保有部落时代之遗风，有的停滞在封建社会的
雏形；第二，山歌发达的地方，封建色彩淡。没有山歌对唱风气的
地方，已经是封建社会的雏形。

　　三个区域的花儿，流传之广，以河州花儿为首屈一指。上溯甘、
凉、肃一带，东至陇西一带，北至宁夏，西至青海边境，都有河州
花儿流行着。

　　每一种花儿，都有三种要素。第一是"句"，第二是"令"，第
三是"调"，兹为简单之说明。

　　首先我们说花儿的句子。花儿的句子，像河州一带有四句和六
句的两种，西宁与河州相同。洮岷州普通是三句，也有六句、四句
者。兹各举数例如下：

中灞市靠的江油县，峨眉山就在四川。

约下的日子上没见下面，阿哥的地方么迢远。

太子山盘顶的龙抬头，八仙的河，长流水淌上者下了。

真名气的我两人好，支起风蓬，讲起的谣言么大了。

　　上面两首，是河州的花儿，前者四句，后者六句，以四句者最
为普遍。"迢远"，"迢"，三陇土白，读做 diáo。

上去个高山者水贵了，黑刺哈烧成个炭了。

日子么多了者撒背了，多好仔心思么变了。

华容道儿里等曹操，好将们多，要掌个营里仔号哩。

家没有夫妻仔脑一个，好心哈想！你脑哈痛常仔要哩。

上面两首是西宁的花儿，前者四句，后者六句，其词句组织完全与河州相同，但唱的令调就完全不同了。"撒背"，即丢生了。"痛常"，即可怜，怜惜的意思。"你脑哈痛常仔要哩"，这种倒装句，是藏民学汉语不健全的说法，起先汉人觉得奇怪，都跟上说着好玩，日久了简直变做习惯。陇上邻近藏区的居民，这情形很普遍，这是青海的例子。

斧头铡了红桦了！

你把好的寻下了，给我打开回话了。

清茶碗里的盐大了！

不喝去是安下了，喝去是名声越大了。

上面两首是洮岷的花儿，每首三句。上一首中的"开"，不是开门开窗户的开字，是一种语助词。后一首中可以看出洮岷人的特殊习惯，茶里面加咸盐，染有蒙藏的习惯。青海则流行奶茶，好像西洋人吃咖啡加牛奶，咖啡里面需要糖，奶茶则需要用盐。吃茶用盐，是蒙藏的习俗。辞云"盐大了"，是盐重了的意思。第二句"安"是"煮"的意思，音读如 ān，与"安"本音小有分别，安茶敬客，不喝则失礼，故云。后两句喻两人恩爱难分，欲罢不能，虽"名声大了"，亦在所不惜。

把马拉者潭里哩，要备假银鞍子哩。

假银鞍子梅花镫，红铜包了臭棍了。

盘不上你的我不信！我不是先人的后人了。

白马要走麻子川，要走麻子平川哩。

连你要好三十年，要好三十一年哩。

不好是你把鞍子备，你不备者谁备呢？

上面这两首亦是洮岷的花儿。每首六句，叫做"双套儿"，是把两首花儿套做一首的意思。麻子川在岷县。

八合升子量核桃，合升量下米者哩。

身子没挨你的肉，名声背到底着哩。

莲花山，蛇倒退，青石崖上草干了。

黑了你的怀里睡，孔雀吸着牡丹了。

以上二首是洮岷四句花儿的例子，但其韵法、句法、唱法完全不同。"合"，"升合"之合，音gé，十合为一升。末二句言虽然与你没有肉体关系，但是虚名在外。"莲花山"在洮州，见后文"莲花山的六月六"。

以上简单说明了三个区域花儿的"句"的不同的构造，但在"句"中，还有所谓"本子花"与"草花"的分别。本子花如唱杨家将、西游记、封神、三国、梁山泊、二度梅、包公案、薛仁贵征东、二十四孝、湘子传等等有本头的花儿，整本整套地往下唱。多半是对答的词句。例如：

临着大门是三道岭，那一道岭上么上呢？

杨家么三国是十八本，那一本打开了唱呢？

沙果树上打红檎，打下的才是个李子。

你唱个杨家将的杨令公，三国哈我铺个底子。

灶爷板上八楞子灯，你照者黄河的水红。

我唱个杨家的杨令公，你唱个三国了我听。

此是本子花问答之一例。还有所谓草花者，多以历史地理古典，或以博物、天文、人文等起兴，是零星的，故言草花儿，以别于本子花。

目莲僧救母的阴曹府，打开了丰都的城门。

恐害怕半路里翻良心，要写个纤岔的合同。

临进关门的拉萨坡，石山吧根里的草多。

出门的阿哥们冤枉多，尕妹么坐下者我说。

"吧"，"么"，皆语助词，与其他花儿中"哈"、"是"、"了"、"者"字同为语助之词，"关门"，指河州的土门关而言。拉萨坡在拉卜楞。

绿枝叶好么吊枝叶好？绿枝叶好；吊枝叶叫人折坏了。

前二年好么这二年好？前二年好；这二年教人挑坏了。

三星上来一绺儿，七星子口，双双儿摆八卦哩。

小妹妹好比个冷石头，揣上照走，焙热了怎丢下哩？

卓尼杨家占着哩！

听是我人喘者哩，将到云彩眼里哩。

"吊枝叶"是狭长的叶子，狭长之物曰吊。"一绺儿"本为"一路儿"。"路"读如"绺"，和"六""绿"读作"绺"音，皆为土白。"杨家"，此杨家非杨家将的杨家，系指卓尼土司杨积庆而言。"我人"，乃"我的情人"的省语。"喘"，言语曰喘，说话曰喘，说话声曰"喘声"。"将"，"就像"二字的拼合，各地方言此类甚多。"到"，"在"的意思。言只闻爱人说话声，未看见人，就像在云彩里说话一样。

其次我们说到花儿的"令"。花儿的令，一个地方与一个地方不同，一个区域有一个区域的令。令是什么呢？就是《花儿序》所谓等于帮腔，过门儿的一句惯语。"阿哥的肉呀"是河州花儿的令。岷州有"阿乌令",洮州有"尕莲儿令"（或作"我的莲"），西宁有"尕马儿令"等等，其类甚多，不胜枚举。先从河州说起，"阿哥的肉"，亦有变作"阿哥的憨肉肉者"。此外又有"六六儿三令"、"水红花令"、"平调"等数种，略举数例如下：先录本词，再加上令。

一张皮子缦两张鼓，高山上打锣者哩。

又受孽障的又受苦，阎王爷睡着者哩。

哎哟，一张皮子者哟缦呀两张的鼓呀，

嗳哟，阿呀哥的肉呀，

高山上就打呀锣者哩！

哎哟，又受吧就孽障者哟又受了苦呀，

嗳哟，阿呀哥的肉呀，

阎王爷们就睡着者哩！

上面的这种令，就叫做"阿哥的肉"。如果唱"阿哥的憨肉肉"的调，就把"阿哥的肉"的调改作"阿哥的个憨呀肉肉"就对了。下面是"六六儿三"令的一例。

闻太师骑的黑麒麟，黄花山收四将哩。

尕妹妹要的上等人，阿哥们怎爱上哩？

哎，闻太师骑的黑麒麟，

六六儿的三吗呀，三三儿六呀！

黄花山收四将哩。

哎，尕妹妹要的上等人，

六六儿的三吗呀，三三儿六呀！

阿哥们哈怎看上哩？

下面我举的是"水红花"的令：

尕鸡娃瘦了者毛长了，变成个四不像了。

衣裳么破了者人穷了，小妹妹看不上了。

尕鸡娃瘦了者毛长了呀，

变成个四不的像了呀！

我的水红花的大哥哥，

去哩呀妹子们就坐呀，想肝花哩！

衣裳破了者人穷了呀！

小妹妹看不上了呀！

我的水红花的大哥哥，

去哩呀妹子坐呀，想肝花哩！

"平调"是一种句中不加任何话头，而音调也和其他令不同的一个令。又西固一带有一种特别的令，附带照录于此：

牛拉车子上山了，孔雀吸住牡丹了。

孔雀牡丹哈吸干了，丢下骨都杆杆了。

牛拉车子的唉哟！上山了呀噢呀！

孔雀吸住层冷冷，仓朗朗，桑朗朗赛，

牡丹了哎呀！

孔雀牡丹哈唉哟！吸干了噢呀！

丢下个骨都层冷冷，仓朗朗，桑朗朗赛，

干干了哎呀！

我们再来谈西宁一带的令。西宁一带又有两种不同的区域的"令"，一种叫做"西宁令"，一种叫做"东峡令"。"西宁令"中除最有名的"尕马儿令"之外，还有"尕阿姐令"。"东峡令"有"尕寿令"（藏名"才让曹"）、"拉木头令"、"尕花儿令"等调。兹举数例如下：

尕马儿令

身穿白袍仔穆桂英，头戴了六郎仔孝了。
晕晕昏昏仔具睡梦，好像是你跟前到了！

身穿白袍仔穆桂英也，
脑子小花儿也！头戴了六郎仔孝了拜来。
尕马儿拉回者来也，阿吾啦坐来！肉儿！
晕晕昏昏仔具睡梦也，
脑子小花儿也！好像是你跟前到了拜来。
尕马儿拉回者来也，回来了阿吾啦坐来！肉儿！

"尕马儿令"和河州的"阿哥的肉令"都很著名，占花儿中重要地位。歌词中"具"，是西宁人读"做"的音。

尕阿姐令

星宿全了夜静了，李世民，监里辞出来了。
一往把事登破了，你实心，哥哥豁出来了。

哎哟，星宿全了夜静了也好，
李世民，监里辞出来了呀！尕阿姐好了没？
哎哟，一往把事登破了也好！
你实心，哥哥们豁出来了呀！尕阿姐好了没？

尕阿姐的令，有时唤作"阿哥的大眼睛"，唱法相同。"豁出"是虽牺牲亦所不惜的意思。河州的"软调"，在西宁亦盛行。下面再举几个"东峡令"的例子，有"尕花儿令"、"拉木头令"等。

尕花儿令

月亮上来蒲蓝大，亮明星上来碗大。
刀子斧头不害怕，只害怕你把脑闪下。

月亮上来蒲是蓝大，亮明星上来哈尕花儿碗大。

刀子斧头哈不害怕，只害怕你把脑尕花儿闪下。

拉木头令

姜子牙钓鱼渭水河，风大者起波浪哩。

一晚息想你照没睡着，五更天哭你照亮哩。

啊呀，姜子牙钓鱼者渭，渭水河。

好心肠！风大者起波，波浪哩。

啊呀，一晚息想你照没，没瞌睡！

好心肠！五更天哭你，你者亮哩！

此外"尕寿令"是"东峡令"中之翘楚。创造这个令的人是一个名叫"才让曹"的藏女，所以这个令又名"才让曹"。"才让"为藏语长寿之意，故俗称"尕寿令"。"尕寿令"的好处全在音调的美妙，令语系藏语，不易写出，故阙。

现在让我们谈一谈洮岷州的令，洮州、岷州的令大同小异，盛行于岷州一路者叫"阿乌令"（或谓"摘麻楷"）、"铡刀令"等等。盛行于洮州新旧城洮河边一带的叫作"尕莲儿令"。此外句中可以随便加"嫩白菜"、"小婚姻"、"尕小孩"、"麻利人"等，以补其音。"摘麻楷令"，简称"麻楷令"，示例如下：

排子打者浪上了！

莫约下者闯上了，将到我的向上了。

唉，排子打者浪上了，莫约下者闯上了，

阿花儿！将到我的向上了。

"排子"是牛皮筏子的别名。"闯"是邂逅相逢的意思。向上了，投到心愿上了。

"铡刀令"是一种尖锐的调子，无法以文字写出。岷州花儿唱起来大有吟古诗的风致。至于洮州的花儿，则没有开首的"唉"字，如"尕花儿"令：

莲花山，头一抬！

你把多罗抬一抬，

我看你是谁一个？

莲花山，头一抬，你把多罗抬一抬！

尕莲儿！我看你是谁一个？啊！两莲儿啊！

"个"，读如 gāi，谁一个之意，与上句相同，为洮岷土音。"多罗"是头的意思。

以上把洮、岷二地的令大概地说了一下。洮、岷二地唱法各自不同。凡是岷州的令，起首必有长长的尖锐的"唉"音。凡是洮州的令，末尾总赘"两莲儿"一句，有此显然为不同之点。兹再举数例如下：

唉，娘娘庙里点纸哩！

给人带话："我死哩"！

尕小孩！死了三魂缠你哩！

唉，西大二寨看不塌，

男人尕古管不下，

尕原儿！丢脱教把野汉嫁！（西二大寨在岷州）

以上为岷州之"阿乌令"。

尕莲儿，卓尼杨家杨太太！

当初谁把谁爱来？嫩白菜！

这回的良心谁坏来啊？两莲儿啊！（卓尼属洮岷）

风刮杨柳树摆哩！

我家莲！想你头昏心摔哩！

将合漂洋过海哩！啊！两莲儿啊！

以上为洮州"尕花儿令"。

以上所举三个区域的令，都是现在流行的调子，那些老的令不下百种，因为唱的人少了，渐渐被人们遗忘。

第三要说一说花儿的音调。音调是花儿最要紧的，花儿的灵魂完全寄托在音调上面。但是要叙述音调，言语文字的功用有时而穷，非编制曲谱是不容易表白的。但是编乐谱是专门的学术，花儿又浩如海洋，不是一件容易的事。我们生吞活剥地抄来许多死的歌词，没有活的音调来辅助他，终究是花儿的干枝叶了。以上所述各调，普通叫做"软调"，其美妙多不在词句的典丽，而音调的抑扬高下占十分之七。以上三个区域里面，民间音乐师都能以四弦二胡谱出其调子来。我们于无可奈何中姑以抽象的词句妄言一二，要在读者稍加体会，倘得其近似，也算不错。

河州的"阿哥的肉"这个调子抑扬宛转，激刺力极强。"六六儿三"这个调子具有流浪人的情绪。"水红花"的调子，有一种如怨如慕、如泣如诉的韵味。"平调"则有慷慨悲歌的气概。西固的调子，则有天真烂漫的风格。

西宁的"尕马儿"这个令，有秋风马嘶，塞上笳鸣之壮，音调甚为悲壮。"尕阿姐"有激昂愉快的风致。"东峡令"系由藏调变出，尖锐细长，音韵悦耳，撩人情愫。

岷州调子像拉哭声，然而旖旎情深，大有红袖掩涕之状，允称哀艳。洮州调亦如之。

下面我们要说一说花儿的虚字。花儿中的语助词，就是俗语说的"虚字眼"。花儿中的虚字，一种是语句构造上必需的虚字，一种是唱的时候临时加上去的虚字。前者为文法上不可少的字眼，后者是在助长歌唱时的音节的委婉曲折。我们抄录词句，往往把此种字删而不写。读者试于前节令的说明中所举各种唱词中对此参阅，便见此中消息。举例如下：

开阳陇州的固关峡，黄牛吧街道里过了。

头想父母者二想家，三想了你，血痂们嘴皮上坐了。

"黄牛吧"的"吧"字，"血痂们"的"们"字，"父母者"的"者"字，都是语助词。

筛子筛来簸箕拉簸，红青稞，大燕麦择不尽了。

我俩的身子如墨拉染，洮河水洗，黄河水摆不净了。

这首歌词中"来"，"拉"都是虚字。

紫红兜肚沙绿的边，兜肚里装的是火镰。

尕手里捉上者望脸上看，这一发丢哩么可怜。

"兜肚"是裹在肚子上贴身的衣物，其实是一个大口袋，可以装零的东西。"火镰"，以火石取火之物。"这一发"是"这一次"的意思。"丢"是别离的意思，又遗弃的意思。"丢哩么"，"哩""么"皆语助词，在此双用。

尕褡裢里籍林擒！

多不唱沙唱一声，权当给我送人情。

这是一枝洮州的花儿。"褡裢"是装物的口袋，腰间开口，两头盛物，便于人背或牲口驮。"沙"字是语助词。"沙"之一音，在兰州一带亦甚流行，所谓："要学兰州话，先'加'后'沙打'。""加"为发语词，兰州人说话，未语先"加"。语尾喜用"沙打"之语助，或单用一沙字。如云："加去沙打"，是命令意味，或嘲笑意味的"去"的意思。譬如说要走，则曰："加走沙打"，此种甚多。"加"略有"现在"之意。

花儿里的水红花！

花儿十七我十八，多藏两家成一家？

此亦洮州花儿。"多藏"两字是洮河流域的土话，"什么时候"

的意思。等于"多会"。如说"现在"则曰"阿藏","多藏"。"阿藏"流行的区域亦甚广。"阿藏"一词则广其义，亦有用作发词者，河州的"阿藏"等于兰州的"加"。

我们还要说一说花儿的唱法。厮邑（指河州）野曲，多为男女合唱，随时随地皆可为唱歌的场所。即在操作时间，只要口齿有暇，便是对唱的时机。所有的曲子，都是一唱一和，没有单独歌唱的。譬如男子唱道：

仁贵征东不征西，没知道杨满堂反的。

我心里没有丢你的意，没知道你丢下我的！

女的便对唱道：

三个石头支罗锅，三个人浪花园里。

你丢我的心不要想！我丢了你，对太阳发的个愿哩！

这是对唱的口吻。

最后我们说一说各地花儿流行的状况和会场的情形。民间的游艺是有季节性的，按期举行迎神赛会，或开骡马大会、赌博会，是交易而兼娱乐的性质。每逢会期，没有花儿的地带不要说起，花儿地带，俨然是一个山歌大会，大众作集体的对唱花儿。狄道、河州虽然是三陇花儿的圣地，但是因为后来"文风"一天一天地盛起来（即儒化的色彩浓厚起来），会场上禁唱花儿。洮岷、青海，至今尚保存赛花儿的会场。花儿最盛行的季节是从除草（青苗时节）至拔田（收割时节）的过程中。在此期间到四乡去，歌声盈耳，满山遍谷是对唱花儿的声音，随问随答，例如：

头一道林里的黑刺柴，第二道林里的桦柴。

认不得的尕妹拉口难开，二十年里带的个花来。

如果对方认为满意的话，就会报答一个美妙的花儿。可是对答之后，你若对唱不过去的话，马上成为嘲笑的对象。如：

蚂蚁变成蝈蝈了，出来了一身的抓抓。

唱曲的尕妹拿下了，你没有唱曲的把把！

"蛐蛐"是蜘蛛的俗称。"抓抓"是"爪爪"唱转音。"拿下了"，难住了，对不上。

以上是一般的情况，兹再略述各地情形如下：

西宁一带有两个很大的会场，到会期时，各地会唱花儿的男女青年，不论远近，皆赶来比赛。其一为郭莽寺，在青海大同县的东峡，就是"东峡令"的发祥地。开会日期为正月十四、十五和六月十四、十五。其二为西宁的老爷山，是六月初四至初六日，举行三天。

洮岷州一带也和青海相同。岷县的在二郎山，是五月十七日，洮州的莲花山，在六月初一到初六，叫"六月会"。到了会期快近的时候，遍山扯起了帐房，隐显于青山绿树之间，好像举行露营。唱得好的又有搭红绿彩的风气，俨然是夺锦标的滥觞。热烈情况，非身临其境，不能领会万一。

河州瑰宝

《花儿再序》，是花儿早期理论研究方面的一篇重要著作，它在花儿学术史上具有奠基意义。这篇著作的内容包括了花儿的一些基本理论问题，它对花儿的渊源、地域、流行、派别、分类、句式、音调、虚字衬词、曲令、会场等问题，作了理论分析。它所阐释的诸多花儿理论问题，大多属于开创性的研究。他对花儿格律和花儿曲令的研究，达到了那个时代的最高水平，可以说是开启花儿之锁的第一把钥匙。

第一本《花儿集》的作者张亚雄，早在1940年对牙含章的《花儿再序》就有很高的评价，他指出："《花儿再序》，作于民国二十五年十一月，对于花儿的派别及结构，叙述颇详。"他对牙含章整理的花儿歌词也赞赏有加："冀达斋主自拉卜楞军次寄来河州花儿一百余首，字斟句酌，都经过了苦心抉择的工夫，他同情于致力民间风俗习惯，野曲方言的工作，所以他抄来的东西，也极能保存花儿的本来面目。"

花儿学家魏泉鸣教授在他的《抗战前后的花儿研究及其特征》一文中曾指出："最有价值的是牙含章为我们揭示了河州花儿多为男女合唱，没有单独歌唱这样一个花儿学的历史现象。对于我们今天考察花儿的源流和花儿发展史却是一个十分重要的线索。"①

青海著名花儿学者刘凯在《牙含章与花儿》一文中，对牙含章把花儿分作三个区域（即河州、西宁、洮岷）有很高评价。他认为牙含章是早期花儿研究中，对此作出理论分析的第一人，并指出："六十年后的今天，人们把花儿的流派分为'河州花儿'、'河湟花儿'、'洮岷花儿'，仍遵循的是牙含章那时提出的思路与框架。"②

中国音乐研究所所长乔建中所著《花儿研究第一书》一文，在分析张亚雄《花儿集》第七章"花儿的派别及结构"（此即牙含章发表于 1936 年 11 月《民国日报》上的"花儿再序"一文）时指出："编者一开始就引出一句民谚：'西安的乱弹，河州的少年'，以此突出花儿在河州传统文化中的重要地位……关于花儿的'三个区域'，即河州、西宁、洮岷。'两大派'，即河州派，狄道、西宁等地属之；洮州派，洮州、岷州属之。正可以说言简意赅，一语中的。作者的这个地理划分法，基本上被学术界所承认。"作者还指出："关于花儿结构的三个要素——句、令、调之解，编者紧紧抓住花儿的文学、音乐两大因素，指出其唱词结构、曲调称呼及其歌唱特色问题，说明编者有很高音乐的修养，另一方面可以反映花儿歌唱风格的稳定性……他举出 20 多个曲令名称，并加描摹说明。作为一个不是搞音乐专业的人，能作出对花儿音乐的这种科学判断是令人惊讶的。"③乔建中的这些评价，是对牙含章当年

---

①《河州》1987 年第 1 期，第 80 页。

②《甘肃民族宗教》1998 年春季刊，第 32 页。

③乔建中：《花儿研究第一书——张亚雄和他的〈花儿集〉》，《音乐研究》2004 年第 3 期，第 22 页。

研究成果的恰当肯定。

牙含章《花儿再序》这篇著作，最早于 1936 年 11 月的《甘肃民国日报》副刊上连载，后由《甘肃民国日报》副刊编辑张亚雄先生收录在他所编著的花儿第一书《花儿集》中，作为其中的一个重要篇章。这本书于 1940 年 1 月由重庆青年书店出版。

《花儿再序》不但在花儿研究的历史上发挥了重要作用，做出了重大贡献，而且至今对花儿研究仍有指导意义。特别是花儿概念、花儿分类和花儿称谓最为混乱的今天，牙含章的这篇著作正在起着正本清源的重要作用。

第二章　青藏调查记

DIERZHANG　QINGZANGDIAOCHAJI

第二章
青藏调查记

1936 年，我经友人介绍，到了甘肃拉卜楞（现名夏河县），在当地藏族上层黄正清（现任甘肃省的副省长）的保安司令部里找到了一个混饭吃的差事，同时也就开始了我的研究民族问题，主要是藏族问题的工作。我在当地的著名大喇嘛寺——拉卜楞寺内学习藏文藏语，同时对拉卜楞寺的历史和现状，进行调查研究。拉卜楞寺是一个政教合一的组织，当时在它管辖下，共有藏族农牧民约二十余万人。

1937 年 5 月，拉卜楞寺的大活佛嘉木样呼图克图要去西藏三大寺学经，需要一个懂得汉藏文的秘书，经黄正清的推荐，我跟随嘉木样由甘肃拉卜楞寺到了西藏拉萨。这是一次难得的实地调查的机会，因为嘉木样经过的地方，常有成千上万的藏族农牧民前来朝拜，这就给我提供了向各阶级的人们进行调查的良好机会。到了拉萨以后，我随嘉木样住进哲蚌寺（是拉萨三大寺之一，号称喇嘛有八千八百），从寺院内部对喇嘛教作了比较全面的调查研究。同时又通过拉萨市的工商业者和居民，对西藏社会各阶级的状况，作了比较全面的调查研究。后来，我把这次沿途调查的材料于 1938 年带到陕甘宁边区。1942 把它整理成一本书，约二十余万字，取名《青藏调查记》，送给当时的中共中央调查第四分局局长贾拓夫同志审阅（我当时就在第四分局的少数民族研究室工作）。拓夫同志看后，认为有公开发表的价值，为这本书写了序言，并推荐给延安解放社出版。解放社已排出了清样。后来因为延安进行整风审干运动，这本书暂停出版。1946 年，整风审干运动结束后，解放社又准备出版，曾将清样交给我校对过。但是后来胡宗南的匪军进攻延安，解放社为了转移，又停止了出版。

1950 年组织上决定我到西藏工作。这时我又想到《青藏调查记》，因为它收集了非常珍贵的有关青海与西藏的社会情况资料，可供进军西藏的参考。因此，我给当时在北京中央民委工作的杨静仁同志写了一封信，托他了解一下《青藏调查记》一书的下落。不久，杨静仁同志给我转来了中央宣传部秘书处的一封信，全文如下。

杨静仁同志：

牙含章（马尔沙）同志所写《青藏调查记》一稿清样，已向许之桢、张仲实两同志调查清楚。云：该清样和其它稿件，于 1946 年冬延安疏散时，一同运至瓦窑堡坚壁，在瓦窑堡失陷后，被敌人发现烧毁，深觉可惜！即请转达牙同志为荷。

敬礼

中共中央宣传部秘书处
二月十三日

由于当时处于战争环境，我自己无法保存底稿，这本书就在胎儿快要诞生时，被敌人扼杀了。现在只留下上面的这封信，以作纪念。因为这本书是我研究民族问题的第一部学术著作。

——牙含章自述

1928 年 5 月到 1938 年 5 月的 10 年，大部分时间中，牙含章在藏区活动。他对藏区落后的现状，喇嘛教对藏族人民的影响，以及藏民族的解放道路，是他青藏调查中始终关注的核心问题。

牙含章写成并送延安解放社出版的《青藏调查记》，虽然在战火中被敌所毁，我们再也无法读到这样一本作者苦心撰述的杰作。但是，我们循着他从拉卜楞出发，一路沿着青藏线，至于拉萨的调查之踪迹中，可以想见这本书的大致内容。

拉寺政教

从 1936 年到拉卜楞寺工作，1937 年进藏，至少有一年多的时间，牙含章利用工作的方便，开始了对民族问题的调查研究。

对拉卜楞寺的工作，他虽然说是"一个混饭吃的差事"，但在拉卜楞地方，有保安司令部书记官和黄司令秘书的身份，可以自由地出入寺院，来往于藏地，还能接触到有关拉卜楞的文献档案，可以深入地了解拉卜楞寺院的宗教制度和夏河地区的政治、经济、文化和社会状况。

这个时期牙含章调查研究的重点，主要是拉卜楞寺政教合一制度对甘肃藏区的深刻影响。

所谓政教合一制度，是指政权和教权集于一人或一个家族之手的，为维护其封建统治和特权的一种社会制度。

政教合一的地方，宗教的势力尤为重要。

拉卜楞寺的政教合一制度，是依靠宗教势力、寺院雄厚的经济基础以及历代中央政权的扶植而建立和发展起来的。

拉卜楞寺政教合一的制度，从清顺治年间，由一世嘉木样俄项宗哲（1648—1721）至四世嘉木样尕藏图丹旺徐（1856—1916），经过 200 多年的经营，逐渐形成、发展，到五世嘉木样丹贝坚赞时达到极盛。

牙含章 1936 年到拉卜楞寺时，由于五世嘉木样及其父兄，同军阀马麒的斗争取得胜利，使拉卜楞寺政教合一的制度达到巅峰，它控制的地方之广，权力之大，是前所未有的。这时的拉卜楞寺管辖着甘南 102 个、四川 30 个、青海 9 个，共计 141 个寺院，共有活佛、僧官、喇嘛将近 4000 人，其辖境内共有人口 20 多万。嘉木样呼图克图的胞兄黄正清任拉卜楞保安司令，拥有教权、政权、军权，对横跨甘、青、川广大地区的"安多藏民区"实行着强有力的统治。

"安多藏民区"包括甘肃夏河、临潭、卓尼、岷县之全境及青海同仁、同德、四川理番、松潘等县之一部，地处高寒的山地，全区藏民约计 20 万人。这一区的藏民情形大致说起来有四个特点：1. 接近内地，开化的程度渐深，其中一部已渐由游牧而进为定居的半农半牧的生活。2. 表面上看起来，这里最大部分的地方，已经建立了县或设治局的正常地方行政制度，但因为本区藏民原来政教合一的传统很深，所以很多地方是一种双重的政治形态，新旧制度并行不悖。3. 这里是甘青川康四省边区，有的事情是四不管的状态，也有的事情关涉到四省的权责，所以政治情形常有复杂而微妙的现象。4. 这里现在有两个颇不平凡的地方领袖，分别治理不算小的一片地方，这二人的言论行动是决定这一区政治和军事的最大因素。这两个领袖就是前面提过的黄正清和杨复兴二司令，他们分别治理的领域就是普通民间所说的"拉卜楞"和"卓尼"①。

拉卜楞寺所辖农区的大部分基层政权（少部分归夏河县管理）和牧区的全部基层政权都在土官、部落头人和寺院派出的郭娃（僧官）管辖之下，夏河县政府如遇重大行政措施，也要事前商得当地藏族上层有关人士同意。

拉卜楞寺及土官府的统治情形是：1. 设有法庭、监狱，受理民事刑事案件，对犯法者罚款、捆绑吊打、没收财产、驱逐出部落，罪重者处死。2. 派征差役，征款、征粮、征枪、征马，集兵打仗，不从者，视情况分别处理，

---

①参阅奇客著：《黄正清与杨复兴分治下的"安多藏民区"》，《西北通讯》月刊第 5 期，1947 年 7 月 10 日出版，第 24 页。

直至处死。3. 部落内部不准自由迁徙，外来户可以迁入迁出，但建房屋要交地皮费，迁居时房屋无偿交给头人。4. 拉卜楞寺有土地 21700 余亩，全部出租给藏民，每年收租。有马 9000 多匹、牛 7000 多头、羊 30000 多只，均由群众代牧，增殖的仔畜、生产的毛皮及一部分酥油归寺院。还出租寺院房屋 5000 多间，放贷收取利息，并有喇嘛常年往来西藏、印度和国内各大城市经商。

拉卜楞藏民区，喇嘛教深深地融入藏民的日常生活和精神世界之中。

藏民区宗教旧规是一家有男子三人者二人当喇嘛，有男子二人者一人当喇嘛，有男子一人者也去当喇嘛，因此藏民家中劳动由妇女负担，藏族经济社会发展缓慢。藏民这样热衷当喇嘛的原因：一是当喇嘛受人尊敬，有社会地位。二是当喇嘛可免去各种差役及派粮派款等各种经济上的负担。三是因家中先人当喇嘛，家中财物存在寺院，当喇嘛可继承先人房屋及财产。

拉卜楞寺院僧人的生活主要来源是布施。布施除每年各大、小法会及重要纪念日，每个僧人能收入一定数额外，还有施主们供经时所散的布施。此外，一般僧人的经济收入，也是因人而有差别，各不相同。所以，他们的生活也有高低之别，贫富悬殊很大。

家庭富裕的僧人，除靠布施之外，还依靠家庭的接济；有的还依靠自己的老师遗留的财产。这些僧人收入较多，生活比较富裕。一般僧人除少量的家庭接济外，还到群众家里念经，收取布施；有懂得医术的给群众看病，得到收入；有的依靠自己工艺技术，如当裁缝、做铁皮火炉、做酥油花、裱糊经卷等的收入，来补充生活之不足。这些僧人过着小康生活，但数量也是不多的。大部分僧人的生活来源，主要是依靠经堂布施，不足部分，靠募化来补助。这部分僧人的生活是比较贫困的。

本区藏民可分为三种类型：一为"拉德"，即神民之意，由拉寺直接治理，包括夏河境内之三苦乎、阿米去乎、阔牙、欧拉、作格、尼玛等族及十三庄，约二万户。二曰"墨德"，即政民之意，由拉寺控制下的土司治理，多是定居的牧民，如夏河的甘家、仁爱等族。三曰"厥德"，即教民之意，在宗教上受拉寺直接领导，政治上受拉寺的间接影响，就是广及四省边区的一百多寺（实际上还不止此数）分布地区的藏民。

拉卜楞寺院的"拉德"、"墨德"和"厥德"的群众，与寺院有着不可分割的直接人身依附关系。他们为寺院和活佛们奉献财产。

（一）要负担每年正月"毛兰姆法会"的一切开支。由下列 23 个部落轮流负担，每年一个部落。这些部落是：

夏河县境内的有：拉德胥化玉（拉卜楞附近四部落）、桑科、科才、甘加七族（包括青海省循化的江夏尔）、阿木去乎、博拉、下巴沟、扎油、美西、美武五族、多合尔、上南拉等 11 个部落。

玛曲县境内的有：尼玛、欧拉、乔科、曼玛、采日玛、乃日玛、川西麦科尔和齐哈玛以及阿万仓等部落。

青海省河南蒙旗县境内的有：苏胡十一支箭、托火尔、达参等部落，青海省河南洛久治县的藏拉德。

五世嘉木样及其家人合影（Gviebenow 摄于 20 世纪 30 年代）

（自左至右：黄正清、黄位中、阿莽仓、五世嘉木样、格日拉措、钦热布东智、阿贡）

今四川省的有：夏米、牙端木、若盖浪哇三部、阿坝六旗、若尔盖的瓦斯尔。

（二）负担七月大法会的一切开支。这个法会名义上是由吉哇募化解决。然而，不论是募化，还是摊派，都是由藏族人民负担。例如，1956 年玛曲欧拉部落在七月法会后，给拉卜楞寺院供经供饭一天，付出了巨大的财物。

（三）要负担历世嘉木样及大小活佛举行坐床典礼，或圆寂后修建舍利灵塔等一切费用。另外根据拉卜楞寺的旧例，每世嘉木样都要去西藏一次，有的去两次。以后各大小活佛效仿，每世也都去西藏一次。他们去西藏的布施和一切开支费用，都由自己的"拉德"、"墨德"和教徒们负担。

（四）拉卜楞寺所辖区域中，农业区的群众，租种寺院或活佛的土地，无论是丰收还是歉收，都要向寺院或活佛缴纳租粮。旱地每下籽种 1 升，交租粮 1 升；水地下籽种 1 升，交租粮 2 升。牧业区的群众代牧寺院或活佛的牛羊，每头雌牦牛每年缴纳酥油 25 到 30 斤。雌犏牛每头每年缴纳酥油 45 至 50 斤。

此时的拉卜楞寺，不但是政教合一，而且是民兵合一。拉卜楞保安司令部所辖的保安队，就是全境的藏民壮丁。所有的军政大权都掌握在拉卜楞寺活佛和黄正清的手里，县政府的力量不过仅及于县城附近的地方，严格地说，只管着县城的两条街道，到较远的地方去编组保甲或做其他事情，都还要透过当地的传统势力。

牙含章从拉卜楞寺对甘肃藏族社会政治、经济、文化、社会的影响中了解到，藏族社会处于原始游牧阶段的经济社会形态，寺院牵引和主导着其经济发展方式，藏族社会也只能停留在封建农奴制的阶段，这是造成甘肃藏区长期落后的根本原因。

活佛翻译

牙含章最适合作嘉木样呼图克图的翻译，他们两人是同龄人。牙含章精

拉卜楞草原的藏族牧民

通藏汉两语，擅长文案，而且，兴趣爱好也和嘉木样惊人的相似，他们都喜欢文学艺术。活佛喜欢照相，牙含章也喜欢照相，两人各有一架高级照相机。他们常在一块照相、洗相片，成为好朋友。

五世嘉木样，名丹贝坚赞，汉名黄正光。1916年4月14日（藏历第十五绕迥火龙年三月十二日），出生于西康理塘县营官坝彩玛村（今四川省理塘县），父名宫布德主，汉名黄位中，母名姑如拉措。1919年，经九世班禅大师卜算，由摄政贡唐仓活佛领导本寺德哇仓活佛参加的上层喇嘛寻访，认定为四世嘉木样的转世"灵童"。拉卜楞寺派德哇仓活佛率领人员前往西康迎请。同年农历八月六日起程，家属随行，1920年11月2日（农历九月二十二日）抵达拉卜楞寺，遂即举行了隆重的坐床典礼，成为该寺的寺主。拉卜楞寺属寺有108座，分布于甘、青、川、康交界地带，面积10余万平方公里，管辖的藏族有20余万。当时，这里的藏族各部落都由拉卜楞寺派遣的官员管理一切政教事务，嘉木样活佛作为寺主在这些部落中享有至高无上的权威。

嘉木样活佛坐床后，因其年幼，寺院大权按照有关协议由其叔父黄位吉、父亲黄位中代为执掌。1920年12月，嘉木样活佛与黄位中、黄正清（嘉木样五世长兄，藏名罗藏泽旺，1928年起任拉卜楞番兵游击司令，1934年改任拉卜楞保安司令）等人应甘边宁海镇守使马麒的邀请前往西宁，双方因拉卜楞摄政人选一事而产生芥蒂。自1921年起，驻扎在拉卜楞的宁海军为了达到控制拉卜楞寺的目的，不断地侵犯寺院的权利，干涉寺院的内部事务，引起僧俗民众的强烈反抗。1924年2月，马麒以"私备枪马，谋为不轨"的罪名，对拉卜楞寺提出了 5 条苛刻的处罚决定，剥夺了黄氏参与寺院事务的权利，收缴了寺属各部落和寺院差官的枪支，又下令寺院不得过问民政，并罚白银 4 万两，战马 1000 匹。同时，驻扎在拉卜楞的宁海军还逮捕了数十名僧俗官员。是年 6 月，九世班禅抵达兰州，五世嘉木样在其父兄陪同下前往朝拜，并借机向军政各方控诉宁海军的罪行，要求伸张正义，敦促宁海军撤离拉卜楞。在屡次申诉不果的情形下，五世嘉木样便离开兰州，于 1925 年 2 月到达陌务新寺。随后，黄位中、黄正清等人在该地召集会议，决定发动各部落组织民兵，驱逐马麒部队。4 月至 8 月，双方数万人马先后在拉卜楞、桑科等地展开激战，结果拉卜楞方面战败，许多寺院、村庄被焚毁，无数男女老幼遭屠杀，五世嘉木样被迫由陌务新寺前往陌务旧寺、日多玛、完科洛、恰盖、莲花山等地巡视，翌年又赴欧拉、乔科、阿哇、安曲、毛儿盖等地。1926 年 4 月，黄位中以"佛父"身份，一方面联络各部落头人，发动和组织藏兵与宁海军抗衡；另一方面组成 9 人代表团赴兰州，呈递请愿书。国民军总司令兼甘肃军务督办冯玉祥令第七方面军总指挥兼甘肃省省长刘郁芬查办。刘郁芬委总指挥部政治处党务特派员宣侠父（中共甘肃特别支部负责人之一）负责处理。同年 5 月，宣侠父帮助黄正清在兰州成立了"藏民文化促进会"。6 月，宣侠父帮助黄正清起草了《甘边藏民泣诉国人书》，并张贴和散发。7 月，宣侠父亲赴甘南草地调查，听取了拉卜楞地区佛僧和广大群众的意见，提出了解决的办法，并帮助成立"甘青藏民大同盟"，进一步开展反对军阀马麒的斗争。1927 年春，宣侠父调走，委托贾宗周（中共甘肃省特别支部成员）负责处理。贾宗周代表甘肃省军务督办公署前往甘南西仓处理此事。双方代表经过谈判，达成协议，签订了《解决拉卜楞案件的条件》，马麒的宁海军撤离了拉卜楞，成立了拉卜楞设治局和拉卜楞番兵司令部，委黄正清为司令。在中国共产党的帮助下，这场斗争取得了胜利。出走于美武、恰盖、莲花山、日多麻、完科洛、作格、欧拉、乔科、阿坝、安曲、若尔盖等地进行宗教活动和发动藏族群众与宁海军斗争的五世嘉木样大师也返回拉卜楞寺院，受到广大僧俗群众的热烈欢迎。1929 年五世嘉木样开始修建续部上学院。

1933 年，国民党政府颁赐第五世嘉木样"辅国阐化禅师嘉木样呼图克图"册印。1936 年夏，九世班禅大师应邀抵达拉卜楞寺，为五世嘉木样授比丘戒。

返回拉卜楞寺后，随着生活的安定和年龄的增长，五世嘉木样的性格特征和喜好兴趣日渐明显。作为一位寺主、大活佛，嘉木样敏而好学，勤奋努力，"勇迈精勤，昼夜不间"，学经习法，深究教理。但他作为一个青年人，思想活跃，爱好广泛，对新鲜事物兴趣颇浓。例如当时有一位驻夏河的美籍传教士季准善（藏名喜若丹培），此人也懂藏文藏语。五世嘉木样与他多有交往，向他学习照相技术和无线电知识。那些外国传教士规定三年回一次家，走时便将生活用品出卖。五世嘉木样乘机就买下他们的照相机、手表等洋货，自己动手把这些新玩意拆卸开来，看个究竟，又一一安装起来，掌握原理，熟练使用。所以，他不单会照相，还会冲洗照片。据其兄黄正清先生回忆说："他爱好无线电，当时我的司令部有一台 100 瓦的电台，后来又买了两台。他经常去收发电报，他还亲自编写了一本藏文电报号码。如他在西藏学习期间，就利用驻拉萨的蒙藏委员会办事处的电台，经常和我们联系，使用的就是他编的藏文电报号码，非常方便。"还说："在一个地球仪上，他将世界各国和一些大城市的名字，都用藏文标出来，放在自己房里的桌子上。他看到汉文的月份牌，就仿照编制成藏文月份牌，印刷出来，在藏区流行使用。他喜欢阅览国内外画报，欣赏其中的风景及建筑等画面。他所居住的菩提法苑，外形虽是藏式的，但室内设施和家具却是西式的。这都是他参照画报上的外国建筑样式，叫人设计制作的。他十分爱好音乐，吹拉弹唱都会。他常指挥家里人演唱，组织小型音乐会。他还编写藏剧……"年轻的五世嘉木样是一位聪明好学、多才多艺、朝气蓬勃、勇于进取的人。在他 16 岁时，便对国际国内形势颇为关注，于私邸置收音机收听各地新闻，并令人译述。他还经常就国际上的一些情况向人发问和研讨。对宗教的保护问题，经常萦绕于他的脑际。就是这样一位博学多才，善于接受新思想、新知识的革新的藏族上层人物，与牙含章惺惺相惜。他们互相的接触，使彼此受益匪浅，在拉卜楞寺，牙含章给活佛教汉文，活佛给他教藏文、讲佛经。后来，他们一起到西藏，同住在一个寺院里，朝夕相伴，建立了深厚的友情。

在多年的抗争和避难生活中，五世嘉木样饱尝着流离失所的艰辛，目睹着藏族人民遭受欺凌、屠杀的悲惨情景。所有这一切，都在他幼小的心灵中留下了深深的烙印。同时，拉卜楞事件的演变过程，也使他朦胧意识到，仅靠拉卜楞寺的力量，是抵御不了强大的外敌的，必须依靠政教方面掌大权的人的帮助，才能保护宗教，保护拉卜楞寺。这时候，他首先想到的是从高层着手，发展与中央政府和西藏上层的关系，只有自己亲自进藏，才能拉近与拉萨的距离。

1936 年的牙含章和五世嘉木样

五世嘉木样是由九世班禅确立的拉寺集团新一代宗教领袖，这表明了拉寺在对达赖系统和班禅系统关系的倾向性。嘉木样灵童由九世班禅认定，客观上已形成拉寺与布达拉宫之间的关系间隙，当时达赖集团与班禅集团失和，矛盾尖锐，而且拉寺与被迫逃亡内地的九世班禅保持着密切的联系，并开展政教事务合作。因此，在这种情况下，提出嘉木样进藏学习，并不实际。

1933 年，十三世达赖圆寂，嘉木样祈请师父拉科活佛撰写达赖灵童尽快转世的祈祷文，授命大僧会诵经荐亡。随着达赖逝世，热振呼图克图出任摄政，统掌藏务。拉寺充分考虑到热振是青海人，有同乡之谊，嘉木样进藏问题，向热振提出可以成行。同年，拉寺上层将五世嘉木样进藏朝习事宜列上议程，充分讨论，周密计划，开始了历时 5 年的筹备工作。

1934 年 4 月，拉寺遣使慰问摄政热振活佛，呈送书面报告，联系嘉木样修习事宜，同时也与其他上层人物、哲蚌寺及其郭莽学院取得联系。

1935 年春天，热振活佛回信作了答复，批准了五世嘉木样进藏申请。

1936 年 4 月，嘉木样的先遣人员及 100 多头骡子组成的驮队提前进藏。

同年，拉寺隆重接待九世班禅，五世嘉木样禀报了进藏朝佛的计划，并请示班禅意见，九世班禅嘱嘉木样进藏期间，协助热振寻访十三世达赖灵童。

1937 年 5 月 5 日，五世嘉木样在牙含章陪同下，人马浩浩荡荡，从拉卜楞启程，经过青海草地藏北草原向拉萨进发。同行朝习的还有五世嘉木样的胞弟即拉卜楞寺活佛阿莽仓四世晋美慈臣丹贝尼玛（汉名黄正明，即黄正清三弟）。

五世嘉木样呼图克图的进藏队伍选择的路线是：从拉卜楞寺出发，经西宁、湟源、香日德、果洛、玉树、三十九族，翻越唐古拉山，到黑河，然后进入拉萨。

五世嘉木样的西藏之行，为牙含章的调查研究提供了极好条件。

在藏传佛教格鲁派（俗称黄教）盛行的青藏高原藏区里，嘉木样是仅次于达赖、班禅的佛陀转世肉身，是永远活着的佛，像灿灿日月，关照众生，不会熄灭。在青藏高原辽阔的雪域世界里，朝拜嘉木样活佛的人群，从甘南草原到青海湖边，从日月山古道到羌塘草原，帐篷连片，男女成群。

牙含章看见祈求摸顶的人群中一个面庞黝黑而美丽的藏族少女，披着散乱的发辫，明亮的眼睛闪着泪花，一手拿着一串索珠，一手提着装有银元的小布袋，磕着长头，兴奋地哭喊着扑向嘉木样。她的年迈的父亲已经累死在磕长头的路上，索珠是她父亲的遗物，袋子里的银元是卖了所有的牛羊给活佛的供养。听到她的哭喊，牙含章内心在惊悚中

第五世嘉木样大师赴西藏留学时果洛僧俗欢迎之盛况

颤抖，他明白，对这一死一活的父女来说，信仰是他们的一切。

从人流里挤进去的一个年轻的母亲，满面泪痕地跪爬着，拉开破旧的羊皮袄，从怀里掏出一个男婴，双手举起来，递到活佛的眼前。活佛抚摸了这个孩子，母亲哽咽着跪拜在活佛脚下。

一个衣袍褴褛的老人，残疾的腰身佝偻着，扬起瘦骨嶙峋的胳膊，颤抖着把几个银元投向盛装贡献的牛毛口袋，因为手臂颤抖，银元没有投进口袋里，掉到外面，他又去摸索着找寻银元，一个小男孩帮他捡起来，投进口袋里，帮他完成了心愿。

藏族牧民虔诚的等身拜

僧俗云集膜拜五世嘉木样场景

牙含章曾问过一个磕长头（也叫"等身头"）的穷苦人，你下了这么大的决心，从几千里外磕长头到达拉萨，究竟是为了什么？是想达到什么目的？那个人很诚恳地回答：这是为了来世幸福。据他说，只要今世能磕长头到达拉萨，来世就一定能得到幸福。

青藏高原的行程中，牙含章看到的这一切，都记录在他的手记中。

1937年10月，嘉木样一行到达青藏交界的黑河沿，西藏政府派员接迎。至西藏那曲时，摄政热振活佛派出官员及乘马70匹、驮畜270头前来接应，转赐哈达、护身结；沿途迎送，热忱服务；藏政府派驻那曲的勘布和囊索接风洗尘；功德林、策满林、康萨尔活佛宫派员慰问。嘉木样也向上述公私各方回礼致谢。到达林周朝礼热振寺，受到热振活佛热情款待。

他们被安排宿于热振活佛宫。

热振寺，是热振呼图克图的本寺，就名热振，在拉萨以北约160公里处，在山清水秀的热振沟里，距拉萨两日里程。在热振寺，热振活佛同嘉木样活佛进行会谈时，认识了随行的牙含章，对牙含章所谈的内地时局情况很感兴趣。

热振摄政之后，国内外局势影响到他的摄政前景。由于近百年以来的西藏因为英帝国势力的侵入，西藏内部内向即依靠祖国维护祖国统一和外向即投靠帝国主义势力妄想独立的两派势力日渐分化。热振在英国人看来，是一个"倾向中央"的掌权人物。若让这个人长久掌权，自然在"合作"上有其困难。他们希望在西藏掌权的不是有碍"合作"的"亲中央"人物，而是表示"亲英"的贵族人物。热振在藏中具有权威，对一些野心家看来便不免有些眼红，所以热振的活动时不时牵动西藏两派人物的神经，甚至牵扯国际关系。

热振活佛（摄于20世纪30年代的拉萨）

随嘉木样住于热振寺中的牙含章，和热振活佛进行了多次交谈，关系显得很融洽，他的想法和看法，影响了热振的内向思想①。牙含章与热振活佛的密切交往曾引起过阿莽仓活佛的怀疑。

西藏调查

1937 年 11 月 11 日（农历十月九日），牙含章陪同五世嘉木样一行抵达拉萨。

抵达拉萨之日，摄政活佛组织举行欢迎仪式，场面盛大热烈，参加仪式的有藏政府僧俗 8 名官员和国民政府派驻拉萨的官员、哲蚌寺 7 位堪布等。热振活佛主政的拉萨当局对嘉木样抱以积极的欢迎态度，热振活佛与拉寺之间具有积极一致的政治倾向性。

嘉木样在牙含章的陪同下，与其胞弟阿莽仓活佛、佛父贡布东珠依照计划进行频繁的交际活动，很快创造了开展政教事务的良好局面，所到之处，均受热情招待，交流亲切，气氛友好。嘉木样加入郭莽学院举行入院布施礼仪，再向以上官员、活佛送了布施份额。

五世嘉木样活佛在拉萨期间，在牙含章的协助下积极与摄政热振活佛及噶厦的上层官员进行联络，商谈十三世达赖喇嘛灵童的寻访和认定事务。这是嘉木样此次进藏的目的之一。

1938 年春，嘉木样应布达拉宫和三大寺的敦请，就达赖转世问题向国民党中央呈申请报告，并电令拉寺在青海协助达赖灵童的寻访工作。西藏官民僧俗称赞嘉木样办理此事"真是功德无量"。

在拉萨，牙含章随嘉木样住在哲蚌寺。

从 1937 年 5 月进藏，到 1938 年 5 月离开拉萨奔赴延安，牙含章在哲蚌寺住了整整一年，这使他有足够的时间和精力，对喇嘛教进行深入的调查研究，系统地了解了喇嘛教对西藏政治、经济、文化的深刻影响。

---

①王鉴：《一片冰心几多情》，《西藏日报》1995 年 10 月 31 日第四版。

哲蚌寺是拉萨三大寺院之一，具有很高的政教地位。

哲蚌寺院是佛教格鲁派势力日益发展的情况下，于明永乐十四年（1416年）所建。宗喀巴的四弟子嘉样曲结在内乌贵族仁青桑布的资助下在拉萨西郊更丕乌孜山下建立哲蚌寺，并担任了该寺的第一任堪布（意为首座）。据教史《黄琉璃》记载，哲蚌寺破土新建时，宗喀巴从"廓布山法库"掘出一只法螺，赐予弟子嘉样曲结，预祝他建寺圆满成功，并以此为基地，弘扬佛法，遍地建寺兴教。弟子嘉样曲结就把它看做上天佛祖所赐的寺宝，珍藏在寺内。这只洁白如玉的法螺，至今仍然完好地珍藏在哲蚌寺内。

这里是前几世达赖驻锡的寺院。五世达赖洛桑加措受清朝皇帝册封以前，一直住在哲蚌寺，只是布达拉宫扩建以后，才正式搬到拉萨。三世达赖索朗加措当初只是任哲蚌寺的赤巴（住持），后来，索朗加措应蒙古人俺达汗之邀请，到青海讲经传法，成绩卓著。1580年，俺达汗封索朗加措为"遍知一切瓦齐尔达赖喇嘛"，从此，才开始有了"达赖喇嘛"这个称号。索朗加措得了这一尊号之后，又追认了前两世。一世至五世达赖均历任哲蚌寺的赤巴。

哲蚌寺建成以后，很快发展为格鲁派寺院中实力最雄厚的寺院。最初寺内除"措钦"（大法堂）外，有七个扎仓（僧院），即廓芒、洛色林、推桑木

20 世纪 30 年代哲蚌寺

林或杰巴、夏廓、都瓦、德央、阿巴，号称有喇嘛八千八百人。

哲蚌寺亦有很强的经济实力。西藏人口虽然不多，但他们担负的劳役、债务很繁重。西藏三大领主都是债主，但在三大领主中，放债最多的是寺院领主，据牙含章调查估计，寺院的债约占西藏三大领主放债总数的80%。而在寺院领主中，放债最多的是哲蚌寺，它历年放出的高利贷计达粮食1.6亿斤，大洋1亿多元。仅以囊色林豁卡为例，哲蚌寺的郭莽仓及其所属的康村、密村是这个豁卡的最大的债主。此外，还有札囊的邓果切寺、囊色林本地的曲孔巴寺、扎期的充堆寺、多吉札寺、曲顶拉让、拉旺林巴寺、敏朱林寺等寺庙，债主在这里占有统治地位。

牙含章还估计，哲蚌寺的高利贷几乎遍及西藏所有地区，它不分寺庙差巴、政府差巴、贵族差巴，只要有人借，它就放。牙含章在东噶宗调查，那里有一户差巴，在百余年前向哲蚌寺的一个扎仓借了15克青稞，每年还6克，还了100多年，还欠200多克。西藏其他寺庙的债虽然没有哲蚌寺那么多，但不放债的寺庙是根本不存在的。

牙含章从哲蚌寺院内部对喇嘛教做了比较全面的了解。

喇嘛教，可以说就是西藏地方化了的佛教。因为喇嘛教的经典就是佛教的经典，喇嘛教的教义就是佛教的教义，这方面没有大的区别。但是，喇嘛教又有自己独特的一套程式仪规，例如喇嘛教的活佛转世制度，国内外的其他佛教就没有。喇嘛教有很多教派，这些教派也是西藏喇嘛教独有的。喇嘛教分为四大教派：一是"宁玛派"（俗称红教），二是"萨迦派"（俗称花教），三是"嘎举派"（俗称白教），四是"格鲁派"（俗称黄教）。西藏还有一个教派，叫"本布派"（俗称黑教），它本来不是喇嘛教，是佛教传入西藏以前，在西藏土生土长的一种宗教。但是后来"本布派"也吸收了喇嘛教的一些教义，采用了喇嘛教的一些仪式，因此人们也把"本布派"算作喇嘛教的一个教派。

西藏喇嘛教的兴盛，无非有三个重要原因：

一是藏族人民对佛的虔诚信仰，是它雄厚的群众基础。喇嘛教的教义认为：每个人都有一个灵魂，肉体死亡时，灵魂就离开肉体，进到另一世界，即所谓"阴间"。"阴间"有阎王爷，他根据一个人生前的善恶表现，决定他下一世的富贵贫贱，这就叫作"六道轮回"、"因果报应"。喇嘛教教义还认为：一个人的富贵贫贱是他的"前世"行为决定的。按照这种教义来说，那么奴隶主享受富贵，是因为他们"前世"干了善事；奴隶们沦于贫贱，是因为他们"前世"干了恶事。这就是说：奴隶主阶级压迫剥削奴隶阶级，是他们"前世"积善行德得来的，是理所当然的。而奴隶阶级遭受奴隶主阶级的压迫剥削，也是因为他们"前世"作了恶，是罪有应得的。喇嘛教就是用这样的教义替奴隶制度辩护，替农奴制度辩护。它劝告受苦受难的劳苦大众要忍受剥削阶级的压迫剥削，不要反抗，谁要反抗，不但不能解除痛苦，而且还会加重自己的罪孽，死后要沦入十八层地狱，永世不得翻身。

二是从宗喀巴宗教改革以后，喇嘛教逐渐掌握了西藏的政教大权。宗喀巴是青海省宗喀地方人，他自幼出家当喇嘛，后来，到了西藏。当时西藏地区还受"嘎举王朝"的统治，他就到处讲经说法，创立了喇嘛教的一个新教派"格鲁派"（俗称黄教）。他主张信仰他的教派的喇嘛，都要严守戒律。这样，他很快就取得了当时西藏多数农奴主的支持，给他布施财物，传扬名声，宗喀巴得到一大批钱财，就在拉萨修建了第一座"格鲁派"的寺庙，叫噶丹寺，并招收了大批信徒，讲经说法，传扬佛教。"格鲁派"不仅得到西藏地区许多农奴主的支持，而且还得到当时占据青海地区的蒙古部落酋长的支持，教势渐盛。到了五世达赖喇嘛，就在青海蒙古部落的酋长固始汗的支持下一举推翻了"噶举王朝"的统治，取得了西藏地方政权，建立了"格鲁派"统治的新王朝，藏史中把它称作"噶丹颇章"王朝。这个政权也是政教合一的，是西藏地区的世俗农奴主和宗教农奴主的联合专政。喇嘛教仍是维护这个专政的至高无上的精神工具。五世达赖喇嘛把整个西藏的土地和农奴分为三大部分：他把1/3的土地和农奴分给了"格鲁派"的寺庙所有，藏语叫做"曲谿"。1/3的土地和农奴分给拥护"格鲁派"的世俗农奴主所有，藏语叫作"格谿"。1/3的土地和农奴分给噶厦（西藏地方政府）所有，藏语称为"雄谿"。这就是我们常说的西藏三大领主。

三是由于喇嘛教的兴盛，藏民中入寺作喇嘛的人数趋众，进一步促进了喇嘛教的兴盛，以致发展到这样的程度：每户人家，如有几个男孩，只留一个，其余都去当喇嘛。女孩子的情况也大体如此。当了喇嘛或尼姑以后，就不准结婚，不准生育。于是西藏的人口数字就急速锐减下来。清朝雍正时代，西藏作了一次户口调查，整个西藏地区只有二百多万人口。

牙含章在调查研究中发现，西藏政教合一又与甘肃拉卜楞的政教合一不同，它不是一个家族统治的，而是由僧侣上层、贵族和官员三位一体的统治体制。西藏的封建农奴制经过漫长时间的发展，逐步形成了"政教合一"的僧俗贵族联合专政、以封建领主土地所有制和农奴对封建领主的人身依附关系为基础的封建农奴制社会形态，严重阻碍着生产力发展。

第一，是从政权性质和政治状况看，西藏"政教合一"的权力特征是神权与政权相结合，从精神和政治上对人民实施统治和压迫。地方政府由地位显赫的僧侣和贵族组成，代表着封建农奴主阶级的利益。农奴和奴隶终身依附于三大领主，他们被剥夺了人身自由，领主对农奴和奴隶可以随意打骂、处罚、出卖、赠送甚至监禁、处死。按照西藏地方法典，社会划分为三等九级，"人有上、中、下三等，每等又分上、中、下三级"。上等上级的人命价，身体与黄金等重，下等下级的人命价仅为一根草绳。西藏的法庭和监狱对触犯其法典者制定了挖眼、割耳朵、截手、剁脚等几十种惨无人道的刑罚。西藏封建农奴制度政治上的黑暗、残酷，在人类近代史、现代史上是少有的。

第二，从对生产资料和农奴人身的占有看，占总人口不到5%的三大领主（官家、贵族、寺庙上层僧侣）几乎占有了西藏的全部土地、草场、山林和牲畜，而占人口95%以上的农奴和奴隶却没有任何生产资料，不得不依附于三大领主。农奴和奴隶要上交沉重的地租、承担上百种税收和无偿差役。农奴和奴隶一出生就归属领主，人头税是这种人身依附关系的标志；不少农奴被出卖、转让过多次；男女农奴结婚要取得双方领主的同意，农奴死亡要向领主销名。

20世纪30年代拉萨街头的乞丐

第三，从封建农奴制的社会状况看，生产工具简陋，生产粗放，技术水平极为落后，生产日益萎缩，人口急剧下降，恶疫不时流行，西藏的经济文化发展长期处于停滞状态。据旧西藏地方政府统计，当时人口平均寿命只有35.5岁，曾经创造过灿烂古代文化的藏民族，文盲率居然高达总人口的九成以上。

第四，在社会文化方面，政教合一的社会制度决定了宗教成为旧西藏占统治地位的社会意识形态。三大领主为了使封建特权神圣化，从精神上奴役人民，凡是与统治阶级意志相违背的任何新思想、新文化和科技知识都被视为异端邪说，从而禁锢了人们的思想，阻碍了教育的普及和科学文化的发展。例如，由于车轮、磨轮等轮子形的东西，与喇嘛教崇尚的法轮和谷拉（也称作"麻尼磨"）形状相似而受到禁止。所以拉萨街上看不见马车和汽车，在乡村也没有水磨和碾场的碌碡。

西藏在政教合一的制度下，呈现出普遍的贫穷和落后。

拉萨为西藏之政治、经济、宗教、文化的中心，应该是比较繁荣的，但在牙含章的眼中，它是一个萧条的地方。

拉萨街道上行走最多的人是喇嘛和乞丐。

拉萨城内，外来人口多为商业和手工业者。还有一部分当地人，从事旅店和运输谋生。旅店只供房间，食物、牛粪（燃料）、牲畜草料，需要客人另外购买。

拉萨人的运输方式由骡脚、驴脚及人力三种。富有的人家拥有一群骡子，奔走于西藏各地，甚至于到印度、尼泊尔、不丹的贸易市场。此外，再就是一些穷苦的人，献出自己的体力，像骡马一样，长途背运一点货物，获得一些报酬来谋生。担任人力运输的，多是一些藏族穷苦妇女。环境使她们练就了强壮的体力，有的妇女竟会背上两只子货物（等于一头骡子的驮量），爬山越岭，健步如飞，使娇生惯养的都市生活者望而生畏。

牙含章的西藏调查，较甘青安多藏区的调查，对喇嘛教的本质及其对社会影响的认识，又前进了一步。

敌毁书稿

历史不承诺每一件事情，都有个圆满的结局。

牙含章在极其艰难的环境中，进行了千辛万苦的调查研究，而且在极其困难的条件下，写成的这样一部包含着很多关于藏族的非常珍贵资料的学术著作，竟在敌人的黑手中胎死腹中，不仅他自己感到遗憾，我们也感到非常惋惜。

《青藏调查记》虽然没有出版面世，但牙含章在实地调查中，所得到的关于藏族社会及其文化传统方面的资料，以极其丰富的理性认识，为他以后所从事藏区革命工作和藏学研究，特别是对甘肃夏河和西藏封建农奴制社会性质的判定，和开展藏区民族宗教上层统一战线工作，提供了重要的思路和素材。

这是我们替他感到十分欣慰的。

第三章　回回民族问题

DISANZHANG　HUIHUIMINZUWENTI

回回民族问题

民族问题研究会编

民族出版社

第三章
回回民族问题

1937 年，神圣的抗日战争爆发了。当我跟随嘉木样呼图克图到达拉萨时，才听到这个消息。我认为这是一个爱国青年参加救国战争的唯一时机。1938 年 4 月，我从拉萨出发，绕道印度加尔各答、新加坡、香港，而抵达西安。在西安又通过八路军办事处的介绍，于 1938 年 7 月，到达陕甘宁边区关中分区的陕北公学分校，后又转到延安陕公总校。

1939 年初，当我整装待发，要奔赴华北敌后去时，中央已成立了以张闻天同志兼任书记、李维汉同志为秘书长的中共中央西北工作委员会（简称西工委），着手研究中国的少数民族问题。中央组织部征求我的意见，打算把我分配到西工委，去作少数民族问题的研究工作。中央组织部的同志向我指出：现在日本帝国主义者对我国正在大力进行民族分裂的阴谋，在绥远成立了以蒙奸德王为首的"蒙疆自治政府"。现在又派日特潜入宁夏、甘肃和青海地区，阴谋策划"四马"（即马步芳、马步青、马鸿逵、马鸿宾）叛乱，在西北成立类似伪"满洲国"那样的"回回国"。因此，我们要同日本帝国主义者展开尖锐的争取蒙回民族的广大人民（包括他们的上层）参加到抗日民族统一战线中来的斗争，这项工作同前方打仗同样重要。经过中央组织部的同志的这次谈话，说服我服从组织的分配，就到了中共中央西北工作委员会工作。

从1939年到1941年，我们的工作是集中力量研究回回民族问题。李维汉同志最近写了一篇文章，题目是《回忆延安时的民族工作——纪念贾拓夫同志》（发表在《民族研究》杂志1981年第1期），对当时的民族工作情况作了简明扼要的总结，我这里不再重述。需要补充一点的是：当时我们把研究回回民族问题的成果，写成了一本书，取名《回回民族问题》，1941年由延安解放社出版，公开发行（新中国成立后，民族出版社又曾两次重版）。这本书的"序言"中说："这本小册子，是几个热心研究中国少数民族问题的同志经年努力的结果。"这里需要说明的是，参加这本书研究工作的，实际上是3个人：即李维汉同志、刘春同志和我。李维汉同志根据中央西北工委讨论回回民族问题的精神，起草了"解决回回民族问题的基本政策"这一部分，并负责全书的最后定稿。刘春同志负责研究回回民族与伊斯兰教的关系等部分，并负责全书的文字上的修改和加工。我负责研究回回民族的来源和历史等部分。

……

参加《回回民族问题》一书的编写工作，对我来说，是生平第一次受到马克思主义的民族理论和民族政策的教育。

对于回回民族的来源及其历史的这一部分，我的主要观点是：纠正了当时在我国学术界比较流行的一种似是而非的错误论点，即认为我国的回回民族就是从唐时的回纥、宋时的回鹘、元时的回回发展下来的。回纥—回鹘—回回，这就是回回民族的发展史。当时我国学术界有许多人是同意这个看法的。我根据大量的历史事实，证明唐代的回纥到宋代改称回鹘，到元代改称畏兀，是现在居住在新疆的维吾尔民族。而回回则主要是元时蒙古统治者从"回回国"（包括今天的苏联中亚细亚信伊斯兰教的各民族地区以及伊朗、伊拉克、叙利亚、沙特阿拉伯等国）移居到我国的信仰伊斯兰教的各族人民，包括官吏、学者、工商业者、军匠、炮手、士兵等等。他们移入中国以后，就在我国各地定居下来，逐渐形成为我国的一个少数民族。当然，这也不排斥其它民族——包括少数信了回教的汉族——的若干居民也是回回民族的构成部分。这一观点，现在已得到全国广大回族人民的承认，并写入《回族简史》。

——牙含章自述

奔赴延安

1938 年 3 月的一天，牙含章从哲蚌寺领完早餐，问过嘉木样呼图克图，有没有要办的事情。当得到嘉木样没有急事的回答后，他信步踱出寺院，走向拉萨的街头，漫无目的地走进一家商铺。他看见老板的桌子上有一张报纸，他征得店主的同意后，拿过来一看，这是一张印度华侨办的报纸，上面一条新闻马上吸引了他的注意。

这是一条关于国共第二次合作，抗日战争全面爆发的重要消息。

牙含章突然觉得眼前一亮，顿时兴奋起来，似乎看见了一条新的出路。作为一个在第一次国共合作时期参加过大革命活动的热血青年，他的血液又为参加抗日战争沸腾起来，无法抑制。他觉得这是一个爱国青年参加救国战争的唯一时机。

随后，牙含章又从其他方面知道，党中央已在延安，那里已经成为动员全民抗战的圣地。作为一个党的外围组织成员，奔赴党中央所在地，成为他这时的最大愿望。

牙含章再也抑制不住激动的心情，他疾步赶回寺院，向嘉木样表白了回内地参加抗战的决定。

　　这时嘉木样的朝习队伍已经进藏快一年了，在这中间，牙含章伴随嘉木样到西藏各大寺院朝拜，进行广泛的交际活动，并协助开展政教事务，与上层要员穿梭往来，缔结法缘，座谈政教，增进关系中，发挥着重要的作用。所以，嘉木样虽然在思想上支持他去参加抗战，但他的西藏之行，离不开翻译，而且作为亲密的朋友，也舍不得他离去。但这时的牙含章深感"国家兴亡，匹夫有责"，决心已定，便非常诚恳地向嘉木样呼图克图一再表明他的意志和决心。嘉木样多次挽留，纵使有万般不舍，最终还是答应他走，并给了100银元作盘费。

　　牙含章坚持回内地，参加抗日战争的决心和意志，使五世嘉木样呼图克图的内心受到极大的震动。

　　五世嘉木样是一个追求进步的爱国爱教的活佛，他决定为国家抗击日本侵略者尽一点自己的力量。他即给长兄拉卜楞寺黄正清发电报，要求他立即采取行动。黄正清根据嘉木样的意见，由拉卜楞寺和所属一百零八寺组织了一个20余人的慰问前方将士代表团，由嘉木样弟弟黄正基任团长，分赴各个战区，到抗日前线慰劳。随后由黄正清率领拉卜楞致敬团，到重庆为抗战捐献30架飞机（每架3万元）。

　　1938年4月，牙含章辞别嘉木样呼图克图，从拉萨出发，踏上奔赴延安的道路。

　　从西藏到延安，牙含章经历了千辛万苦。

　　当他从拉萨出发的时候，西藏的局面比较混乱。九世班禅圆寂于青海。寻访九世班禅转世灵童的事情刚刚开始；十三世达赖转世灵童虽已寻获，但还在青海，未回西藏。这两件大事搅动着西藏社会的不安。好在政教大权都在热振摄政手上，热振派藏兵护送牙含章到亚东。可是出境的樟木口岸当时由英国人把持，从这里进入印度又费了一些周折，到加尔各答的时候，嘉木样所赠银元早已用尽。为了前行，他想尽办法筹措经费。如其堂兄牙耀明所说，他卖掉了照相机等值点钱的东西以充路费①。到新加坡的时候，已经囊空如洗，像个乞丐一样。幸好在新加坡得到一位商人的帮助，才得以回到香港。即使这样，也丝毫没有动摇他参加抗日的决心。牙含章在香港时与党组织有了联系，通过党组织的介绍，辗转汉口，6月底到达西安。经八路军西安办事处的介绍，7月初进陕北公学关中分校，学习马克思主义，从此正式走向革命道路。

陕北公学是我党在抗日战争开始以后创办的一所革命大学，1937年8月在延安成立。

"西安事变"的和平解决，我党提出抗日救国主张和民族统一战线政策，得到了全国各族人民的热烈拥护。党的崇高威望和影响，对蒋管区的广大人民，特别是知识青年激励很大。他们的爱国热情，就像烈火一样地燃烧起来。各地抵抗日本帝国主义侵略，奋起救亡图存的群众运动汹涌澎湃，势不可挡。其时，成千上万的爱国青年为了追求

陕北公学开学典礼会场（1937年11月1日）

---

①参阅牙耀明的口述实录。

革命真理，不远千里从四面八方如潮水般涌入陕北解放区，参加伟大的民族解放斗争。

从我们党来说，为了开展全民族抗战，也急需增添新的抗战力量，理所当然地要把这些奔赴延安的革命青年视为极可贵的财富。但当时延安只有中央党校和红军大学，它们的任务是轮训党的高级干部和高级军事指挥员，无法容纳来延安的广大知识青年。为了解决这个问题，党中央决定把红军大学改名为中国人民抗日军政大学，并增设了第四大队，这是我们党在延安培训全面抗日青年的第一所熔炉。

1937 年 8 月，党在抗大第四大队的基础上筹建陕北公学。成仿吾（当时是中央党校教务长）为陕公校长。1938 年 3 月，李维汉（当时为中央党校校长）调任陕公副校长和党组书记。

1938 年农历大年后，报考陕公的学员激增。当时的延安人口膨胀，粮食及各种日用品日趋紧张，加之国民党加紧反共摩擦，在西安去延安的路上设立许多关卡、检查站，沿途堵截、逮捕去延安的青年。根据上述情况，中央书记处和组织部在 1938 年 4 月底相继开会，作出了在栒邑创办陕公分校的决定。栒邑地处关中，土地肥沃，粮食供给等较延安容易筹办；这里离西安近，青年较容易进入边区。中央决定成仿吾留在延安主持总校工作，着重办好研究班，为分校培养师资；李维汉担任栒邑关中分校校长。

1938 年 5 月 30 日，李维汉率领一部分骨干来到栒邑，在看花宫创立了分校。

看花宫据说是唐代杨贵妃看花的地方。这里过去牡丹花很多，也有些古迹。分校的校舍，全是借用老百姓的房屋，除校部和女生区队设在看花宫外，其余各区队分布在看花宫附近的平坊、门家、赵庄等村庄。教学用的桌椅、板凳及其他生活用品，都是老百姓借给的。7 月 7 日，在抗战一周年纪念日，陕公分校正式开学。

1938 年 7 月初牙含章到达关中陕公分校的时候，刚赶上开学。牙含章对一切感到很新鲜，他兴致勃勃地投入到学习之中。

陕公分校只分普通队和高级队。普通队培养前线与后方急需的抗战民运干部，学习期限一般为 3~4 个月。高级队培养学校的师资，学习期限为 1 年。学校的重点是办好普通队。牙含章参加的是普通队的学习。

普通队开设四门课程：

（一）社会科学概论，又称"政治常识"。内容包括社会发展史、政治经济学、辩证唯物主义与历史唯物主义等方面的一些基本知识。使学生通过学习，初步懂得关于社会发展的规律，懂得马克思主义的阶级斗争学说，认识中国革命不仅有当前打倒日本帝国主义、求得民族解放的问题，而且还要谋求社会解放、阶级解放。讲这门课的有李凡夫、吴亮平、张如心等。

（二）抗日民族统一战线。主要讲授抗日民族统一战线的基本理论、方针、政策，统一战线的产生、形成和意义，以及在实践中如何坚持独立自主、又斗争又团结、正确处理民族斗争与阶级斗争的关系等等。这门课有史有论，有经验和教训的总结，学员们非常爱听。讲授这门课的有邵式平、何干之等。毛泽东每次到校讲演，也总要讲这方面的问题。

（三）游击战争。主要讲游击战的理论、战略战术、政治工作等。最初讲这门课的是周纯全，他是从红四方面军来的，是位经过长征、身经百战的老红军，有丰富的实战经验。他讲课具体生动，绘声绘色。邵式平、张然和也讲过这门课。

（四）民众运动。这是一门崭新的课程，主要讲群众运动知识，如怎样动员和组织群众、建立政权、建立武装，以及各种政策、法令，如减租减息、拥政爱民、合理负担、妇女解放、扫盲、儿童站岗放哨等等。

牙含章在陕公的学习生活是紧张的，也是刻苦的。每天清晨 6 点，军号把他们从梦中唤醒，20 分钟内，要完成内务整理、洗漱，然后是全校集合，点名早操，整队露天进餐。早餐后，稍稍休息，就开始了紧张的学习。晚饭后的文娱活动，唱歌、看节目，也是集体的、有组织的。

学员编为队、分队、班。队相当于连，是教育单位，又是自治单位，每队约有学员 100~120 人，由队长、指导员（最初叫队主任）、助理员、副队长、队学生分会主任等组成的领导小组，负责全队的工作。他们的分工是：队长管学习，副队长管生活和军事，队指导员是队的支部书记，负责党的支部和政治思想工作，政治助理员管党的组织宣传，队学生分会主任管课外活动和社会活动。

班是学习单位，每班有 8~12 人，文化水平有高有低，搭配编班，每班都编进一两个政治文化较高的学生，以便发挥骨干作用。班长、副班长均由学员选举产生。

陕公对学员的学习强调三个原则：一是自学为主。在时间的分配方面，学校规定自学的时间多于上课的时间；在自学时间内，个人自学时间又多于集体自学时间，但同时并不否认集体作用，不否认同学间的互助。二是循序渐进。学习要靠思考，思考只能从容前进，"欲速则不达"。三是发扬民主。陕公是一个统一战线的学校，学员来自全国各地，有的来自海外，其中有少数国民党员，他们各自的经历是不同的。在学习中，学校提倡独立思考，敢于辩论，反对强制服从，反对随便给人戴大帽子。课堂讨论是体现学习民主的重要环节。

在栒邑陕公分校学习期间，牙含章参加了"民族解放先锋队"和"西北青年救国会"，积极进行抗日救亡活动。

1938 年 7—9 月，牙含章在分校学完了普通班课程。由于他文化程度较高，并在理论研究方面表现出较高的素养。在分校学习一期结束后，他从分校转至陕北公学总校高级队学习，终于到达延安，实现了自己的愿望。

牙含章在总校，主要学习马克思主义理论原著，如《共产党宣言》《社会主义从空想到科学的发展》《马克思主义的三个来源和三个组成部分》等。同年 10 月，在陕北公学加入中国共产党，立志为民族的解放事业和共产主义理想奋斗终身。

1939 年 2 月，牙含章完成了在延安陕北公学的学习任务，以优秀成绩结业。

当牙含章整装待发，将奔赴华北抗日前线时，中央组织部分配他到刚成立的中共中央西北工作委员会从事民族工作。

在西工委

牙含章所接受的是一项光荣的历史使命。

抗日战争是整个中华民族的民族解放战争，必须尽可能团结国内的一切少数民族共同奋斗。西北（包括内蒙古）是蒙、回、藏、维吾尔等许多少数民族的聚居地区。党中央转移到陕北以后，为了阻止敌寇进入西北，并在西北建立巩固的革命大本营，极其注意争取和团结西北地区少数民族的工作。抗日战争初期，即七七事变后，在中国共产党的倡导和努力下，国共实现了第二次合作，初步形成了抗日民族统一战线，为赢得抗日战争的胜利，中国共产党制定了全国各民族共同抗日的民族政策。

1937 年 7 月，党中央决定成立少数民族工作委员会，下设回民工作部和蒙古工作部。这是中国共产党第一次设立的主管少数民族工作的机构。

1937 年 8 月，党中央发布《抗日救国十大纲领》，明确地提出了"动员蒙、回及一切少数民族在民族自治原则下共同抗日"的主张。

1938 年 10 月召开的党的六届六中全会以后，中央决定成立几个中央工作委员会分担党中央的部分工作，其中有中央西北工作委员会，以主持西北地区陕甘宁边区以外的陕、甘、宁、青、新、蒙各省地下党的工作，尤其是少数民族工作。

1939 年初，中央西北工作委员会（简称西工委）成立，书记由张闻天兼任，李维汉担任秘书长，具体工作由李维汉、贾拓夫负责处理，重要的问题向张闻天报告请示。西工委的工作人员有：刘春、牙含章（马尔撒）、张光天、刘庚、何承华、何长庆、周仁山、王铎、朱侠夫（塞农）、孔飞、谷敬、秦毅、陈洪、郑义、沈遐熙、谢华等[1]。

---

[1]李维汉著《回忆与研究》：中共党史资料出版社 1986 年 4 月版，第 451—452 页。

为了加强对民族问题的研究工作，西工委专门设立了民族问题研究室，对少数民族，重点是对抗日战争和陕甘宁边区有直接影响的蒙古和回回两个民族的历史、政治、经济、文化等情况进行调查研究，作出合乎实际的结论，为党中央制订民族政策提供科学的依据。

民族问题研究室由刘春负责，下设两个研究组：回回民族问题研究组，牙含章、秦毅、朱侠夫等参加；蒙古民族问题研究组，王铎、孔飞、周仁山等参加。

西工委的成立及其工作任务，就是为了加强少数民族工作，解决中国少数民族所面临的很多矛盾，动员少数民族参加到抗日民族统一战线中来。

日本帝国主义发动的全面侵华战争开始以后，各少数民族面临三种矛盾：

一是少数民族同日本帝国主义之间的矛盾。日本的全面侵华战争开始后，大部分省的民族地区都遭到了日本帝国主义的野蛮侵略。日本军队在占领区扶植傀儡政权，在政治上实行残酷的统治和压迫，在经济上实行疯狂的掠夺，并通过设立各种银行、株式会社、股份公司及特务机构，直接操纵民族地区的经济命脉，不仅使原本生活在国民党反动统治下的各少数民族的生存状况更加恶化，而且使他们本身的生存从根本上受到了威胁。因此，各少数民族与日本帝国主义的矛盾十分尖锐而且突出。

二是少数民族同国民党政府的矛盾。国民党政府对外妥协退让，对内推行"大汉族主义的错误的民族思想和错误的民族政策"，把汉族以外的各少数民族都称之为"宗族"，还常常以武力对少数民族实行镇压。国民党推行的民族压迫政策，激化了汉族与少数民族之间的矛盾，尤其激化了国民党政府与少数民族之间的矛盾。

三是少数民族内部下层民众与上层统治者之间的矛盾。少数民族上层统治者除了对下层民众进行残酷的政治压迫之外，还以超经济手段无偿占有他们的劳动，使其处于人身依附的悲惨境地。其中有的少数民族上层分裂分子，还以帝国主义为靠山，为帝国主义的侵略政策服务。日本在东北制造的"满洲国"，在内蒙古策动的"蒙疆自治"，就是最典型的事例。国民党政府为了维护民族地区的旧制度，往往笼络少数民族上层统治者，通过他们加强对少数民族的控制。这就不能不引起广大少数民族人民群众的反抗，从而加深了民族地区上层统治者与下层民众的阶级矛盾。

毫无疑问，少数民族要完成自身解放的历史任务，必须解决这三种矛盾，即：推翻外国帝国主义的压迫；反对国民党政府的民族压迫；反对少数民族内部的阶级压迫。但是，少数民族问题并不是孤立的问题，它是中国革命总问题的一部分。因此，这三个任务的解决，不能不联系各个时期的历史情况，不能不同整个中国革命的发展和胜利直接关联。

由于中日两国矛盾的上升降低了国内阶级矛盾和政治集团之间矛盾的地位与比重，因此，在整个抗日战争时期，必须把反对日本侵略者当作头等的任务；少数民族的命运，是和整个中华民族的命运紧密联系在一起的。只有从彻底的抗日斗争中，从中华民族的独立与解放中，少数民族才能求得自身的解放。也就是说，少数民族同日本帝国主义的矛盾是当时最主要的矛盾，如果这个矛盾不解决，后两个矛盾是不可能得到解决的。正是基于这样的认识，中国共产党在全面抗战爆发后发表的抗日救国十大纲领中号召："动员蒙民回民及其他一切少数民族，在民族自决和民族自治的原则下，共同抗日。"①这是党在民族工作中必须坚持的基本方针和必须实现的主要任务。

牙含章在西工委的工作，标志着为抗日战争的胜利，他在党的领导下，开始有领导、有组织、有计划地进行少数民族工作，也是他第一次以马克思主义关于民族问题的理论为武器，深入地研究国内少数民族问题。

回回民族问题

牙含章作为西工委民族问题研究室回回民族研究组的主要成员，积极参

---

①中央档案馆：《中共中央文件选集》11，第328页。

加了回回民族问题的研究工作。

一是为中央起草了有关少数民族问题的指导性文件，即 1940 年 4 月拟定的《关于回回民族问题的提纲》，这个提纲的基本内容如下：

（一）分析了回回民族的特征。对于回回，肯定它是"富于斗争精神的一个民族"，是"半殖民地半封建中国的少数民族"。揭露国民党政府认为回族已经汉化，回回就是回教徒，否认回族是一个民族的大汉族主义谬论和政策。承认回回是一个民族，这是我们做回回民族工作的出发点。

（二）分析了民族问题中的三个基本矛盾：第一是回回民族和日本帝国主义的矛盾。日本帝国主义"捧出'大回回国'的旗帜，在回族间进行挑拨分裂活动"，妄图建立"回回国"。第二是回回民族和汉族的矛盾。国民党的大汉族主义的民族政策，造成了回回民族对汉族上层统治者的深刻仇恨，反过来又滋长了某些狭隘民族主义的离心倾向。日本帝国主义把利用回回民族同汉族的矛盾作为它灭亡中华民族的主要政策。第三是回回民族内部的民主力量与封建势力的矛盾。在整个抗日战争中，回回民族与日本帝国主义的矛盾是主要的。必须正确处理这些矛盾，争取回回民族，包括回回民族的上层，共同团结一致地进行抗日战争。

（三）分析了争取和团结回回民族参加抗日的可能条件，规定了党对回回民族的具体政策。提出了团结回回民族共同抗战建国的十条政策，归纳起来是：启发和提高回回民族坚决抗日的认识和信心；在政治上与汉族一样享有平等权利，反对大汉族主义，也反对狭隘民族主义；开放民主，保障回回民族人民有言论、出版、集会、结社等自由；尊重回回民族的风俗习惯、宗教信仰，保护清真寺；帮助改善和提高回回民族的生活；帮助建立回回民族自己的抗日武装；实施抗战教育，发扬回族固有的优良文化传统，培养回回民族自己的抗战建国人才；帮助发展民族经济；回族有居住迁徙的自由；改善回回民族与汉族及其他民族的关系，巩固各民族之间的抗日团结。这些政策是党对少数民族实行马克思主义民族平等原则的具体体现。实践证明，以后我们党就是根据这些政策争取和团结了回回民族人民，包括了他们中的一部分上层，参加了全国的抗日民族统一战线，实现了全国各民族在抗战中的团结。

二是完成了《回回民族问题》一书的编写和出版工作。

《回回民族问题》全书共 9 章 25 节，第一章主要论述和探讨了回族的来源。根据当时能够掌握到的材料和已有的成果，作者得出结论："中国回回民族的来源主要的是元时来中国的回回人，回回民族在发展的过程中还加入了大量的汉人成分，此外还可能有回纥、回鹘人……唐宋时期来中国的波斯人、大食人，亦成为回回民族的组成因素。"此外，本章还论述了回回民族的名称问题和分布状况。第二章叙述了回族的革命斗争史，认为回回民族是"长期被压迫与长期奋斗"的民族，指出"回族革命是中国革命的一部分，没有回族的解放，中华民族即不会有真正的自由，反之，回族如不积极参加全中华民族解放的斗争，争取中国新民主主义革命的胜利，也就不可能获得自己民族的真正解放"。第三、四章论述了伊斯兰教（回教）与回族的关系。认为门宦制度是"回族以农业为主的封建经济发展到一定阶段上的产物"，就是"一种更集中的扩大的教坊，是教主而兼地主的制度"。指出回教"同回族的发展结成了密切的关系"，同时又着重指出，"回教与回族的密切联系，一方面团结了回族……一方面又严重地束缚了回族，阻碍了回族的发展与进步，主要是阻碍着回回民族民主革命力量的生长"。第五、六章论述辛亥革命以来回回民族造成的危机及这一历史条件下回回民族的出路。认为回回民族的出路是："回族解放运动是中国革命总潮流的组成部分，回族的解放运动是和中国革命运动不可分离的。现阶段中国革命的任务首先就是抗日，并且，日寇也正是灭亡回族的敌人；无疑的，回回民族斗争的方向，首先应该是与中华各民族坚持团结，坚持抗日自卫战争，打倒日本帝国主义，以共求解放。国内民族压迫的解除，回族内部关系的改善，都应该在坚持抗日斗争中去求得解决。"第七、八章论述回回民族问题的实质、地位与中国共产党对回回民族的政策。认为"回回是民族，回回问题是民族问题"，"实行民族平等，就是现时解决回回民族问题的基本政策，是抗战以来中国共产党再次坚持的主张，并在她自己领导的陕甘宁边区等地实行这一政策"。该书最后一章论述了陕甘宁边区回族的政治、经济、文化新气象，认为陕甘宁边区是"回族自由生活、自由发展的家乡，是中国回回民族解放的灯塔"①。

《回回民族问题》一书，于1941年4月由延安解放社出版，后分别于1947年、1958年、1980年再版。这本书简明地阐述了中国回回民族的产生和发展的历史，阐述了中国共产党的民族平等和团结回族人民参加神圣的抗日战争的政策，以马列主义的民族观点科学地分析了回回是一个民族的问题，并且阐述了中国共产党对回回民族的解放和发展所指出的正确的政治方向和前进的道路，对于回族人民在革命的道路上胜利地前进并取得民族解放有过很好的影响。

《回回民族问题》一书的撰写中，牙含章承担了主要的工作。曾同牙含章一起在西工委民族问题研究室当研究员的周仁山在回忆文章中说："我是1937年、1938年两次去额济纳旗工作，1939年秋天到延安在西北工委民族问题研究室当研究员。研究室的负责人是刘春，研究员有王铎、孔飞、马尔萨（牙含章）、秦毅等人。王铎常在伊盟搞调研工作，在机关的时间短。那时研究的民族问题有：蒙族的、藏族的、回族的等。当时认为中国的蒙族、藏族是民族，满族也提出了一个时期，争论最多的是回回问题。回回是否是一个民族呢？如按斯大林关于民族的定义，回回好像不完全具备斯大林所说的四个条件，但是根据我国的情况要按民族问题对待，争论到最后还是按民族问题解决。于是定了一本《中国回回民族问题》的书。牙含章参加搜集原始材料较多，定出初稿后，刘春修改，修改后交李维汉、贾拓夫审核、出版。这是中国共产党出版的第一本关于我国少数民族问题的书籍。"②

①参阅王伏平：《西工委与〈回回民族问题〉——纪念〈回回民族问题〉出版60周年》，《回族研究》2001年第4期，第70页。
②中共甘肃省委党史研究室编：《周仁山同志诞辰百年纪念文集》，2014年6月内印本，第52页。

1947 年的重版本　　　　　　　　　1958 年的重版本

历史不断翻开新的页码，但总是割不断与前面的联系。

现在我们来评价《回回民族问题》这本书时，为这些理论前辈感到骄傲。他们在那样艰苦的战争岁月中创造的这一理论成果，不仅为当时的民族解放斗争指明了方向，也为后世留下如此可贵的思想启迪。这本书中的那些合乎实际的结论，为中共中央制定民族政策提供了科学依据，同时为我国民族区域自治政策的形成奠定了理论基础。

抗日救亡

1939 年初到 1941 年 5 月，牙含章在中央西北工作委员会工作近三年中，为了推动陕甘宁边区回民的抗日救亡运动，在进行回回民族问题研究的同时，受组织委派，以"马尔沙"为化名，积极参加了回回民族的抗日救亡活动，并在其中担任重要的组织联络工作。

1940 年 1 月初，牙含章代表西工委，联络延安的金浪白、马文良、马青年、王占魁、王谦、苏汝智、苏冰、杨静仁、沈遐熙、鲜维俊、马永祥、沙里士等一些回族干部，共同发起"延安回民救国协会"，同年2月26日，举行"延安回民救国协会"成立大会。

1940年1月，陕甘宁文化协会第一代表大会一致通过组织少数民族文化促进会的议案，之后，边区开始筹备成立蒙、回民族文化促进会。牙含章担任回民文化促进会的委员，具体参加筹备回民文化促进会成立工作。牙含章还同时参加了中国回教救国协会陕甘宁边区分会的筹备成立工作。

1940年8月，陕北公学加强民族干部的培训，成立少数民族工作队，后进一步成立民族部，牙含章在少数民族工作队和民族部兼任语文教员。

1940年10月7日，回民文化促进会与中国回教救国协会陕甘宁边区分会，同时在延安中央大礼堂举行成立大会，牙含章同谢觉哉、林伯渠等一起当选为回民文化促进会的理事。

1941年5月13日，中央书记处发出《关于成立西北局的通知》将中央西北工作委员会与陕甘宁边区中央局合并，成立中共中央西北局。西工委结束了自己的历史使命，但它的工作为中国共产党今后处理民族问题奠定了坚实的基础。牙含章随之到中央西北局工作。

1941年8月，中共中央决定组建一个由毛泽东兼任局长的中央调查研究局，负责敌我友诸方面的调查研究工作。中央调查研究局下面有4个不公开的分局：第一分局在晋察冀边区，负责调查华北和东北日占区大城市情况；第二分局是潘汉年领导的情报系统，负责对欧美和沦陷区的调查；第三分局是在重庆的南方局，调研南方敌后大城市和国统区各党派的情况；第四分局在陕甘宁边区，负责边区

延安抗日救国会战友合影

内部和周边的调查研究①。这个局的局长是贾拓夫，牙含章担任该局少数民族研究室副主任（主任乌兰夫）。他在这里工作到 1943 年 4 月。

1941 年 9 月，在陕公民族部基础上成立了延安民族学院，主要任务是培养陕西、甘肃、宁夏、青海等省区的蒙古族、回族、藏族等各民族的青年。牙含章兼任延安民族学院研究室副主任和藏民班班主任，并教授语文。

延安审干

1942 年 2 月，牙含章参加了延安整风学习。延安整风是以毛泽东《整顿党的作风》《反对党八股》等重要讲话为指针，号召全党用惩前毖后，治病救人的方法，开展反对主观主义以整顿学风，反对宗派主义以整顿党风，反对党八股以整顿文风的运动。

1942 年 4 月 18 日，在延安的中央直属机关和军委直属机关联合举行学习动员大会。4 月 20 日起，开始学习规定的 22 个整风文件。学习整风文件一般按总论、学风、党风、文风的次序进行。学习文件的基础上，自我反省，自我教育，和风细雨，不伤皮肉，牙含章在思想上得到了很大提高。

1943 年 4 月，康生发起审干"抢救运动"，使牙含章经历了一次严峻的考验。

这次考验是由时任中央社会部领导的康生一手制造的。早在 1942 年 11 月，他搬用苏联"肃反"的一套错误做法，用"刑讯逼供"的手段，强迫原甘肃地下党员，当时在中央社会部工作的张克勤（樊大畏）承认自己是"特务"，进而制造了甘肃地下党是"红旗党"（这是康生对白区地下党的诬陷，意指地下党外红内白，表面上是共产党，实际是国民党）的假案。该案不仅把在兰州入党的地下党员打成特务，还将在延安和陕甘宁边区工作的甘肃籍

---

①郝在今：《1941：中共安全体系大调整》，《党史信息报》2014 年 12 月 17 日。

同志包括牙含章在内的 30 多人全部逮捕关押，刑讯逼供，打成特务。①

牙含章还因为有曾从西藏转道印度、新加坡、香港，奔赴陕甘宁边区的经历，对他的审查更繁复一些。

从 1943 年到 1945 年的审查、甄别的三年时间里，牙含章耽误了两件事情：一是浪费了许多宝贵的工作时间，二是错过了他的一部重要著作《青藏调查记》的出版时机。

1945 年 10 月，在被解除关押的一个傍晚，他来到延河边，坐在一块大石头上，眼望着延河翻腾的波浪，心潮起伏。回想起自己从大革命时期参加导河青年社，到拉卜楞避难，从拉卜楞到青藏一线的民族调查，奔赴延安学习马列，参加革命，从事西工委民族研究，经过了许多艰难险阻，但始终没有放弃过寻找正确解决民族问题道路的理想。人生不会一帆风顺，考验会随时发生。作为一个共产党员，始终要做好牺牲一切的准备。整风审干是一次人生的考验，现在既然已经甄别了，他还在陕甘宁边区行政学院召开的大会上，亲自看到毛主席当着大家的面，公开承认"抢救运动"搞错了，并说"我向大家赔个不是"，向大家鞠了一躬。想到这里，牙含章心上轻松了不少，自己受到的委屈，也像延河上的雾气一样消散了。

深秋的延河是美丽的，沉淀了多雨时节混浊的黄泥，清亮清亮的，沿岸山塬的景物都倒映在浅绿色的流水中。雾气里，朦胧看着牧童赶着毛驴、羊群的踪影和吆唱，他感到了大自然的宽阔和亲密。

抬眼望去，衬在天幕上的宝塔显得很庄严。

抗战时期的延安

---

①中共甘肃省委党史资料征集研究委员会编《甘肃党史资料》第五辑，第 455—458 页。

革命的道路无限漫长，要经得起一切考验，一个革命者应当像这宝塔一样，坚强地屹立，永不屈服。牙含章这时感到一种激昂的力量，催促他勇敢地投身新的斗争生活。

1945 年抗战胜利后，牙含章接受党的派遣，走向新的战斗岗位。

第四章 陇右地下斗争

DISIZHANG LONGYOUDIXIADOUZHENG

第四章
陇右地下斗争

抗日战争胜利以后，国民党撕毁了停战协定和政治协商会议的决议，悍然发动了血腥内战，大举向解放区进攻，中央暂时退出了延安，组织上派我到甘肃去做地下工作，在那里建立地下党、游击队及游击根据地。我工作的地区是汉族、回族、藏族和东乡族杂居地区，我们共同的敌人是国民党当局和马步芳。我们在少数民族中建立了地下党和游击队，在同生死共患难的斗争中，与少数民族的劳动人民建立了革命的友谊。我对党的民族工作也有了比较深刻的感性知识。

在"文化大革命"期间，"四人帮"给我扣了"黑帮分子"等帽子，宣布"打倒"，一个时期还关进了"牛棚"，受尽了各种折磨。但我并没有停止斗争。首先是我对"四人帮"在甘肃的代理人把我在1946年到1949年工作过的甘肃地下党，诬蔑为"反革命地下军"、"特务组织"等等，感到极大的愤怒，因为这是对甘肃广大人民的革命历史的恶毒歪曲，是对甘肃汉回藏各族革命人民的肆意侮辱。这笔账必须清算。而清算这笔账的重担只能由我们当年负有领

导责任，今天还活着的人承担起来。如果我们不承担，今后就永远
也没有人说得清楚。因为当时的革命斗争是没有文字记载的。为此，
我花了好几年的时间，写成了一本约 18 万字的革命回忆录，取名
《陇右地下斗争》，忠实地记载了甘肃人民的革命斗争事迹，恢复了
历史的本来面目。打倒"四人帮"以后，我把这本书送交新的中共
甘肃省委审阅，经甘肃省委同意，现已由甘肃人民出版社出版，和
广大读者见面了。

——牙含章自述

新的任务

1945 年 9 月，中共中央西北局贯彻党的七大精神，加强对甘肃党的工作
的领导，决定重建中共甘肃省工作委员会（简称甘工委）。鉴于原甘肃工委主
要领导及骨干被打成所谓"红旗党"，关押审查，此时尚未甄别平反，与国统
区各级党组织联系长期中断，情况不明，故由陇南地委副书记朱敏兼任甘工
委书记。[1]

1946 年 3 月，原甘肃地下党负责人孙作宾、陈成义等同志的"红旗党"
问题得到甄别平反，陆续被派往庆阳参加甘工委的领导工作。此时的牙含章
也得到甄别平反，离开延安，赴庆阳担任甘工委对外宣传组的组长。有一段
时间，他还兼任《陇东报》的编辑。

1946 年 6 月，蒋介石公开撕毁停战协定，全面发动内战。

1946 年 7 月 24 日，西北局书记习仲勋在主持西北局讨论甘肃工作时指
出："在新的时期中，在西北国民党区搞武装，仍有其重要的意义。国民党
区工作有武装结合，才便于坚持，才利于发展，才适合将来发展的目的。甘

---

[1]中共甘肃省委党史研究室编：《中国共产党甘肃大事记》，中央文献出版社 2002 年 4 月北京第
一版，第 63 页。

肃工作中，搞武装，搞若干根据地是中心问题，不可忽视。"①

1946 年 7 月中旬，为了实现西北局关于甘肃开展武装斗争的战略意图，甘工委派牙含章去张家川，寻找清水地区地下党负责人沈遐熙，通报陇南特委和陇南游击队武装南下的计划。②牙含章与沈遐熙曾于 1939 年在西工委一起工作过，很熟悉。由于这层关系，甘工委特派牙含章去执行这个任务。自参加革命就留在中央机关侧重于搞理论研究工作的牙含章对搞地下工作武装斗争没有经验，但他向党组织坚定表示："一定完成党交给的任务。"毅然接受党的派遣，前往敌占区的清水。

这是一条险途。

1946 年 7 月下旬，牙含章离开甘工委驻地，到了泾南（指的是平凉东面四十里铺处）。这里公路分为两条，一条通西安，一条通宝鸡，敌人防务很严，来往的生人要受到盘查。当时在平宝公路边上的山区里，有甘工委的秘密交通站，具体由平凉工委管。党的工作人员来往都由这个交通站负责转送。在敌人的一次盘查中，牙含章险些被抓走。以后有好几天时间，牙含章都是跟着交通员在夜里行走。7 月底，牙含章到达清水，找到沈遐熙，传达了甘工委的指示。在张家川敌情严重的环境中，他与沈遐熙开始了配合陇南特委和陇南游击队开展武装斗争的行动。

1946 年 8 月上旬，鉴于形势变化，上级取消了陇南游击队南下计划，甘工委指示牙含章回陇东，将去陇右开展地下斗争。

地处祖国西北的甘肃陇右地区，本是一个贫瘠甲天下的地方，在国民党统治时期当局横征暴敛，苛捐杂税繁多，抓兵逼粮，致使民不聊生。在共产党和红军的影响下，1943 年初在甘肃南部的洮河、渭河、大夏河流域，回、汉、藏、东乡等各族贫困农民近 10 万人自发地掀起了反抗国民党统治的"甘南民变"，起义军分 10 路大军向国民党反动政权展开了猛烈的攻击，先后波

---

①《甘肃党史资料》第六辑，第 159 页。

②同上，第 111 页。

及甘肃 20 余县。声势浩大的农民起义震动了国民党政府，蒋介石亲自电令镇压，调集了 7 个正规师的兵力和 4 个保安团及空军进行围剿。经过 10 个月的殊死搏斗，农民起义终因敌强我弱失败了。

"甘南民变"失败后，国民党反动派到处搜捕抓人，不少起义的农民兄弟被捕被杀，环境十分险恶，但这并没有吓倒为革命献身的英雄们。他们或进入山林，或隐藏在贫苦农民中，继续坚持斗争。

"甘南民变"失败的惨痛教训，使他们清楚地认识到，贫苦农民要推翻国民党的残酷统治，没有中国共产党的领导是不行的。在起义失败后的日子里，他们就像没有母亲的孤儿，像夜雾迷茫中的一叶小舟，日夜盼望着能寻找到共产党。

1946 年 8 月 27 日（农历八月初一），曾在"甘南民变"中担任王仲甲第一路司令的肖焕章和副司令吴建威，受郭化如、杨友柏等战友的委托，冒险进入陕甘宁边区寻找共产党。他们两人在朋友的帮助下，安全到达庆阳，见到了甘工委书记孙作宾和工委组织部长陈成义，详细汇报了"甘南民变"的始末，以及他们坚持武装斗争的情况，要求党派干部领导他们，以便更好开展斗争。①

当甘工委书记孙作宾向西北局书记习仲勋汇报这个情况时，习仲勋明确指示："'甘南民变'这个基础对开展甘肃的工作很有利，应尽快派人联系，建立和发展党的组织，大胆开展工作。"同时还指示："'甘南民变'的领导和骨干分子，都是国民党要抓要杀的，国民党已替我们考察好了。只要他们寻找党组织，要求加入共产党，就大胆吸收。"②

根据习仲勋的指示，甘工委决定派牙含章和高健君到"甘南民变"的发生地陇右，寻找义军残部，从义军骨干中发展共产党员，建立党的组织，建立游击队和根据地。

---

①参阅杨友柏：《鏖战陇右》，1988 年 5 月内印本，第 217—225 页。
②孙作宾：《艰难的岁月，光辉的历程》；转自杨友柏：《鏖战陇右》第 2 页。

当牙含章和高健君分头赶到庆阳时，肖焕章和吴建威已经在甘工委履行完入党手续，并给工委组织部留下了接头地点和联络信号后，先行回到兰州（肖焕章在兰州开了一家笔墨店铺作掩护）。牙含章和高健君未能与肖焕章、吴建威见面。

1946 年 10 月 15 日，牙含章同高健君离开庆阳赶赴陇右执行甘工委的决定。①

这一天，还是牙含章 30 岁的生日。

进入陇右

1946 年 10 月的一个夜晚，在天黑以后，牙含章和高健君在庆阳武装交通线负责人张殿寿护送下，从庆阳出发了。同行的，还有到平凉去做地下工作的陈超群。那天晚上没有月光，天空漆黑一片。他们三人都不习惯于夜间摸黑走路，经常失足摔跤。快到半夜的时候，已经到了封锁线，从老远就可以看到敌军碉堡中的灯光，但是四周非常寂静。张殿寿告诉他们：不要咳嗽，不要出声，并且要把脚步抬起，轻轻地走。约有半个小时，就顺利地通过了封锁线。

第二天他们向平凉进发。为了不引起国民党军警特务的注意，他们三人分作两批，高健君为第一批，走在前面；牙含章和陈超群为第二批，走在后面。最后他们在西兰公路上的一个小站会合，搭车直赴平凉。

蒋管区的军警特务统治是相当严密的，要是在蒋管区搭乘普通商业车辆，那就得沿途每到一个关卡，都要受一次检查。他们携带的"身份证"是假的，是经不起检查的，一不小心就有遭到逮捕的危险。为了避免这种危险，只有一个空子可钻，那就是不乘公路局的商车，而乘国民党军队的军车。因为当

---

① 《甘肃党史资料》第六辑，第 214 页。

时国民党正在准备进攻陕甘宁边区，西兰公路上的军车络绎不绝，军车司机都是士兵，他们的薪饷十分菲薄，所以他们很愿意沿途载运一些客人，赚一点"外快"。只要多给几块钱，就可以搭乘军车，这种买卖，当时有个专用名称，叫"钓黄鱼"。搭乘军车有一个特殊的好处，就是沿途经过关卡时，根本不停车，不受任何检查。他们三人在西兰公路上会合以后，立即花了几块大洋，搭乘了一部军车，顺利地到了平凉市。陈超群留在了平凉。

牙含章和高健君仍用"钓黄鱼"的办法，从平凉搭乘国民党的军车继续向西，中途换过几次车，去他们的接头地点——岷县。

1946年10月20日，牙含章和高健君如期赶到岷县。

岷县，位于甘肃东南部，洮河中游，毗邻陇西、渭源。当时，这里虽然是国民党的一个专员公署所在地，但因为它离陕甘宁边区较远，气氛没有平凉那么紧张，也看不到军队频繁调动的情况。重要的是，这里有1943年"甘南民变"后保存下来的一支骨干力量。

甘南农民起义失败后，从战斗中突围出来的一些起义领导人，如毛得功、肖焕章、郭化如、杨友柏、肋巴佛、夏尚忠等，带领着这批骨干力量，转入地下活动，在敌人的屠刀面前，决然走上了武装斗争的道路。从1943年到1946年长达4年之久的时间里，他们没有被敌人的血腥镇压所吓倒，也没有被敌人"保家安民"的劝降欺骗所诱惑，在广大贫苦农民和起义军家属的保护和支持下，顽强地在陇渭地区坚持斗争。

牙含章他们来到岷县的当务之急是找到他们，但接头并不顺利。

他们原来以为，肖焕章在他们出发前半个月已返回甘肃，这时他们一定是已经派人在岷县等候着了，一到岷县，马上就可以和他们接上关系。当他们按照甘工委提供的联络地址，来到岷县城南西行街，找到张汉良杂货铺，小心翼翼地与张汉良夫妻接头时，谁知他们什么也说不上。显然，肖焕章对接头的事没有给他们任何交代。

牙含章和高健君遇到了难题。

那时岷县保甲制度非常严格，凡没有带行李的生人，任何旅店、人家不准留宿。当时牙含章和高健君的"身份证"上填的都是商人，随身却没有携带任何货物。如果住在客栈里，每天晚上军警特务都要前来检查一次，看到他们两个没有货物的"商人"，一定会引起怀疑。如果不住客栈，在岷县又没有其他可以居住的地方。在岷县等下去，不知道接头人会何时来；如果离开岷县，就会失去接头的机会。

最后，他们商量决定：高健君先到渭源找杨友柏，如果找不到杨友柏，就到兰州找肖焕章；牙含章则留守岷县，等候肖焕章派人来接头。

岷县周围有许多集市，逢集的日期又不在一天，有些小商小贩就以"赶集"过日子，买上一些日用品到集市上去卖，赶完这个集，又可以去赶另一个集。而这些集市又离岷县城不远，随时可以回来。集市上都有小客店、小饭铺，食宿都不成问题。最有利的条件是在那些集市上，没有国民党的军警特务的检查，虽然也有当地保甲长的"盘查"，那也不过是"应付公事"而已，他们也明明知道小商贩的身上没有多少"油水"，根本不来过问。

牙含章了解了上述情况以后，就和张汉良商量，买了一个竹背篓，从张汉良的铺子里进了一些纸烟、火柴等日用品，化装成一个小商贩，到岷县周围去"赶集"，约定三四天回岷县一次，打听有无来人的消息。就这样牙含章顶着寒冬的风雪，奔波在岷县四乡，一次次躲过敌人的盘查，耐心地等待肖焕章派人接头。

高健君则先到渭源县莲峰镇的一个"堡垒户"关正堂家找李耀南（杨友柏化名），当即受到关正堂家属蔺兰英的热情接待。在闲谈中他无意流露出没有和李耀南见过面，这一情况立刻引起蔺兰英的警惕，她暗想哪里还有"朋友"却连面都没有见过的道理？在那国民党特务像狗一样到处乱窜的险恶环境中，些微的疏忽大意，都可能造成极其危险的后果。蔺兰英反复思考后，认为来人靠不住。为了保证安全，蔺兰英采取了以假乱真的办法，把高健君打发到真名为李耀南的地主家去，险些惹祸。其实这个时候，要找的假李耀南，真杨友柏正在关正堂家里，他们错失了一个接头的机会。高健君只好去兰州找肖焕章。

大约半个月后的一天，牙含章又到张汉良商铺探寻。张汉良笑嘻嘻地对他说："来了人了。"他忙问："什么时候来的？住在哪里？"张汉良说："来了已经两天了，住在一个小客店里，不知道在哪条街上，不过他每天要到这里来几次，你就坐在这里等一等吧，他大概就会来的。"

大约过了一个多钟头，一个年纪约 30 岁上下的男子进来了，身上穿着很朴素的农民服装。张汉良对牙含章说："就是他。"牙含章连忙站起来亲切地和来人握了握手。对方很谦虚地说："真对不起，让你等了许多日子。"然后他又解释说："最近才接到肖哥（指肖焕章）的信，说有两个重要朋友来找我们，要我们赶快派人到岷县来。我们接到信后，立刻就赶到这里来了。到这里以后才听说你们已来了半月天气了。"他们互相通报了姓名，来人便是他们要找的杨友柏。杨友柏也打量着面前这个化名为"康明德"的回族商人。

杨友柏后来回忆他与牙含章初见面的情形："我把回民男子让进里屋，俩人手握手面面相望，这时我发现他着一身回民装饰，年约三十上下，白皙的脸上留着回民素有的胡须，一双锐利的目光充满着激情洋溢的喜悦，久久注视着我，仿佛有许多话要说，但又不知从何说起。……经过几个钟头的侃侃而谈，我发现康明德是一位心胸宽广，精神乐观的共产党人。他不仅知识渊博，处事果断，而且能平易近人，对同志和蔼可亲，一见面就给我留下了极为深刻的良好印象。但是，他究竟懂不懂军事？能不能指挥打仗？我目睹着他那略带几分书生气息的白皙的脸庞，渐渐产生了疑惑，几次想试探而又未能张口，我心里暗暗思忖：但愿边区党组织给我们派来的人，个个都是文武双全的共产党人，那就太好了！"[1]

事情也真凑巧，当他们正在吃饭的时候，有一个人推门进来了，正是高健君。这就再好也没有了。经过彼此介绍以后，高健君说他到兰州以后找到了肖焕章，肖焕章说他到兰州后已经给陇西的朋友写了信，不知为什么没派人去。他马上又写了一封信，发出了。看来，事情大概是在寄信和收信之间

---

[1] 杨友柏著：《鏖战陇右》，第 239、250 页。

耽误了一下，因为当时杨友柏等人并不是经常住在一个地方，而是日日夜夜在转移住地，因此即使信件及时能寄到他们的朋友家里，也不一定马上能送到他们手中。

1946年11月底，牙含章和高健君经过曲折和艰险，终于和陇右的同志接上了头。现在好了，三个人已经聚在一起，事情好办多了。他们商量的结果是，立即去找郭化如和他的武装小组。经过几番周折，他们终于在陇西北山云田乡马家山找到了郭化如和他的武装小组。

呈现在牙含章面前的武装小组，是五个彪形大汉，郭化如、马福昌、马俊民、常雨三、苏三，还有一个20多岁的青年人，就是藏族农民领袖肋巴佛。

牙含章看着面前的这些壮汉，感到非常兴奋。他知道，坚持在陇渭斗争的这些农民兄弟，将是我党开创陇右地下斗争新局面的坚实的基础力量。

郭化如随后取来了两只德国造的手枪和40发子弹，给了牙含章和高健君。郭化如笑着对他们说："和我们在一起活动，这个家伙（指手枪）是不能离身的。因为国民党的军队经常在四乡'剿匪'，说不定哪一天就会碰上，有了这个家伙，就好对付那些王八蛋。"

牙含章拿笔的手，现在拿上了枪。真正与敌人面对面的战斗就要开始了，他决心要按照党的三大法宝即党的建设、武装斗争和统一战线，打开陇右地下斗争的新局面。

从此以后，一直到1949年甘肃解放，这只手枪就作为牙含章的亲密伙伴，一时一刻也没有分过手。

党的建设

1946年11月底到翌年正月，牙含章和高健君在郭化如、杨友柏的陪同下，到达陇西北部山区后，投入了紧张而又繁忙的调查研究工作之中。杨友柏和郭化如昼夜不离地陪着他俩先后隐蔽于渭源居义乡上坪村方居正家、下

陇西马家山倾清杰家

双轮磨赵六十家及陇西莱子坪陈子俊家、双泉乡西岔沟坡河原执业家、岳崖坪程德功家及云田乡马家山倾清杰等人家中，断断续续开了五六天会议。

一是根据高健君和牙含章提出的问题，杨友柏和郭化如两人详细汇报了1943年陇右农民起义斗争中有关组织领导机构的形成、起义斗争过程、农军主力南下武都失败的经过以及起义军失败后，转入地下坚持了4年艰苦卓绝的斗争情况及找党的详细过程。

二是在此期间，高健君和牙含章也向杨友柏和郭化如详细介绍了中国共产党与中国革命的有关情况，交代了中共甘肃工委在陇渭地区建立地下党组织及开展武装斗争的安排意见。

三是确定了"积极慎重"发展地下党员的方针、原则。所谓"积极"，不仅应该积极地发展党员，而且发展的党员，应能领导革命群众对阶级敌人进行英勇斗争。所谓"慎重"，就是防止特务、奸细、投机分子和其他坏分子混入党内，即使有的地方由于组织不严密，混进了极少数的坏人，也能采取有效措施，防止他们给党造成很大的损失。根据这个原则开展了陇右党的建设工作。

杨友柏和郭化如经过反复研究商量，为确保高健君和牙含章的人身安全及便于工作，选择陇西云田乡马家山倾清杰的家作为他俩的住宿、办公地。

倾清杰家虽然仅离县城30里之遥，但却十分偏僻、宁静，属独门独户，与倾家门村尚有一段距离，周围视线开阔，便于观察；倾清杰家里住房宽敞，院大墙高，家里还豢养着三条大黑狗，一般生人轻易不敢接近庄子。倾清杰以务农为生，心地善良，忠诚可靠，是陇西方圆几十里有名的善人。1944年

初，国民党反动政府四处
通缉捉拿毛得功时，毛得
功经石青山、石老五介
绍，曾在此隐蔽住了一段
时间，没有出过任何问
题。

1947 年 2 月 10（农
历正月二十），高健君、
牙含章在倾清杰家里举行
宣誓仪式，吸收郭化如、

牙含章与高健君、万良才三人合影

杨友柏加入中国共产党，与此同时，将毛得功转为中共正式党员。

如此，建立陇右党组织的条件已经具备。

同月 22 日（农历二月初二）在倾清杰家里，他们召开秘密会议，正式成立陇右地区的第一个党组织——中共陇渭支部。

这次会议上，大家选举郭化如担任中共陇渭支部书记，高健君、牙含章、毛得功、杨友柏为支部委员。

中共陇渭支部的诞生，终于实现了陇渭人民群众多年渴望在共产党领导下，开展对国民党反动派斗争的夙愿，也标志着陇右地下斗争迈入充满希望的新阶段。

中共陇渭支部成立后，6 名支部成员，两人为一组，迅速潜入陇西、渭源的双泉、云田、首阳、居义等地，展开了发展党员的建党工作。从 2 月到 3 月，按照甘工委指示的建党原则，他们先后介绍了参加过"甘南民变"及在民变失败后仍然坚持在陇渭地区开展对敌斗争的谢益三、马福昌、马俊民、常玉山、苏效文、王凤贤、祁耀贤、李镇德、贾永寿、贾宗周、贾寅、李牙才、程德功、陈子俊、程清吉、王得太、张耀贤、张继贤、关正堂、方居正、方忠、赵六十、赵鹏飞、原执业、马德元、宋兰英、陈清海、陈老五、陈子俊等百余名同志入了党。这些同志入党后，预备期一律规定为 3 个月，并交给了他们发展党员，建立基层地下党支部或党小组，建立地下党武工队活动据点等任务。

3月，在渭源活动的夏尚忠、李喇嘛、王得录等，经支部会议研究批准，先后加入了中国共产党。

4月，受陇渭支部派遣，牙含章赴边区向甘工委汇报了建立陇渭支部和组织发展状况，请示建立党的领导机构。甘工委决定成立甘南民变工作委员会（简称甘南工委），同时又派万良才来陇右工作。甘南工委由高健君、万良才、牙含章组成，万良才任工委书记，高健君和牙含章为委员。其主要任务是领导陇渭地区党的组织；调查甘南民变真实情况，以保存下来的农民起义骨干为主，建立陇渭地区党的各级组织，领导国统区人民开展反对国民党统治的斗争。甘南工委成立后，积极发展参加民变的贫苦农民和坚持斗争的骨干加入党的组织，实行支部军事化，"把党的建设和武装斗争相结合"，使党的发展工作以陇西、渭源为中心，向天水、武山、甘谷、礼县、漳县、通渭、临洮、会川、康乐、宁定（今广河）、榆中、定西等地全面展开。

8月，高健君、毛得功到边区，向甘工委详细汇报了甘南农民起义情况，党的建设和开展游击活动情况，受到西北局、甘工委和陇东区领导人的表扬。西北局、甘工委向各地下党组织推广陇渭经验。为了在更大范围内发动与组织群众开展反对国民党统治的斗争，西北局、甘工委决定撤销甘南工委，建立中共陇渭工作委员会（简称陇渭工委），高健君任工委书记，万良才任工委副书记兼宣传部长，毛得功任组织部长，郭化如任军事部长，牙含章任少数民族工作部长。杨友柏虽非工委委员，经大家提议他任组织部副部长和军事部副部长，协助毛德功和郭化如。

陇渭工委成立后，积极贯彻西北局、甘工委关于把党的建设与武装斗争结合起来的指示，更加注意把那些与阶级敌人进行英勇斗争的贫困农民吸收进来，加入党组织。到1948年上半年，陇渭工委的地下党员已经有1300多人。

1948年10月，高健君去边区向甘工委汇报工作，甘工委决定成立陇南工

委，高健君任陇南工委书
记。随后，决定陇渭工委
改为陇右工委，调陈致中
任陇右工委书记，增补杨
友柏为工委委员，陇渭工
委其他委员未作变动。

　　同年 12 月，陈致中
由吴建威、张建国护送到
陇渭主持陇右工委工作。
这个时期，陇右地区各县

1948 年 12 月，中共陇右工委在首阳镇菜子坪陈子俊
家宣布成立

都有党的组织，发展党员的经验已经比较成熟，要求入党的积极分子很多，
到 1948 年下半年，陇右工委的党员已经发展到 3000 多人。

　　1949 年春节过后的 2 月，中共皋榆工委书记罗扬实由兰州辗转来到陇渭
地区，寻找他们借取活动经费时，出乎预料的给他们带去了由陕甘宁边区油
印装订的《中国共产党党章》《中国人民解放军宣言》《中国土地法大纲》
《中国革命与中国共产党》《约法八章》《论联合政府》等六份党内文件。当
时，在远离陕甘宁边区的敌占区，能看到党中央编印的如此完整、清晰的文
件，他们不仅是第一次，而且工委领导拜读传阅了这些文件后，当即对全国
解放战争的目的、性质、意义及其形势，有了一个完整而又崭新的认识，仿
佛山里人突然置身于广袤的平原，人人视线顿开，心里豁然明朗，无不为罗
扬实同志不畏风险给他们送来了难得的精神食粮而感到欣喜。

　　精通于理论宣传工作的牙含章郑重建议工委，将罗扬实同志送的这些宝
贵材料想办法翻印出来，原原本本传达到工委领导下的全体党员之中，无疑
对提高党员的思想认识，坚定他们的斗争勇气将会起到巨大的鼓舞作用。当
时，陇右地下党的建党工作正如雨后春笋般在各地迅速发展，每天都有一些
拥护我党的爱国进步人士被吸收到党内来，但是不论是老党员还是新党员，
当时都极缺乏对党的性质、斗争目的及其形势的全面了解，因此十分需要在

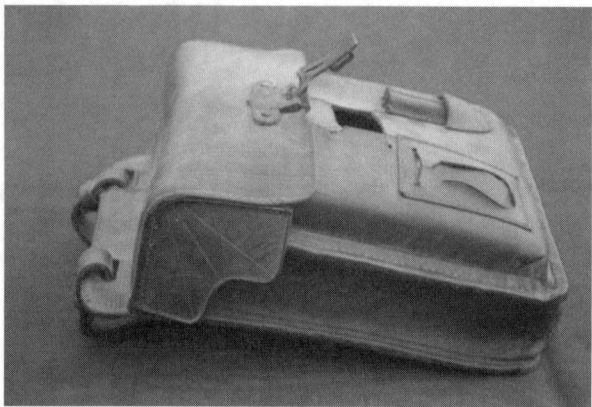

牙含章在陇右地下斗争期间用过的公文包

党内开展一次提高党员思想认识的学习教育。为此，工委就此问题当即进行了研究，决定成立一个秘密印刷所，将6份学习材料全部翻印，下发各地下党支部，供党员学习。要对党员进行一次全面的形势与政策教育，鼓励党员为迎接全中国的解放而英勇奋斗。

筹办秘密印刷厂，由工委委员分工负责。

牙含章负责印刷工作人员的物色选择，他废寝忘食，连续奔波于会川、临洮两地，在数百名知识分子党员中明察暗访，反复比较，最后选择任伟、李士明、余腾骥、陈克俊4位同志，他们都具有较高的文化程度和流畅的书写水平，人人能写会画，能刻能印，工作刻苦认真。

万良才和毛得功负责选择秘密印刷所所址。他们沿着渭河川几经辗转，终于在渭源居义乡上坪村及峪里沟村地下党支部书记杨士英和方忠的配合下，选定峪里沟村地下党员杨怀礼的家作为厂址。

峪里沟村真不愧是建立地下印刷所的绝佳地点。这个村庄只有十余户农民，除4户农民属杂姓外，其余农家都姓杨。他们分散居住在马蹄形的山巅盆地中，站在山巅上，可一览渭河沿川的蛛丝马迹。这里虽离陇渭公路线二三里路，由于渭河水的阻隔及山陡坡度大，平时除了本村人出入而外，外乡人很少介入村寨。

杨怀礼的家位于该村坐北向南山坡下一座两层小阁楼中，周围宽敞，视野开阔，从他家的楼上对村中的动静一目了然。

峪里沟村地下印刷所位置适中，环境优越，离工委机关近，交通便利，便于检查工作和输送文件，而且还具备得天独厚的政治条件：村里不但有地下党支部，同时支部书记杨士英和地下党员杨文德分别打入了伪基层政权担任了"保长"和"甲长"，可以以其合法身份掩护印刷所开展工作。

陇右印刷所印的《中国共产党党章》与《中国革命与中国共产党》封面

地下印刷所由于选人选址优良，在工具少、设备简陋的艰苦条件下，夜以继日地进行着刻板、校对、油印、装订，先后刻印了《中国共产党党章》《中国人民解放军宣言》《中国土地法大纲》《中国革命与中国共产党》《约法八章》《论联合政府》等 6 份党内文件，均由工委领导直接下发到了全区 10 余个县、市的 300 个地下党支部，使 3000 多名地

陇右地下印刷所遗址

下党员通过对这些文件的学习，对党的认识有了提高，对斗争形势有了了解，从而为迎接全国的解放做好了思想上的充分准备。

这是陇右工委在党的建设中作出的一个创新，它使陇右工委吸收的地下党员有了政治思想上的保障。

1949 年 5 月底，到陇右工委接到甘肃工委关于停止发展地下党员的通知为止，共发展党员 4370 余人。其中百分之六七十的党员和支部集中在渭源、陇西、临洮、会川等 4 个县，形成一块游击根据地，从而使陇右的对敌斗争有了依托和基础。

活佛入党

1946 年冬天，一个大雪天的晚上，牙含章、高健君与后来任游击队副司令的杨友柏到陇西北山一个"窝子"（联络点）的一户人家里，首次见到了"甘南民变"副总司令肋巴佛金巴嘉措·贡却丹增。他给牙含章的第一个印象是 20 多岁，身体略显瘦弱，但浓眉大眼，十分英俊，披一件呢子大氅，腰别一把二十响驳壳枪，威风凛凛，庄重而机灵。

为什么叫"肋巴佛"，源于一个古老的传说：明朝洪武二年（1369 年），在今甘肃和政县一家姓陈的农民家里，一个孕妇难产，被医生割开肋巴下面，取出了婴儿，母亲死了。婴儿长大后在水磨川寺（藏名康多寺）出家，后来成了活佛。群众便为他起了"肋巴佛"的雅号。

金巴嘉措·贡却丹增是第十八世肋巴佛，藏名怀来仓，1916 年 10 月，出生在一个贫苦藏族农民家庭，1922 年，在他 6 岁时被卓尼水磨川寺的喇嘛认定为前世肋巴佛的转世"灵童"，接到该寺坐床，出家当了活佛，在甘肃卓尼藏族地区很有威望。

怀来仓肋巴佛，同情劳动人民，不满国民党的反动统治

十七岁时的十八世肋巴佛怀来仓

和民族压迫。特别是 1935 年 9 月，腊子口战役后，他接触了红军，还在自己寺院救助过一名红军伤员，从伤员口中了解了红军，认识了共产党。1936 年 8 月，当红二、四方面军经岷县去会宁，肋巴佛便为

1981 年 10 月 8 日，牙含章同肋巴佛亲属康克选全家合影

那名已养好伤，在寺院当"哑巴仆人"（伤员对外怕暴露南方口音，假装哑巴）的红军战士备好干粮，赠送一匹战马，让他去追赶红军。

出于解救劳苦大众出苦难的动机，早在"甘南民变"爆发以前，肋巴佛就与王仲甲、肖焕章、马福善、马继祖等秘密往来。同时，他在卓尼组织了"草登草哇"（七部落组织），串连了卓尼杨土司属下的营长丹增和卓尼北山土官杨麻周以及一些藏、汉族贫苦农民，进行起义的准备工作。

1943 年农历正月，肋巴佛听到马福善、马继祖父子在宁定（今广河县）排子坪起义，王仲甲已在临洮衙下集起义的消息，便于 1943 年 2 月 23 日在卓尼滩率领藏、汉族农民两千多人宣布起义，25 日攻克临潭县城，杀了国民党的县长徐文英和县党部书记长赵廷栋等人，声势大振。起义队伍迅速扩展到上万人。肋巴佛率领这支队伍，转战陇南，到临洮与王仲甲、马福善部会师，共同领导甘南农民起义。起义范围扩展到十多个县，与数倍于自己的国民党正规军、保安团血战十个多月，写下了甘肃历史上汉、回、藏、东乡等民族的农民起义军大联合、大团结的光辉一页。而在历史上，几百年来这里是民族矛盾和民族斗争复杂尖锐的地区。

起义失败后，肋巴佛拒绝敌人"招抚"，率领残部数十人退到卓尼白石山，后又辗转到宁夏、夏河、和政等地，钻密林、进山洞，躲过国民党政府的搜捕。

1945 年冬，他打听到一些起义领导人仍在陇西、渭源一带活动，被国民党称为"土匪"，便和贴身侍卫离开和政，经康乐、会川到渭源。翌年初，终于找到了夏尚忠、毛得功等人，参加了地下武装斗争。

牙含章、高健君的到来，使这支处于险境的农民起义军得到了共产党的领导。他们从单纯地打击土豪恶霸，进而致力于扩大游击队、建立根据地，并注意开展反对蒋介石和马步芳的统一战线工作。

有了共产党的领导，肋巴佛的心里更亮堂了，他决定以身相许。1947 年初，肋巴佛要求入党非常迫切。牙含章在同他的多次谈心中了解了他的过去之后，认为他本人虽属于宗教上层人物，但他出身贫寒，受到过红军长征的影响，对共产党有一定认识，特别是在"甘南民变"中，表现出了与国民党势不两立的大无畏气概。起义失败后，仍坚持斗争，革命的坚定性实属难能可贵。"肋巴佛当活佛，这是历史。要求入党时已经不是活佛，而是经过考验的藏族农民起义军的领袖。他的政治觉悟已经达到入党要求，可以吸收入党"。①在谈心中，牙含章还对他讲解党的纲领和章程以及民族、宗教政策。经过深思熟虑，详细了解，决定吸收他入党，由牙含章、高健君介绍，肋巴佛于 1947 年 1 月与郭化如、杨友柏等成为在"甘南民变"领导人中的首批中国共产党党员。经陇右工委批准，肋巴佛还成为同时入党的人中唯一一位没有候补期的党员。

一位藏传佛教的活佛，自愿放弃崇高的宗教地位和优裕的物质生活，为了各民族贫苦人民的解放，心甘情愿地冒死参加共产党，与汉族同志一起发展地下游击队，这在藏族历史上也是绝无仅有的。他的进步是与牙含章的帮助联系在一起的。

历史的进程往往要付出惨痛的代价。不久，发生了一件令人惋惜不已的事：肋巴佛入党后，提出要在夏河、卓尼等地藏族贫苦农民中发展党员、建立支部的建议，党组织根据当时的形式，说服他暂时缓办，肋巴佛觉得自己

---

① 牙含章：《从活佛到共产党员》，《民族团结》1986 年 2 月号。

有劲无处使。1947 年 4 月，陇右地
下党决定派牙含章去陕甘宁边区向
甘肃工委汇报工作，肋巴佛提出与
牙含章同去，到边区学习两年。经
组织同意，他二人化妆成小商人，
从陇西步行到华家岭。行至定西东
北西兰公路上时，二人即用"钓黄
鱼"乘军车的办法，搭乘了一辆国
民党的军用汽车赶往平凉。谁知这
位贪财的"黄师傅"驾驶技术并不
高明，沿途又拉了十几个乘客，就
忘乎所以地加大马力在六盘山上狂
奔起来。结果，颠簸行驶的军车行

牙含章撰纪念肋巴佛烈士碑文

至西兰公路上的安国镇三十墩附近时，飞腾的汽车似一匹脱缰的野马，突然
失去了控制，径直冲出了坎坷不平的公路，随后连车带人翻倒在公路畔的山
沟里。

一场骇人听闻的车毁人亡的翻车事故发生后，牙含章因受伤昏厥被人送
到平凉伪专区医院抢救才脱了险。当他从昏迷中醒来后，借着伪医院催收住
院费之机，托院方打电话先通知了当时在伪平凉警备司令部担任副官的我地
下党员陈超群。陈超群接到电话，急忙找到同在平凉从事党的地下斗争工作
的共产党员葛曼、吴建威两人，先赶到医院看望了受伤的牙含章，随后又根
据牙含章的托付，匆匆忙忙赶到翻车现场寻找肋巴佛。然而，当陈超群、葛
曼、吴建威三人怀着不安的心情，乘车赶到翻车现场找到肋巴佛时，这位年
仅 30 岁刚出头的民族英雄，在奔赴"母亲"怀抱并将迈入"家门"坎时，却
不幸早已气断身亡，以身殉职。

肋巴佛的牺牲，对牙含章来说是极为伤痛的事情，他痛惜藏族人民失去
了一个好儿子，中国共产党失去了一个优秀党员，他自己失去了一个亲密的

战友，也是甘肃藏族人民的一大损失。

武装斗争

陇右地下斗争中，党组织始终把武装斗争，即把游击战争当做主要斗争形式。他们认真总结了 1943 年"甘南民变"失败的经验教训，创造了两种适合当时当地客观条件的组织形式：一种是长期存在的、精干隐蔽的完全脱产的武工队，主要由工委领导人员组成，不超过 20 人，而且分为四五个小组活动。每人佩带短枪，昼伏夜出，短小精悍，行动快速；严格选择隐蔽的"窝子"，有一套严明的组织纪律。这既是指挥机构，又是核心武装力量。另一种是由武工队领导的、由年轻力壮的农民群众组成的不脱产的游击队，临时集中起来战斗，战后又仍回各家，聚则为兵，散则为农。经常是夺取敌人武器装备，发展壮大自己。武工队和游击队积极开展建党和群众工作，对当地的土豪劣绅及国民党特务，有重点，有计划地进行打击，扩大党的影响，鼓舞人民群众反抗国民党的黑暗统治。

1947 年 6 月 23 日（农历五月端阳节），由郭化如、夏尚忠、杨友柏三个支委带领 30 多人的武工队，在漳县盐井镇包围和痛击国民党的接兵连。战斗不到半个小时，击毙敌人 4 人，击伤 3 人，俘虏敌人 25 名，缴获步枪 20 余支，子弹 3000 余发；日本造左轮手枪 1 支，子弹 45 发；刺刀 20 余把及其他军用物资。

是月 25 日（农历五月初三），郭化如、马福昌和王得太在渭源首阳镇处决了国民党特务徐登高，打击了特务的嚣张气焰，也警告了与敌人勾结的地方反动分子。

8 月 16 日（农历七月初一），由牙含章、郭化如、肖焕章带领的一支 10 人组织的短小精干的武工队前往洮河畔康乐辛家集门楼镇，袭击敌人的伪税务所和林警驻守的碉堡。牙含章端枪冲进院内后，一看伪税务所的职员寥寥无几，知道都在屋里睡懒觉，于是连忙率领武工队员马福昌和常玉山疾步跃到"所长室"门前，刚要敲门时，从屋里走出一个中年男子，神色惊慌地欲要观察院里动静，被牙含章等拦在屋内。"裴所长，快缴出你的枪!"牙含章目光紧逼着中年男子，严厉地命令道。中年男子默默无语，渐渐往床边退了几步，接着突然转身扑向床头。这时，眼疾手快的马福昌早已识破了伪所长的诡计，说时迟，那时快，未等伪所长扑到床边，他一个箭步跃上床头，一脚踏住了伪所长伸上床头的手，抢先从枕头底下取出了一支手枪，从而揭穿了伪所长的阴谋诡计。"再不老实，我就打死你!"常玉山用枪口顶住伪所长的脑门，严厉地警告说。

牙含章收缴了挂在伪所长室墙上的另一支汤姆式冲锋枪后，转过身对伪所长命令道："出去，命令你的部下立刻在院里集合，若有不从，我们就地惩罚，绝不怠慢。"当牙含章和马福昌、常玉山押着伪所长来到院内时，见郭化如、肖焕章指挥武工队员，早已将伪职员押解到院里，连碉堡里的俘虏也在内，当即一清点，共俘获伪职员、林警 18 人，缴获手枪 1 支，冲锋枪 2 支，步枪 5 支，长短枪弹 200 余发，伪法币数万元。[1]

1948 年 8 月初，工委领导高健君、万良才、郭化如、毛得功、杨友柏、肖焕章等 6 人带领 33 人，分编为两个战斗组，在榆中县水家坡发动了夺取伪铁路局测绘站及伪清源乡公所的两场战斗，先后不到半小时就胜利结束。两处战斗击毙敌人 2 人，伤敌 1 人；共缴获步枪 22 支，八音手枪 1 支，长短枪弹 1000 余发；六头收音机 1 部，伪币数千元，军

1949 年时的牙含章

---

①杨友柏：《鏖战陇右》，第 302 页。

装十余套及物资一批。战斗中砸毁伪乡公所电话机一部，武工队无伤亡。

1947年5月到1948年底，陇渭武工队先后经历过20多次大小战斗，沉重打击了敌人，动摇了国民党的统治。他们在战斗中不断提高军事斗争艺术，也提高了政治素质，锻炼了自己的队伍，为以后陇右人民游击队的建立和壮大打下了坚实的基础。

1949年5月，中国人民解放军向大西北进军，陇右工委根据甘工委的指示，通知牙含章，把在兰州由他发展的几个地下党支部移交兰州皋榆工委，速回陇渭组织游击队，大搞武装活动。[①]

是月下旬，牙含章根据陇右工委的决定，回到陇渭，正式组建陇右人民游击队。

8月14日，在渭源正式成立陇右人民游击队，共编2个营，6个直属中队。毛得功担任司令员，杨友柏、肖焕章、夏尚忠为副司令员；陈致中任政委，牙含章任副政委兼政治部主任。陇右人民游击队成立以后积极活动，在人民解放军尚未到达时，解放了渭源和会宁县城，并配合人民解放军参加了解放陇西、临洮、武山的斗争，在消灭国民党散兵游勇及零星反动武装，维持地方治安，为西进的人民解放军筹备粮草方面做了大量工作，发挥了重要作用。

统一战线

西北局对甘肃的统一战线工作有特别的要求，就是要做好少数民族工作，重点是回族和藏族，尤其是藏族上层的工作。

1946年12月8日—11日，西北局讨论甘肃工作时要求："继续派人联系兰州、靖远、河西等地尚未联系到的党员，广泛地开展反蒋反胡的统一战线工作。"①

1948 年 11 月 13 日，西北局对甘肃工作的指示中指出："今后应以陇渭工作为基础，向南、向西发展，大力加强陇南工作，并向河州回民区发展。"同时强调："青马部队亦应大力进行瓦解，进行河州工作中应注意物色马军军属，以便通过其关系，进行瓦解工作，这样更易收效。回藏情况应注意搜集研究，如何开辟藏民工作及进一步加强回民工作望提出意见。"②

是月 15 日，西北局在《敌区工作会议通知》中进一步指出："群众工作，应该扩大范围。……在目前形势下，尤应大力发展工人、学生及城市贫民的工作。"并强调做好少数民族工作，指出："今后应加强党的少数民族政策的宣传，并积极培养干部。……甘宁青回藏工作注意调查研究，积极发展党员，并有计划地争取回民教主、阿訇、士绅、知识分子及藏民土司、活佛等。"③

根据西北局和甘工委的工作指示，陇右工委决定由牙含章、肖焕章负责领导兰州、临洮、临夏等地的党的地下斗争，着重开展统一战线工作和少数民族工作。

1948 年 11 月中旬，牙含章进入兰州开展党的地下斗争，到 1949 年 5 月，主要进行了四个方面的统一战线工作。

一是在兰州建立了两个学生党支部。本来兰州市的工作不属于陇右地区，那里的党的工作是由皋榆

1981 年 9 月 30 日，牙含章与黄正清等合影（右三牙含章，右四黄正清）

————————

①《甘肃党史资料》第六辑，第 170 页。

②同上，第 184、186 页。

③同上，第 191 页。

工委负责的，由于陇右有一批高中学生考到兰州大学和西北师范学院，他们中有不少是陇右地区的地下党员。他们进了兰大和西北师院后，物色了一批发展党员的对象，要求陇右党组织派人前去审查批准。牙含章到兰州，代表陇右党组织审查批准了一批党员，并在兰州大学建立了一个党支部，指定了一个临洮地下党员、当时在兰州大学担任助教的魏郁为支部书记。西北师范学院发展的党员对象全部是学生，他们来自渭源、会川、岷县、通渭、甘谷及西宁等地。牙含章代表陇右党组织对这些党员进行了审查，并批准建立了一个党支部。

二是找到了1943年率领回族暴动的回族领导人马福善、马继祖父子，对他们进行了党的教育。马继祖在接受党的教育后，提出了入党要求，经过审查合格，由肖焕章和马永祥做介绍人，牙含章代表中共陇右工委批准马继祖入党。马继祖入党后，积极工作，在不到半年的时间里，在宁定（今广河）、和政和临夏的贫困农民中发展了几十个共产党员，建立了十几个地下党支部，在回民地区打开了工作局面。

三是积极开展黄正清的争取工作。黄正清在夏河藏族中很有权威，如果把他争取过来，通过他的关系，就能把夏河的9万多藏族人民争取到共产党这方面来。牙含章有做好黄正清工作的有利条件。从政治方面，黄正清虽然是国民党，但不是蒋介石的嫡系，不会死心塌地跟蒋介石走；私人关系方面，牙含章与黄正清很早相熟，黄正清也知道牙含章去了延安的事情。1948年秋天，牙含章在兰州碰到在拉卜楞工作时的朋友赵侠兴，赵当时是夏河小学教员，黄正清是这个学校的董事长，赵与黄私人关系不错。牙含章用个人名义代表陇右地下党组织给黄正清写了一封信，向黄正清介绍了全国的形势、党的民族平等政策和宗教信仰自由政策，希望他站在广大藏族同胞的立场上，为广大藏族人民利益着想，不要跟蒋介石走。牙含章在信中特别保证，只要他站在共产党这一方面来，将来全国解放后，不仅他的生命财产受到保护，而且政治上也会有适当安排，会给他为人民服务的机会。这封信通过赵侠兴送交黄正清后，黄正清虽然没有写回信，但通过赵侠兴传达了他对牙含章的问候，这实际上表明了他的态度和立场。

1949年2月，牙含章和钱平发展了女地下党员常秋英。常秋英的丈夫张子丰是黄正清的拉卜楞保安副司令。牙含章通过常秋英做张子丰的工作，张子丰提出了入党的要求，经过陇右工委的讨论，批准了张子丰入党的要求，并布置了让他做好黄正清工作的三项任务：一是尽力说服黄正清不要逃台，不要抵抗解放军；二是争取黄正清率部起义；三是如果起义办不到，不要抵抗解放军，争取和平解放夏河。由于张子丰的努力工作，甘肃解放时，黄正清没有逃亡台湾；临夏解放后，黄正清派张子丰赴临夏，和时任临夏专员的牙含章接头。

对黄正清的统战工作，为和平解放拉卜楞藏族地区创造了有利条件。

是年8月4日，中共中央西北局电报通知中共临夏地委组成人员名单：杨和亭任书记；白凤章、聂景德、高兆富、霍如瑄、马尔沙（牙含章）、李仲英、高诗德为委员。

是月15日，陕甘宁边区政府令：临夏分区辖临夏、和政、夏河、宁定、永靖、康乐、洮沙、临洮等8县。任命马尔沙（牙含章）为临夏分区行政督察专员公署专员。

次日，临洮县解放。王震司令员指定牙含章代理中共临洮县委书记，负责组建县委、县政府，并进行支前工作：一是组织修复洮河浮桥，使解放大军顺利渡河，进军临夏、青海。二是动员群众向解放军送粮食和草料。当时临洮正是麦收季节，向临洮县人民政府送粮送草的群众挤满了街巷。三是动员临洮大批地下党和知识青年参军，解放青海和新疆。当时临洮有6所中等性质的学校：临洮中学、临洮师范、临洮女师、临洮农校、临洮工校和明德中学。每个学校都有一批地下党员，都有党的地下支部。牙含章向6个学校的党支部书记传达了王震要求动员知识青年赴新疆参加建设的指示，并召开了动员大会，先后有2000多青年学生报名入新疆。

临洮县的支前工作受到王震司令和王恩茂政委的高度赞扬。

22日，临夏解放。

25 日，在庆祝临夏解放大会上，王震司令员宣布任命六十二军政治委员鲁瑞林为临夏军事管制委员会主任和临夏分区行政督察专员公署代理专员。

从 28 日开始，王震司令员率领一兵团附六十二军近 10 万大军在临夏各族人民群众大力支援下，分别从莲花、大河家、循化三个渡口抢渡黄河，向西宁进发，解放青海。临夏分区行政督察专员公署专员鲁瑞林奉命率部出征，甘工委急电牙含章迅至临夏分区履行专员职务。同日，牙含章率领从临洮抽调的地下党员和青年学生共 50 多人赶赴临夏。

牙含章从 1949 年 8 月底至 1950 年 6 月的 10 个月时间里一直担任临夏分区行政督察专员，处于紧张而繁忙的工作状态中。

1949 年 9 月，和平接管夏河的行军途中

牙含章一行在前往夏河途中受到藏民的欢迎

1949 年 9 月 20 日，牙含章利用与黄正清建立的统战关系，同人民解放军六十二军一八六师五五六团政委张成礼、副团长刘光奇率领一营官兵，前往拉卜楞和平接管藏族聚居的夏河县。同日，黄正清、黄祥、拉卜楞寺襄佐达吉等各界上层人士、僧侣、国民党夏河县政府机关工作人员、参议员、保安司令部全体官兵及夏河各族群众夹道欢迎。黄正清、黄祥、达吉代表拉卜楞各界人士向牙含章和解放军敬献哈达。次日，在拉卜楞"柔扎塘"召开庆祝夏河和平解放大会，各部落代表约有 3 万多人参加。牙含章在庆祝夏河和平

解放的群众大会上讲话，宣传党的民族平等政策和宗教信仰自由政策。

是年 10 月 6 日，临夏分区行政督察专员公署民族事务委员会成立，牙含章兼任主任。

是月 14 日，临夏分区行政督察专员公署财政经济委员会成立，牙含章兼任主任。

12 月 17 日，临夏分区成立"三马"（马鸿逵、马步青、马步芳）财产清理委员会。牙含章任主任。

1950 年 5 月 1 日，中共临夏地委机关报《团结报》创刊，牙含章捐出临夏市大柳树巷祖置房产一院作为《团结报》的社址。

1949 年 9 月 20 日，和平接管夏河，牙含章与夏河县党政干部合影（前排右二）

1949 年 11 月，牙含章作为临夏分区公署专员，在临夏县尕新集群众大会上讲话

是月 11 日，《团结报》刊载牙含章关于《分区财经工作转变的开端》一文，文章主要阐述会议的收获、今后注意的问题等两大方面的六个问题。

21 日，临夏分区第二次地方人士座谈会召开，到会的有各县地方人士和临夏分区负责同志 60 余人。地委书记杨和亭、专员牙含章到会讲话。

22 日，甘肃省政府副主席王世泰视察临夏，检查临夏分区行政区划、机

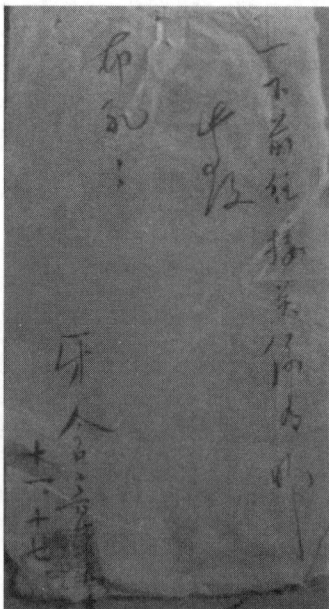

1949 年 11 月 17 日牙含章写的党籍关系介绍信

构、干部整编、清点接受物资、生产救灾、难民回乡等工作。地委书记杨和亭、专员牙含章、十一师参谋长张伯达等前往大夏河迎接，并向王世泰汇报工作。

是年 6 月上旬，临夏分区行政督察专员公署专员牙含章离任，由中共临夏分区地委书记杨和亭兼任专员职务。

牙含章离开临夏之际，特别关注夏河藏区的建政工作。为了稳妥开展夏河工作，他专门给中共临夏地委撰写了《解放初夏河建政的经验和教训》，作为工作交代。文章指出，藏族的社会发展要比汉族落后若干世纪（如游牧部落还有原始共产主义气味，西藏还是典型的农奴制度），阶级虽已分化，但阶级意识非常模糊（特别因为统治阶级又是宗教教主，一般人民非常迷信崇拜），因此对藏族地区的民主改革要更迟缓进行。

牙含章在临夏工作期间，担任着多个职务。职务多，意味着担负更多的责任和使命，需要他更加勤奋地工作。刚解放的临夏，社情极为复杂，他必须兼顾全局，突出重点，进行策划，逐项解决。他认真贯彻党的统战、民族、宗教政策，注重培养地方少数民族干部，组建基层政权，清匪反霸，正确解决民族纠纷，清理"三马"财产，为随后进行的土改打下了基础。中共临夏地委在 1950 年《关于临夏解放一年来的工作总结中》写道："接管城乡，支援解放军西进、南下工作；建立了人民政权，废除了保甲制度；解放了被马步芳抓去当兵的两万多名各族青年；没收了马步芳、马步青、马鸿逵在临夏的财产；动员安置 7.8 万余名各族难民回庄进行耕种；歼灭土匪 4200 余名，临夏地区剿匪工作进展顺利。"这些业绩突显了作为专员的牙含章的艰苦努力和勤奋工作。

中间披衣坐者为牙含章

牙含章对于陇右斗争的这一段历史有着深刻的印象，并一直怀念着那些峥嵘岁月和他的那些年轻的战友，这些浓烈的情绪反映在他后来完成的《陇右地下斗争》一书中。

历史回顾

牙含章撰写《陇右地下斗争》一书，有着深厚的历史背景和鲜明的时代特征。

1972 年，牙含章经历了"文化大革命"长时间的批斗，又蹲了好几年的牛棚之后，怀着苍凉的心情，回到和政老家看望乡亲和解放战争时期从事陇右地下斗争的战友们，从他们口中知道了"文化大革命"中对陇右地下斗争的否定和诬蔑，内心极度愤慨。他所经历过的腥风血雨的陇右地下斗争的 3 年岁月，像电影一样一幕幕地从他的脑海中闪现。

在那 3 年中，陇右地下党组织在白色恐怖严重的情况下，建立、发展和不断壮大，各地武装力量也相继建立。在甘工委的领导下，陇右地下党组织和武装力量在解放战争中发挥了巨大的作用。他们和甘肃其他地区地下党组

1975—1976 年，牙含章撰写《陇右地下斗争》

织一样，发动群众，消灭地方反动民团，捣毁地方政权，斗土豪劣绅，宣传党的政策，组织群众开展支前活动，配合解放军建立地方红色政权，有力地支援了西北野战军解放大西北的战争。由于甘肃地下党工作卓有成效，宣传组织群众、支前工作搞得很好，曾受到了彭德怀司令员的赞扬，并通报全军表彰。

在那些岁月中，陇右工委建立起了武工队和游击队，运用灵活机动的战略战术，袭击敌人的小据点、除奸、反霸，成功地进行了盐井镇、门楼寺、水家坡等几次较大的夺枪战斗，打击了敌人的嚣张气焰，鼓舞了人民的斗争士气。在那艰苦的几年中，有四五十个优秀的陇右人民子弟——中国共产党的优秀党员，为甘肃人民的解放事业而英勇地牺牲了，这是陇右人民的损失，也是陇右人民的光荣。这几十位烈士的壮烈史迹，同时也是中共陇右党的斗争历史。

在这 3 年岁月中，陇右工委忠实执行中共中央西北局和甘肃工委要十分重视少数民族工作的指示，在回族和藏族地区建立地下党的组织，藏族农民起义军的领袖肋巴佛和回族农民起义军领袖马继祖，就是这时先后加入中国共产党的。他们入党以后，强烈要求到陕北去学习一个时期，陇右工委批准了他们的要求。1947 年 4 月间，陇右工委派他护送肋巴佛去陕北学习，不幸在平凉发生了翻车事故，肋巴佛当时牺牲，他也受了重伤。马继祖等同志则平安到达陕北，甘肃解放时才随解放军返回甘肃，任了广河县县长并兼回民支队支队长。回族地下党员拜学忠任临夏县人民政府第一任县长。东乡族地下党员穆德彪担任和政县人民政府第一任县长。在拉卜楞藏族地区，争取黄正清站到中国人民一边，实现了和平解放夏河县。

这些回忆使他坚定了撰写《陇右地下斗争》的决心。

他认为撰写这本书能达到三个目的。

首先是为了还陇右地下党历史的本来面目。在林彪、"四人帮"横行时期，"四人帮"在甘肃的代理人给陇右地下党捏造了许多罪名，把陇右地下党糟蹋得简直不成样子。诬蔑陇右地下党是"反革命地下党"、"特务组织"等等，完全否定了陇右地下党的工作，甚至给已经牺牲的烈士们脸上抹黑。这个问题必须说清楚，否则，不仅对不起甘肃的千百万人民，对不起陇右地下党和陇右人民游击队的成千上万的党员和战士，也对不起那些死难的烈士及其家属。

粉碎"四人帮"以后，中共甘肃省委的负责同志曾不止一次地在党的会议上讲过：对"四人帮"横行时期强加给甘肃地下党的一切诬蔑不实之词，应一律推倒，平反昭雪，恢复名誉。这就给牙含章撰写陇右地下斗争的回忆录创造了条件，也增强了他对写这本回忆录的信心和勇气。

撰写这本回忆录的第二个目的是：为了缅怀已经死难的烈士。在陇右地下斗争中，有许多共产党员为了党和人民的事业，献出了他们宝贵的生命。有许多同志惨遭敌人活埋。活着的战友们，想起他们心里就非常悲痛。牙含章深切感到有义不容辞的责任把他们的英勇事迹，如实地记载下来，流传下去。以此来寄托对死难战友们的一片哀思。

撰写这本书的第三个目的是：想给后代子孙留下一份真实的革命史料。这也是牙含章从恩格斯的一段话中得到的启示。恩格斯曾再三劝说贝克尔写回忆录，他说：如果现在

左起：罗杨实、孙作宾夫人刘杰、陈致中、孙作宾、任谦、马继祖、牙含章、吴建威、杨友柏

牙含章与参加"甘肃农民起义座谈会"人员合影

不做这件事情，这些岁月所发生的事件就会被永远遗忘，或者由敌视我们的人来描述这些事件，而他们是不会为我们服务的。

他认为在老一辈革命家健在时做这件事，是一个永远不会再现的好机会。

牙含章在"文化大革命"中被下放工厂劳动时，利用下班时间，趴在一间狭窄宿舍里的小桌子上，经过几年努力，写完了 18 万字的《陇右地下斗争》，忠实地记载了这段历史。

因为牙含章忠实地记录了这些人和事，这本书出版后，有一些人给他写信，希望他在修订这本书时，对某些章节按他们的愿望加以改写，但他没有妥协。他在该书的后记中说："我未能完全采纳这些建议，在此谨向这些朋友表示歉意！理由也很简单，撰写这本书和这次修订这本书时我一贯遵循的原则是：原原本本地还历史的本来面目。在这本书上提到了许多人，有的已经去世了，有的还健在，他们的历史都是他们自己写的，都是客观存在的事实，任何人都无权，也不允许加以任意改变。作者也绝不能不顾历史，而受或亲或疏的关系的影响。对此，特请有关的同志加以谅解。"

这里，表现出牙含章极为可贵的独立思想和刚正不阿，和能够始终坚持自己的立场和原则的品德。

坚持真理是要付出代价的。牙含章晚年不断接待来访者，不断应对修改历史的要求和相加恶言的难堪。他受到的委屈、困扰和压力是常人难以想象的，但他仍坚持着。

我们知道，实际上他是用自己内心的坚强，抵挡着外部的压力，坚守着自己的信仰。

第五章　班禅额尔德尼传

班禅额尔德尼传

牙含章 编 著

第五章
班禅额尔德尼传

　　编写《班禅额尔德尼传》，是 1952 年至 1953 年我在编写《达赖喇嘛传》时，就已决定了的。为此，我就同时收集了历代班禅的藏文传记中的史料。后来，我因调动工作，就把这批史料移交给中共西藏工委的政策研究室。在"文化大革命"期间，组织上又把这批史料交给西藏档案馆保存，因而未被当作"四旧"销毁。现在要编写《班禅额尔德尼传》，这批史料就成了非常宝贵的东西。我写信给阴法唐同志和张向明同志，经他们同意，把这批史料借给我使用，这就大大节省了时间与精力，而使《班禅额尔德尼传》得以提前写成。

——牙含章自述

助理代表

　　1950 年 6 月，牙含章调任中共甘肃省委统战部副部长。调动伊始，他知道组织上决定他到西藏工作。这项决定与中共中央的一个重要的战略部署有关，也与他精通藏语藏文，和多位活佛过从交往的经历有关，他要承担护送

1950年冬天，牙含章北京留影

十世班禅返藏的重要任务。

班禅返藏问题是一个历史遗留下来的难题。

班禅原本世居在后藏日喀则札什伦布寺。班禅在后藏地区拥有广大的土地、人民和寺院，自清代雍正、乾隆以来，一向归清朝政府驻藏大臣直接领导，和达赖的西藏地方政府"噶厦"处于平行地位。

1911年，我国爆发了辛亥革命，推翻帝制，建立共和。英帝国主义者乘民国中央政府初立，中国政局尚在动荡之际，竭力挑拨西藏地方当局同当时的中央政府之间的关系。唆使西藏统治集团驱逐清朝驻藏大臣，妄图搞"西藏独立"，脱离祖国。此时，值十三世达赖和九世班禅在位。达赖噶厦受英国人挑唆，班禅受排挤，甚至遭到迫害。班禅自己说："自川军退出藏境，达赖即派兵驻扎后藏，凡生产丰富地方，均被占领。军纪不佳，又复按户征兵，一切军装饷项，均被征者负担。民怨沸腾，公议请班禅到内地向中央求援，班禅从之。达赖闻此讯，约班禅到前藏会商抵御中国，如不同意，即以武力解决。幸有与议之信仰班禅者一人密为报告，班禅乃于1923年11月15日，轻骑简从，冒险出藏。达赖派兵追还，而藏兵有心缓进，故得脱险。"[1]九世班禅走后，十三世达赖强行接管了班禅辖区的管辖权，委托扎萨喇嘛掌管札什伦布寺政教事务，并派官员接管了班禅所属的所有宗（县）和豁卡（区、乡）。

1924年，九世班禅长途跋涉抵达北京，晋谒大总统曹锟，报告西藏政局，要求收回西藏版图，并要求护送他返藏。有关历史文献表明，九世班禅反对

---

[1]九世班禅：《近三十年之西藏》，见《西藏地方历史资料选辑》，第336页。

帝国主义侵略，维护祖国的立场是坚定的，旗帜鲜明。同年，北洋政府册封九世班禅"宣诚济世大师"名号，并准备护送班禅返藏。但因军阀连年混战，北洋政府无力顾及，护送班禅返藏未果。班禅于待命期间，遍游各省，"宣扬佛教，促进团结，翊赞中枢"。

1927 年，国民党政府在南京成立以后，十三世达赖派代表在南京设立了办事处。

1929 年 2 月，九世班禅获得国民党政府批准，也在南京设立了办事处，并发表宣言说："征诸历史与地理关系，西藏欲舍中国而谋自主，实不可能。反之，中国失去西藏，亦犹车之失辅"；"合则两益，分则俱伤，此一定之道也!"

1931 年 5 月 16 日，九世班禅应邀到南京出席国民党政府召开的国民会议，向国民党政府呈文，表明"班禅忝司黄教，备位西陲，万里来归，倾诚内向"。请国民政府"垂念藏民，于最短期间，通盘筹划，解决藏事。俾班禅得以早日归藏，宣示威德，则不惟西藏僧民之幸，抑亦国家无疆之休也"。国民党政府对护送班禅返藏事宜进行了多次筹备也未能有所进展，但对班禅"翊赞统一，效忠民国，阐教西陲，抚辑藏服"，维护祖国统一行为亦进行嘉勉。是年 7 月 1 日，国民党政府正式册封班禅为"护国宣化广慧大师"，颁给玉印和册文，并定年俸为 12 万元。

1932 年 12 月，国民党政府再次邀请九世班禅到南京，商讨西藏问题和班禅返藏事宜，同时正式任命班禅为"西陲宣化使"。班禅担任西陲宣化使后，即派代表去拉萨向达赖交涉返回西藏问题。

1933 年十三世达赖逝世，国民党政府任命热振呼图克图为摄政。

1934 年，西藏地方僧俗人等也向国民党政府呈文："我民众素所希冀者，厥惟佛爷（班禅）在最短期间解决藏事返藏，不幸时至今日未见佛面，心中不胜惝念，惟有朝夕渴望早日返藏，以慰藏民之心。"

1935 年 3 月，班禅致函国民政府的蒙藏委员会委员黄慕松，提出回藏计划。是年 5 月，班禅行抵青海玉树，积极筹备回藏。是月 7 日，噶厦派出寻访十三世达赖灵童的代表纪仓佛与凯墨色两人率领代表团到达玉树，请求班禅指示十三世达赖转生地点与灵童姓名。班禅大师即作了指示，并加派策觉林佛、安钦佛（恩久佛）两人予以全力协助。6月，国民党政府颁布命令，决定护送班禅返回西藏，成立班禅行辕，先后委派陈允、赵守钰为护送专使，并派了护送仪仗队。西藏地方政府亦派出多仁台吉、堪穷向巴却旺等为迎接班禅代表。10月，班禅率全部属员及仪仗队行至青海玉树龙休寺以后，噶厦派来欢迎的代表提出"要求轻骑回藏，不带汉方官员"。同时，昌都方面的头人也来信说："职方乌拉，均已筹备就绪，近奉藏政府谕，在交涉未圆满前，不许供应，请暂勿西上。"12月，英国使馆秘书稗德本给国民政府外交部一份备忘录，反对班禅带领卫队入藏，并说这是噶厦的意见，噶厦请他们转告云云。

班禅方面、噶厦方面、国民政府方面、英国方面，在班禅回藏问题上争论的焦点是：班禅回藏准不准带蒙汉官兵？从表面上看，似乎只是一个卫队问题，而其实质是西藏与中央的从属关系问题，也就是中国对西藏地方的主权问题。[1]

在这个原则问题上，九世班禅的态度是非常坚决的，毫不让步。国民政府也不承认"西姆拉条约"，并认为班禅必须带一部分卫队入藏。而噶厦政府表示如班禅带"蒙汉官兵入藏"，则不仅不供应乌拉，而且不惜"以武力抗拒蒙汉官兵入藏"。

九世班禅回藏问题在各方的胶着中，僵持到抗日战争爆发。国民党政府已经顾不上处理西藏问题，因此指示班禅行辕和护送专使行署，要他们考虑停止入藏。

1937年8月，国民党政府下令："抗战期间班禅应暂缓入藏。"九世班禅为顾全抗日大局，服从了国民党政府的命令，于是年10月1日致函护送专使赵守钰，同意暂缓入藏。他在公函的最后部分指出："查（三大寺和藏政府）

---

①牙含章：《班禅额尔德尼传》，西藏人民出版社1987年11月第1版，第271页。

来电含蓄甚广，毫无欢迎诚意，反欲使班禅与中央断绝关系，听彼指挥。……（班禅）宁愿牺牲个人，力全大局……暂缓西行，以待将来。"至此，九世班禅回藏一事，终因噶厦的刁难阻挡，未能成行。

九世班禅自从回藏被阻以后，即染重病，1937 年 12 月 1 日在青海玉树寺拉加颇章宫中圆寂，享年 55 岁。圆寂时，尚嘱班禅行辕官员"要始终拥护祖国"。国民党政府为褒扬九世班禅反对分裂西藏，维护国家统一，阐教西陲的功勋，追封为"护国宣化广慧圆觉大师"，并命令移西康甘孜寺，特派考试院长戴传贤致祭和慰问班禅行辕。1940 年 11 月，西藏派代表王乐阶（藏名罗桑坚赞，九世班禅行辕秘书长）、卓尼降巴等迎班禅灵榇回藏。1941 年抵日喀则札什伦布寺，建塔供奉。

九世班禅自 1923 年逃亡内地以来，在祖国各处流浪了 15 年，最后圆寂于青海，生前始终没有实现返回本寺的愿望。[①]

九世班禅逝世后，国民党政府下令撤销护送专使行署，将班禅行辕归青康藏边区专署管理。堪布会议厅及其职员眷属卫队等 400 余人，移住青海香日德（该地百姓属班禅教下）屯垦耕田，并派人四出寻访班禅转世灵童。

1941 年堪布会议厅按照宗教程序，在青海省循化县温都乡一户藏胞家中，寻得 1938 年 2 月 3 日（藏历土虎正月初三）出生的九世班禅转世灵童官保慈丹，并接到青海塔尔寺供养。

塔尔寺是青海省藏传佛教的第一大寺院，坐落在安多宗喀地方，即今青海省湟中县鲁沙尔镇的西南隅的莲花山山坳中，距西宁市 26 公里，是藏传佛教格鲁派（黄教）创始人宗喀巴大师的诞生地。

宗喀巴，藏族，安多宗喀地方（今青海省湟中县）人，法名洛桑扎巴，生于藏历第六绕迥火鸡年（元顺帝至正十七年，1357 年），后人尊敬他，不愿直呼其名，而尊称宗喀巴。宗喀巴父名鲁布木格，元末官"达鲁花赤"，母名

---

①牙含章：《护送班禅额尔德尼返回西藏的回忆》，《西藏文史资料选辑》第一辑，西藏人民出版社 1981 年 12 月拉萨第 1 版，第 184—185 页。

香萨阿切。

据传宗喀巴诞生后，在埋其胎衣之处生长出一株菩提树，枝叶繁茂，有十万树叶，树上的每一片叶子都呈现出"狮子吼如来"的佛像。

宗喀巴自幼出家，七岁在夏琼寺出家，从当地噶丹派大喇嘛顿珠仁钦学经，并受了沙弥戒。

宗喀巴16岁时，与人结伴去西藏学经。先在噶举直贡寺，后到聂塘的第瓦坚寺，主要学习显宗的五论，遍学喇嘛教各派显密教法，继承阿底峡学说，严明教律，以噶丹派教义为立说之本，著有《菩提道次第广论》、《密宗道次第广论》等书，针对喇嘛教当时腐败情况进行改革，提倡僧人严守戒律，规定学经次第，严密寺院组织。明永乐七年（1409年），帕竹统治集团明封阐化王扎巴坚赞等人，资助他在拉萨创办并主持大祈愿法会（即传召大会），并为他修建甘丹寺，从而形成格鲁派。其戴黄色僧帽为标志，俗称"黄帽派"，也称"黄教"。这一派后来在西藏逐渐成为执政教派，并在藏蒙地区广泛流传。

宗喀巴16岁入藏，很长时间没有回来，他的母亲非常想念。她给宗喀巴带信，让他回来一次。宗喀巴接到信后，给母亲回了一封信，诉说了对母亲的思念，说明他弘扬佛法不能离开藏地的原因。他刺破自己的鼻子，用流出的血和上水彩作成一幅自画像，寄给母亲，让母亲在想他的时候，看看画像；并嘱咐母亲在他出生的地方，菩提树下造一座塔，作为自己的替身陪伴母亲。宗喀巴的母亲在菩提树旁为儿子建了一座塔，人们称做"塔儿"，亦为儿子的塔。明永乐十七年（1419年）宗喀巴圆寂。明世宗嘉靖三十九年（1560年），当地信徒集资在"塔儿"处修建了一座小寺，即今塔尔寺。

塔尔寺被称做"衮本贤巴林"，也缘于这株菩提树，意为十万佛弥勒洲。

明神宗万历十一年（1583年），第三世达赖喇嘛索南嘉措应塔尔寺附近的部落头领申中昂索和塔尔寺池巴宗哲坚赞的邀请，到塔尔寺讲经。期间，第三世达赖索南嘉措得到周围蒙藏部落头人的资助，扩建了塔尔寺，使寺院的规模空前宏伟。

塔尔寺全景

现在的塔尔寺，整个寺院由众多的殿宇、经堂、佛塔、僧侣等组成一个汉藏结合的建筑群，占地面积共达 600 余亩。仅就僧侣所居而言，约有 4500 多间，大小院落 1000 多处，顺着山坡的起伏，一排排地盖在寺的四周。喇嘛和堪布的住所建筑在东西两山的高顶，朱门红墙，古色古香。山坡沟旁，丛林茂盛，夏秋两季，风景很美。全寺庙宇重叠，华丽庄严。其中以大金瓦殿、小金瓦寺、大经堂等建筑最为有名。

大金瓦殿藏语称为"赛尔顿"，即金瓦的意思，建筑面积为 449.5 平方米，琉璃砖墙，镏金铜瓦屋顶，三歇山式，这种结构，除了藏族的原有传统，还采取了一部分印度的建筑形式。大金瓦殿初建于明嘉靖三十九年（1560 年），后经多次扩建。清康熙五十年（1711 年）屋顶改为镏金铜瓦。清康熙五年（1740 年）安置了殿脊的"金轮"、"金幢"、"金鹿"等装饰品，使整个殿宇在阳光下更加灿烂夺目，蔚为壮观。大金瓦殿的正中有一个大塔，高约 11 米，里面放着铜质镀金的五尺多高的宗喀巴造像和他的生前遗物。塔前陈设金银灯及象牙、古瓶等装饰物。殿正中还挂着一幅宗喀巴自画像，宽约尺许，长约二尺，因为年代久了，只能看出一些轮廓来。

小金瓦寺是塔尔寺的护法神殿，相当于内地的韦陀殿。内地韦陀殿供奉四大天王，塔尔寺则供奉各护法本尊。初建于明崇祯四年（1631 年），原为琉璃瓦房，到清嘉庆七年（1802年）改为镏金瓦。寺前建有八塔，为赞颂释迦佛的八种功德塔，即菩提塔、降天塔、莲聚塔、多门塔、降魔塔、胜利塔、息诤塔、涅槃塔。

大经堂是一座藏式平顶建筑，面积达1981平方米，初建于明万历三十四年（1606年），后来曾经几次扩建。1913年失火被毁，1917年在原址上重建。大经堂内可容千余僧伽集体诵经。堂内矗立的168根柱子都雕有精美的图案，外裹彩色毛毯，缀以刺绣飘带。堂内还陈设有用各色绸缎堆绣的各种佛像、佛教故事图、宗教生活图等，均制作精细，表现了精湛的艺术成就。

十世班禅和他的堪布厅在塔尔寺，苦苦等待着中央政府认定和坐床的日子。

班禅驻京办事处在寻到九世班禅转世灵童后，呈请国民政府批准为十世班禅。此时，西藏地方当局中亲帝势力气焰嚣张，他们逼迫热振活佛于1941年辞去摄政职务，由亲帝分子达扎继任。接着，1943年夏，他们突然宣布成立"外交局"，企图表明"西藏独立"。在帝国主义唆使下，西藏地方当局中的亲帝分子设计陷害热振活佛。

1947年5月7日，热振活佛被迫害致死。与热振关系密切的十四世达赖的父亲祁却才仁也受到株连，惨遭毒害。正当这个时候，西藏地方当局也自称寻得两个九世班禅转世灵童，并派王乐阶再来青海，迎接塔尔寺的这位九世班禅转世灵童到拉萨举行掣签，企图选出一个亲帝的十世班禅，以期达到搞"西藏独立"、分裂祖国的阴谋。以扎萨罗桑坚赞为首的班禅行辕官员提出在西藏问题未解决之前，班禅坚决不返藏，并提请国民党政府明确宣布：（1）塔尔寺已履行宗教手续的班禅灵童确定为第十世班禅正身；（2）由国民党政府明令护送十世班禅返藏。

是年8月，国民党政府批准成立西藏班禅堪布会议厅，发给汉藏合璧印鉴一颗，并任命罗桑坚赞为班禅堪布会议厅扎萨喇嘛，王乐阶为教务处长，计宇结为政务处长，刘家驹为汉文秘书长，拉敏·益西楚臣为藏文秘书长，罗桑坚赞为总务处长，纳旺金巴为典礼处长等，从而粉碎了亲帝分子利用这一事件搞"西藏独立"分裂祖国的阴谋。

　　在这种情况下，一些团体和宗教人士纷纷致电蒙藏委员会，要求中央政府及早明定官保慈丹为十世班禅转世正身，并举行坐床典礼。1949年4月2日，青海塔尔寺法吉觉活佛等11位活佛联名致电蒙藏委员会委员长白云梯，在对中央几年来对班禅转世"犹豫不决"表示"忧心如焚"之后，请求蒙藏委员会"援例逊清康熙五十三年第七辈达赖在青海塔尔寺坐床决定之成例，派遣大员莅临塔尔寺主持坐床典礼，以顺民意，而重佛事"。1949年4月18日，蒙古各盟旗驻京办事处亦致电蒙藏委员会，表达相同意见。

1948年时的十世班禅

　　是月下旬，班禅堪布会议厅派计晋美前往广州，请求国民党政府代总统李宗仁批准班禅灵童，并明令免于掣签。

　　5月，蒙藏委员会经过慎重考虑，拟具两项办法，呈请行政院核实："（一）拟请明令公布官保慈丹为第十辈班禅额尔德尼呼毕勒罕，并准在青海塔尔寺先行坐床，由中央派员前往主持办理。（二）关于护送第十辈班禅入藏事宜，拟俟时局平静后，再为筹计。"

　　6月2日，行政院将此议提交该院第60次会议讨论，决议呈请总统核批。

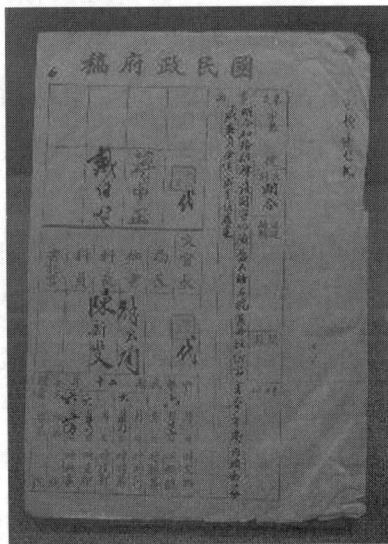

1949年6月3日，国民政府颁布官保慈丹继任十世班禅的命令

次日，国民政府代总统李宗仁颁布准予官保慈丹继任为第十世班禅额尔德尼，并免于金瓶掣签的命令："青海灵童官保慈丹，慧性澄圆，灵异夙著，查系第九世班禅额尔德尼转世，应即免于掣签，特准继任为第十世班禅额尔德尼。"

经国民政府批准后，十世班禅即取得了继承九世班禅额尔德尼的合法地位。然后按宗教手续，还须举行剃发、取法名、受沙弥戒等宗教仪式。班禅堪布厅特请甘肃拉卜楞寺高僧拉科仓·吉美陈烈嘉措到塔尔寺，为十世班禅剃发、换僧衣，取法名为罗桑赤列伦珠确吉坚赞白桑布（简称确吉坚赞），并授沙弥戒。

7月8日，在英国人理查逊（印度驻拉萨代表）一手筹划下，西藏地方当局以"防共"为借口，通知国民党政府驻拉萨办事处，限令办事处人员和其他汉人在两周内全部撤离西藏，史称"驱汉事件"。西藏地方当局制造这一事件的目的，是企图割断西藏与祖国的政治联系，阻止人民解放军进军西藏，阴谋把西藏从中国领土分裂出去。国民党政府因此加快了十世班禅坐床的步骤。

8月10日，以国民党政府蒙藏委员会委员长关吉玉为坐床专使，赴青海塔尔寺主持十世班禅的坐床典礼。至此，第十世班禅完成了继承九世班禅地位和职权的一切政治上和宗教上的合法手续。

十世班禅坐床后，由嘉雅活佛担任经师，教授佛经，驻锡塔尔寺，等待返藏。

中国共产党领导下的全国人民的解放，为班禅返藏创造了条件。

班禅返回西藏问题和西藏地方的解放问题紧密联系在一起。

西藏民主改革前实行的是政教合一的政治制度。宗教在其政治、经济、文化、社会生活中居于神圣不可侵犯的地位。宗教领袖达赖和班禅受到藏族人民的高度信仰，这里的阶级矛盾与民族宗教问题交织在一起，西藏内部民族之间的隔阂又和祖国统一与分裂的斗争交织在一起，形成了西藏问题极其特殊的复杂性。解放西藏，处理好宗教问题是一个关键。

达赖和班禅，是在西藏宗教中占统治地位的黄教始祖宗喀巴的两个弟子根敦朱巴和克珠·白桑的转世化身，是西藏的两位宗教领袖，几百年来，各有其地位和统治地区，其中达赖的实力和影响占优势；班禅则主要在后藏日喀则等三大寺院有影响，并比较多地倾向中央政府。以后由于英帝国主义的挑唆，达赖和班禅两位宗教领袖失和，1923 年九世班禅因惧怕十三世达赖噶厦的加害而出走内地，到十世班禅继位后仍未回到西藏。而达赖噶厦现又在英美帝国主义者的策动下，妄图搞西藏独立。在这种情况下，做好现驻在青海的十世班禅的统战工作有利于驱逐帝国主义势力，实现祖国统一。

对此，中共中央和毛泽东早已胸有成竹，并预先策划及早部署。和平解放西藏和护送班禅返藏是中国共产党的既定方针。

早在 1949 年 2 月 4 日，毛泽东在河北省平山县西柏坡村与来访的苏联共产党中央政治局委员米高扬谈话时就指出：中国"大陆的事情比较好办，把军队开去就行了。""西藏问题也并不难解决，只是不能太快，不能过于鲁莽，因为：（一）交通困难，大军不便行动，给养供应麻烦也较多；（二）民族问题，尤其是受宗教控制的地区，解决它更需要时间，须要稳步前进，不应操之过急。"[1]

是年 8 月 6 日，毛泽东在给第一野战军司令员兼政治委员彭德怀的电报中指出："班禅现到兰州，你们攻兰州时，请十分注意保护并尊重班禅及甘、青境内的西藏人，以为解决西藏问题的准备。"[2]

彭德怀接电后，对时任一野政治部联络部部长的范明说："这是毛主席关于准备解决西藏问题的第一个指示。看来保护班禅，尊重班禅及甘青境内的西藏人，不仅是解决西藏问题的战略决策，而且是一个重要的战略决策，我们必须认真执行，做好调查研究。"[3]

---

[1]师哲：《在历史巨人身边》，中央文献出版社 1991 年 12 月版，第 380 页。

[2]《毛泽东西藏工作文选》，中央文献出版社、中国藏学出版社 2001 年 5 月版，第 1 页。

[3]范明：《护送十世班禅大师返藏纪实》，《西藏文史资料选辑——纪念西藏和平解放四十周年专辑》，西藏自治区政协文史资料委员会编印，1991 年 1 月，第 70 页。

是月 26 日，兰州战役胜利结束，人民解放军（一野）彻底打垮了军阀马步芳，青海解放，班禅即派员同解放军取得联系。

9 月下旬，中央情报部派袁心湖、余恺（秦慎之）等在西宁设立青海联络站（青海省民族研究委员会），负责做争取班禅和达赖的工作。他们在中共青海省委的领导下，经过调查研究后，将班禅及其集团的情况向中央报告。

10 月 1 日，中华人民共和国宣布成立，班禅向毛泽东主席和朱德总司令发贺电致敬，表示拥护中央人民政府和中国人民解放军，希望西藏早日获得解放。他在电文中说："班禅世受国恩，备荷优崇，二十余年来，为了西藏领土主权之完整，呼吁奔走，未尝稍懈。第以未获结果，良用疚心，刻下羁留青海，待命返藏。兹幸在钧座领导之下，西北已获解放，中央人民政府成立，凡有血气，同声歌舞。今后人民之康乐可期，国家之复兴有望，西藏解放，指日可待。班禅谨代表全藏人民，向钧座致崇高无上之敬意，并矢拥护爱戴之忱。"

11 月 23 日，毛泽东主席和朱德总司令复电班禅表示勉慰，复电中说："西藏人民是爱国而反对外国侵略的，他们不满意国民党反动政府的政策，而愿意成为统一的、富强的、各民族平等合作的新中国大家庭的一分子。中央人民政府和中国人民解放军必能满足西藏人民的这个愿望。希望先生和全西藏爱国人士一致努力，为西藏的解放和汉藏人民的团结而奋斗。"

最初，中共中央和毛泽东考虑把解放西藏的任务交给中共中央西南局和第二野战军来承担，后来由于西北地区解放战争结束较早等原因，毛泽东又一度准备改由中共中央西北局和第一野战军来担负。①

是月 23 日，毛泽东致电彭德怀、习仲勋、张宗逊，提出以西北为主进军和经营西藏。毛泽东在电报中指出："经营西藏问题请你提到西北局会议上讨论一下……西藏问题的解决应争取于明年秋季或冬季完成之。就现在情况

---

① 《习仲勋传》下卷，中央文献出版社 2013 年 8 月第 1 版，第 168 页。

看来，应责成西北局担负主要的责任，西南局担负第二位的责任。因为西北结束战争较西南为早，由青海去西藏的道路据有些人说平坦好走，班禅及其一群又在青海。解决西藏问题不出兵是不可能的，出兵当然不只有西北一路，还要有西南一路。故西南局到川康平定之后，即应着手经营西藏。"①

彭德怀接到毛泽东 11 月 23 日的电报后，即派野战军政治部联络部部长范明对西藏情况和入藏路线进行调查。一月之后，范明交出一份调查报告。②

12 月 6 日，毛泽东登上北去的列车，前往莫斯科，途经满洲里时，致信中共中央并西南局，信的大意是，印、美都在打西藏

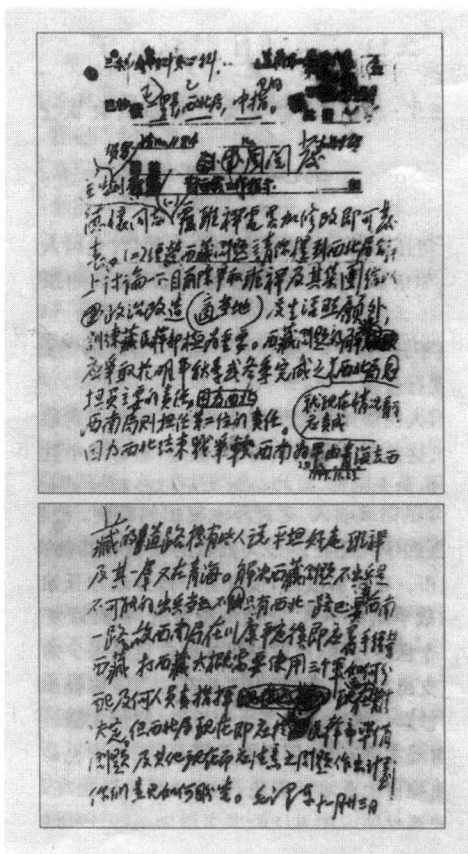

1949 年 11 月 23 日，毛泽东关于解放西藏问题给彭德怀的电报

的主意，解决西藏的问题要下决心了，进军西藏宜早不宜迟，否则夜长梦多。

是月 30 日，彭德怀致电中央并毛主席，详细地报告了由新疆、青海入藏路线的道路和气候情况，提出："据调查由青海、新疆入藏困难甚大，难以克服。由打箭炉分两路，一路经理塘、科麦，一路经甘孜、昌都，两路入藏，较青新两路为易。如入藏任务归西北，须在和田、于田、玉树屯兵囤粮，修

---

① 《毛泽东西藏工作文选》，中央文献出版社、中国藏学出版社 2001 年 5 月第 1 版第 4 页。

② 《解放军报》，1995 年 1 月 4 日《班禅进藏》。

筑道路，完成入藏准备，需要两年。且由南疆入后藏，及由大河坝入前藏，两路每年只有四个月（即五月中旬至九月）可通行，其余八个月，因大雪封山不能行动"①。

1950年1月2日，毛泽东从莫斯科致电党中央及彭德怀、邓小平、刘伯承及贺龙电报，对解放西藏进行具体部署，明确由西南局和二野担负进军和经营西藏的任务。电报中说："西藏人口虽然不多，但国际地位极重要……由青海及新疆向西藏进军，既有很大困难，则向西藏进军及经营西藏的任务应确定由西南局担负。"要求西南局确定入藏的部队及领导经营西藏的负责干部，还对西南局组织进军西藏的各项准备工作提出了具体意见。②

是月8日，二野电告党中央、毛主席，确定由十八军担任入藏任务，以十八军军长张国华为统一领导的核心。

10日，毛泽东致中共中央，同意二野的进军西藏计划。电报指出："现在英国、印度、巴基斯坦均已承认我们，对于进军西藏是有利的……经营西藏应成立一个党的领导机关……这个领导机关应迅即确定，责成他们负责筹划一切，并定出实行计划，交西南局及中央批准。"电报中还指出："务希于五月中旬以前占领康藏交界一带。"③

14日，美国合众社公布西藏摄政达札致该社电报，称：决定分别派遣"亲善使团"至美、英、印、尼泊尔等国表明"独立"，并另派一使团到中国以便向中共当局解释并表明"独立"。

15日，刘伯承、邓小平在重庆向十八军军长张国华等部分师以上干部传达中央指示，布置进藏工作。刘伯承司令员指出，毛主席命令今年进军西藏，是因为现在国际斗争形势有利，要迅速向西藏进军。进藏部队应勇敢担当此一光荣任务。邓小平政委指出，解放西藏有军事问题，需要一定数量之军事

---

①《毛泽东西藏工作文选》，中央文献出版社、中国藏学出版社2001年5月第1版，第7页。

②同上，第6—7页。

③同上，第9页。

力量。但军事与政治比较，政治是主要的。从历史上看，对藏多次用兵未解决问题，而解决者，亦多靠政治。军事、政治协同解决，还必须解决补给之公路。政策问题极为重要，原则是民族自治，政教分离，团结达赖、班禅两派。

18日，西南局报告中央成立中共西藏工作委员会，以张国华、谭冠三、王其梅、昌炳桂、陈明义、刘振国、天宝等人为西藏工委委员，张国华任书记，谭冠三任副书记。

20日，新华社发表我国外交部发言人的谈话，指出如果西藏地方当局背叛祖国，向外国派出"亲善使团"表明"独立"，中央人民政府将不容忍。任何接待"亲善使团"的国家，将被认为对中华人民共和国怀抱敌意。并指出，西藏地方当局应派代表团来京进行和平解放西藏的谈判。在此警告下，美、英等国拒绝西藏当局派使团访问。西藏当局将已到江孜的"亲善使团"先遣人员撤回拉萨。派来北京表明"独立"的代表，抵达新德里后，滞留印度。

24日，中央致电西南局、西北局赞同刘、邓"多路向心进兵"建议和成立中共西藏工委。电报说，刘、邓提出的由康、滇、青、新四省对西藏"多路向心进兵"的建议，望西北局和王震立即讨论并提出意见。同意西北局上报的中共西藏工作委员会组成人员名单，并请西北局考虑是否还有其他人可以加入此委员会。

31日，班禅致电中央人民政府，坚决反对西藏当局将要派出所谓"亲善使团"这种背叛祖国的行为。该电文说："顷闻西藏拉萨反动当局，以'亲善代表团'名义，派遣非法代表赴英、美等国活动，表示西藏'独立'，企图勾结帝国主义，反抗人民政府，以达其脱离祖国，出卖西藏的阴谋。西藏系中国领土，为世界所公认，全藏人民亦自认为中华民族之一，今拉萨当局此种举动，实为破坏国家领土主权完整，违背西藏人民意志。谨代表西藏人民，恭请速发义师，解放西藏，肃清反动分子，驱逐在藏帝国主义势力，巩固西南国防，解放西藏人民。本厅誓率西藏爱国人民，唤起西藏人民配合解放军，为效忠人民祖国奋斗到底。"

由于中央人民政府的驳斥和警告，班禅及西藏爱国人民的坚决反对，西藏当局派出的代表团未敢再去英、美等国表示"独立"。

6月18日，由第一野战军组建的青海骑兵支队600多人，在支队长孙巩、政委冀春光率领下，从西宁出发，从玉树进军后藏，以支援西南军区十八军将在10月发起的昌都战役。

8月1日，由新疆独立骑兵师一团一连，包括汉、回、藏、蒙古、锡伯、维吾尔、哈萨克等7个民族130余人组成的先遣连，由团保卫股长李狄三率领，从普鲁（于田西南）誓师出发，新疆军区司令员王震亲去送行，进军西藏阿里，以配合昌都战役。

是月25日，班禅大师及其行辕人员，在人民解放军的护送下，从香日德返回塔尔寺，等候返藏。

9月上旬，毛泽东主席在北京接见由班禅行辕原驻南京办事处处长计晋美带队的班禅致敬团，作了亲切的谈话，答应了班禅致敬团提出的问题和要求。

是月23日，中央向西北局、西南局及青海省委发出了《关于班禅致敬团提出的问题和要求的指示》，除了肯定班禅代表"所提西藏政教组织方案的意见很好，是合乎爱国与团结的精神……"外，还作出了我党争取团结班禅集团的英明决策和方针："班禅集团愿意同我们合作，是一件很好的和很重要的事情，不管西藏解放形式如何及达赖集团的变化如何，我们必须积极争取班禅集团和他们所能影响的人民和我们合作。"

10月19日，人民解放军解放昌都。昌都解放以后，西藏统治集团内部发生很大震动和混乱。以达扎摄政为首的一小撮亲帝分子和分裂主义者，挟持年轻的十四世达赖喇嘛逃往亚东，并准备进一步逃亡国外。他们的这一行动遭到西藏广大人民的反对，也引起了西藏政治生活中举足轻重的三大寺的强烈不满，在达赖左右堪布、噶伦中也有不少人不赞成达赖外逃，而昌都总督阿沛·阿旺晋美坚决主张与中央人民政府举行谈判。

昌都战役胜利后，中共中央西南局又向中共中央建议：西北局除承担进军后藏和阿里的军事任务外，还要承担这两个地区的政治任务，以便解决经

1950 年 7 月 27 日，牙含章参加西北军政委员会民族事务委员会第一次委员会议时合影（后排左二为牙含章）

济和运输补给方面的困难，中共中央接受了这一建议。

11 月 9 日，中共中央电示西北局担负接管后藏和阿里的任务。中央给西北局和西南局的电报指出："因在解放西藏的整个作战中，西北人民解放军担负进军后藏和阿里地区的任务。又因后藏和班禅集团历史关系最深，而现在仍保有相当影响的地区，而班禅的工作则属于西北局，故刘伯承提议由西北局同时担负接管后藏和阿里地区的政治任务。为此，西北局应即积极进行有关准备工作，如政策、人员、统战工作等。"

是月 8 日、13 日，遵照中共中央指示，中共中央西北局先后召开多次会议，认真讨论贯彻中央指示，决定组建中共西藏工委（后中央批复改为中共西北西藏工委），加强对十世班禅方面的团结争取工作。中共西藏工委由范明、慕生忠、牙含章、白云峰等 4 同志组成，范明为书记，牙含章为工委秘书长，筹备进军西藏事宜。

17 日，中共中央西北局发出《西北局电报中央班禅要求的具体问题多已解决》，汇报护送班禅回藏及进军后藏和阿里的准备情况，并确定由西北军区政治部联络部部长范明任班禅行辕代表，中共甘肃省委统战部副部长牙含章"协助担任联络及领导工作"。11月24日中央复电同意。①

同日，摄政达扎下台，十四世达赖喇嘛亲政。

12月25日，中共中央西北局再次开会讨论护送班禅回藏及西北进军西藏筹备工作情况。西北局通知范明和牙含章到西安参加会议，汇报关于入藏筹办工作事宜。西北局会议上，西北局书记、西北军政委员会第一副主席习仲勋主持会议，会后形成《组织中共西藏工委及西北进藏筹备工作若干实施意见》，并决定派范明、牙含章到北京向中央汇报和请示。

27日，牙含章和范明抵达北京，住在北京饭店，根据中共中央统战部部长李维汉的要求，准备有关西北进军西藏的汇报提纲，以上交中央审定。

1951年1月27日，达赖写信给我驻印度大使袁仲贤并转告中央。达赖在信中报告了他亲政的情况，表达了谋求和平的愿望。29日，中央复电袁仲贤转达赖喇嘛，祝贺他亲政，欢迎速派代表赴京和谈。

是月30日，李维汉在京听取西北军政委员会统战部部长汪锋、范明、牙含章等关于西北准备进藏情况的汇报，就护送班禅返藏、做好统战工作及争取和平解放西藏等问题提出了具体意见。

31日，李维汉和汪锋、范明、牙含章到中南海面见周恩来总理。周总理在听取他们汇报后，对中共西北西藏工委进藏的任务、路线、部队隶属关系、进藏物资准备和干部等问题，进一步作了明确交代。

根据周恩来、李维汉对汪锋、范明、牙含章所谈的主要内容，随后即形成了中央军委于2月13日发出的《关于西北方面参加解放西藏的准备工作的通知》。《通知》要求："（一）今年必须全部解放西藏，西北入藏工作必须于三月底以前完成一切必要准备，不得延误。（二）确定西北入藏工委一千五百人（包括警卫部队在内），家属一千人（这一千人准备明年入藏），班禅

---

① 《习仲勋传》下卷，中央文献出版社 2003 年 8 月第 1 版，第 171 页。

集团一千五百人（包括警卫部队），共四千人，骡马八千匹，准备两年内分梯队进入西藏。（三）所有中央允许班禅集团之条件，必须迅速圆满地予以实现，给班禅卫队配备干部及配备一个医务所和电台等，责成西北军区迅速解决。（四）西藏工委干部配备，除由西北局负责外，军区联络部干部应尽先配备。警卫部队确定由军区抽两个加强连（约三百人）组成之。所有被服、装具、马匹、给养、文化教育、宣传用品、医药器材、卫生人员、通讯器材等，除武器弹药、通讯器材由军区解决外，其余统由西北局负责审核解决，向中央财委报销。"①

2月27日，西北军政委员会根据中央的决定，第38次行政会议通过，正式任命西北西藏工委书记范明为西北军政委员会驻班禅行辕代表，中共西北西藏工委秘书长牙含章为行辕助理代表。由西北军政委员会主席彭德怀签署通知书，并指示范明和牙含章持介绍信赴班禅行辕到职视事。介绍信全文："额尔德尼先生：兹介绍本会驻班禅行辕代表范明、助理代表牙含章前来，至时请予接洽，并希协力合作推进工作为荷。此致敬礼！西北军政委员会主席彭德怀，副主席习仲勋、张治中。2月27日。"

同日，达赖致函中央，称西藏地方政府决定派出代表团赴京谈判，首席代表为阿沛·阿旺晋美，代表为凯墨·索南旺堆、土丹旦达、图登列门、桑颇·登增顿珠。

3月5日，班禅行辕堪布会议厅向西北军政委员会驻班禅行辕代表范明提交了《班禅佛返藏所造具预算报告》。

是月19日，范明等在青海省人民政府秘书长扎西和中央军委情报部青海联络主任余恺的陪同下，赴塔尔寺班禅行辕履行职务。班禅方面以历史上迎接驻藏大臣的规格，隆重地举行了迎接驻班禅行辕代表的仪式。

范明和牙含章到塔尔寺，会晤了班禅和堪布会议厅的负责官员计晋美、拉敏·益西楚臣等人，共同研究决定：班禅回藏拟分两批走，第一批，由范明

---

①《周恩来与西藏》，中国藏学出版社1998年12月版，第10—14页。

和计晋美先到拉萨，与噶厦交换意见，对班禅回藏做好各种安排，特别是班禅一行到达西藏境内以后的乌拉供应事宜。第二批，由牙含章率领一部分部队和干部，护送班禅大师及堪布会议厅所有官员及其眷属以及班禅警卫营、医疗队、文工团等，一齐入藏。先到拉萨，然后再到札什伦布寺。

根据中央和周总理的指示，范明与中共西北西藏工委驻兰州作总的协调；牙含章及助理代表办公室驻塔尔寺，就近与班禅行辕接洽，开展护送班禅返藏的各项具体准备工作。

中共西北西藏工委护送班禅回藏的筹备工作主要在兰州、北京进行。在北京，由中央民委办公厅主任杨静仁和中共西北西藏工委牙含章负责，主要

1951 年 5 月 13 日，中央人民政府民族事务委员会宴请西藏地方政府谈判代表后合影

（牙含章为三排左一）

是接收和安排从中央选调的护送班禅干部，领取经费，采购所需装备，配备武器弹药，组织医疗队，电台和电影队等等。这些问题都得由中央各有关部门协同解决。为此，李维汉同志几次召集会议，与有关部、会协商，最后向周总理报告，由中央作出决定。

护送进藏部队共约2000人，所有从别处调来的干部也都穿军装。班禅行辕的人员，包括官员、家属和卫队等，共400多人。医疗队的大夫和护士，由中央卫生部派遣。电影摄影队由文化部派来。通讯电台由西北军区调拨。

由于当时公路只通到青海中部的香日德（今都兰），在这以后只能使用驮畜运输，因此需要大量的牛马骆驼。于是向甘肃民勤等县的农、牧民租用了3万余峰骆驼，组织了庞大的骆驼运输队。向青海都兰县等地的蒙古族和藏族牧民租用了约8000头牦牛，调军马4000余匹，供所有人员骑乘。由于是长途行军，所以每人配备马2匹。另外备有骡子200头，专供抬担架使用。

因这一路进藏是前往高寒山区，所以御寒装备是一个重要问题。为此，牙含章曾专门去天津订制了大批皮大衣、皮衣、皮裤、皮靴、帽子、手套和风镜等服装和用品，发给每人使用。

大量的帐篷、行军床和行军桌椅等，向上海和天津订购。炊具在兰州和西宁等处购买。为班禅特置了活动房子、人粮、马料、燃料（木柴）和副食品在甘肃、青海采购。

数量如此庞大的驮畜和各种物资在较短时间内配备齐全，是很不容易的事，充分体现了祖国人民从四面八方对班禅返藏的热情关怀和大力支持。

上述所有给养，由西宁用汽车运到香日德。骆驼、马匹、牦牛和骡子等也赶到香日德集中，准备接运。

4月21日，牙含章陪同十世班禅从西宁出发赴京，晋见中央领导，并参加关于和平解放西藏问题谈判小组的内部工作。

5月17日，中央统战部请汪锋、范明、牙含章商谈西北进藏问题。李维汉说："新疆进军阿里，1950年8月已到改则的扎麻芒保。现在协议就要签订，西北进军日喀则的任务可以免去，骑兵支队也可以不去了。西北西藏工委 700 多人，除留 100 余人担任护送班禅返藏任务外，其余人员遣散。"①汪锋、范明认为进藏工作已经准备好了，撤不下来，仍坚持要求进藏。李维汉提出要范明同张国华一起去重庆，请西南局确定西北西藏工委的行动。

是月 23 日，《中央人民政府和西藏地方政府关于和平解放西藏办法的协议》，即"十七条协议"在京签字。"十七条协议"第五条规定：班禅额尔德尼的固有地位及职权，应予维持；第六条规定：达赖喇嘛和班禅额尔德尼的固有地位及职权，系指十三世达赖喇嘛与九世班禅额尔德尼彼此和好相处时的地位及职权。这两条的要旨是实现西藏民族内部的团结，主要是达赖喇嘛和班禅额尔德尼两方面的团结，这也为班禅返藏创造了政治上的条件。

26 日，在京的西南军区司令员李达与张国华、范明一同到达重庆。张国华向西南局、邓小平汇报了谈判签订情况和中央军委关于下一步的进军部署等，范明汇报了中共西北西藏工委的组成以及进藏准备等情况。邓小平请范明将西北西藏工委的摊子写个单子。28 日，范明将在兰州成立的中共西北西藏工委的机构开列了一个包括 23 个部委的单子。邓小平看后说，麻雀虽小，五脏俱全啊。在邓小平的主持下，西南局考虑到西北局一直担负班禅方面的工作，护送班禅入藏是西北局的任务，班禅在后藏有较大影响，做好日喀则地区的工作需要多方努力，因而同意了中共西北西藏工委进藏的要求，但强调入藏后由中共西藏工委统一领导，"必须维护一个领导中心"。关于组织问题，邓小平提出了吸收西北西藏工委人员参加西藏工委的两个方案。

28 日，班禅额尔德尼及班禅堪布会议厅全体人员发表声明，拥护关于和平解放西藏办法的协议。30 日，班禅额尔德尼致电达赖喇嘛，表示愿和达赖喇嘛精诚团结，为彻底实现协议而努力。

31 日，西南局根据中央指示拟定统一领导的中共西藏工委的方案。西南局向中央并西北局报告说："西藏工委原为张国华、谭冠三、王其梅、昌炳

---

①引自牙含章当时的笔记，《西北西藏工委进藏专题》附件之一；转引自《西藏解放史》，中共党史出版社 2008 年 3 月第 1 版，第 167 页。

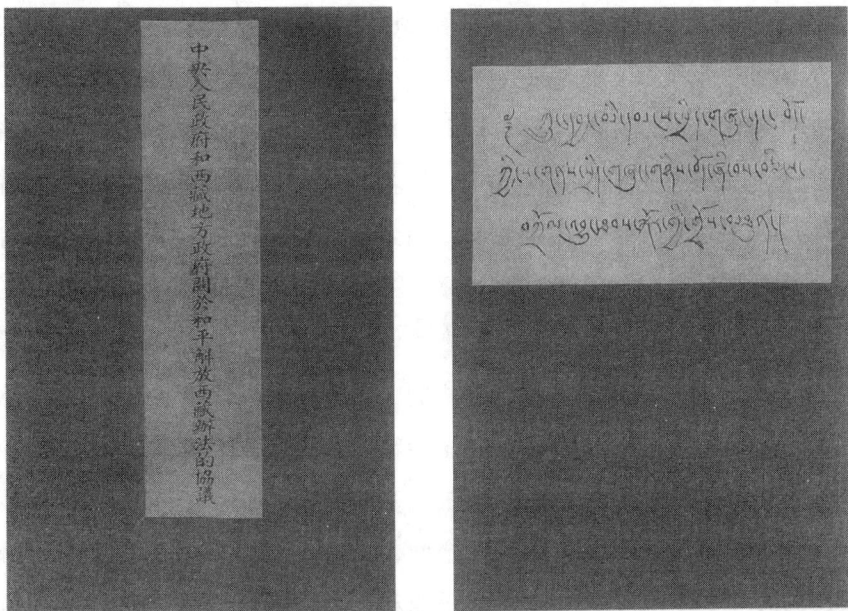

中央人民政府和西藏地方政府关于和平解放西藏办法的协议（汉、藏文本）

桂、陈明义、李觉、刘振国（以上七人均为军级干部）、平措旺阶组成，张为书记，谭为副书记。为统一领导，应吸收西北西藏工委同志参加工委组织。但参加方案可以有两个，一是西北西藏工委成员全部参加，十八军师级主要干部参加，这个方案人数较多，召集会议比较困难。二是在原有八人外，再吸收西北西藏工委之范明、慕生忠、牙含章三人参加，并增加范明为副书记。我们认为后一方案较好，便于开会商量问题。但在未合前，两工委组织均不变。对于班禅处的原有关系仍请西北局领导，范明、牙含章两人在班禅行辕之西北军政委员会正副代表名义不变。"①

6月1日，班禅又致电毛主席拥护和平解放西藏办法的协议。

11日，中央复电西南局并西北局："5月31日电悉。关于西藏工委组织，同意西南局的第二种方案，即在原有八人外，再吸收西北西藏工委中之范明、慕生忠、牙含章三人参加，并增加范明为副书记。今后如十八军及西

①《中国共产党西藏自治区组织史资料》，西藏人民出版社 1993 年 4 月第 1 版，第 15 页。

北西藏工委尚有个别的适当干部必须参加工委者，仍可考虑吸收参加。在会合前，两工委组织都不变。"①

7月8日（藏历铁兔年五月十日），西藏班禅系统政教官员和全体僧俗民众，给班禅发来欢迎电，电文如下："救世救人领袖班禅大师座下，我们最崇拜的领袖班禅正身，很盼望着早日回到西藏，在好几年中诵经求神，前藏当局也很关心在藏的和在外的班禅领导下的同仁，不变的亲密团结共同奋斗而努力以及最近达赖执政以后，要恢复班、达二佛不能分离的关系，也是达赖先后诵经祷神的结果。达赖告诉我们，佛座确实班禅转世正身，并命从速欢迎我佛返藏，我们极度欢腾，将这最吉祥的消息，照例通知全藏人民热烈庆祝，现已完竣。我们也派代表前去亚东向达赖佛致敬，同时发电向佛请示一切。现在我们朝不待夕地要叩见金面，恳请我佛在很短的时间回到西藏和达赖会见，使全西藏人民得到安居乐业和幸福，务请我佛不要忽略我们的请求。至于返藏南、北路线和迎佛代表路程长短，叩堪厅请我佛明确指示。我们每天三次叩求和献哈达满扎叩头。亥卯年藏历五月十日。"

这是一份有关恢复班禅固有地位及职权很重要的电报，也是堪厅与噶厦关于恢复班禅固有地位及职权谈判成果的重要证据之一，为十世班禅顺利返藏创造了有利的环境。

27日，西北局请示中央批准，随同范明先行入藏的班禅行辕的部分人员（约200余人），命名为"班禅行辕入藏工作委员会"，由计晋美任主任委员，纳旺金巴任副主任委员，编入十八军独立支队（西北西藏工委对外名义）的行军序列，计晋美被任命为副指导员。

8月1日，中央复电西北局和西南局同意西北西藏工委的入藏时间安排，指出西北入藏部队"用十八军某某支队名义"，并指出班禅入藏应劝其暂缓，候达赖表示欢迎后再去为有利。还指出范明带十八军独立支队及西北西藏工委工作人员先行进藏后，牙含章应继续留班禅处工作，班禅行辕可派极少数

---

①《中国共产党西藏自治区组织史资料》，西藏人民出版社1993年4月第1版，第15页。

人员随范明先行入藏。

同日，范明及中共西北西藏工委部分工作人员离开兰州，赴塔尔寺向班禅辞行，并转告了中央关于他率部先行进军西藏后，助理代表牙含章继续在班禅行辕处工作的电报指示。

是月6日，西南局、西南军区复电范明："范明同志率领部分，可命名为人民解放军第十八军独立支队。该部之行动计划，应由张（国华）、谭（冠三）规定之。"

14日，范明率中共西北西藏工委机关暨十八军独立支队由西宁出发，17日到达香日德。8月28日，从香日德出发进军西藏，先期抵达拉萨，做好各种准备工作，为班禅进藏铺平道路。

范明率独立支队进藏后，护送班禅返藏的繁重而光荣的任务，完全落在牙含章身上。

9月初，中央调山西省运城专区副专员梁选贤为班禅堪布会议厅副秘书长，协助牙含章做好班禅返藏准备工作。

是月19日（藏历铁兔年七月十九日），达赖喇嘛致电班禅额尔德尼，欢迎班禅即速启程返藏回寺。电文全文："班禅额尔德尼：五月三十日来电，此间于藏历六月四日接悉，甚慰。您对于宗教、政治及人民等均走上和平的大道起见，而使中藏和平解决，并将西藏所有的政教照旧尊重保护，您的好意致谢。至于此间我卜卦所得良好征兆，您确是前辈班禅化身，决定已经公布札什伦布讫。届时已由卓

1951年9月牙含章和十世班禅合影

木（亚东）去电知照北京西藏代表阿沛噶伦矣。现在希望您即速启程回寺，所经道路决定后希先来电为荷。达赖佛于罗布林卡藏历七月十九日。"

这份电报为十世班禅返藏扫除了政教障碍。

11月3日（藏历铁兔年九月五日），十四世达赖又致电十世班禅："西藏地方政府已决定派遣堪穷美多江赛，代本西喀纳及哲蚌、色拉、甘丹三大寺堪布总代表即日出发，前趋迎接。并指令西藏地方武装驻黑河之贾当（第五代本）之烟日营士兵一百人，当您进入藏境后，负责担任警卫。请您准时迅速启程，实为感盼。"

是月4日，十四世达赖致电毛泽东主席，表示："欣闻班禅仁普亲拟公历十二月由塔尔寺启程回藏，至为欣慰。除已令班禅喇章立即派员前往迎接，西藏地方政府已指派堪穷、代本各一人及哲蚌、色拉、噶丹三大寺堪布总代表等即日出发前往迎接外，谨请您——伟大的人民领袖，赐予维护帮助，使班禅仁普亲得以迅速启程返藏。"

这等于是十四世达赖请求毛主席，中央人民政府以一定的礼格送十世班禅返藏。

中共中央和毛泽东主席接受了十四世达赖的请求。

11日，中共中央致中共中央西北局并转中共青海省委之《中央请习仲勋同志代表中央欢送班禅入藏电》指出："对班禅入藏事宜，请你们负责检查督促，帮助其克服困难，不可疏忽……请仲勋同志于班禅启程前代表毛主席和中央人民政府前去向班禅致欢送之意，并向随同入藏的藏汉人员讲解政策。"①

12月1日，范明所率人民解放军第十八军独立支队，经过3个月的长途跋涉到达拉萨，12月4日，计晋美代表班禅率领班禅行辕入藏工作委员会全体人员，前往罗布林卡拜谒达赖喇嘛，向达赖喇嘛递交了班禅额尔德尼馈赠的礼品和班禅大师照片及亲笔函件。同时，中共西藏工委根据"十七条协议"

---

①《习仲勋传》下卷，中央文献出版社2013年8月第1版，第180页。

前排左五为牙含章，二排左四为鲁华

精神，说服噶厦与班禅双方在团结的基础上进行协商，首先议定将札什伦布寺归还班禅。随之，计晋美率班禅行辕入藏工作委员会回到久别的日喀则，接收了札什伦布寺，为班禅返藏创造了条件。

是月 12 日（藏历铁兔年十月十日），班禅致电达赖，通知了返藏日期。电文说："为了建设新西藏，您促我早日返藏，为我筹备一切，并令第五代本候命保护。这些盛情厚意使我万分感谢。现我已决定于藏历铁兔年十月十七日（1951 年 12 月 19 日）返藏，谨电奉闻，并以至诚向您保证：这次返藏后，在毛主席、共产党和中央人民政府领导下，进一步加强我藏族内部的团结，并与国内各兄弟民族人民密切合作，为迅速彻底实现和平解放西藏办法的协议，建设一个繁荣幸福的新西藏而共同奋斗。"班禅大师还致电西藏札什伦布寺政教僧俗官员并日喀则全体僧俗民众，通知了由青海启程返藏的日期。

13 日，这一天是农历十月十五日，是藏汉人民上塔尔寺拜佛的日子，班禅请牙含章一起去看看大金瓦寺。牙含章知道，班禅堪布会议已算定该月19日是一个吉祥的日子，这一天，他们要启程返藏了。现在班禅约他一起去大金瓦寺，是去拜塔尔，出发前向佛祖作告别。班禅在塔尔面前伫立着，久久没有说话，牙含章看见班禅眼中闪着泪花，他明白这是班禅大师对前世班禅未能返藏的悲哀和伤感。牙含章还从班禅大师坚毅的目光中明白，他是在塔尔前发誓，返藏后要发扬宗喀巴为佛献身的精神，要在雪域高原上弘扬佛法，祈愿国家富强，人民幸福。

14日，中共中央西北局书记、西北军政委员会副主席习仲勋代表毛主席、中央人民政府和西北军政委员会，专程来西宁欢送班禅大师光荣返回西藏。他还前往塔尔寺看望了班禅，转达了毛主席、中央人民政府对他及其一行的问候。馈赠银洋三万元，检查了班禅返藏的筹备工作，还向班禅行辕的官员作报告，勉励他们要爱祖国，拥护共产党，认真实行"十七条协议"，与噶厦官员互相谅解，搞好团结，为建设繁荣昌盛的新西藏而努力。

15日，牙含章陪同班禅离开塔尔寺来到西宁，向青海省党政军领导和青海省人民辞行。

16日，青海省各族各界人民代表一千多人，在省政府礼堂，隆重举行欢送十世班禅回藏大会。习仲勋代表毛主席、中央人民政府和西北军政委员会致欢送词，他说："班禅额尔德尼同达赖喇嘛一样，在西藏人民中的信仰是很高的，班禅离藏28年间，西藏人民时刻在怀念着。班禅先生此次返回西藏

1951年12月16日，青海各界人民代表一千多人参会欢送十世班禅大师回藏，图为欢送会场

一定会受到西藏人民的热烈欢迎。这是中央人民政府对和平解放西藏取得了协议的必然结果，是接着和平解放西藏之后的又一件大喜事。这说明，西藏在毛主席和中央人民政府正确领导下，达赖喇嘛和班禅额尔德尼两位先生已经团结起来了，全藏的人民团结起来了。从此，我们祖国的各民族都亲密地团结起来了。"随后班禅大师致答谢词，对毛主席、中央人民政府、西北军政委员会和青海省党政军在解放以来的关怀和这次热情欢送，表示衷心感谢，并表示返藏后在毛主席、中国共产党和中央人民政府领导下，与达赖喇嘛紧密团结，彻底实现和平解放西藏办法的协议。在这隆重的欢送会上，班禅大师谈了自己发自肺腑的感想，他说："我们流离内地快30年了，如果没有中国共产党和毛主席的正确领导及中国各兄弟民族的热诚帮助，西藏和平解放是根本不可能的，我们重返西藏亦是不可能的。因此，我们说中国共产党和毛主席是西藏人民的大救星，是我们的大恩人，我们只有跟着共产党和毛主席走，只有同祖国各兄弟民族紧密地团结起来，我们西藏民族才能得到彻底的解放，别的道路是没有的。"①

17日，习仲勋又与班禅及其几位重要官员恳切谈心。习仲勋向班禅介绍了西藏内部的形势，讲解了中央对西藏工作的方针政策，强调了要认真贯彻"十七条协议"，再一次嘱咐十世班禅回藏后"不要急，要照顾全局，首先要做

1951年12月16日，牙含章与欢送的领导合影（右三）

———————————

①范明：《护送十世班禅大师返藏纪实》，《西藏文史资料选辑》（纪念西藏和平解放四十周年专辑）1981年版，第102页。

好西藏内部的团结，这样西藏各方面的工作才有希望"。①

18日，习仲勋在青海省委书记张仲良办公室举行小型会议，与护送班禅进藏工作的负责同志牙含章、梁选贤和几位派往西藏工作的藏族干部作了长时间的谈话。

首先牙含章汇报了进藏干部的成员和装备等情况。习书记问："同志们的思想状况如何？对进藏工作的认识怎样？"牙含章一一作了回答。习书记语重心长地同牙含章等同志长谈达2个小时多。②

习仲勋同志讲③：

一、在西藏做工作，要采取"稳进慎重"方针，不能犯急性病。所谓"稳进"不是不进，而是多用思想，多考虑，应办不应办？办了以后，后果如何？这样做，办一步就有一步成绩，并且可以巩固起来。这是搞好西藏工作的方针。在西藏有些事情宁可迟办，不可急办，不怕慢，只要搞对，否则反而要走弯路。

二、西藏目前主要应搞好统一战线工作。以我们为主体，首先搞好达赖与班禅之间的团结，然后搞民族之间的，宗教界的上层和下层，喇嘛和俗人，农民和牧人之间的团结，组成一个爱国反帝的统一战线。爱祖国、反帝国主义，这是西藏搞统一战线的基础。搞这个统一战线就是为了开展反帝斗争，在斗争中巩固扩大统一战线。在西藏反封建目前还为时过早。要争取达赖、班禅到反帝统一战线中来。这一点要在干部中讲清楚，思想上搞通，否则下边会出毛病（如不尊重风俗习惯，急欲改革，不愿与封建势力接近等）。

三、调查研究，了解和熟悉西藏各方面的各种情况（政治、军事、经济、文化、宗教、风俗、历史等）。要造成一种风气，这就是学习。了解不全面，就不可能得出正确的办法。在西藏目前做工作不要分工太细，每个同志都应

---

①《习仲勋传》下卷，中央文献出版社2013年8月第1版，第185页。

②《习仲勋革命生涯》，中共党史出版社、中国文史出版社2002年4月第1版，第345页。

③《习仲勋文选》，中央文献出版社1995年12月第1版，第200—201页。

了解全面的及多方面的情况，我们不是说"去粗取精"吗？粗是精的基础，无粗就没有精。

四、开始一个时期，我们不要急于派工作组、干部下到"宗"上去。应多开代表会、座谈会、联谊会等，多让各地区的上层分子上来，讲解政策，建立关系。军政委员会成立以后，多采取访问团、调查团、救济组、医疗队等名义，组织各方面的人下到各地去，搞完工作以后回来，采取反复的上来下去的工作方法。

五、对班禅集团要多帮助，多扶植，给他们出主意、想办法。班禅他们在西藏是被压迫的，他们不靠我们是不可能的，会和我们长期合作的，我们应在合作中帮助他们进步。今天他们在大的方面和我们联合在一起，这就对了，对他们落后的方面不要要求太高，只要"大同"就可以，"小异"是要有的。有"小异"又有大同，这就是统一战线。遇到重要问题要争，不能马虎；小的问题不要争，要马虎，这就是我们共产党人的原则性和灵活性。

六、西北去的干部要和西南去的干部团结一致，同志间不要有丝毫隔阂，要特别亲密、特别团结才对。随班禅进藏的青海藏民同志还要注意，你们到日喀则后，应与西藏藏民团结一致，应该谦虚，不要骄傲，不要在西藏人民中产生不良的印象。

牙含章于 1952 年 5 月护送班禅抵达拉萨后，当即将习书记的指示，向工委作了汇报传达。工委认为习书记关于西藏统一战线工作的指示，是依据西藏的实际情况，从理论上、方针政策上以及领导方法上作了辩证法的阐述，对西藏搞好反帝爱国统一战线，搞好藏汉团结、藏族内部团结和干部内部的团结等方面，都是十分重要的。决定将习书记的指示转发各分工委，要求结合当地实际，认真学习讨论，坚决贯彻执行。

送佛返藏

1951 年 12 月 19 日，这一天，西宁汉回群众、机关干部、学校师生以及从远近牧区赶来送行的藏族农牧民群众近万人，云集西宁西郊，在狭窄道路两旁排成送行人巷。

送行台搭置在送行人巷中间。

习仲勋、张仲良、廖汉生、赵寿山、喜饶嘉措、黄正清等排列送行台上恭候着。

约近 11 时，班禅的出行队伍，从塔尔寺到达西郊，进入热情的送行人巷。

一队全副武装的人民解放军，精神抖擞，齐步行进。他们是由牙含章亲自率领护送班禅的武装卫队。接着，是物资驮运畜队，有马骡、有牦牛、有骆驼，随后是从西北各省抽调派往西藏工作的干部队。

当干部队行进到送行台前，习仲勋和台上的领导同志步下台来，与干部队的同志一一亲切握手。习仲勋边与干部队的同志亲切握手，边说："你们是党和国家的优秀干部，你们的工作万分艰巨，非常光荣……"

牙含章是这支队伍的行军总指挥，他身着军装，大步向习仲勋走来。习仲勋紧紧握住牙含章的手说："你责任重大啊……"牙含章坚定回答："请习书记放心，坚决完成任务！"他向习仲勋致军礼告别，带着队伍前进了。

在乘骑们的前呼后拥中，班禅额尔德尼乘坐的中国中世纪那种大木轮马拉轿车，辚辚地通过送行人巷，在送行台前停住。

习仲勋移步车前，班禅由左右侍者扶下车，向习仲勋躬身拜别，献上洁白哈达。习仲勋紧紧握住班禅的手，说了一语："祝佛爷一路顺风，胜利到达。"

送别仪式后，班禅及其堪厅人员在西北军政委员会驻班禅行辕助理代表牙含章和工委派驻班禅堪厅副秘书长梁选贤等陪同护送下，离开西宁，分乘多辆汽车，前往香日德。

香日德是青藏线上的重镇，是前往西藏的交通要冲。大队人马在香日德停留了将近一个月，在这里又做了许多准备工作，如分配骡马、骆驼、牦牛、帐篷、炊具、口粮、马料等等。因为从香日德一直到拉萨，所经之处，都是牧区。当时正值严冬，沿途牧民很少，就是拿上大洋也买不到东西，无法补

给，必须在香日德做好一切准备工作，
尤其必须带足沿途三四个月的食物和药
物。

队伍在香日德停留期间，听到一个
令人吃惊的消息，说是唐古拉山下了大
雪，雪封了山。当地群众的传统说法是：
"正二三，雪封山；四五六，雨淋头；七
八九，正好走；十冬腊，学狗爬。"这一
路上要走三四个月，正是"雪封山"的
季节。据说"雪封山"时人马根本过不
去。牙含章把这个情况如实向中央、西
藏工委作了反映。周恩来和李维汉看到
电报以后，回电说："如果雪封山的情

1952 年 3 月，牙含章夫妇摄于进藏途中

况属实，可考虑在香日德停留下来，等到次年夏季再走"。牙含章清楚，中央
虽然希望班禅大师早日返回西藏，但对班禅大师的安全非常重视，不要他们
冒险前进。但是，如果一住半年的话，给养将成为很大问题。特别是停留这
么长时间，势必贻误时机，关系重大。这里又离唐古拉山很远，往返要花几
个月的时间，也不可能派人前去侦察确切情况。

在这样异常复杂的情况下，牙含章等人经与堪布会议厅反复研究，堪厅
提出如果碰到这种情况，可绕道三十九族地区，虽然多走一个月的路程，同
样能进入西藏。最后，双方决定采取这一方案：队伍继续行进，到唐古拉山
前，如果发现大雪封山，就绕三十九族前进；如果没有封山，就径行翻山而
过。这一方案很快得到中央和西藏工委的批准，队伍继续前进。

1952 年 1 月 12 日，队伍从香日德出发，班禅行辕与代表办公室为了避免
拥挤，一般相距五六华里。骆驼与牦牛队又分为若干小队，队与队之间相距
数十华里，这样就避免发生沿途食草与饮水的困难。

是年 2 月底，在寒风凛冽的高原上跋山涉水走了一个多月后，独立支队

来到了唐古拉山前。大家惊喜地发现，唐古拉山并没有被大雪封住。山上虽然覆盖着几十厘米厚的积雪，但人马是可以通过的。但登涉艰阻，风雪交加，犹如暴龙，空气稀薄，寒风刺骨。翻唐古拉山时，遍山是一尺多深的积雪，牲口吃不上草，人员也只能化雪烧点水解渴。由于高山缺氧，无法做饭，只吃点干粮充饥。骡马还有点豆料可以充饥，死亡不多，牦牛习惯于雪地行走，空腹几天也能支持，只有骆驼既不习惯雪地行走，更不习惯空腹行走，不断有骆驼倒在雪地上，沿途死了将近一半。赶牲畜的民夫死了十多人，全部是甘肃民勤县来的汉族农民，他们的尸体甚至无法埋葬，他们为支援班禅返藏献出了宝贵的生命。

1952 年 1 月，护送班禅返藏的骆驼运输队从青海香日德出发向西藏进发

站在雪山上的牙含章心情十分复杂，面对这么多的可爱的农民兄弟倒在雪地上，他无法抑制自己的情感，他流下的眼泪冻结在冰冷的脸颊上。但作为行军总指挥，看着这些牺牲的民工，他不是不伤感，他的痛苦只能憋在心里，在这历史使命的面前，无法表现柔情，也不能有仁人之心。在这个时候，安全护送活佛返回西藏，是压倒一切的任务，他只有坚决命令部队不顾一切快速前进，争取早一

护送班禅返藏队伍翻越唐古拉山后行军在藏北高原上

天通过唐古拉山，这才是保护战士和民工们的最好抉择。

唐古拉山上的行军是常人无法想象的艰苦，但牙含章率领他们以最大的毅力抗击困难，仅用 6 天时间翻过了唐古拉山，创造了大队人马翻越唐古拉山的奇迹。

牙含章（右前）与带队的藏族老乡在一起

过山以后，西北军政委员会和中共西藏工委立即发来电报，习仲勋也以个人名义发来电报，热烈祝贺独立支队胜利、安全地越过这座大雪山，大家受到很大鼓舞。

翻过唐古拉山以后，到达聂荣宗，进入西藏

护送班禅返藏的解放军战士

境内。当地宗本和达赖派来官员一起前来欢迎班禅的到来，以四品僧官堪穷和四品俗官任木西为首，一行共 10 余人。他们向班禅大师敬献哈达，说明代表达赖和噶厦前来欢迎，再往前行即由他们下令向沿途牧民派"乌拉"差役，支应班禅大师和护送部队前行。和他们同时来了许多藏族牧民，赶着大量的牦牛和乘马，这使返藏队伍因骆驼大量死亡而造成的运输困难得到解决。

进藏以后，独立支队到达的第一个重镇是黑河。这是一处草原市镇，当时约有几百户人家，两座寺庙。市镇内有一些小商店出售日用品，大部分是

护送班禅返藏的十八军独立支队到达拉萨东郊吉尔

英国货和印度货。

西藏地方政府在黑河设有那曲基巧（黑河总管），相当于内地的专员公署。到达黑河时，黑河总管一僧一俗四品官与当地的活佛、喇嘛以及附近的牧民共约上千人前来欢迎。在孝登寺内举行了传统的藏传佛教欢迎仪式。牙含章代表人民解放军拜访了总管和活佛，赠给他们藏汉文合璧的"十七条协议"和许多宣传品以及砖茶等礼品。又给喇嘛庙发放了布施。应寺的要求，喇嘛庙的活佛还把班禅接去念了经。

3月11日，以西藏地方政府两个代理司伦（即司曹）鲁康娃和洛桑扎西为首的上层反动分子纠集"人民会议"分子千余人包围了中央代表张经武的住处，要求人民解放军退出西藏。司曹鲁康娃、洛桑扎西下令拉萨附近几个宗的藏族人民，不准出卖粮食与燃料给解放军。西藏工委为安全起见，来电要班禅一行暂在黑河停留，不要前进，同时要提高警惕，严防当地坏人袭击班禅。班禅对西藏发生的政治事件非常关心，完全同意西藏工委提出的建议，对"人民会议"的反动行为表示愤慨。他发电给达赖，一方面表示拥护达赖，另一方面谴责了"人民会议"的骚乱行为。牙含章等和堪布会议厅一起召开了紧急会议，传达工委指示，安排了应付可能发生事变的各种具体措施，并向全体人员传达拉萨的情况和工委的指示，提醒大家要有思想准备，做好战斗准备，外出要携带武器，结伴同行。因为做了这些准备，所以在黑河没有发生请愿、游行、示威等针对进藏人员不友好的行动。护送班禅返藏部队在黑河停留约一个月，没有发生任何意外。

4月15日，中央代表张经武通知达赖，鲁康娃、洛桑扎西是破坏"十七条协议"、叛变祖国、叛变人民的罪魁，因此不能让他们再继续担任代理司伦的职务，要求立即撤销他们的司伦职务。随后，达赖宣布撤销鲁康娃和洛桑扎西的职务，西藏政治形势缓和，工委下令独立支队继续向拉萨前进。护送班禅队伍从黑河启程前往拉萨。黑河僧俗各界在市郊搭起欢送帐篷，一如来时，黑河寺的活佛、总管、宗本等官员都来给班禅献了哈达，藏军第五团进行护送。

　　是月 24 日，牙含章率领的十八军独立支队护送班禅大师平安抵达拉萨东郊胜利塘（亦称吉尔，距拉萨城 38 公里）。西藏工委副书记范明、军区参谋长李觉、堪布会议厅扎萨计晋美等前来驻地看望，祝贺班禅光荣返回西藏。

1952 年 4 月 24 日，西藏工委领导在拉萨东郊吉尔欢迎十世班禅（右二为牙含章）

　　至此，自 1951 年 12 月 19 日离开西宁算起，这支队伍在茫茫雪原上行军 4 个月，行程近 2000 公里，备受艰辛。

　　28 日，班禅和堪厅全部官员由牙含章陪同护送，安全到达拉萨城，受到隆重的欢迎。

　　拉萨市民在每家门口煨了"桑"，房顶上换

1952 年 4 月 24 日，西藏工委领导在拉萨东郊吉尔欢迎牙含章（右三为牙含章）

了新的经幡，门口用白灰画吉祥图案，这是拉萨市民用宗教仪式欢迎班禅的最高礼仪。男女老少穿上新装，在班禅经过的道路两旁磕头，表示崇敬和虔诚。

噶厦在拉萨市区搭了欢迎帐篷，由首席噶伦然巴带领全体噶伦，还有西藏地方政府四品以上的僧俗官员向班禅大师敬献哈达。班禅坐在高床上，给每个官员都摸了顶。然后是拉萨三大寺僧众在甘丹赤巴带领下，向班禅敬献哈达，班禅也向他们赠了哈达。

中央代表张经武和西藏军区司令员张国华、政委谭冠三、副政委范明等另搭一个欢迎帐篷，也按藏族礼节向班禅献了哈达，班禅也回赠了哈达。

中共西藏工委也搭了欢迎牙含章的帐篷。中央人民政府驻藏代表张经武、西藏军区司令员张国华、政委谭冠三亲自为牙含章接风洗尘。

欢迎仪式后，班禅坐了由噶厦准备的 8 人抬的黄色轿子，一直到大昭寺，住在预先布置好的行辕，即历代班禅来拉萨时居住过的门楼上面，稍事休息。

当天下午，十世班禅即赴布达拉宫，在日光殿上与十四世达赖举行了历史性的会见，双方首先互换哈达，接着举行了碰头礼，表明了他们的平等关系。这是自九世班禅和十三世达赖失和以后，经过 29 年（1923 年至 1952 年），才由十四世达赖与十世班禅实现了两大活佛的会面，在西藏民族大团结的道路上迈出了重要一步。

1952 年 4 月 28 日，十世班禅和十四世达赖会见时的合影

到 6 月 9 日，班禅在拉萨停留 43 天，期间，由噶厦和堪布会议厅各派出代表 3 人，举行谈判，以便明确恢复班禅的固有地位与职权问题。这是 1951 年中央人民政府与西藏地方政府的代表在北

京进行和平解放西藏的谈判时，原则上达成的协议。而由下而上要具体解决恢复班禅的地位与职权，究竟有哪些内容，仍待具体落实。解决这个问题的前提是先要明确九世班禅与十三世达赖和好时期的界限。双方查阅了历史档案，一致认为，以藏历第十五绕迥的火鸡年，即清光绪二十三年（1897年）为"彼此和好相处"时的界限。这个问题明确后，其他的问题就都比较容易解决。

在班禅大师离开拉萨以前，西藏工委向中央汇报了班禅大师返回札什伦布寺的准备情况。

5月8日，中央来电指示："牙含章同志可去后藏工作一个时期，至少要去几个月，待一切安定下来了，再回到工委。"中共西藏工委根据中央指示，要牙含章继续护送班禅大师直到札什伦布寺，并在那里居住一段时期，协助班禅大师等人办好各项事宜，然后再回拉萨。同时，中共西藏工委决定，由牙含章主持成立中共日喀则分工委（相当于地委），协助处理班禅所属地区的一切工作。拟任日喀则分工委书记的梁选贤、副书记的苗九锐一同赴日喀则。

6月9日，班禅一行由牙含章护送离开拉萨。噶厦在哲蚌寺前搭了欢送帐篷，全体噶伦与四品以上的僧俗官员及群众3万多人都来送行。中央代表张经武、西藏军区司令员张国华、政委谭冠三、副政委范明以及西藏工委的全体负责干部，也在哲蚌寺前搭帐篷表示欢送。

自九世班禅于1923年离开札什伦布寺到内地的29年间札什伦布寺与其所属百姓是由噶厦政府管理的，现又由班禅堪布会议厅接管。西藏军区为了十世班禅的安全，从进藏部队中抽调一个连的兵力，由拉萨一直护送到札什伦布寺。西藏地方政府决定派遣首席噶伦然巴·土登滚钦为达赖与噶厦的全权代表，陪同班禅前往札什伦布寺，一方面是向十世班禅第一次回札什伦布寺表示祝贺，同时也是为了处理札寺及其所属宗谿的交接问题以及妥善处理噶厦后藏管理机构与堪布会议厅的关系。

是月16日（藏历水龙年四月二十三日），在中共西藏工委的领导下，西藏地方政府与班禅堪布会议厅就恢复班禅固有地位及职权问题谈判结束，签订了西藏地方政府与札什伦布寺喇章谈判备忘录》，合理解决了班禅方面有关乌拉差役、军用粮饷负担、诉讼罚金、金税和归还属于班禅的宗豁等问题。这为班禅回到日喀则行使职权奠定了基础。

护送班禅回日喀则的队伍，有班禅堪布会议厅 400 多人，班禅警卫营 500 多人以及护送班禅的十八军警卫连 300 多人和日喀则分工委的工作人员数十人，另有医疗队、文工团、新华社、报社、银行、贸易公司和邮局等各种机构共约数百人。大队人马浩浩荡荡，从拉萨出发后，经曲水宗、白地宗、浪卡子宗、江孜宗和白朗宗，前后走了将近半个月。

23 日，十世班禅乘坐轿过年楚河进入札什伦布寺。4000 僧侣手执点燃的香，在札什伦布寺大门外排队欢迎，群众的场面更是热闹，几万人身穿新衣夹道排列，腰鼓队、藏戏班子等唱着歌、跳着舞，最使牙含章感动的是有许多老人，因为过于兴奋而痛哭流涕。人们手中除了哈达，还多了一面自制的五星红旗。从九世班禅被迫出走内地到十世班禅返藏回寺的 29 年里，班禅方面为维护祖国统一，捍卫祖国领土主权的完整，曾进行了艰难的斗争。但由于民国政府和国民政府腐败无能，西藏问题一直悬而未决，更不要说藏族内部的团结问题。只有在中国共产党的领导下才实现了西藏的和平解放，实现了班禅返藏，并重新获得其固有地位和职权。班禅返藏是贯彻执行协议的生动体现，是中央政府成功解决西藏内部问题的重要篇章。

班禅久别日喀则 29 载，为了欢迎班禅重新归来，返回札什伦布寺，札寺所属的宗、豁、牧区与属寺的僧俗群众以及各地属民前来欢迎的多达五六万人。他们有些人步行数十里，有些人甚至跋涉几百公里，前来札什伦布寺。有的牧民赶着牦牛，在市郊搭了帐篷，已在日喀则等了一个多月。日喀则市区到处挤满了迎接班禅大师归来的男女老幼。当班禅大师等进城时，群众情绪激昂，有些人由于过于激动甚至嚎啕大哭。

札什伦布寺的喇嘛和日喀则的市民们，自发地用红布或红纸做了许多五星红旗，到处红旗招展。牙含章看到这些红旗上的五星虽然做得五花八门，很不合规格，但却体现出当地藏族人民自发的爱国热情。

　　在札什伦布寺的每一处经堂和僧寮中，还高挂着毛主席的画像。这画像都安放在释迦牟尼像并列的地方，充分表现出全寺广大僧众对共产党的感激心情。

　　班禅进入札什伦布寺当日，在札什伦布寺历代班禅举行坐床典礼的大殿内，隆重举行升座参禅。升座前，牙含章代表中央人民政府代表张经武向班禅赠送沙金、玉碗和各种象牙雕刻等珍贵礼品表示祝贺。西藏地方政府首席噶伦然巴·图丹衮钦、班禅经师嘉雅活佛、扎萨拉敏·益西楚臣、大喇嘛纳旺金巴以及各寺活佛、堪厅官员等参加了升座参禅典礼。日喀则临时分工委和驻日喀则部队的负责干部也前往祝贺。

　　庆祝班禅回寺的活动仪式持续了长达半个月时间。

　　7月1日，牙含章主持成立了中共日喀则工委，梁选贤任书记、苗九锐任副书记。

　　在这期间，建立了分工委的各种机构。发行了《日喀则报》。这是一份周报，出藏、汉文两种文版，油印，主要刊登新华社消息。医疗队立即开始为僧俗群众免费治病。电影队免费放映电影。银行给城市贫民和郊区的贫苦牧民发放无息贷款。医疗、贷款和电影这三件大事，深受广大群众的热烈欢迎。

　　达赖在日喀则设有基巧，两名基宗都是四品官，一僧一俗。班禅回到日喀则时，他们曾在市郊搭帐篷欢迎，献了哈达。后藏地区共有达赖所属十六个宗，班禅所属四个宗和三十多个相当于宗的独立羟卡。日喀则市的市民归达赖系统管辖，札什伦布寺则属于班禅。因此，在日喀则搞好达赖和班禅双方的团结，是件非常重要的大事。日喀则分工委负责做达赖和班禅所辖各地区、各单位的工作。

　　牙含章在日喀则一方面参加庆祝班禅回寺的活动，一方面做达赖方面的统战工作。他亲至日喀则基巧，拜会基宗，赠送礼品和许多宣传品。基宗也来回拜送礼，双方关系处得很好。

　　牙含章在日喀则住了半年多，主要帮助班禅恢复他的固有地位和职权。其中的关键问题是，要把1923年班禅离藏后被达赖方面侵占的那些宗和羟

班禅长年居住的札什伦布寺

卡，归还给班禅方面，由班禅派官员前去管理。这一和平移交的工作进行得比较顺利，没有发生大的困难。

另一项重要工作为调解班禅集团内部的由内地回来的人员和留在当地人员之间的矛盾。在留下的僧俗官员中，有一部分人给达赖方面做过事，这在当时情况下也是不得已的。从内地回来的人要收拾他们，牙含章说服班禅和堪布会议厅对这一部分人采取宽大政策，既往不咎。当时，班禅方面将这部分人中的一个头面人物（四品俗官）私自逮捕，这件事事先并没有和牙含章商量，为了搞好他们之间的团结，牙含章说服班禅和堪布会议厅，将此人释放，并要他们以后遇到这种情况先和分工委商量。通过释放这一个人，促进了班禅方面内部两派之间的团结。

在日喀则的半年时间里，牙含章还抽空收集了历代班禅的藏文传记和有关班禅的汉文典籍文献，为撰写《班禅额尔德尼传》做了大量的准备工作。

12月，根据中央指示，要牙含章回拉萨参加西藏工委会议。牙含章到班禅住地向他辞行，准备返回拉萨履职。班禅大师依依不舍，为他设宴饯别，从自己的警卫营中精心挑选护送人员，并给他准备了最实用的礼物——一头备有全套华贵鞍具的强健骡子，亲自送给牙含章，让他沿途乘骑，留作纪念。当牙含章走出班禅住地门口时，那里整齐地排列着一行喇嘛，多达数十人，每人手里握着一股点燃的清香，口中念着经，这是喇嘛教表示感激的最隆重的仪式。

出发的那天，班禅行辕堪布会议厅在市郊搭帐篷欢送，用藏族礼节向牙含章和他的夫人鲁华以及回拉萨人员献哈达送行。达赖派在日喀则的两名基宗，也搭帐篷献哈达热烈欢送。他们还派一名藏族"张译"（职称）伴送牙含章至拉萨，由他负责与达赖管辖地区各宗联系，给牙含章一行十几人，供应人粮马料和住处。

这次从日喀则回拉萨，为了了解藏北的情况，牙含章一行不再走南路，改走北路，一路经过南木林宗等地。

至南木林宗时，宗本和寺庙的堪布（管事）等数十人至郊外欢迎，献哈达。到住地以后，牙含章去拜会宗本、活佛和堪布等人，送了礼品和宣传品。当地有一座格鲁派（黄教）寺庙，内有喇嘛五百多人，牙含章给他们每人放了一枚银元的布施。

到堆龙德庆宗的时候，经过一座噶举派（白教）的寺庙，庙中有楚布噶玛巴活佛。他的先辈曾推翻帕竹王朝，建立噶玛王朝，担任全藏法王。噶玛王朝统治西藏凡24年（1618—1642），再以后就是第五世达赖建立的噶丹颇章王朝了。牙含章进入寺内，向活佛献哈达，送礼品；给300多名喇嘛放布施，每人一枚银元。这是为了表示共产党对西藏各教派一视同仁，贯彻信仰自由政策，不是只支持某一教派，而

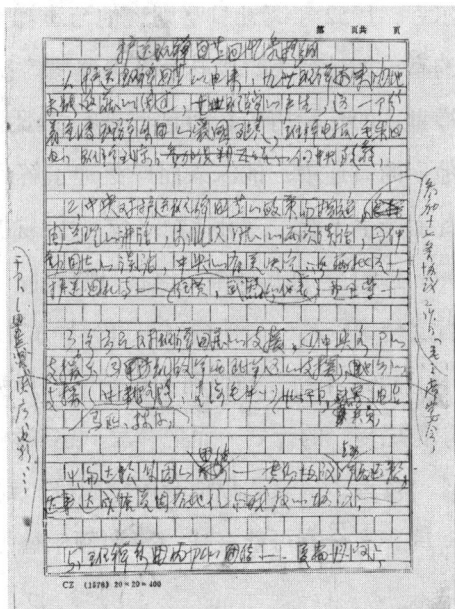

牙含章护送班禅回藏回忆手稿

是对各教派同样尊重。

是月底，牙含章顺利完成护送班禅返藏的任务，离开札什伦布寺回到拉萨，投入到更艰巨而繁重的工作之中。

成书前后

《班禅额尔德尼传》的撰写，早在牙含章的计划之中。

牙含章13岁进入拉卜楞寺院，20岁进入拉萨哲蚌寺，藏学研究成为他的心头之重，可惜他心血凝结的《青藏调查记》，在排印中被毁于胡宗南入侵陕北的战火中。对此，他不止是遗憾，而且是愤怒与伤感。对这件事情，他没有过多表述，仍然继续着藏族社会的调查研究。

1950年冬开始，牙含章被调到从事西藏工作的战线上，主要承担了护送班禅返藏的任务。这不仅是党赋予他的一项事关国家统一、反帝爱国的重大任务，而且也给了一个深入调查研究班禅世系的良好机会。从1951年底到塔尔寺，1952年离开日喀则，他与班禅及班禅堪布厅人员朝夕相处，如堪布厅的官员如计晋美、大扎萨罗桑坚赞、班禅经师嘉雅活佛等，他们不仅洞悉班禅世系的传承历史，而且都是在藏学上深有造诣的人，与他们的接触中，从他们的口述中，他深入而广泛地了解到班禅世系及西藏历史的大量素材，由此而产生了撰写《班禅额尔德尼传》的计划。

1952年的下半年，他在日喀则除了繁重的政务以外，搜集了历世班禅的藏文传记资料，为他撰写《班禅额尔德尼传》打下了坚实基础。

1953年初，当他回到拉萨时，形势的要求使他改变了首先撰写《班禅额尔德尼传》的计划，而把撰写《达赖喇嘛传》的任务放到了首要位置。

按理，从《达赖喇嘛传》脱稿，到1958年他离开西藏的时候，还有5年时间，完全有可能完成《班禅额尔德尼传》的写作，但牙含章没有能够这样做。

其中的原因我们不得而知，但《达赖喇嘛传》迟迟不能够公开出版的情节一定影响到《班禅额尔德尼传》的写作。

1958 年，牙含章调离西藏，他把为写《班禅额尔德尼传》而收集的十多万字的材料，全部留给西藏工委政策研究室。这一方面说明他严格遵循党的政治规矩和组织纪律，即把在西藏工作时收集整理的资料，应该留给西藏。另一方面也可能希望工委研究室的同志，来完成他没有完成的这项工作。

牙含章虽然离开了西藏，但是《班禅额尔德尼传》的写作念想，始终萦绕在他的心头。

和牙含章一起工作的老一辈藏学家吴丰培知道这个情况，他说："我初见牙含章同志于中国社会科学院民族研究所，神交已久，一见如故。我又在他领导下工作，暇时切磋藏史，得知早有班禅传的旧稿，当时极力怂恿从速整理出来，以便与《达赖喇嘛传》相辅为用。因事不果，不久他也调往内蒙古，任内蒙古大学副校长之职，百务猬集，也就无暇及此了。迨党的十一届三中全会以后，百废待举，他也调回北京，任民族研究所所长。得以重晤，我又以班禅传是否动手为询，始知《达赖喇嘛传》出版后，他重新整理《班禅额尔德尼传》，以相配合。因此，向西藏档案馆借回旧稿，组织人力，重加编写，并约我协助收集资料。"①

1983 年，牙含章虽然从第一线的领导岗位上退了下来，但仍担负着学科的学术规划任务，并兼任着几个学术团体的领导职务。此时，他已年近古稀，且患有严重的高血压症，但仍担负着繁重的工作任务，每天都在紧张地工作着。由他主持的《中国无神论史》的编写工作在紧张进行；他在刚刚校完《达赖喇嘛传》的清样之后，又把三十多年前提出的《班禅额尔德尼传》编写任务，摆在了自己面前。在这本著作编写期间，他曾不止一次地陈述自己的意志："我在有生之年，一定要完成《班禅额尔德尼传》和《中国无神论史》这两项工作！"他把在 50 年代搜集整理的十多万字的资料找来后，先请几位同志一起讨论编写设想，设计各章的主要内容，研讨对有关问题的观点。这

---

①吴丰培：《〈班禅额尔德尼传〉述评》，《中国藏学》1989 年第 2 期，第 137 页。

些筹备工作基本就绪后，他于 1984 年开始动笔。期间，他除去参加一些重要会议外，每天利用健康允许的半天时间，连续奋战了将近一年，把 30 多万字的初稿撰写了出来。之后，他把初稿交给协助他的几个同志帮助审阅后，又利用了几个月的时间，逐章进行讨论。讨论完毕后，他又很快进行修订。就这样，到 1985 年底，把《班禅额尔德尼传》的书稿正式交给了西藏人民出版社，1987 年 11 月正式出版，实现了他 30 多年的夙愿。

《班禅额尔德尼传》的撰写，是牙含章对我国民族工作和藏学研究事业的重大贡献，也是他 30 多年辛勤研究的结晶。他之所以坚持把《班禅额尔德尼传》写出来，一个重要的原因就是，深感历世班禅在维护祖国统一的事业中所表现出的爱国主义精神是不可埋没的。

价值长存

牙含章之《班禅额尔德尼传》，采用藏族人民喜爱的传记体裁，以历代班禅额尔德尼的传承体系为主线，系统论述西藏地区 600 多年历史的著作。它的上限起自元末明初，下限写到西藏和平解放，班禅返回札什伦布寺。

中国的历史，自古以来，就是一部多民族国家的形成史。各个民族在其形成发展过程中，既有共性的一面，又有其各自特殊性的一面。西藏 600 多年的历史，是中国 600 多年历史不可分割的一个组成部分，它与中国其他民族和地区的历史有共同的一面，又有特殊的一面。西藏历史的特殊性突出表现为：历代中央政权与西藏地方政权的从属关系问题；佛教传入西藏后形成喇嘛教活佛转世制度，及其达赖喇嘛和班禅额尔德尼两个世系之间的关系问题；在帝国主义侵略与反对帝国主义侵略的斗争中，达赖系统与班禅系统的异同问题。

牙含章在《班禅额尔德尼传》中，对以上西藏历史特殊性问题，作了深刻叙述和阐释，作出了正确的分析和判断。

一是用大量的历史事实，说明西藏很早以来与中央政权有密切的关系。

西藏自古是中国的一部分，藏族是中国境内具有悠久历史的民族之一，为中华民族命运共同体的形成与发展做出了贡献。藏族先民古羌族，远在夏商周及先秦时代已经与汉族的先民华夏族多有联系和交往。

唐贞观十五年（641年），唐朝文成公主远嫁吐蕃松赞干布后，唐封其为驸马都尉，唐朝与西藏政权成为舅甥关系，实际上的政权从属关系。以后金城公主的进藏，更加固了这一关系。

宋大中祥府八年（1015年），吐蕃后裔角厮啰在宗哥城（今青海西宁东南）建立政权，宋常与之交葛，无暇西顾。

元蒙窝阔台汗十一年（1239年），窝阔台次子阔端从凉州（今甘肃武威）遣将攻吐蕃，至热振寺、甲拉康，次年班师。由此知西藏嘎举派萨迦族势强，便派人约其首领萨迦班智达（简称萨班）至凉州晤见。蒙古乃马真后三年（1245年），萨班应阔端之约，领其两个侄儿八思巴和恰那多吉至凉州，会见阔端。经萨班与阔端协商后（即所谓"凉州会谈"），由萨班写了一封信给西藏各地政教首领，敦劝大家归顺元朝，并缴纳贡赋。大家答应接受蒙古大汗管辖，使西藏以和平的方式，成为大元帝国的一部分，西藏地方纳入中央政府行政管辖之下。元朝设立释教总制院和宣政院，直接管理西藏地区军政、宗教事务，在西藏清查民户、设置驿站、征收赋税、驻扎军队、任命官员，并将元朝刑法、历法颁行西藏，充分行使有效管辖。元朝亦支持萨班派在西藏建立了听命于元朝的地方政权，即萨迦政权。蒙古世宗（忽必烈）中统元年（1260年），蒙古忽必烈以吐蕃僧八思巴为国师，统佛教，管辖西藏政事。元至元十三年（1276年），八思巴回西藏就任为萨迦寺池巴，并建立了萨迦政权。元末，西藏政权由嘎举派的帕竹政权代替了萨迦政权，亦得到元顺帝"敕封"，元仍维持着对西藏的管辖。

明洪武元年（1368年），明朝建立后，在西藏实施多封众建，给西藏各地宗教领袖封以"法王"、"灌顶国师"等名号。同时西藏地方王位的继承必须经过明朝皇帝批准，遣使册封，新王方可继位，并在西藏设立"乌斯藏都指挥使司"。明洪武二十一年（1388年）封乌斯藏帕木竹巴首领扎巴坚赞为灌顶国师，并任命"西番班竹儿"为乌斯藏都指挥使，明确西藏地方政权与明朝中央政权的关系。

清顺治元年（1644年），清朝建立后，更加强了对西藏地方的管理。清朝从顺治元年到雍正六年（1728年）的84年间，对西藏事务的管理，由理藩院负责；雍正六年到清末，由皇帝指派的驻藏大臣负责。驻藏大臣起着代表中央政权监督地方政权的作用。从清崇德八年（1643年），西藏地方政权由格鲁派掌握。中央政府先后册封藏传佛教格鲁派首领五世达赖和五世班禅，正式确立达赖喇嘛和班禅额尔德尼的封号和政治、宗教地位。此后，历世达赖、班禅均由中央政府册封，遂成定制。从1727年开始，清朝设驻藏大臣，代表中央监督、管理西藏地方行政，先后派遣驻藏大臣百余人。乾隆十五年（1750年），藏王朱尔默特那木扎勒在拉萨阴谋发动叛乱，被清朝驻藏大臣发觉并加以诛杀。次年，清朝废除藏王掌政制度，正式任命七世达赖掌管西藏地方政府，实行政教合一，设立由四位噶伦组成的噶厦，听命于驻藏大臣和达赖喇嘛。西藏地方权力归格鲁派，并由达赖喇嘛和班禅额尔德尼两大系统传递以后，达赖和班禅的转世成为西藏政权走向的关键因素和重大问题。此前，当一位活佛圆寂之后，他将转世在哪里，很大程度上受僧俗上层人物左右，由吹忠（类跳绳巫师）做法降神来指定。一些上层贵族和大喇嘛贿赂吹忠，假托神言，任意妄指，这种吹忠营私作假的弊端引起乾隆皇帝的注意，决心对蒙藏地区的活佛转世制度进行整顿，制定金瓶掣签制度。乾隆五十八年（1793年），指定福康安会同七世班禅、八世达赖共同议定《钦定藏内善后章程二十九条》（简称"二十九条"），明确了达赖、班禅转世的"金瓶掣签"制度。"二十九条"第一条明确规定了活佛转世的金瓶掣签的制度："关于寻找活佛及呼图克图的灵童问题，依照藏人例俗，确认灵童必问卜于四大护法，这样就难免发生弊端。大皇帝为求黄教得到兴隆，特赐一金瓶，今后遇到寻认灵童时，邀集四大护法，将灵童的名字及出生年月，用满汉藏三种文字写于签牌上，放进瓶内，选派真正有学问的活佛，祈祷七日，然后由各呼图克图和驻藏大臣在大昭寺释迦佛像前正式认定。假若找到的灵童仅只一名，亦须将一个有灵童名字的签牌和一个没有名字的签牌，共同放进瓶内，假若抽出没有名字的签牌，就不能认定已寻得的儿童，而要另外寻找。达赖喇嘛和班禅额尔德尼像父子一样，认定他们的灵童时，亦须将他们的名字用满、汉、藏三种文字写在签牌上，同样进行，这些都是大皇帝为了黄教的兴隆，和不使护法弄假作弊。这个金瓶常放在宗喀巴佛像前，需要保护净洁，并进行奉养"①。根据"二十九条"的规定，清朝皇帝在拉萨大昭寺和北京雍和宫各置一"金本巴瓶"，达赖喇嘛、班禅额尔德尼以及其他呼图克图"灵童"转世，均由驻藏大臣主持，用大昭寺的"金本巴瓶"掣签决定，北京、四川、青海、甘肃、蒙古大活佛转世灵童由雍和宫的"金本巴瓶"决定。"灵童"决定后须经过清朝皇帝批准，由中央政府钦派大员主持坐床，才能取得合法地位。这项规定把活佛转世的继任权力，从地方政府收回到中央认定，这是清朝对西藏行使主权的重要表现，并且以此加强清朝政府对西藏地方政教事务的管理。此后，十、十一、十二世达赖和八、九、十一世班禅都经金瓶掣签认定。十三、十四世达赖和十世班禅都是报经中央政府批准，免于金瓶掣签认定的。由此维持了西藏地方政府和中央政府隶属关系。

中华民国继承了历史上形成的中央政府对西藏的主权，继续对西藏实施主权管辖。1912 年制定的《中华民国临时约法》和 1931 年制定的《中华民国训政时期约法》，均明确规定西藏是中华民国领土。1929 年，南京国民政府设立蒙藏委员会，行使对西藏的行政管辖。1940 年，国民政府在拉萨设立蒙藏委员会，驻藏办事处，作为中央政府对西藏地方的常设机构。十四世达赖和十世班禅的认定、坐床均经当时的中华民国批准。虽然民国时期军阀混战，内乱频仍，国力孱弱，但中央政府在十分艰难的情况下维护了国家在西藏的主权。

中华人民共和国成立后，结束了全国割据状态，在新的历史条件下实现

---

①牙含章：《达赖喇嘛传》，人民出版社 1984 年版，第 62 页。

了国家统一，西藏得到和平解放，人民解放军进驻西藏，中央政府行使国家主权，西藏逐步走上社会主义道路，西藏各族人民与全国各族人民共同推进国家发展进步。

二是用大量的历史事实，说明达赖和班禅同为宗喀巴弟子，地位平等。

宗喀巴于明洪武五年（1372 年）16 岁时入藏修习，20 岁时在江孜地方的孜钦寺从萨迦派大德高僧仁达娃学《俱舍论》，建立了密切的师徒关系。29 岁时在雅砻南法拉康拜粗池仁钦为师，受了比丘戒，从此以后，就有了讲经收徒的资格。35 岁（明洪武二十四年，1391 年）已收徒弟 13 人，他们开始到处宣传格鲁派教义。格鲁派主要依据噶当派的教义，但主张严格教规，由此创立了新的教派——格鲁派。格鲁派意思是"善规"，该派僧侣头戴黄帽，俗称黄教。由于格鲁派依据噶当派教义，所以，也称为"新噶当派"。这时西藏政权由嘎举派帕木竹巴执掌，并扶植宗喀巴的宗教改革，得到帕竹政权的支持，噶当派渐与格鲁派合并。宗喀巴师徒走到哪里，均得到当地宗本的供养。格鲁派的教义得到广泛传授，遵从格鲁派的人迅速增加。在格鲁派创立过程中，宗喀巴有两个最得力的弟子，一个是嘉曹杰·达玛仁钦（1364—1432）。嘉曹杰本为宗喀巴老师仁达娃的弟子，在辩经中他输给宗喀巴，便诚心拜宗喀巴为师，协助宗喀巴创立格鲁派。一个是克珠杰·格列巴桑，他仰慕宗喀巴的学养，持仁达娃的介绍信找到宗喀巴，拜宗喀巴为师，成为宗喀巴第二大助手。他们是宗喀巴创立格鲁派的两大助手，在创立推广黄教方面做出了重大贡献。

由于嘉曹杰和克珠杰作为宗喀巴的第一、第二两大助手，对于创立格鲁派做出的杰出贡献，藏族学者把他们三人称做"师徒三尊"。

明永乐七年（1409 年）正月初一至十五日，宗喀巴在帕竹政权的第五代第司，明成祖册封为灌顶国师阐化王扎巴坚赞的支持下，在拉萨大昭寺举行了"默郎木"（即所谓传召大会），西藏各地来参加传召大会僧侣一万多名，俗人好几万，规模空前。这次传召大会奠定了格鲁派发展的基础。会后，由扎巴坚赞捐资，在拉萨东郊旺吉尔山上建立供养格鲁派僧侣的甘丹寺。永乐八年（1410 年），甘丹寺落成，宗喀巴成为甘丹寺第一任池巴，甘丹寺成为格鲁派的传教中心。宗喀巴的另一个弟子根敦朱巴在明永乐十三年（1415 年）来到甘丹寺拜宗喀巴为师，学习格鲁派教义后，取得巨大成就。永乐十四年（1416 年），宗喀巴弟子嘉样曲结在拉萨建立哲蚌寺。永乐十六年（1418 年），宗喀巴的另一个弟子释迦也失在拉萨建立色拉寺。

　　甘丹、色拉、哲蚌三大寺建成，宗喀巴创立格鲁派的任务基本上已经完成。明洪武二十七年（1394 年）时，宗喀巴的信徒只有 13 人。永乐八年（1410 年）建立甘丹寺时，有僧侣数百人。永乐十七年（1419 年），宗喀巴到哲蚌寺，该寺已有僧侣二千余人。色拉寺建成时，三大寺僧侣已达四五千人。从 1394 年到 1418 年，只用了 24 年时间，宗喀巴在西藏建立了一个压倒一切旧教派的新教派，取得了巨大的成就。宗喀巴到哲蚌寺不到一年，于冬天患病，当年十月二十五日在甘丹寺圆寂。在他去世的前两天，把衣帽授给弟子嘉曹杰·达玛仁钦，意思是要嘉曹

格鲁派在西藏的四大寺院之一：甘丹寺

宗喀巴弟子释迦也失创建的色拉寺全景照

嘉样曲结创建的拉萨哲蚌寺全景

杰继任甘丹寺池巴。

宗喀巴圆寂后，由嘉曹杰继任甘丹寺第二任池巴。

明宣德七年（1432年），甘丹寺第二任池巴嘉曹杰去世，甘丹寺的全体僧众共推克珠杰继任甘丹寺第三任池巴。

克珠杰从明永乐五年（1407年）拜宗喀巴为师以后，跟随宗喀巴12年，作为宗喀巴的得力助手，他在阐述格鲁派教义，制定格鲁派各种法规和学习程序，建立黄教寺庙的管理制度等方面，亲身参加了筹划，对宗喀巴的宗教思想有很深的体会。在他晚年撰写了《宗喀巴传》。藏历第七绕迥的土马年（明正统三年，1438年）二月二十一日，克珠杰逝世。西藏的历史学家把宗喀巴的亲传弟子克珠杰追认为一世班禅额尔德尼。

第一世班禅克珠杰与第一世达赖喇嘛根敦朱巴之间的关系很密切。根敦朱巴比克珠杰小6岁，拜宗喀巴为师也比克珠杰晚8年，克珠杰为师兄，根敦朱巴为师弟。

第二世班禅法名索南确朗，在克珠杰去世一年后的藏历第七绕迥土羊年（明正统四年，1439年）正月初十日（又说为十五日），生于后藏恩萨（今日喀则江当区）地方。幼年到甘丹寺出家为僧，由当时担任甘丹寺池巴的拔梭·曲结坚赞收为门徒。索南确朗在甘丹寺学经多年，精通显密二宗，特别擅长辩论，当时甘丹寺有三千多喇嘛，凡是和索南确朗辩论过的人，都输在他的手下，于是在甘丹寺"声名大著"，都认为索南确朗是克珠杰的"转世灵童"。藏历第八绕迥木鼠年（1504年）三月二十五日，索南确朗逝世，享年65岁。西藏学者追认他为第二世班禅。

第二世班禅索南确朗与第二世达赖根敦嘉措虽然生活在同一时代，但第二世达赖根敦嘉措比第二世班禅索南确朗晚生 36 年（第二世达赖根敦嘉措生于明成化十一年，1475 年），根敦嘉措曾担任过札什伦布寺第五任池巴、哲蚌寺的第十任池巴，同时兼任色拉寺的第九任池巴，在格鲁派中亦获得崇高的地位，仅次于甘丹池巴，但他和索南确朗之间似乎没有什么往来，但地位平等。

第三世班禅法名罗桑丹珠，藏历第八绕迥木牛年（1505 年）正月初四日，生于后藏恩萨地方，曾任安贡寺池巴，逝世于藏历第九绕迥火虎年（1566 年）二月二十三日，享年 61 岁。他曾云游后藏各地，宣讲黄教教义，对黄教在后藏的发展做了一定贡献。罗桑丹珠晚年，被安贡寺的僧众公认为他是原安贡寺活佛，第二世班禅索南确朗"转世"的"化生"。后来，西藏历史学家追认罗桑丹珠为第三世班禅。

第一世到第三世达赖和第一世到第三世班禅虽为同一时代人，但他们都是普通的僧侣，各自传教，没有政治地位，没有掌握政教权，固然是平等的。

此后，从第四世达赖到第十四世达赖，从第四世班禅到第十一世班禅，大致如此。这一事实充分说明，达赖和班禅自始至终就是平等的关系。

对此，牙含章《班禅额尔德尼传》给了我们最清楚的回答。

第三，用大量的历史事实说明，反帝爱国方面，前一时期，在抗击英帝，达赖和班禅是一致的。后一个时期，由于英帝把侵略的重点放在拉萨，达赖方面的一小部分人，受到英帝国主义者的长期扶植，噶厦政权受到这些人的控制，对祖国采取了分离的错误态度。而班禅方面，始终坚持反帝爱国的正确立场。

第四世班禅法名罗桑曲结，藏历第十绕迥铁马年（1570 年）四月十五日，生于后藏兰伦热布谿卡（今日喀则西）。14 岁时担任安贡寺池巴。1586 年，在札什伦布寺获得"柔钦"（黄教创立初期对有学问的喇嘛的一种尊称）学位。1601 年就任札什伦布寺第 16 任池巴。逝世于藏历第十一绕迥水虎年（1662 年）二月十三日，享年 92 岁。第四世班禅罗桑曲结不仅是一位杰出的宗教领袖，也是一位杰出的政治领袖。他与第五世达赖一起领导平息内乱，对确立黄教在全藏的统治地位，起了重要作用。他和达赖派遣代表，主动与初建的清朝中央政权联系，对维护祖国统一做出了重大贡献。1645年，由新疆入藏的厄鲁特蒙古和硕特部的首领固始汗赠送罗桑曲结"班禅博克多"的尊号。从第四世班禅起，札什伦布寺僧众一致承认历世班禅为该寺当然池巴。主持认定了第五世达赖，并与第五世达赖共同领导反帝爱国斗争。

第五世班禅法名罗桑益喜，藏历第十一绕迥水兔年（1663年）七月十五日，生于后藏托布加谿卡的出仓村。1668年正月，被确认为第四世班禅的转世灵童。1737年7月5日，第五世班禅逝世于札什伦布寺，享年74岁。第五世班禅罗桑益喜在世时，西藏屡遭外族侵扰，内部政局也动乱不已。在极其艰难的环境中，他始终坚定地站在中央政权一边，为维护祖国统一、促进民族团结、稳定西藏政局做出了不懈的努力和有益的贡献。清康熙五十二年（1713年），康熙皇帝册封第五世班禅为"班禅额尔德尼"，命他参与西藏地方事务，并赐金册、金印，"班禅"名号由此正式确立。

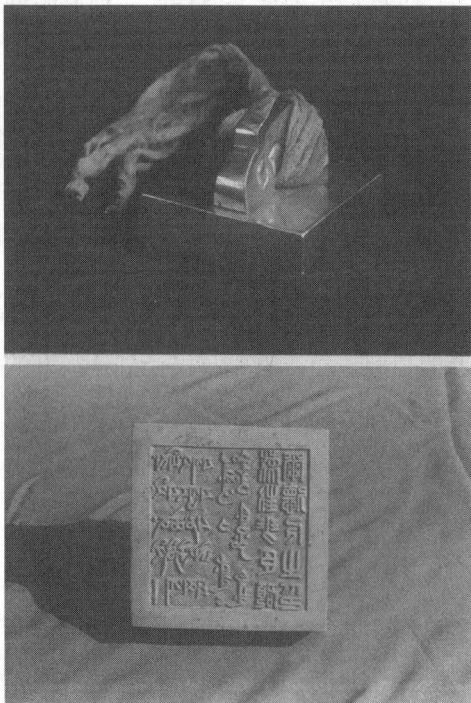

清世祖封五世班禅为"班禅额尔德尼"金印

第六世班禅法名巴丹益喜，藏历第十二绕迥土马年（1738年）十一月十一日，生于后藏南木林宗札西则谿卡。1740年，经清乾隆皇帝批准，被确认为第五世班禅的转世灵童。次年，乾隆派员进藏主持了第六世班禅的坐床大典。第六世班禅巴丹益喜为维护祖国统一、反对民族分裂做出了积极贡献。清乾隆三十九年（1774年），英国东印度公司派人到札什伦布寺，企图与西藏直接建立联系时，第六世班禅答复说："西藏属于中国领土，一切要听从中国大皇帝的圣旨办事。"乾隆四十五年（1780年），第六世班禅亲赴承德为乾隆皇帝祝寿。乾隆特命人仿照札什伦布寺式样，在承德建造了须弥福寿之庙，让班禅居住。是年9月，班禅随乾隆返京，住黄寺，其间多次到雍和宫等处讲经说法。11月2日，第六世班禅病逝于北京黄寺，享年42岁。次年，乾隆派人护送班禅灵塔回札什伦布寺。

第七世班禅法名丹白尼玛，藏历第十三绕迥水虎年（1782年）四月八日，生于后藏白朗宗吉雄豁卡。当年，清乾隆皇帝降旨批准札什伦布寺之奏请，确认丹白尼玛为第六世班禅转世灵童，并赐哈达一条、宝石念珠一串。1844年8月至1845年3月，第七世班禅奉旨担任西藏摄政，为反对外敌侵略，维护祖国统一做出了重要贡献。1853年1月14日，第七世班禅逝世于札什伦布寺，享年71岁。

第八世班禅法名丹白旺修，藏历第十四绕迥木兔年（1855年）八月八日，

清高宗册封六世班禅的玉印、玉册

清宣宗册封七世班禅的金册

生于后藏托布加豁卡竹仓村。1857年8月，经金瓶掣签，清咸丰皇帝批准，被确认为第七世班禅转世灵童，1882年7月15日，病逝于故乡托布加豁卡，时年27岁。第八世班禅丹白旺修，英年早逝，他感铭皇恩，维护祖国统一。

第九世班禅法名曲吉尼玛，藏历第十五绕迥水羊年（1883年）正月十二

国民政府颁给九世班禅"护国宣化广慧大师"称号的金印

第九世班禅曲吉尼玛

日，生于前藏塔布地区噶夏村。1888年正月，经金瓶掣签，清光绪皇帝批准，被确认为第八世班禅转世灵童。1937年12月1日，逝世于青海玉树大寺甲拉颇章宫，享年54岁。第九世班禅曲吉尼玛的一生，是坎坷的一生，也是斗争的一生。他不仅佛学造诣极深，而且政治上也很成熟。早期，他曾与第十三世达赖一起领导了抗英斗争，晚年又积极投身于抗日斗争，是西藏近代史上一位杰出的反帝爱国领袖。由于在反帝爱国问题上立场不同，造成与西藏地方政府不和，自1923年离藏到内地，直至1937年圆寂，过了整整14年离乡背井的动荡生活，但他始终顽强地为

维护祖国统一、促进民族团结而奋斗。

第十世班禅法名确吉坚赞，藏历十六绕迥之土虎年正月初三日（1938年2月3日），生于青海循化县温都乡。1949年6月3日，国民政府代总统李宗仁颁布命令，批准确吉坚赞为第十世班禅额尔德尼，免于金瓶掣签。在中央人民政府的关怀和帮助下，第十世班禅大师和班禅堪布会议厅全体官员于1952年6月23日返回西藏日喀则札什伦布寺。班禅大师回到西藏以后，始终不渝地为维护祖国统一，增强藏汉民族和各民族的团结，为促

第十世班禅确吉坚赞

进西藏内部的团结做出了重大贡献。自1958年起，第十世班禅在青海塔尔寺和札什伦布寺开讲佛教经典《普提道次第广论释》《时轮金刚灌顶法》等显密教义，并精心钻研宗喀巴的经学著作。在生命的最后时光，他努力建成了第五世至九世班禅遗体合葬灵塔祀殿——班禅东陵扎什南捷灵塔祀殿，并于1989年1月17日完成了开光典礼。1989年1月28日，在西藏自治区日喀则市他的新宫德虔格桑普彰逝世，终年51岁。第十世班禅确吉坚赞继承和发扬前数辈班禅额尔德尼一贯爱国的传统，在半个世纪的政教生涯中，在事关祖国的大是大非面前，总是旗帜鲜明、立场坚定地维护统一、反对分裂。特别可贵的是，他始终把热爱祖国与热爱藏族人民，维护祖国统一与维护本民族人民群众的各项切身利益和跟着党走社会主义道路有机地统一起来，因而得到藏族群众的由衷爱戴和党和国家领导人的高度赞扬。

牙含章《班禅额尔德尼传》的写作，前后经历了30多年的岁月，他对历世班禅的爱国统一的思想和行为有着广泛的了解和深入的解析。

此书的一个主要的特点是，由于牙含章精通藏文，所以能够运用大量的

汉、藏史料，说明藏族人民对于反帝爱国和全国各民族人民是一致的。至于历代中央政府与西藏地方政权的统属关系，是确切无疑的。作者同样用了大量历史事实，说明历代达赖和班禅两位大师在反帝、爱国这两个重要问题上是较为一致的。这两条红线，就是两书的中心思想。至于少部分人受了帝国主义的挑唆，歪曲历史的真相，对于祖国采取分离态度，发表了极端荒谬的言论，这与祖国统一，全国人民和西藏人民的利益，是决不相容的。对此，牙含章也作了冷静地分析和客观地评判。

牙含章在西藏工作生活多年，对西藏的历史和现实进行过深入调查研究。他除了占有大量的历史文献之外，还有大量的口述资料，补充历史文献之不足，从而使这本书不仅追源溯流，去伪存真，脉络分明，使班禅大师历史世系原委备载。

达赖和班禅的世系以及宗喀巴创立格鲁教派——黄教，都属明初，而以前涉及宋代黑帽、红帽系统控制藏区经过，本书也追述端末。到了元代，西藏隶属中央关系逐渐巩固，故又追溯元代。以两位大师的世系为基本，旁及有关历史事件，实际上是中国近 600 年民族历史的一部分，作为藏族史来读，自无不可。

鸦片战争以后，英帝国主义插手了西藏事务，采取以游历、通商为由，实则蚕食属地、武装入侵等种种卑鄙不法手段对我国进行侵略。汉藏人民共同携手，一致对敌，经过不屈不挠的长期斗争，终于在新中国成立后，赶走了帝国主义，使藏区人民得到了新生。连写了许多歪曲事实的作品的帝国主义分子如荣赫鹏、麦克唐纳、黎吉生之流，也不能完全掩盖侵略事实，牙含章也运用了他们的自供状，述说其罪恶。亦可作为帝国主义侵华史的重要揭露材料。

牙含章对于《班禅额尔德尼传》计划在先，出书在后；《达赖喇嘛传》计划于后，出书于前。《达赖喇嘛传》付印后，他又发现了许多新的材料，对《达赖喇嘛传》中某些事实不太准确，论述不太全面的地方，利用《班禅额尔德尼传》出版的机会，作了应有的补充与订正。这也是该书的一个突出特点。

明末清初，西藏地区是蒙古族俺达汗、固始汗先后控制时期，书中对于蒙古与西藏关系，准噶尔与西藏关系，也作了详尽的叙述，补充前人著作之不足。

该书还有一个重要特点，牙含章本人作为书中的人物之一，对第十世班禅返藏的描述真实、客观、亲切。中国共产党和中央人民政府为了护送十世班禅回藏，任命范明为西北军政委员会驻班禅行辕的代表，牙含章为助理代表，共同负责护送回藏事宜。经过周密筹划，班禅于 1952 年 4 月 28 日安全到达拉萨，受到隆重的欢迎。自九世班禅 1923 年离开札什伦布寺，至此已经历了 29个年头，这是新中国成立以来的一个伟大的胜利，也是民族政策和宗教政策的伟大胜利。牙含章身负护送十世班禅的任务，记述了身经之事，这些第一手资料极为可贵。故此篇传记的价值，更胜于《达赖喇嘛传》。[1]

①参阅吴丰培：《〈班禅额尔德尼传〉述评》，《中国藏学》1989 年第 2 期，第 144 页。

第六章　达赖喇嘛传

DILIUZHANG　DALAILAMAZHUAN

达赖喇嘛传

牙含章编著

第六章
达赖喇嘛传

　　1950 年，党决定我到西藏工作。由于党和人民事业的需要，我又继续从事藏族历史的研究工作。从 1952 年到 1953 年，写成了约二十余万字的《达赖喇嘛传》。这部书主要阐明了在当时西藏工作中需要澄清的两大问题：一个是历代达赖喇嘛与历代班禅额尔德尼的关系问题。我用大量的历史事实证明，他们两人在历史上、在宗教上、在政治上都是平等的，都隶属于清朝皇帝派驻西藏的驻藏大臣。因此，现在也应归中央人民政府派驻西藏的中央代表领导。这既符合西藏历史的本来面目，又为下步建立统一的西藏自治区找到了事实根据。另一个重大问题是：当时一部分西藏反动上层分子硬说西藏一直是一个"独立国家"，以作为他们反对解放军进驻西藏，鼓吹西藏从祖国分裂出去的借口。我同样根据大量的历史事实，证明西藏在元时已正式纳入中国版图，受元朝皇帝所设的宣政院的直接管辖。这种中央与地方的关系在明代和清代并丝毫没有改变。这是铁的历史事实，是任何人也改变不了的。

　　《达赖喇嘛传》写成以后，我于 1953 年送交中共中央统一战线工作部审查。1956 年，中央统战部作为"内部读物"，印了数百本，以供中央和有关部门的负责同志参考。

1959 年，西藏发生武装叛乱以后，各方面需要了解西藏历史的读者日增。在一次会议上，周恩来总理向人民出版社推荐了我写的《达赖喇嘛传》，总理要求人民出版社负责出版，公开发行。但是后来由于种种原因，人民出版社在 1963 年仍作为"内部读物"发行，未能圆满地实现总理的愿望，至今引为一件无法弥补的憾事！

——牙含章自述

晨写暮撰

1953 年初，牙含章根据中央指示，从日喀则回到拉萨。

牙含章作为工委委员、工委秘书长兼研究室主任，工作任务十分繁重。他的堂兄牙耀明说："含章在拉萨的时候，工作很多，非常忙。我有时候去看他，桌子上全是文件材料，电话一个接一个，找他的人一个跟一个，忙得半天和我说不上一句话。我见他工作一大堆，看着也替他着急，常常简单问候一下就走了，没有急事也不随便去找他。"

牙含章写作《达赖喇嘛传》完全靠的是工余时间。他的夫人鲁华说："1953 年上半年写《达赖传》的半年时间里，每天 8 点上班以前的一两个钟头，有一个精通藏文古籍的老喇嘛准时到他的办公室兼宿舍里。两个人或讨论，或老喇嘛口念，他记录。上班时间一到，老喇嘛即行离去，他即开始办公。每天下班后，一吃过晚饭，他便又趴到桌子上开始写作，直至夜深，才上床睡觉。在拉萨这个高原城市工作，一般都有高原反应，头痛脑涨，老是像得了感冒病一样，昏昏沉沉，全身没有劲，我就是这样，可是他却不知疲倦。上班时间紧张工作，下班之后，又进行写作。除了睡觉之外，几乎没有休息时间，日复一日，整整半年时间，终于写完了这本 30 多万字的《达赖喇嘛传》。"

是年 5 月 23 日，在西藏和平解放两周年纪念日，牙含章的《达赖喇嘛传》脱稿于拉萨。令人难以想象的是，在空气稀薄的高原之城，繁重的行政公务之余，利用早晚休息时间，在不到半年时间里，完成了这部 30 万字的巨著，实属不易。

1953 年，牙含章作为驻藏干部在拉萨工委办公楼顶留影

就在这一年，牙含章将定稿的《达赖喇嘛传》送请中共中央统一战线工作部审查。中共中央统战部对此书的审查非常严格和谨慎。这项审查工作到 1956 年进行了长达 3 年的时间。期间，不知经过了多少领导、专家之手。直到 1956 年下半年，才内部印制了数百本，"仅供中央和有关部门的负责同志参考"。1959 年，周恩来总理指示："人民出版社负责出版，公开发行"，结果又经过了 5 年时间，1963 年 6 月才由生活·读书·新知三联书店资料室作为"内部资料"编印发行（印数不详）。20 年后，1983 年，中央指示作者，对该书进行修订，正式出版，公开发行。1984 年 9 月，《达赖喇嘛传》终于由人民出版社出版发行，才使一般读者接触到此书，并立即在社会上产生了巨大反响，认为这是一部系统了解西藏近代史和喇嘛教的旷世之作。

旷世之作

《达赖喇嘛传》是一部以近代史为主体的传记体的西藏历史，它取材于大量藏汉文古籍和明清两朝实录等重要文献。牙含章以翔实的史料，结合他多年在西藏的实地考察，订正了一些史籍的谬误，以大量的可信史料和科学的

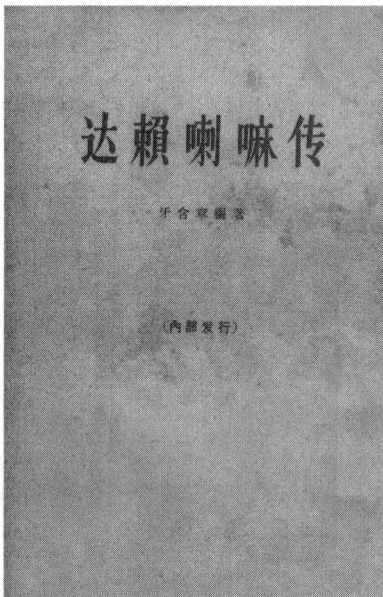

1963 年版《达赖喇嘛传》

论证，阐明了自元以来 600 年间，西藏地方与中央政府的历史脉络，西藏政权系统与组织的概貌，达赖喇嘛与班禅额尔德尼的地位和关系，以及他们之间关系发生变化的历史原因。

全书采用纪传体编年史的格式，从藏传佛教格鲁派创始人宗喀巴及他的大弟子，即一世达赖喇嘛根敦朱巴开始，对格鲁派达赖活佛世系按转世顺序分章进行了详细介绍。全书分为上中下三篇，上篇涵盖一世至十一世达赖喇嘛，中篇为十三世达赖喇嘛，下篇为十四世达赖喇嘛，时间跨度大约从公元 13 世纪中期到 1953 年西藏和平解放为止。主要围绕历世达赖来记述，期间还对格鲁派早期的帕竹政权以及更早的萨迦政权作了简要介绍。虽然牙含章在序言中称该书并不是通史，但是，鉴于自四世达赖喇嘛开始，格鲁派就成了西藏最有号召力、最具影响力的佛教派别，基本上在西藏发生的重大事件都与之相关；因此，从这个角度说，它就是西藏明、清及近代的一部简要通史。

当年，牙含章写《达赖喇嘛传》的主要目的，是为中央制定治理西藏政策提供参考，但由于这本书的政治性和学术性，因此成为我国学者首次运用马克思主义历史唯物主义和辩证唯物主义的观点和方法，深入研究西藏地方两大活佛系统和近代西藏地方政治史的专著。

《达赖喇嘛传》有以下几个鲜明的特色：

一、主题鲜明，中心突出

牙含章写这本书的目的，首先是为了当时政治斗争需要。他在《达赖喇嘛传》的序言中说："我写这本书的时候，西藏和平解放不久，拥护"十七条协议"与反对"十七条协议"的斗争还在西藏激烈地进行着。反对派的首脑人物是代理藏王鲁康娃和罗桑扎西。他们叫嚣西藏自古以来是'独立国家'，反对中国人民解放军进驻西藏。为了斗争的需要，组织上要我写一本关于西藏历史的书，既用于驳斥反对派散布的谰言，也用于对广大西藏人民进行反帝爱国主义教育。当时工作很忙，材料又极其贫乏，我几经奋斗，花了约两年的时间，写成初稿。中央统战部于1956年曾印了若干本，供有关部门参考。"

1953年年初拉萨合影（自右牙含章、鲁华、张经武、张经武爱人杨岗、陈主任、张秘书）

1983年，牙含章根据中央指示修订再版这本书的时候，又为着新的斗争需要。这就是他在再版序言中所说的："1967

1953年牙含章在拉萨与藏族上层合影（左一为牙含章）

年，西藏叛国分子夏格巴·汪秋德丹写了一本《西藏政治史》，这本书肆意歪曲西藏历史，歪曲西藏地方政权与祖国中央政权的从属关系，挑拨汉藏民族关系，污蔑党的民族政策和宗教政策，为他们的叛国罪行辩护，并企图在世界各国寻求支持者。这本书先用藏文写成在印度噶伦堡出版。后来译成英文，由美国耶鲁大学出版在世界各国大量发行，这本书在流亡国外的藏胞中间，在不明西藏历史真相的各国人民中间，流毒之广，影响之坏，是不能低估的。

1955 年，西藏工委领导同解放军代表合影（前排左二为牙含章）

为了对夏格巴·汪秋德丹的反动言论予以有力地驳斥，我国已有许多同志写了论文和专著。拙著《达赖喇嘛传》的公开出版，也是想以历史事实给夏格巴·汪秋德丹一伙的谬论予以严正的驳斥。这就是我把 30 年前写的一本旧书现在拿出来公开出版的主要原因。"

《达赖喇嘛传》全书突出的一个中心就是：反帝爱国、祖国统一。为此全书贯穿着两条红线，一条是说明藏族人民对于反帝爱国和全国各族人民是一致的；一条是说明历代达赖和班禅在反帝爱国这两个重要问题上是较为一致的。

《达赖喇嘛传》从一世达赖喇嘛到十三世达赖喇嘛的历史沿革和中央政权的关系史上，正确地记述了藏族、汉族和满、蒙等其他兄弟民族之间友好、团结的关系是主流，历代西藏地方政府和中央政权之间互相依存的关系是主流。历史的必然结果是，藏族同其他各民族共同缔造了我们多民族的伟大祖国。

二、材料翔实，内容丰富

牙含章所著《达赖喇嘛传》取材于大量藏汉古籍和明清两朝实录等重要文献。我们从《达赖喇嘛传》参考书目中可以看到，他所依据的文献资料非常丰富。

其中，汉文材料有：

《元史》《新元史》《明史》《明实录》《清实录》

法尊著《西藏民族政教史》　　　　　　刘立千译《续藏史鉴》

佚名 《卫藏通志》

黄沛翘著 《西藏图考》

吴丰培辑 《清季筹藏奏牍》（三卷）

吴丰培辑 《清代西藏史料丛刊》（第一集）

丁实存著《驻藏大臣考》

朱锦屏著《西藏六十年大事记》

洪涤尘著《西藏史地大纲》

高长柱著《边疆问题论文集》

黄奋生著《蒙藏新志》（两卷）

李翊灼著《西藏佛教史》

黄奋生著《边疆人物志》

谢彬著《西藏问题》

刘曼卿《康藏轺征》

刘家驹著《西藏政教史略》

朱少逸著《拉萨见闻记》

刘家驹著《班禅大师全集》

法尊译述《宗喀巴大师传》

吴丰培辑《联豫驻藏奏稿》

佚名《番僧源流考》

佚名《宗教源流考》

肖腾林著《西藏见闻录》

魏源著《圣武记》

佚名 《西藏志》

吴丰培辑 《清代西藏史料丛刊》

任乃强著 《康藏史地大纲》

任乃强著 《西康图经》

佘素著 《清季英国侵略西藏史》

《边政通考》 《理藩部则例》

李有义著 《今日的西藏》

《进军西藏》 《待解放的西藏》

杜齐著：《西藏画卷》 ［意］

《西北通讯》月刊，1947 年 7、8、9 期

张广达著 《沙俄侵藏考略》。

王森 《宗喀巴传论》

柳升祺、邓锐令 《清代在西藏实行金瓶掣签的经过》

王森 《宗喀巴年谱》

［日］黑泽主一郎著 《西藏通览》

［英］荣赫鹏著 孙煦初译 《英国侵略西藏史》

［英］麦克唐纳著 孙梅生、黄次书译 《旅藏二十年》

［英］柏尔著 宫廷璋译 《西藏之过去与现在》

藏文材料有：

《第一世达赖喇嘛根敦朱巴传》 《第三世达赖喇嘛索南嘉措传》 《第五世达赖喇嘛阿旺罗桑嘉措传》 《第七世达赖喇嘛噶桑嘉措传》 《第十三世达赖

喇嘛土登嘉措传》 《第四世班禅罗桑曲结传》 《第五世班禅罗桑益喜传》
《第六世班禅巴丹益喜传》 《第七世班禅丹白尼玛传》 《第八世班禅丹白旺修
传》

索南坚赞著 《西藏王统记》	《历代萨迦法王传》
五世达赖著 《西藏王臣史》	楚杰王却觉著 《宗喀巴传》
蔡巴·贡噶多吉著 《红史》	《隆朵喇嘛全集》
索南札巴著 《新红史》	土观呼图克图著 《宗教源流》
根敦群培著 《白史》	吉美日比多吉著 《蒙古佛教史》
桂译师旬奴贝著 《青史》	次仁朗杰著 《噶伦传》
阿梅阿旺贡噶索南著 《萨迦世系》	东噶·罗桑赤列著 《论西藏政教合一制度》
恰者罗桑彭错著 《续西藏佛教史》	八赛纳著 《巴协》 （桑鸢寺志）

牙含章以翔实的史料，结合他多年在西藏亲身实地考察，明分缕析，旁
征博引，对历世达赖的寻访、认定、坐床、亲政以及其所经历的所有历史事
件和言行，对西藏社会的影响和历史功过，都作了最详尽的记述。

达赖喇嘛是西藏佛教格鲁派（黄教）中与班禅额尔德尼并列的两大宗教
领袖之一。达赖喇嘛名称的来历是，1577 年，西藏三大寺之一的哲蚌寺的高
僧索南嘉措，应迁居在青海湖畔的贵族可汗俺答汗（成吉思汗的十七代孙，
明朝封为顺义王）的邀请由拉萨去青海。1578 年 5 月，在青海仰华寺（东科
寺）俩人相会，并互赠尊号，索南嘉措赠俺达汗为“咱克喇瓦尔第彻辰汗”，
意为“转轮王”、“聪睿之王”，俺答汗赠索南嘉措为“圣识一切瓦齐尔达喇
达赖喇嘛”的尊号。“瓦齐尔达喇”是梵文，意为“金刚持”，“达赖”是蒙
语大海之意，喇嘛是藏语，即上师之意。从此，“达赖喇嘛”这个称号延续
至今。

一世达赖名根敦朱巴（1391—1474）。是西藏佛教格鲁派创始人宗喀巴的
弟子。他于明正统十二年（1447 年），在后藏日喀则创建了札什伦布寺，并担

任该寺第一任法台。

二世达赖名根敦嘉措（1475—1542）。一生曾任札什伦布寺、哲蚌寺和色拉寺的法台，并在西藏山南拉摩朗错（湖）畔创建了曲科甲寺。

三世达赖名索南嘉措（1543—1588）。十一岁时（1533年）担任哲蚌寺的法台。明万历六年（1578年），蒙古可汗俺答邀请索南嘉措到青海传教，俺答本人和蒙古人民都改信了西藏格鲁派的佛教，并给索南嘉措赠送"圣识一切瓦齐尔达喇达赖喇嘛"的尊号。从此才有了"达赖喇嘛"这一称号。后来，西藏黄教信徒又追认根敦朱巴为一世达赖喇嘛，根敦嘉措为二世达赖喇嘛。俺答汗后又邀请索南嘉措到内蒙古传教，建立了锡勒图召（喇嘛寺），格鲁派信徒逐渐遍于内蒙古、外蒙古。达赖喇嘛正式的转世制度始于第三世达赖喇嘛索南嘉措。自三世达赖起，历世达赖喇嘛都以哲蚌寺为母寺。

四世达赖名云丹嘉措（1589—1616）。历代其他达赖都是藏族，唯有四世达赖是蒙古族。万历三十年（1602年）被西藏三大寺代表迎回西藏，曾任哲蚌寺和色拉寺的法台。

五世达赖名阿旺罗桑嘉措（1617—1682）。明末，他与四世班禅罗桑曲结合谋，派人赴新疆密召蒙古固始汗率部进入西藏，推翻了佛教噶举派（白教）

达赖常年居住的布达拉宫

五世达赖觐见清世祖（罗布林卡壁画）

法王和农奴主实力人物藏巴汗的统治。顺治九年（1652年），达赖五世来到北京觐见清朝顺治皇帝即清世祖，次年返回西藏。返藏途中，清世祖派人送去金册金印，册封五世达赖洛桑嘉措为"西天大善自在佛所领天下释教普通瓦赤喇怛喇达赖喇嘛"。从五世达赖阿旺洛桑嘉措起（公元1653年，藏历第十一饶迥阴水蛇年，清世祖顺治十年），清政府正式确定达赖喇嘛为藏传佛教最高领袖，由此奠定了喇嘛教格鲁派执政五百年的基础。

六世达赖名仓央嘉措（1683—1706）。康熙三十六年（1697年），由第巴桑结嘉措选定为六世达赖灵童，同年坐床。康熙四十四年（1705年），固始汗之孙拉藏汗与第巴桑结嘉措之间发生冲突，拉藏汗杀第巴桑结嘉措。六世达赖仓央嘉措受此牵连被废黜。次年，被冤"诏执献京城"，解送途经青海海滨逝世，时年二十四岁。六世达赖很有

清世祖册封五世达赖喇嘛之金印及印文

文学修养，他的抒情诗集在西藏民间广为流传，脍炙人口。

七世达赖名噶桑嘉措（1708—1757）。康熙五十九年由清朝政府派往西藏平叛的军队护送到拉萨。雍正五年（1727 年），西藏地方又由西藏农奴主的实力人物噶布伦阿尔布巴、隆布鼐、扎尔鼐等策划，发动武装叛乱，杀首席噶布伦康济鼐。雍正帝又派兵入藏平定了叛乱。为加强对西藏地方的统治，雍正帝决定在西藏设置驻藏大臣正副二人，其地位与达赖平等，在达赖之下仍设藏王一人，由珠尔默特那木札勒继任，受达赖与驻藏大臣的共同领导，处理西藏地方的日常政务。乾隆十四年（1749 年），藏王珠尔默特那木札勒阴谋叛乱，乾隆帝平定叛乱后，决定废除藏王制，政务由噶厦（西藏地方政府）管理，受达赖与驻藏大臣的直接领导。从七世达赖格桑嘉措起（公元1751 年，藏历第十三饶迥阴铁羊年，清高宗乾隆十六年），清政府授权达赖喇嘛掌管西藏地方政权，达赖喇嘛遂成为西藏最大的政教领袖。

八世达赖名强白嘉措（1758—1804）。乾隆五十六年廓尔喀人以边界课税纠纷为借口大举侵入西藏，占领了整个后藏地区，班禅七世丹白尼玛从扎什伦布寺逃至拉萨避难。乾隆帝派福康安率军入藏，收复失地。次年，清军在西藏大败廓尔喀人，廓尔喀国王向清军投降，并立誓永不侵藏，清军乃从西藏撤回。为整顿西藏地方的政务，使其长治久安，乾隆帝令福康安与达赖八世强白嘉措、班禅七世丹白尼玛协商，共同议定了《钦定西藏章程》（又名二十九条章程），对西藏的官制、司法、货币、税

清圣祖平息准噶尔扰藏和清高宗击退廓尔喀侵藏的记功碑

收、交通、宗教、军事、差役等，都作出了明确的规定。这是清朝政府对西藏地方事务的一次重大改革，该章程一直沿用到清末。

九世达赖名隆朵嘉措，只活了11岁。

十世达赖名楚臣嘉措（1816—1837），只活了22岁。

十一世达赖名凯珠嘉措（1838—1855），只活了18岁。

十二世达赖名成烈嘉措（1856—1875），只活了20岁。

这四辈达赖喇嘛都短命而死。这是因为当时的清朝政府已日趋腐败，驻藏大臣多老朽昏庸，西藏农奴主之间的争权夺利斗争不断激化，故这几世达赖都作了西藏大农奴主争权夺利的牺牲品。

十三世达赖名土登嘉措（1876—1933）。在位初期，西藏受到英国侵略。他虽力主抵抗，但终因兵败而避难于外蒙古。中英关于西藏问题第二次条约签订后，清又重新取得对西藏的部分主权，十三世达赖也返回拉萨。为了"面陈西藏情形"，十三世达赖请准，于光绪三十四年（1908年）八月二十日觐见慈禧太后和光绪皇帝。后因与驻藏大臣发生矛盾，遂于1910年逃往印

十三世达赖觐见慈禧太后

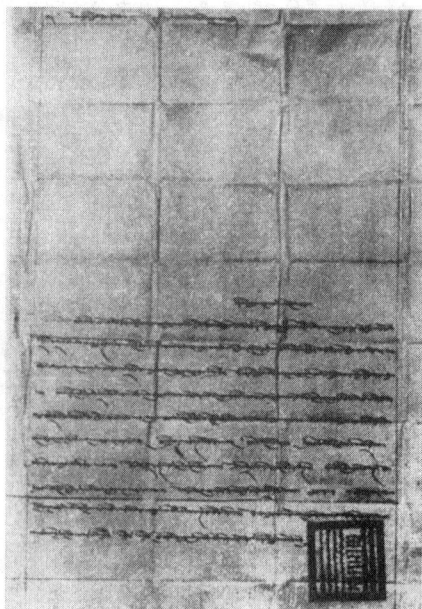

十三世达赖给光绪皇帝的奏折

度，投靠了英国。辛亥革命后，十三世达赖重返西藏，在英国的保护下，重掌西藏地方政权。1928 年，十三世达赖派代表与蒋介石国民政府联系。1930 年，在南宁设立西藏驻京办事处，改善了西藏地方政府与中央政府的关系。1933 年，十三世达赖喇嘛在拉萨圆寂，南京国民政府以"致祭"为名，派蒙藏委员会委员长黄慕松入藏，追封十三世达赖为"护国弘化普慈圆觉大师"。

十四世达赖名丹增嘉措，藏历第十六的木猪年（1935 年）五月五日出生于青海省湟中县南四十里地方的齐家川（藏名当采）的一户藏族农民家庭。

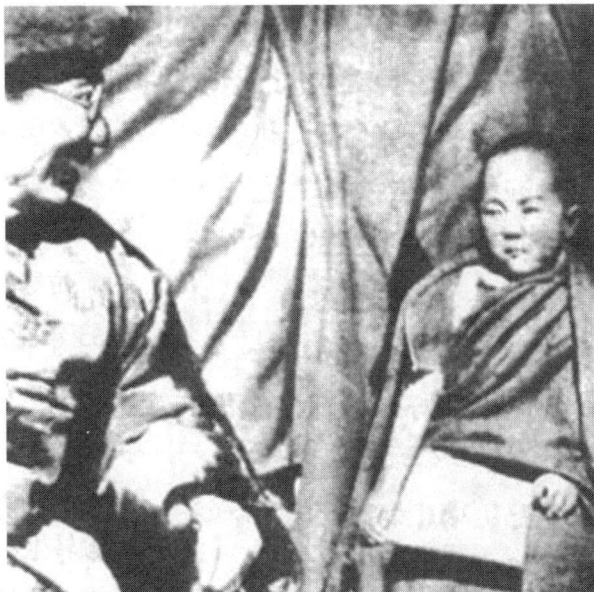

吴忠信代表国民政府看视十三世达赖转世灵童

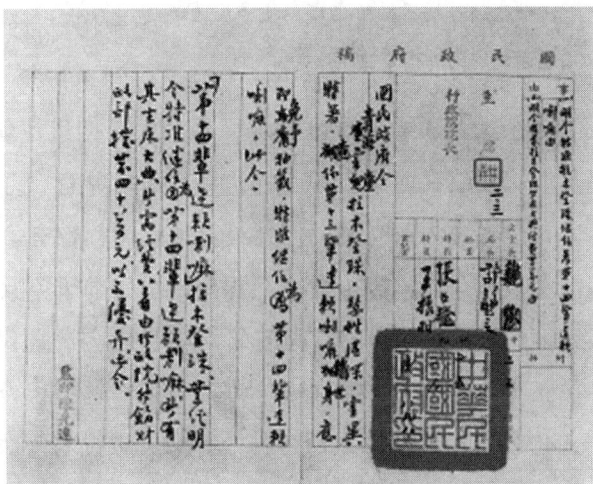

国民政府批准十四达赖坐床令

十四世达赖喇嘛的认定过程颇为曲折、传奇。1933 年，十三世达赖圆寂。摄政热振活佛主持十三世达赖转世灵童的寻访，邀五世嘉木样参与策划。摄政热振活佛观海，现一农家，位马路将尽处，门前巨柳一株，旁系白马，一

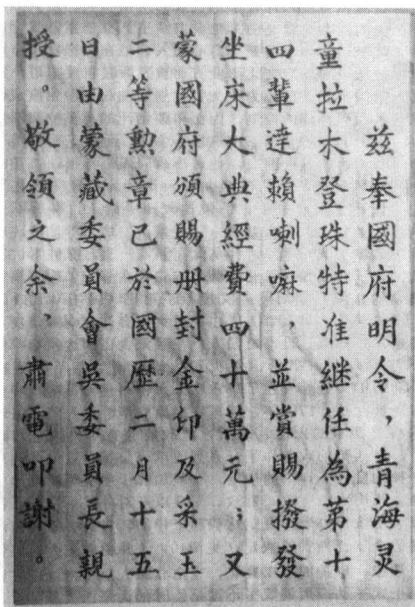

1940 年，国民党政府派员入藏主持十四世达赖丹增嘉措的坐床典礼，图为西藏地方政府的叩谢电文

妇人抱小儿立树下。热振活佛乃将海中所见情景，饬画匠详细绘出，交格桑佛收执，让其至青海按图寻访。1934 年，噶厦决定分三路访寻达赖转世的灵童：委派格桑佛前往青海访寻，康色佛前往西康访寻，普觉佛前往西藏南部寻访。1935 年 5 月，噶厦派往青海访寻的代表格桑佛、纪仓佛和凯墨色等三人到达玉树，当时九世班禅正在玉树准备入藏，他们奉噶厦命令，向九世班禅请示达赖转生地点与灵童姓名，大师即开给青海三童姓名地点，并加派策觉林佛、恩久佛（安钦佛）两人，襄助一切。格桑佛一行到达西宁后，经过两年多的时间，1937 年，果真在青海湟中县找到了一个灵童，乳名拉木登珠，即今之十四世达赖，找到的时候，年已四岁。其时，噶厦在西康和藏南各访寻有一名灵童。青海灵童拉木登珠到达拉萨之前，在噶厦内部究竟以何处灵童为真达赖曾有争执，摄政热振坚决主张青海灵童拉木登珠。1938 年，热振坚请中央准予免除掣签手续。1939 年 7 月，十四世达赖从青海西宁启程进藏。同年 12 月，国民党政府代表、蒙藏委员会委员长吴忠信亲至拉萨布达拉宫"察看"灵童，予以承认，报国民政府，于 1940 年 2 月 5 日发布命令："青海灵童拉木登珠慧性湛深，灵异特著，查系第十三世达赖喇嘛转世，应即免于抽签，特准继任为第十四世达赖喇嘛"。终于是年 2 月 22 日在布达拉宫举行坐床典礼，继任为第十四世达赖喇嘛。

1950 年 11 月，亲帝的摄政达扎被迫下台，十四世达赖亲政，派西藏方面的代表团前往北京，与中央人民政府代表举行谈判，签订了"十七条协议"，西藏和平解放，重新回到了祖国大家庭。1952 年 12 月，十四世达赖自拉萨打电报给驻锡塔尔寺的十世班禅，欢迎他"早日启程返藏，团聚一堂，共同建设新西藏"。1952 年 4 月 28 日，第十四世达赖和第十世班禅在布达拉宫作了历史性会见，解决了西藏民族内部的团结问题。

《达赖喇嘛传》对一世达赖到十四世达赖的系统论述中，得出了关于西藏历史问题的三个重要结论：一个结论是历代达赖喇嘛与历代班禅额尔德尼相互间的关系问题。牙含章在书中用大量的历史事实证明，他们在历史上、在宗教上、在政治上都是平等的，都隶属于清朝皇帝派驻西藏的驻藏大臣。因此，现在也应归中央人民政府派驻西藏的中央代表领导，这既符合西藏历史的本来面目，又为下一步建立统一的西藏自治区找到了事实根据。另一个结论是：当时一部分西藏反动上层分子硬说西藏一直是一个"独立国家"，以作为他们反对解放军进驻西藏，鼓吹西藏从祖国分裂出去的借口。牙含章在书中用大量的历史事实，证明西藏在元朝时期已经正式纳入中国版图，受元朝皇帝所设的宣政院的直接管辖。这种中央与地方的关系，在明代和清代丝毫没有改变，现在也不可能改变。再一个结论是，帝国主义在西藏制造"西藏独立"的阴谋会不断破产。牙含章在书中用充分的事实证明，从 1888 年以来，帝国主义出于霸占西藏，使西藏成为它们的殖民地的目的，数次以武力侵入西藏，在西藏人民的坚决反抗下，帝国主义霸占西藏的阴谋没有得逞。后来它们以挑拨班禅与达赖的关系，以便支持一些分离势力，妄图使"西藏独立"的阴谋也没有得逞。现在西藏人民得到解放，新中国日益强大的今天，帝国主义的阴谋更不能得逞。

三、客观真实，持论公正

牙含章在学术研究方面最突出的特点之一，就是不随波逐流，不人云亦云，而是根据文献和调查得来的事实说话。自然，在《达赖喇嘛传》的撰述上，他自始至终坚持着这一学术立场。他对西藏的过去和现在，都有自己独树一帜的见解。

如前所说，牙含章所著《达赖喇嘛传》，取材于大量藏汉文古籍和明清两朝实录等重要文献。但在使用这些文献史料中，能够辩证地分析研究，并结合他多年在西藏亲身实地考察，能够作到客观真实，持论公正。对一些重大问题，能够提出自己的见解，澄清了以往在许多重大问题上的讹传妄断和连篇累牍的蓄意伪造，恢复了历史的本来面目。

在历史上对历世达赖的政教毁誉、历史功过的评价多有分歧。牙含章在《达赖喇嘛传》的写作中，对历世达赖在政教方面的成败，都作了力求客观的谨慎分析和事实求是的公正评价。

历来的藏学著作中，对三世达赖索南嘉措的功过评价有失偏颇，而牙含章在《达赖喇嘛传》中对三世达赖的历史功绩给予了充分肯定。一是肯定索南嘉措在与蒙古俺答汗的交往中得到了"达赖喇嘛"的尊号，自此有了达赖喇嘛的称号，一直延续至今。二是肯定"索南嘉措的一生的最大成就，是他把黄教传播到内蒙古，使内蒙古的蒙族人民改奉了黄教，这是他与蒙古俺答汗共同完成的。"①当时的蒙古人信仰萨满教，有夫死妻殉葬的残酷风俗，还有给死者宰杀很多驼马以作祭祀的习惯。索南嘉措劝导俺答汗废除了这些不好的风俗习惯，因此得到全体蒙古人的敬仰。大家都抛弃了萨满教，改信了格鲁派，这在当时有一定的进步意义。三是索南嘉措根据明朝政府的委托，劝说蒙古俺答汗从甘肃、青海退兵回蒙古草原。"当时明朝正因俺答汗西入青海，感到头痛，又无办法，听说俺答汗对索南嘉措非常尊重，言听计从，乃于1578年（明神宗万历六年）命甘肃巡抚侯东莱差人到青海请索南嘉措到甘肃与他会晤，并嘱索南嘉措劝说俺答汗率众回内蒙古"。②最终俺答汗听从了索南嘉措的建议，退回内蒙古，解除了明朝的内患威胁。四是当时明朝政府还没有给索南嘉措赏赐封号。按照明朝的制度，只有法王、国师才有资格向皇上进贡。索南嘉措为此给明朝宰辅张居正写信，请求允许他为皇上上贡。张居正接到索南嘉措的来信和礼物后，"帝命受之，而许其贡"。说明明朝政府承认了索南嘉措在西藏宗教上的崇高地位。1587年10月，顺义王撦力克向

---

①牙含章：《达赖喇嘛传》，人民出版社1984年9月第1版，第20页。

②同上，第21页。

明朝政府写信，请求赐给索南嘉措以"朵儿只唱"的封号，得到明神宗的批准。"朵儿只唱"是藏语"金刚持"的意思，与俺答汗赠给索南嘉措的梵语"瓦赤尔达喇"是一个意思。五是仿效噶举派（白教）黑帽二世创建喇嘛教活佛制度的先例，追认宗喀巴的亲传弟子根敦朱巴为一世达赖喇嘛，又追认高僧根敦嘉措为二世达赖喇嘛，自己为三世达赖喇嘛，建立了达赖喇嘛的世系制度。从而表现出索南嘉措不仅是位宗教上造诣很高，并且在政治上很有远见的人物。

牙含章对五世达赖喇嘛罗桑嘉措的评价尤其公允。

我们知道，一世到四世达赖虽然早在西藏宗教界获得很高的声誉，但从政治上讲，他们都还是平民百姓，因为那时的西藏地方政权，是由喇嘛教的噶举派（白教）法王，得到明朝皇帝的册封而管理的，达赖属于喇嘛教的格鲁派（俗称黄教），当时还处于在野派的地位。明崇祯十五年（1642年），第五世达赖罗桑嘉措得到青海蒙古和硕特部固始汗的武力支持，夺取了西藏地方政权，从此达赖喇嘛才取得了西藏政治上和宗教上的领袖地位。清顺治八年（1651年），清朝正式册封五世达赖为"西天大善自在佛所领天下释教普通瓦赤喇怛喇达达赖喇嘛"，并颁金印一枚，金册十五页，从此确立了格鲁派在西藏的统治地位，同时达赖在西藏宗教上和政治上的地位正式确定下来。这是五世达赖对藏传佛教格鲁派的最大贡献。

六世达赖仓央嘉措的命运坎坷悲凉，历史上评价不高，甚至沿用拉藏汗罗织的罪名，而蒙受不白之冤。实际上，仓央嘉措之废黜是拉藏汗与第巴桑结嘉措争权夺利的牺牲品。在以前达赖世系的传记中几乎没有他的地位。牙含章在《达赖喇嘛传》中，对六世达赖仓央嘉措赋予同情之心，不仅将他列入正传中，还给予公正评价。

牙含章客观地记叙了仓央嘉措的结局："关于仓央嘉措的下落，《西藏民族政教史》有如下的不同记载：'嗣因藏王桑结嘉措与蒙古拉藏汗不睦，桑结嘉措遇害，康熙命钦使到藏调解办理，拉藏汗复以种种杂言谤毁，钦使无可奈何，乃迎大师晋京请旨，行至青海地界时，皇上降旨责钦使办理不善，钦使进退维难，大师乃舍弃名位，决然遁去，周游印度、尼泊尔、康、藏、甘、青、蒙古等处，宏法利生，事业无边。'另据藏文十三世达赖传所载：'十三世达赖到山西五台山朝佛时，曾亲去参观六世达赖仓央嘉措闭关坐静的寺庙。'西藏人民却一直认为仓央嘉措是死在青海海滨。"牙含章肯定了六世达赖的政治地位："仓央嘉措解往北京以后，拉藏汗与第巴隆素商议，于1707 年（清康熙四十六年）另立巴噶曾巴·伊西嘉措为六世达赖，迎至布达拉宫坐床，前后达 11 年之久。但西藏人民认为伊西嘉措是假达赖，始终未予承认。"①牙含章认为："仓央嘉措是很有文学天才的，他著的抒情诗集在西藏民间流传很广，西藏青年男女都会歌唱。"②

牙含章对六世达赖仓央嘉措的这种客观记载，完全契合了藏族人民对仓央嘉措的情感内涵。

实际上，仓央嘉措入宫坐床即位成为六世达赖喇嘛的时候，已经是 15 岁的青年男子，入布达拉宫前已有恋人。在他寂寞的僧侣生活中，虽然孜孜读经念佛，但又苦苦地思念恋人。在他写的一首情歌中如此表达他的这种心情：

> 默念着喇嘛的慈颜，
>
> 心里总是看不见。
>
> 没有想情人的脸儿，
>
> 心中却不断涌现。③

人们热爱这位多情的活佛——第六世达赖仓央嘉措，长期吟诵他的诗歌。因为在他的人生中，体现出来的是藏族人民追求浪漫自由的情愫。有一首民歌这样唱道：

> 喇嘛仓央嘉措，

---

① 牙含章：《达赖喇嘛传》，人民出版社 1984 年版，第 41 页。

② 牙含章：《达赖喇嘛与达赖喇嘛传》，《西藏民族问题论文集》，西藏人民出版社 1984 年 10 月第 1 版，第 159 页。

③《西藏歌谣》，人民文学出版社 1959 年版，第 267 页。

别怪他风流浪荡。

他所寻求的，

和人们没有两样。①

人们从人性关爱上同情仓央嘉措，所以一直怀念他。

十三世达赖土登嘉措是近代史上最有争议的人物，但牙含章也作了客观的叙述和评价。

十三世达赖一生跨越两个世纪，历经清朝晚期、北洋政府、国民政府等3个时期。时逢国际国内形势最为动荡之时，他所经历的这一段历史，是一部帝国主义的侵华史，晚清政府的卖国史，中华各民族浴血奋战、保卫家园的斗争史。十三世达赖从3岁坐床，到58岁圆寂，半个多世纪的人生，完全处于英帝国主义步步入侵西藏的年代中。在极其复杂、内外交困的境遇中，作为西藏地方政府的执政，藏地喇嘛教的领袖，为了维护西藏的政教权益，他一方面坚定领导西藏人民，抗击英帝国主义的武装侵略；一方面通过各种方式和途径，极力争取清政府的支持帮助。但经过鸦片战争和英法战争的清政府，这时已无力与英帝国主义抗争，反而在英帝的胁迫下，在西藏问题上执行了一条卖国主义的政策。面对西藏外患严重的局势，不仅不支持西藏人民的抗英斗争，反而对英帝侵略者姑息纵容，对噶厦进行压制的态度。这使十三世达赖倍感失望和无奈。这就决定了这位一生命运多舛的封建农奴社会政教领袖在复杂多变的政治态势上的种种矛盾与变化，从而给历史留下不少疑问，使他成为争议较多的人物。

对十三世达赖的是非功过，牙含章《达赖喇嘛传》作了客观的论述，和公允的评价。

清光绪五年（1879年），十三世达赖3岁坐床的同时，西藏的政治形势已经非常不好。英国人根据烟台条约的规定，强行入藏。噶厦在接到洋人入藏"考察"的咨文后，以达赖喇嘛和班禅大师的名义，给驻藏大臣上了公禀，称

---

①《西藏歌谣》，人民文学出版社1959年版，第260页。

十三世达赖喇嘛丹增嘉措

"僧俗共立誓词，不准洋人入藏"。《达赖喇嘛传》全文引述了这篇公禀，认为"这一公禀，实际上是西藏人民反对帝国主义侵略的宣言"。清光绪十四年（1888年），在十三世达赖12岁时，发生了西藏人民反抗英帝入侵西藏的隆吐山战役，即西藏人民的第一次抗英斗争，尽管他虽未亲政，但依然与九世班禅一同领导西藏人民坚决抵抗英帝侵略。而清朝政府害怕因此"增朝廷西顾之忧，不支持甚至反对西藏人民的反帝斗争，引起西藏各阶层对清朝的不满。尤其于光绪十六年（1890年）签订的《藏英条约》，打开了引英人入藏的门户，导致西藏地方于清朝中央之间的关系日益恶化。光绪二十一年（1895年），在他20岁亲政不久又发生了英帝入侵干坝（康巴宗）事件。未过10年，即光绪三十年（1904年），又爆发了英帝大举入侵拉萨的战事，即第二次抗英斗争。西藏地方于清朝中央在对付英帝的态度上，对立更加尖锐，他不顾清朝中央的阻挠，坚决领导西藏僧俗人民进行了第二次抗英战争。终因敌强我弱，力量悬殊太大，遭到了连续失败。英军于1902年8月22日攻陷了拉萨，十三世达赖在英军未入城前率领一部分侍从与堪布从布达拉宫撤出，经过青海到达蒙古库伦（今乌兰巴托市）避难，在那里住了一年多时间。十三世达赖离开拉萨以后，噶厦被迫与英国签订了丧权辱国的"拉萨条约"，英国军队才从西藏撤退。于是西藏三大寺和噶厦派出代表前往库伦，敦请十三世达赖返藏。光绪三十二年（1906年），十三世达赖离开蒙古，仍旧取道青海准备返藏，九月间到达青海塔尔寺。这时，十三世达赖接到清朝政府的通知，要他暂住塔尔寺，听候圣旨。光绪三十三年（1907年），达赖奉旨到五台山朝佛，直到光绪三十四年（1908年）八月奉旨进京，"陛见"了慈禧太后和清德宗。十三世达赖在京期间，曾数次觐见慈禧太后和清德宗，"面呈藏事"，请求朝廷对西藏抗英斗争给予支持，但

慈禧太后和清德宗一味敷衍，使达赖极为失望，由是，他对英态度有了改变，即由坚决反英转变为对英讨好。

十三世达赖于宣统元年（1909 年）启程回拉萨。这时，清朝正大刀阔斧地"改土司为派流官"，并宣布西藏亦将实行"改土归流"，这就意味着不仅要剥夺西藏贵族及各大寺庙的权利，还要剥夺达赖喇嘛的统治权。与此同时，清政府为了挽回西藏经过数年战争后武备政令废弛的危局，为了加强对西藏地方政务的管理，派张荫棠、联豫赴藏查办藏事，另选派钟颖率两千精锐川军进驻拉萨。张荫棠到西藏后，采取了一系列革新措施，比如，改组西藏地方行政

1888 年第一次抗英战争中全副武装的抗英战士

1904 年第二次抗英战争中江孜人民搭建的抗英炮台

机构，设立督练等九局，削减达赖和班禅权限，裁撤藏兵，练汉兵，西藏改用民兵制，并由汉官教习等。川军在入藏途中一路纪律松散，鱼肉乡里。凡此种种，都带来许多消极影响，尤其受到西藏地方上层的强烈不满。正在返藏途中的十三世达赖喇嘛对西藏政治、军事诸方面发生的如此大的变化没有任何思想准备。在他行至那曲时，曾致电清政府及英法俄等国公使，希望清政府及各国公使出面干涉西藏发生的一切，要求撤退川军，但清政府对他的这些要求置之不理。当他回到拉萨后，驻藏大臣联豫带人搜查他的行李，使达赖喇嘛和驻藏大臣的矛盾进一步激化。这时川军不顾第十三世达赖的反对，强行向拉萨挺进，愤怒的十三世达赖下令藏兵抵抗，被川军击溃，川军进入拉萨。"川军前队抵拉萨，联豫派卫队欢迎之，卫队归途开枪，击毙巡警一名，大昭寺之济仲大喇嘛，于琉璃桥畔饮弹而亡，卫队又向布达拉宫开枪乱击，僧众亦有带伤者，一时全城震动，人心不安，达赖恐遭危险，即挈其左右，逃往印度，联豫电告政府，有旨设法追回"。这就是十三世达赖第二次出走。

十三世达赖喇嘛的第二次出走，从情由上说，与第一次有所不同。第一次出走是他不愿做出卖西藏的罪人——与英国签订条约，第二次出走应该说纯粹是逃命。

不管他出走的动机何在，但这却是使他成为一位备受争议的人物的缘由。

十三世达赖的两度出走，情由所衷。但国人难以原谅的是，他与英国人的合作之举。1911年，内地发生了辛亥革命，清帝退位，驻藏大臣亦无形中撤销。英国人想乘辛亥革命后中国的一段混乱时期，搞"西藏独立"，这就是英国人操作的臭名昭著的"西姆拉会议"和麦克马洪提出的将西藏划分为"内藏"和"外藏"的阴谋。虽然这些都没有得逞，但是麦克马洪私下逼迫西藏地方代表夏扎签订了密约，即把西藏同印度交界的九万平方公里土地划出西藏，归英印所属，这就是十三世达赖同英国人搞合作付出的惨痛历史代价。这也是后人不能谅解他的历史教训。这时，十三世达赖也意识到自己被英国人所愚弄，他在拉萨见到民国的赴藏代表时出于反省地说："余亲英非出本心，因钦差逼迫过甚，不得已而为之。此次贵代表等来藏，余甚感激，惟望大总统从速特派全权代表，解决悬案，余誓倾心内向，同谋五族幸福"①。但使达赖警醒而倾向中央的根本原因是，他感到英国人要抛弃他。十三世达赖向往祖国的举动使英国人十分紧张，英国人试图培植一个有军事实力的完全亲英派的人物来代替、架空十三世达赖喇嘛。当时英国人看中的是原为达赖侍卫，后由达赖提拔为首席噶伦，并兼任藏军总司令的察绒名达桑占东，这个人也是十三世达赖器重的实力派人物。在英国人的培植下，察绒已经成为亲英派的中坚分子，并在江孜军官学校拉拢了一批少壮派军官，成立了一个阴谋推翻十三世达赖统治的秘密组织。随着政变活动的不断进行，他们的阴谋终于被十三世达赖喇嘛识破，1924 年，达赖喇嘛宣布撤销了江孜军官学校，并撤去了察绒的一切职务。如果说西姆拉会议使他意识到自己被愚弄，那么，发生在眼前的事情则使他感到在他身边已是危机四伏。形势迫使这时的十三世达赖喇嘛不得不谋求同中央政权的联系，以对付英国人的不测之举。

　　1928 年，西藏驻五台山的堪布罗桑巴桑奉十三世达赖的指示，前往南京见了蒋介石。蒋介石写了一封信，托他回藏后面交十三世达赖。1929 年，十三世达赖派驻北京雍和宫的堪布贡觉仲尼为代表，前往南京见蒋介石，解释了三个问题：1. 达赖无联英之事，不过境域相连，不得不与周旋；2. 达赖无仇汉思想；3. 达赖欢迎班禅回藏。同年12 月，蒋介石又给第十三世达赖写了一封信，并委派贡觉仲尼为"赴藏慰问专员"，以期加强中央政府与西藏地方政府的联系。

　　1930 年 5 月，第十三世达赖同国民政府赴藏特使刘曼卿的谈话中说，康藏"都是中国领土，何分尔我"，又说："中国只需内部巩固，康藏问题不难定与樽俎"，说明达赖还是承认西藏是中国领土，康藏问题是中国内部问题，是拥护祖国统一的。

　　1933 年 10 月 30 日，十三世达赖土登嘉措圆寂，圆寂前嘱咐身边喇嘛：

---

①牙含章：《达赖喇嘛传》，人民出版社 1984 年版，第 267 页。

"不亲英人，不背中央。"十三世达赖圆寂后，国民党政府派蒙藏委员会委员长黄慕松入藏致祭，并追封十三世达赖喇嘛为"护国弘化普慈圆觉大师"。国民党政府的封号，首先用了"护国"二字，是承认十三世达赖喇嘛是拥护祖国统一的。

《达赖喇嘛传》在评价十三世达赖喇嘛是非功过时，也没有忽略在他执政时期，为西藏社会所做出的一些贡献。

一是《达赖喇嘛传》肯定了十三世达赖的执政能力。十三世达赖 20 岁（清光绪二十一年，1895 年）时执掌了西藏政教两权，一直到 58 岁逝世为止，前后 38 年。其间虽因两度出亡（一次跑到外蒙、内地，前后 5 年；一次逃亡印度，前后 2 年），曾派摄政代理，但重大决策问题，噶厦仍派人不远千里，前往请示达赖，因之在这 38 年时间里面，达赖没有离开过西藏政教领袖地位。

二是《达赖喇嘛传》充分肯定了十三世达赖的勤奋好学。十三世达赖从印度返回西藏以后，曾聘请了不少教员，学习"兰札"、"乌尔都"（以上两种是印度文学）、汉文、蒙文、英文等各种文字。达赖不但精通佛学，而且也研究各种新学说，诸如政治学、法律学、经济学、天文学、音韵学、地理学等，还喜欢听人给他讲说。达赖对于医学尤其非常爱好，据说还能看病下药。十三世达赖在繁忙的政教事务之中，仍抽空写作经典。十三世达赖共写有五部著作，第一部是《佛师普觉传及建塔史略》，第二部是《关于音韵学的注解》，第三部是《关于僧众戒律问题》，第四部是《佛教讲论经典的解释》，第五部是《在蒙古、青海、西康各大寺及拉萨默郎木大会上讲经说法的底稿》。

三是《达赖喇嘛传》还肯定了十三世达赖喇嘛在西藏进行的一些"新政"，他创办新军，增加西藏防卫力量，派留学生学习科学技术，建立机器厂和电厂，铺设拉萨至江孜的电线，创办医历研究所，试种茶树，创办邮政所，设立邮站，成立银行开展金融业务，改革西藏税制，增加财政收入等有利于西藏经济社会发展的改新举措。为了推行新政，还对西藏的政治做了重大变动，在噶厦之上增设司伦一人。司伦等于过去的藏王，秉承达赖意志，领导噶厦日常工作，以此增强达赖的权力，提高行政效率。

四是《达赖喇嘛传》也肯定了十三世达赖喇嘛在晚年，继承他的祖师宗喀巴的宗教改革精神，对西藏格鲁派曾下工夫进行了整顿。因为这时他看到贪污受贿之风已从西藏政治界侵入到宗教界，各寺喇嘛不守清规，吸烟、喝酒、嫖妓、赌博或出外做工谋生等等，事态严重，每况愈下，因而引起了达赖的注意并严厉进行整顿，并有一定收效。

《达赖喇嘛传》中，论述十三世达赖生平的篇幅几占全书的一半，牙含章用大量事实说明：十三世达赖喇嘛应该基本上肯定他是西藏上层人物中，具有反帝爱国思想的一位宗教领袖。

四、藏学典范，影响深远

说牙含章的《达赖喇嘛传》，是新藏学的开山之作，是一点不过分的。

在牙含章之前，为达赖喇嘛作传的不乏其人，就其背景和观点来说主要有两种：一种是喇嘛教格鲁派（黄教）的高僧学者，他们严格按照宗教传承、信仰和宗教感情来著述的，对达赖只能描述为灵异卓著、非同凡人的神。一种是政治性的作者，则把达赖吹捧成有绝对权威的"国王"，是从来就有的，而且是长期如此。这完全是出于特殊的政治需要，妄图把西藏变为帝国主义的殖民地和附庸，进而在西藏重新复辟封建农奴制度。而牙含章写《达赖喇嘛传》，把神雾中的达赖，请回到现实社会的人间，摘掉了人们强行戴在达赖头上的"神型"和"王冠"，实事求是地肯定了达赖的历史地位和作用。

牙含章著的《达赖喇嘛传》，是一部以近代史为主体的传记体的西藏历史。它订正了一些史籍的谬误，以大量的可信史料和科学的论证，正确地记述了自元以来，西藏人民与祖国各族人民联合起来，组成了统一的祖国大家庭的光辉历史。至于历史上出现过的兄弟民族之间时亲时疏，地方政府和中央政权间的时密时松，都是一个国家形成中不可避免的历史现象，也屡见于世界各国的历史中。何况我国过去长期处于封建社会，某些地方的封建割据现象，几乎成了这种社会形态的伴随物。特别是近代史中，帝国主义的侵入，又为封建割据现象的经常化、复杂化注入了新的催化剂，稍具历史常识的人，不难得出上述现象的发生，绝不是我国独有的结论。《达赖喇嘛传》对西藏历史上某些短时期出现的分合、疏亲的情况，作出了公正而科学的解释。在历世达赖传中，占篇幅最大的是十三世和十四世达赖的传记。作者这样安排充分说明了他治学严谨和对历史、读者负责的精神。因为在这段时间里，帝国主义先后侵入我国内地和西藏，中国人民正在觉醒之中，中国社会也正处于伟大变革的各个阶梯之中，而这两世达赖的作为，不能不受这个严酷社会现实中各种势力的影响，这些与其他达赖传记相比，不仅别具一格，也是颇为引人关注的。①

从《达赖喇嘛传》的写作初衷看，牙含章当时并不是作为学术研究来编写的。然而，由于他在藏族历史和文化方面有多年积累的知识基础，又在马克思主义理论方面有较好的修养，所以经过刻苦努力写出的这本书，无论在资料选用、体系编排上，还是在历史观点上，都达到了超越前人的高度。特别是他以唯物史观缕析了纷繁的史料，廓清了笼罩在西藏历史上的迷雾，恢复了历史的本来面目，开创了藏学研究的新阶段。这本著作写出后，立即受到中央有关部门负责同志的重视，1956年中央统战部将其印发给有关部门和人员。因它以翔实的史料，详细介绍了自元代以来的六百多年中，西藏地方与我国中央政权关系的历史脉络，西藏政教系统与组织的概貌，因而，有力地澄清了关于达赖、班禅的地位和关系问题，揭露了帝国主义制造"西藏独立"阴谋的真相。所以，在当时西藏围绕着执行"十七条协议"与破坏"十七条协议"，"统一、团结"与"分裂"的斗争十分严峻的形势下，起到了极为重要的作用。1959年，周恩来总理和胡乔木同志得知此书后，曾推荐给人民出版社出版。后因某种原因，只以三联书店名义内部发行了有限的数量。虽然如此，随着阅读范围的扩大，它首先在西藏工作的人员中产生了深刻的影响，成为他们在有关西藏历史问题上进行斗争的有力武器。同时，因其达

①参阅多杰才旦：《从〈达赖喇嘛传〉说起》，《西藏民族问题论文选》（1965—1985），西藏人民出版社1984年版，第81页。

到的学术高度，在历史学界也引起了广泛注意，特别是在有关西藏问题的研究者中产生了巨大的影响。纵观新中国成立前后我国藏学研究的发展历程，可以说，《达赖喇嘛传》一书，是在马克思主义指导下的中国新藏学发展的突出标志之一。新中国成立后成长起来的新一代藏学工作者，几乎都曾以这本著作作为研究入门的基础读物，受到过它的重要影响。就是在经过了30多年之后，我国藏学研究已经有了长足进步的今天，这本书仍然没有失去它的重要价值。①

基于牙含章对西藏历史的深厚了解，以及受组织委托写作的原因，牙含章得以接触到大量西藏地方政府的原始公文档案以及寺庙的内部记录文档，这使得该书在西藏近现代史的研究中，具有特殊的地位。有学者在互联网发表文章认为，要了解西藏近代史，读牙含章著《达赖喇嘛传》与戈尔斯坦的《喇嘛王国的覆灭》这两本书基本上就够了②。两本书相比较，前者在时间上以清朝为主，后者则只考证了民国至1953年这段时间，刚好可以互为补充。但是《达赖喇嘛传》与《喇嘛王国的覆灭》两本书在风格上以及行文目的上又有明显的差别，牙含章更多的是借鉴藏史、汉史、西藏地方政府的公文以及少量英国人写的传记；戈尔斯坦则偏重于英印政府公文、西藏地方政府公文、西藏历史人物的采访、民间流言等。更重要的是，牙含章和戈尔斯坦立场不同。牙含章以马克思主义的辩证唯物主义和历史唯物主义的原则和方法书写西藏的历史，这就使得《达赖喇嘛传》更像是大事记、正史，行文的主要目的是从历史的角度阐明西藏是中国不可分割的一部分，这本身也是其客观真实存在性质所决定的，牙含章作了如实的反映。而《喇嘛王国的覆灭》则有很多社会性质的内容，人文气息要强一些，行文的主要目的是从学术研

①参阅姚兆麟：《为党的民族事业奋斗的一生——纪念牙含章同志》，见《临夏文史资料》第6辑，第77—78页。

②参阅人民网，豆瓣读书，2006年1月5日22：31：57上网，网名"须臾之间"：《以史为鉴，可以知兴替——牙含章〈达赖喇嘛传〉小评》。

究的角度，去探讨"喇嘛王国覆灭"的内在原因。

带团观礼

牙含章回到拉萨时，已进入 1953 年。

这一年是新中国成立 4 周年。中央统战部指示西藏工委组织由达赖和班禅双方共同参加的、统一的西藏观礼团，去北京参加国庆活动。西藏工委指派牙含章负责组团，并陪同西藏观礼团前往北京。在牙含章的努力下，经过和双方协商，他们同意统一组团。达赖方面的首席代表为噶伦热噶厦，副首席代表为马基（藏军总司令）噶章，其余代表十多人，另有其他官员、随从和家属十多人。班禅方面派大喇嘛纳旺金巴为首席代表，另有代表、随员和家属数十人。这是班禅回藏以后，全藏统一组织的第一个国庆观礼团，由热噶厦担任团长，纳旺金巴为副团长。

那时康藏公路还没有全线修通，由四川只通到昌都，从拉萨到昌都要骑马。观礼团沿途由西藏地方政府下令各宗宗本负责供应全团人员的交通运输、人粮马料和住宿需要。他们从拉萨出发，骑马走了一个多月才到昌都。中共昌都分区工委书记、昌都人民解放委员会主任、西藏军区副政委王其梅隆重欢迎、热情接待观礼团。昌都喇嘛寺活佛帕巴拉·格列朗杰委派该寺堪布为代表，在昌都郊区搭欢迎帐篷，用藏族的仪式向全体代表献哈达，表示隆重欢迎。

从昌都出发，即由西藏军区驻昌都部队调派卡车数十辆，运送全团到成都。四川省人民政府举行了欢迎宴会。然后由西南军区派出几架飞机，把观礼团由成都空运到武汉。中南军政委员会民族事务委员会主任张执一等代表中南军政委员会到机场欢迎。中南军政委员会和中南军区的领导人叶剑英设宴招待观礼团全体人员。代表们在武汉进行了参观游览，曾观看著名演员陈伯华演出的汉剧。

中央人民政府民族事务委员会派交际处长等专程来武汉迎接西藏观礼团。

全体人员乘坐火车前往北京。

西藏观礼团到达北京时，中央人民政府副主席、中国人民解放军总司令朱德、中央统战部长兼中央人民政府民族事务委员会主任李维汉等数十人在北京火车站举行了隆重的欢迎仪式。

观礼团被安排在当时新落成的和平宾馆居住。

9月下旬，李维汉在北京饭店举行盛大宴会，欢迎西藏国庆观礼团。

10月1日，隆重纪念新中国成立4周年。毛泽东主席在天安门检阅中国人民解放军。西藏国庆观礼团全体人员登上观礼台，观看了盛大而又热烈的国庆游行。

亲切接见

国庆后的一天，凌晨三四点钟，牙含章正在酣睡的时候，突然中央民委交际处的同志赶来通知他准备参加毛主席接见。同时还通知了早在这年春天已到达北京的西藏工委副书记、军区司令员张国华，西藏工委副书记范明，要他们提前一小时到勤政殿。他们三人到勤政殿时，中共中央统战部副部长兼中央民委副主任刘格平已经站在门口等候。他把牙含章三人领到殿内的一个房间前，推开门让他们进去。门内站着一位身材很魁梧的人，那就是牙含章在延安多次见过的毛泽东。毛主席和他们一一握手。然后牙含章三人围坐在一张很大的长方形桌子边。这时牙含章才发现在座的还有朱德副主席、中央人民政府秘书长林伯渠和李维汉等。

毛主席与中央其他领导和牙含章三人一起漫谈。毛主席询问当时的西藏情况、形势和工作，观礼团的情况，他们三人一一作答，谈话时大家都很随便，毫不拘束。毛主席谈笑风生，说了许多笑话。朱德等也频频插话，毛主席那时已五十多岁，但仍长着一头浓厚的黑发，没有一丝白发，红光满面，看来很健康，显得年轻。他说一口湖南话，和他们谈了大约一个小时。

当观礼团到达时，大家站在勤政殿内，毛主席在正中，朱德和林伯渠在他两边。右面一行为李维汉和刘格平，左面一行为张国华、范明和牙含章。观礼团正式成员约30人，排成一行，由热噶厦和纳旺金巴带头，列队进入勤政殿。他们每人手捧最尊贵的阿西哈达（略带浅绿色的白绸哈达），一一献给毛主席。

献过哈达后，毛主席和观礼团成员一起进入大厅，厅中放着一张长方形大桌子，大家围坐在四周。毛主席发表即席讲话，着重谈了民族团结问题。他一再叮咛，要搞好汉藏两大民族的团结，也要搞好藏族内部的团结，即达赖和班禅双方的团结。他还说进藏部队和干部要正确执行民族宗教政策，如果有人违反，你们提出来，我们就将他们撤换。

达赖和班禅的代表也向毛主席谈了许多问题，主要是要求中央帮助西藏发展当地经济和文化的问题。

这次接见大约一个小时。

毛主席和朱副主席接见后，中央民委派负责同志陪同观礼团全体人员前往全国各大城市参观访问。牙含章因参加中央统战部召开的西藏工作会议，没有陪同外出参观。

1954年春，西藏观礼团结束了赴全国各地参观的活动回到北京，准备返藏。李维汉分别找达赖和班禅的首席代表亲切谈话，并举行隆重宴会为全体人员饯行。

观礼团回去时仍由牙含章带队，先乘火车到武汉，再坐轮船到重庆。西南局书记、西南军政委员会副主席、西南军区副司令员贺龙，西南军政委员会副主席兼西南民族事务委员会主任王维舟等，在重庆接见全体团员，举行了盛大的欢迎宴会，并邀请全团参加当地1954年五一节的庆祝活动。

过了五一节以后，他们坐火车到成都，换乘汽车至昌都，然后骑马回到拉萨。班禅方面的代表则又由拉萨返回札什伦布寺。

牙含章对这次带队观礼最深刻的感想是：民族宗教工作是我国各项工作中的重要工作之一。它不仅不是可有可无的，而且是只准搞好，不准搞坏的。为了搞好我国的民族宗教工作，我们党的领导，对待民族宗教工作是多么重视！处理民族宗教问题是多么慎重！就以护送班禅返回西藏这一具体事情来看，很多具体问题的决定，都是由毛主席、周总理和李维汉亲自过问的。这是我们党的民族宗教工作的优良传统之一。做民族宗教工作的同志们，不论是汉族还是少数民族，都应该继承这一优良传统，把我们的全部精力和聪明智慧，都用到党的民族宗教工作上去。当前全国各族人民正全力进行"四化"建设，党的民族宗教工作就是"四化"的一个组成部分，做好了党的民族宗教工作，也就是为我国的"四化"做了一点切切实实的贡献。①

惜别拉萨

1953 年 10 月底，中共中央在北京召开西藏工作讨论会议，指定中央统战部部长李维汉主持讨论会。西藏工委张国华、范明、慕生忠、王其梅、牙含章等参加会议。会议从 1953 年 10 月底开到 1954 年 2 月 10 日，时间长达 3 个月，共举行了 59 次会议。会议主要讨论解决西藏工委的党委制和集体领导

1956 年 2 月 3 日牙含章参加中共西藏地区代表会议时合影（前排左十一）

---

① 牙含章《护送班禅额尔德尼返回西藏的回忆》，《西藏文史资料选辑》第一辑，西藏人民出版社 1981 年 12 月第 1 版，第 205—208 页。

1957 年牙含章在上海治病时的留影

不够健全问题，工委内部存在着不团结现象问题，对西藏基本情况的分析问题，统一西藏步骤问题，统一战线问题，改编藏军问题以及一些财经政策问题。会议经过争论和批评与自我批评，获得了基本上一致的意见；同志间的关系也获得了比较满意的改善。①

1956 年 1 月 16 日至 2 月 3 日，中共西藏地区代表会议在拉萨举行，牙含章参加主持了这一会议。

1957 年 11 月 24 日，牙含章同西藏干部参观团合影（前排右一）

---

① 西藏自治区党史资料征集委员会编：《中共西藏党史大事记（1949—1994）》，西藏人民出版社 1995 年版，第 50 页。

1957 年 3 月 5 日，中央书记处会议讨论西藏工作问题。中央指定西藏工委张经武、张国华、范明、周仁山、王其梅、牙含章、慕生忠等参加中央书记处会议。中央书记处认为：西藏今后在六年内不改革是肯定的，这是对外已经宣布了的，内定不改的时间还要长，可能十一年不改（即第三个五年计划之内不改）。中央书记处认为，西藏的人员、机构、事业、财政要大下马。目前西藏工作以大下马为紧急任务，下马越快越好，人员内撤越快越好。要坚决地迅速地下马，坚决地迅速地内撤。①

1957 年下半年，牙含章被查出患鼻癌，组织安排赴上海治疗。

1958 年初，牙含章病愈，调北京工作，自此惜别拉萨。

①西藏自治区党史资料征集委员会编：《中共西藏党史大事记（1949—1994）》，西藏人民出版社 1995 年版，第 74 页。

第七章　西藏历史的新篇章

DIQIZHANG　XIZANGLISHIDEXINPIANZHANG

西藏历史的新篇章

牙含章

第七章
西藏历史的新篇章

　　我们从事民族问题研究的人员，应该对于西藏历史提供可靠的史料，提供正确的观点，这是我们应尽的责任，是义不容辞的。正是从这一要求出发，我把过去写的有关西藏历史的几篇文章，找出来看了一遍，觉得这些文章是从各个不同的角度，真实地反映了西藏历史的本来面目，对于理解西藏历史的发展规律还有一定的参考价值，因此就产生了把这几篇文章汇编成一本小册子的想法。四川民族出版社的同志热情支持我的这一想法，使我增强了把过去发表的有关西藏历史的几篇文章重新加以修订，汇集成一本小册子，呈现给广大读者的信心。

——牙含章自述

　　1959 年 3 月 19 日，原西藏地方政府中的一小撮反动分子，在拉萨发动了武装叛乱，这是违背全国人民意志的，也违背了西藏人民的意愿。这时的牙含章虽然已经离开了西藏，但他依然关心着西藏的一切变化。西藏叛乱的发生，使他感到震惊和难过。当时的形势迫切需要介绍叛乱发生的社会背景，揭露叛乱集团的反动本质。根据形势的需要，他及时把原先写好的《西藏农奴制度的初步分析》一文，发表在《民族研究》1959年第三期上，起到了有力的战斗作用。

国际上乘西藏发生叛乱之际，掀起了一股反华的浪潮。为了对国外反华势力给予有力回击，牙含章继续独自或与人合作，连续撰写了六篇文章：

1.《西藏是我国领土不可分割的一部分》

这篇文章是牙含章在1959年西藏叛乱（1959年3月10日西藏地方政府反动集团发动全面叛乱）发生不久所写的，在当年4月24日的《人民日报》上发表。文章通过确凿的史料说明西藏从唐代开始就与汉族发生密切的关系，元代正式列入中国版图，西藏成为中国领土不可分割的一部分，藏族与汉族和各兄弟民族联合，组成了统一的多民族的祖国大家庭。

在这篇文章中，他有几个重要的创见和历史性的结论：

一是他总结出西藏地方与祖国关系发展中的重要规律。凡祖国发展统一的时候，西藏地方与祖国关系密切，凡祖国内地战乱分裂的时候，西藏地方与祖国关系则处于中断或分离状态。唐朝兴盛时代，是汉藏两大民族友好往来大发展的时期。进入隋唐五代时期，国内长期处于战乱，西藏内部统治阶级亦发生混乱和分裂，时间长达400年。元朝统一中国，元宪宗蒙哥派遣军队进入西藏，结束了西藏的混乱状态，西藏地方归入大元帝国的版图之内。明清祖国统一时期，西藏地方始终服从于中央政权。只是在近代，从19世纪开始，帝国主义不断侵略中国，西藏也面临帝国主义侵占的危险。这一规律的认识有着重要的意义。

二是客观地评价了热振的爱国意志及其遇害的性质。由于西藏人民的坚决抵抗和清政府的干预，英国两次武装侵略西藏，都未能达到占领整个西藏的目的。英国政府于是转而采取更加阴险、狡猾的手段，即在西藏统治集团里面寻找和收买了一小撮民族败类，企图从西藏内部进行分化瓦解。1933年，十三世达赖去世以后，由热振呼图克图代行达赖职务。热振代表了西藏广大僧俗人民的爱国意志，努力使西藏地方和祖国的关系进一步密切起来。但是，热振和祖国的接近，引起了英国政府和西藏一小撮上层反动分子的仇视。为了镇压西藏爱国势力的发展，帝国主义和西藏反动分子对于他们一贯尊为"活佛"的热振呼图克图也采用了最卑鄙、最残暴的手段：先在 1941 年用造谣诽谤的办法，逼迫热振下台，由达扎代理；然后又在 1947 年制造了一个热振"谋反"的假证据，逮捕了热振，加以杀害。接着他们又毒死了与热振关系密切、心向祖国的十四世达赖的父亲祁却才让。

"热振事件"是帝国主义和西藏一小撮上层反动分子对西藏心向祖国的进步人士的一次血腥迫害。就在热振下台以后，西藏统治集团里面以达扎、鲁康娃、罗桑札西、夏格巴、拉鲁、索康等为首的一小撮帝国主义所豢养的走狗篡夺了西藏的统治权。虽然也有一批比较进步、心向祖国的人士表示了不同意见，但这些人人少势单，在西藏地方政府里面不能发挥任何作用。

这一结论对认识该事件有重要的启示作用。

2.《文成公主与汉藏友谊》

这篇文章写于 1959 年，发表于《民族研究》1960 年第 3 期。牙含章用确凿的史料，说明文成公主充当了沟通汉藏两大民族政治、经济、文化的桥梁，从而密切了西藏同唐朝的关系。文成公主远嫁西藏，不仅从内地带去了大批的生活日用品，更重要的是带去了大批的汉族各色工匠和各种菜蔬的种子以及医药历算等书籍，从而使西藏人民的生产技术和物质生活都起了显著变化。据《新唐书》记载，松赞干布与文成公主结婚后，看到汉族的"服饰之美"非常羡慕，首先由他自己做起，"自襻（chi 剥夺）毡罽（ji 毛毡），袭纨绡，为华风"。在文成公主入藏以前，西藏人民"以毡帐而居，无有城廓屋舍"，松赞干布与文成公主结婚以后，

文成公主进藏图

"自以先未有婚帝女者，乃为公主筑一城以夸后世，遂立宫室以居"。据《卫藏通志》载：最初的布达拉宫，就是松赞干布创建的。松赞干布还修建了现在的拉萨市中心的大昭寺以供奉文成公主从长安请去的释迦牟尼佛像。文成公主自己又修建了小昭寺。这些事充分证明，文成公主当时从内地带到西藏的大批汉族工匠中，包括建筑工人和裁缝工人。

松赞干布与文成公主的成婚，也提升了他的政治地位。唐高宗册封松赞干布为"驸马都尉"、"西海郡王"，后又晋封他为"賨（cóng 收税者）王"等等，加强了西藏地方与中央政权的紧密联系。

3.《达赖喇嘛和封号、地位、职权和噶厦的由来》

这篇文章在《人民日报》1959 年 4 月 2 日作为资料发表。文章用通俗的语言简要介绍了达赖喇嘛封号的由来，达赖喇嘛政教的形成、职权范围及噶厦和西藏地方政府的形成过程、组织方式、职权范围，帮助人们了解和认识西藏地方政府。其中主要强调了喇嘛教的几个核心问题：

第一，达赖喇嘛的封号是由清朝皇帝册封的。文章指出："达赖喇嘛"这个封号，乃是在清顺治九年（1652年），五世达赖罗桑嘉措由西藏亲赴北京朝见清朝皇帝后返藏时，清世祖正式册封的。清世祖册封五世达赖罗桑嘉措为"西天大善自在佛所领天下释教普通瓦赤喇怛达赖喇嘛"。后来经过清朝皇帝大力宣传，"达赖喇嘛"这个封号才举世皆知，而且也成为历代达赖的名称。

第二，历代达赖喇嘛的地位和职权，都是由历代的中国中央政府极力加以维护才维持下来的。

第三，西藏的政治制度、宗教制

1793 年清高宗所颁金瓶掣签之金瓶

度，都是由清朝中央政府制定或批准的。

第四，"金瓶掣签"制度，是喇嘛教大活佛传承的历史定制和宗教仪规。文章指出，根据《二十九条章程》的规定：清朝皇帝在拉萨大昭寺内设一"金本巴瓶"，达赖、班禅以及其他呼图克图"灵童"转世，均由驻藏大臣主持，用"金本巴瓶"掣签决定。十世达赖楚臣嘉措，十一世达赖凯珠嘉措，十二世达赖成烈嘉措，都是经过金瓶掣签决定的（也有免于抽签的）。

文章强调的这些要点，都是喇嘛教现实中需要遵循的原则。

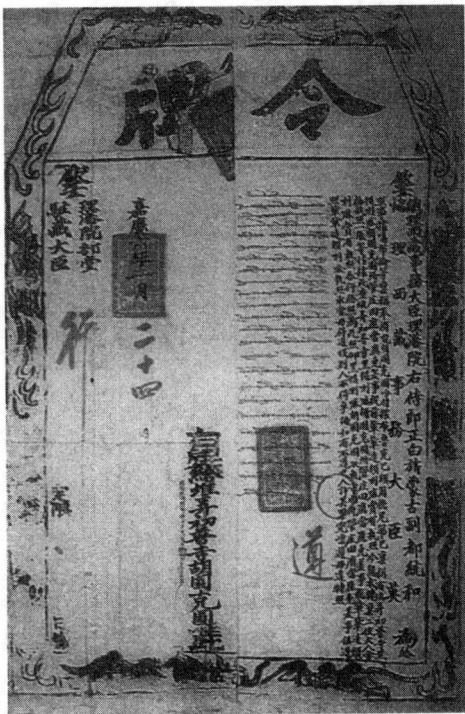

清朝驻藏大臣的令牌

4.《西藏地方政府的反动本质》

这篇文章是牙含章和孙青合写的，发表于《民族研究》1959 年第 4 期。按照作者的介绍，这篇文章主要是向读者阐明，原西藏地方政府是一个什么样的政府？它是被什么人所掌握？为什么人服务？以帮助大家了解原西藏地方政府的反动本质和 1959 年发生的叛乱事件的真相。

文章从噶厦，即西藏地方政府形成的历史过程证明，原西藏地方政府的一切职务，完全操纵在贵族和宗教上层分子的手中，平民是不能参与政治的。所以民主改革前的西藏实行的是典型的僧侣贵族专制制度。从这个政权的性质上来说，就是要维护西藏三大领主的利益，当这个利益被无论什么时候进行的民主改革所触动的时候，他们一定会拼死反抗，这就是 1959 年西藏地方政府发动叛乱的实质。

这篇文章以丰富的材料，对建立在百万农奴地狱式的劳苦基础上的三大

戴镣铐讨饭的农奴（陈宗烈摄）

翻身农奴当家做主，正在选举人民代表（陈宗烈摄）

领主的天堂，作了生动的解剖，这对平息叛乱，实行民主改革的理由作了最充分的诠释。

5.《西藏人民的新生》

这篇文章是牙含章和韩戈鲁合写的，原题为《任何反动势力都阻挡不了西藏人民的新生》。作者曾郑重说明："此文在《红旗》杂志1959年第9期发表时，《红旗》杂志社的负责同志曾多次召集会议，逐字逐句讨论修改，付出了辛勤的劳动。"这篇文章同时发表在1959年5月1日的《人民日报》；《北京周报（英文版）》同年5月5日第18期转刊。这从一个方面说明，这篇文章的理论深度和巨大的影响力。文章从理论上阐明了西藏人民要建立幸福的社会主义社会，就必须推翻黑暗、野蛮和残酷的农奴制度，这是历史发展的必然规律。从而指明西藏一小撮反动农奴主发动的抗拒民主改革的武装叛乱是极其反动的，人民解放军和西藏人民所进行的平叛斗争与民主改革运动是完全正确的。

6.《西藏喇嘛教浅说》

这篇文章是牙含章1964年3月2日在中央民族学院语文系讲课时的授课提纲。这篇文章系统介绍了喇嘛教在西藏的发展历史，并强调只有废除了宗教的封建压迫与剥削制度，才能真正贯彻执行党的宗教信仰自由政策。

这篇文章有三个要点，需要我们关注：

一是对喇嘛教作了科学定义。文章指出，喇嘛教，可以说就是西藏地方化了的佛教。因为喇嘛教的经典就是佛教的经典，喇嘛教的教义就是佛教的教义，完全是一个东西。但是，喇嘛教又有喇嘛教的一些特殊的东西，例如喇嘛教的活佛转世制度，国内外的其他佛教就没有。又如，喇嘛教有许多教派，这些教派也是西藏喇嘛教特有的。

二是由于原西藏地方的政权是"政教合一"的，喇嘛教直接掌握在西藏农奴主阶级的手中，因此，喇嘛教就成了维护西藏农奴制的一种工具，它和武装同样厉害。武装的作用是强迫农奴阶级服从农奴主阶级的统治，而喇嘛教则是诱导农奴阶级自愿地服从农奴主的统治。因而喇嘛教不仅毒害了西藏的广大劳动人民，它也毒害了整个西藏民族。喇嘛教的发展使一个非常强盛的西藏民族衰败下来，而且衰败到了不堪一击的悲惨境地。

三是在西藏喇嘛教的寺庙内部，实际上存在着两个互相对立的阶级。一小部分寺庙的上层分子（活佛、堪布等等）是披着宗教外衣的农奴主阶级。广大的贫苦喇嘛实际上处于农奴地位。披着宗教外衣的农奴主一般都出身于世俗农奴主的家庭，他们掌握寺庙的大权，压迫剥削属于寺庙的广大农奴，过着非常奢侈的生活。被剥削压榨的下层喇嘛一般都出身于穷苦农牧民家庭，他们在很小的时候，就被强迫送进寺庙当了喇嘛，在寺庙内从事各种劳役，生活极其贫困。这就是喇嘛寺内的上层分子和贫苦僧侣的不同处境的鲜明对照。

由这三个要点架构起来的这篇文章，用极其丰富的材料，通过摆事实讲道理，清楚说明，只有实现民主改革，废除宗教内部的封建剥削制度，才能实现宗教信仰自由。

　　这些文章的发表，对当时进行的平叛斗争和民主改革给予了有力支持，也对当时掀起的一股反华浪潮进行了坚决反击，产生了重要的历史影响。

　　1979 年，牙含章重新回到理论战线上以后，他将上述六篇文章进行了修订，并写了《西藏历史的新篇章》作为代序，实际上是七篇文章汇集成册，以题为《西藏历史的新篇章》于 1979 年 7 月由四川民族出版社出版发行。

　　《西藏历史的新篇章》一书篇幅不长，全书只有 5 万多字，内容却十分丰富，几乎涵盖了藏学的所有基本问题。这本书的出版，不仅有政治意义，而且也有很高的学术价值。

第八章　无神论和宗教问题

DIBAZHANG　WUSHENLUNHEZONGJIAOWENTI

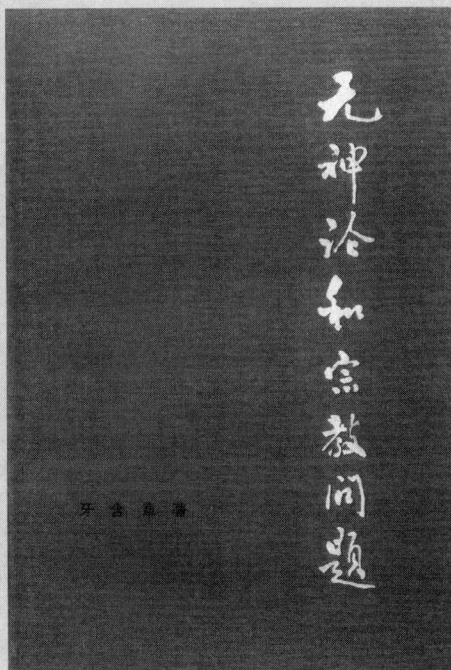

第八章
无神论和宗教问题

　　1959 年，平定了西藏的武装叛乱以后，西藏地区接着就开展了废除农奴制的民主改革运动。民主改革不仅废除西藏地方政府的农奴占有制和西藏贵族的农奴占有制，同时也废除了西藏所有喇嘛庙的农奴占有制。国内外有许多人不了解党的政策，认为废除寺庙的农奴占有制就是"消灭宗教"。红旗杂志约我写一篇文章，从理论上把这个问题讲清楚，我就写了题为《论宗教信仰自由》的文章，发表在红旗杂志 1959 年第 14 期。我在这篇文章中阐明，宗教信仰自由和利用宗教的封建特权进行剥削，是性质不同的两回事情。中国共产党对宗教实行信教自由的政策，因为信教是私人的事情，政府不能干涉。但是反动的宗教上层利用宗教特权，对劳动人民进行封建压迫和封建剥削，这是不能允许的。因为这是披着宗教外衣的人剥削人的制度，是和社会主义社会制度水火不相容的。

　　这篇文章发表以后，美国 NCCC 国外部远东局 1959 年 12 月 21 日出版的《中国通报》第 9 卷第 23 期上，以"宗教信仰自由"为题，对我在《红旗》杂志上发表的文章作了扼要的介绍，但没有发表评论。

1976 年，日本中村元、笠原一男、金冈秀支主编的《亚洲佛教史·中国编Ⅱ》（宋—现代）中，全文转载了我在红旗杂志发表的那篇文章。这一部分的撰者是牧田谛亮，他在我的文章的末尾附有一段"解说"，认为我的这篇文章是代表中国共产党对宗教问题的正统观念。但是当时（指"文化大革命"期间）不占主导地位（这部书是日本佼成出版社 1976 年出版的）。

我在发表《论宗教信仰自由》一文之后，又陆续在报刊上发表了有关宗教问题和无神论问题的一些文章，对马克思主义关于有神论观念和宗教的起源、发展与消亡的规律，作了比较通俗性的阐述。联系中国的实际，我认为宗教是迷信，但并不是一切迷信都是宗教。例如社会上还存在着巫婆、神汉、相面的、算命的、看风水的等等，是封建迷信，不是宗教。党对封建迷信只能采取取缔的政策，而不能让其放任自流。因为封建迷信实际上是一些迷信职业者利用它作骗取财物的一种手段，是变相的人剥削人的一种行为，是社会主义社会制度不能允许合法存在的。

我的这几篇文章发表以后，引起了某些人的反对，他们在发表的文章中，指责我的文章"背离了马克思主义的轨道"。他们认为"宗教和迷信是一回事"。照他们的逻辑，一切迷信、包括封建迷信在内，都是宗教。这就为巫婆、神汉等封建迷信在我国社会上合法存在制造了"理论根据"，这是损害中国广大人民利益的，决不能表示苟同。于是我对这种"批评"意见进行了反批评。这就在宗教问题方面引起了一场论战。1968 年，香港友联书报发行公司出版的由香港佛教联合会、香港佛教僧伽联合会、友联研究所 3 个单位合编的《中国大陆佛教资料汇编》一书中，全文转载了这场论战的双方的主要文章。我的文章共收入 3 篇，一是《论宗教信仰自由》，二是《关于宗教迷信问题》，三是《和资产阶级宗教学划清界限》。编者的按语中认为：我的观点是代表中国共产党内对待宗教的"温和派"的观点，而反对我的观点的人，是中国共产党内对待宗教的"激烈派"（指在"文化大革命"中的当权派）的观点。

早在 1964 年，我就把在报刊上公开发表的有关无神论和宗教问题的主要论文，汇编成为一本小册子，取名《无神论和宗教问题》，交由上海人民出版社出版。打倒"四人帮"以后，我把这本小册子的文章进行了修订，并增加了 4 篇论文，又由上海人民出版社 1979 年再版发行。我在书尾写了一篇"再版后记"，重申了我的观点并未改变。

——牙含章自述

宗教学是牙含章学术研究的一个重要领域。

牙含章宗教研究的突出特点：一是坚持马克思主义的宗教原理，二是结合中国宗教的实际。

牙含章的宗教研究从学术意义上讲，大致分为三个阶段：1958—1963 年为第一个阶段，研究的重点为正确阐释马克思主义关于宗教发生、发展、消亡的基本规律，深刻阐述党的宗教信仰自由政策。1964—1965 年为第二个阶段，研究的重点是有神论、宗教和封建迷信的理论界限。1979—1989 年为第三个阶段，研究的重点是中国无神论史。牙含章宗教研究的三个阶段中，他的论著《无神论和宗教问题》分别出了三个版本。

1958 年，牙含章到民族所工作的时候，一个迫切需要解决的宗教问题的研究摆在他的面前：宗教民主改革之后的宗教政策。

这一年的 5 月 27 日至 6 月 7 日，中共中央统战部在青岛召开了《回族伊斯兰教问题座谈会》，中央统战部部长李维汉在会上作了讲话。他在讲话中提出，在尊重和保护宗教信仰的同时，对宗教制度应该进行改革，即改革那些"对回族发展造成阻碍，妨害比较大，同国家法令相抵触的东西"。

同年 8 月 10 日，根据青岛会议精神，中央统战部发出《关于在回族中改革宗教制度的意见》。根据这个意见，在信仰伊斯兰教的各少数民族居住地区，先后开展了伊斯兰教宗教制度的民主改革。改革的主要内容包括：①废除伊斯兰教的门宦制度，特别是教主放口唤、放阿訇、世袭伊玛目制度等封建特权；②废除清真寺土地封建所有制、高利贷、对教徒实行无偿劳役等剥削制度；③废除一切强迫性的宗教经济负担制度；④废除清真寺内封建性的管理制度；⑤废除强迫穆斯林少年儿童到清真寺学经、当满拉的制度；⑥反对干涉穆斯林婚姻自由和一切歧视妇女、压迫妇女的规定；⑦废除私设法庭、监狱、刑罚、干涉国家民事诉讼等一系列封建特权。

1959年3月，西藏发生了由大多数寺庙参加的武装叛乱。同年7月，在西藏召开的西藏自治区筹委会第二次全体会议上，通过了关于在西藏全区进行民主改革的决议。会议一致认为：西藏的社会制度是一个反动的、黑暗的、残酷的、野蛮的封建农奴制度，只有实现民主改革，才能解放西藏人民，发展西藏的经济和文化，为建设繁荣幸福的社会主义的西藏奠定基础。

同年8月，对西藏藏传佛教寺院进行了民主改革，废除了几百年的政教合一制度，再不允许宗教和寺院干涉行政、司法、婚姻，不允许寺院私自委派官吏，私设法庭、监狱、刑罚，任意对群众进行处罚与监禁；废除了广大农牧民对佛教寺院的人身依附关系；废除了寺院放高利贷、摊派差役等封建性剥削制度。同时也废除了佛寺中等级森严的封建管理制度和母寺与子寺的隶属关系，在寺院内实行了有包括贫苦下层喇嘛代表参加的民主管理委员会制度，民主管理寺庙。

1981年10月，牙含章在家乡和政县调查民族宗教工作

面对上述的宗教改

革，境外的敌对分子诬蔑共产党要"消灭宗教"，国内的一些人不了解党的宗教政策，产生了一些疑虑。在这种情况下，《红旗》杂志约牙含章写一篇文章，从理论上讲清楚这个问题。马克思主义的世界观和宗教观，为牙含章的宗教研究提供了认识论和方法论的指导。他为《红旗》杂志所写的题为《论宗教信仰自由》的这篇文章科学总结了马克思主义关于宗教的基本理论，正确阐明了党在社会主义时期的宗教政策。在《论宗教信仰自由》一文中，牙含章正确诠释了马克思主义对宗教的基本观点：

一是马克思主义认为，宗教是社会意识形态之一，是人们对现实幻想的、歪曲的、颠倒了的反映。马克思说：宗教是一种"颠倒了的世界观，因为它们本身就是颠倒了的世界。宗教是这个世界的总的理论，是它的包罗万象的纲领，它的通俗逻辑，它的唯灵论的荣誉问题，它的热情，它的道德上的核准，它的庄严补充，它借以安慰和辩护的普遍根据。"恩格斯说："一切宗教都不过是支配着人们日常生活的外部力量在人们头脑中的幻想的反映，在这种反映中，人间的力量采取了超人间力量的形式。"在这种反映之下，人们错误地相信在此岸世界之外，尚存在着一个超自然、超人间的各种非物质实体——善神、恶神、上帝、天神、地神、妖魔、鬼怪及不灭的灵魂等存在的"彼岸世界"，可以化凶为吉、化祸为福，并满足人们的希望，带给他们以奇迹。因此，马克思认为一切宗教都不过是那个颠倒了的和虚构出来的彼岸世界的理论、纲领、逻辑及道德上的核准。

二是马克思主义认为，宗教是历史范畴，最初的宗教是自然宗教，而后是人为宗教。宗教在原始社会发展到一定时期，就已经产生了。那时的人们在与自然作斗争的过程中，对于严酷的自然现象感到无能为力，对于它的千变万化的奥秘不能理解，感到它们是如此奇特微妙；其威力之大，又是如此不可抗拒，如此可怕。于是人们认为世间的万事万物都有神灵支配；它可以给人以幸福，也可以给人以灾祸。人们就企图用符咒、巫术、祷告去影响它，这样就逐渐形成了原始的宗教——多神教。后来，随着社会的发展，在大多数地方，宗教也由多神教发展成为一神教，认为有一个全能的"上帝"在那里创造一切，支配一切，决定一切。宗教的产生，反映了在一定的历史时期人们对于宇宙的运动、发展、变化的内在规律的一种错误的认识，是客观存在的现实世界被思维以幻想的形式所歪曲。

三是马克思主义认为宗教的产生有其社会根源与阶级根源，剥削阶级用宗教来麻醉受苦人民。马克思说"宗教是苦难者的呻吟"，"它是人民的鸦片烟"。恩格斯说："宗教是在最原始的时代，从人们关于自己本身的自然和周围的外部自然的错误的、最原始的观念中产生的。"人类进入了阶级社会以后形成了阶级和阶级压迫，宗教也被赋予了阶级的内容。在奴隶主和封建主的野蛮、黑暗、残酷的压迫剥削之下，被压迫、被剥削的人们在现世找不到解脱痛苦的出路，于是就把解脱现世痛苦的希望寄托在宗教信仰上，祈求死后升到"天堂"或"来生"得到幸福。正是在这个意义上，马克思讲宗教是人民的"鸦片烟"（马克思原意为精神上的止痛药和麻醉剂，但有的人作了曲解）。牙含章以后在一篇文章中讲："如果我国宗教界的有些朋友，不愿听'宗教是人民的鸦片'这句话，为了尊重我国各族人民，（特别是少数民族的信仰者）的宗教感情，我认为以后宣传无神论时，可以少引用这一句话，甚至不引用这一句话，那也没有多大关系。"[1]一切阶级社会的剥削阶级，为了维护自己的阶级利益，尽量利用并发展宗教，借以愚弄和欺骗人民，要他们甘心忍受剥削者的压榨和奴役，说这是"命里注定的"，要他们把解脱痛苦的希望寄托在"来生"，或者"死后超脱苦海，升到永生的天堂"。各个时代的不同民族的剥削阶级都利用对自己合式的宗教，作为统治、压迫和剥削劳动人民的一种工具。

四是马克思主义认为宗教将长期存在。马克思讲："只有当实际日常生活的关系，在人们面前表现为人与人之间和人与自然之间极明白而合理的关系的时候，现实世界的宗教反映才会消失。只有当社会生活过程即物质生产

---

①牙含章：《〈中国无神论史研究〉序言》，《中国无神论史研究》，牙含章、王友三主编，青海人民出版社 1986 年 12 月第 1 版。

过程的形态，作为自由结合的人的产物，处于人的有意识、有计划的控制之下的时候，它才会把自己的神秘的纱幕揭掉。但是，这需要有一定的社会物质基础或一系列物质生存条件，而这些条件本身又是长期的、痛苦的历史发展的自然产物。"（《资本论》卷一）广大的人民群众在工人阶级的领导下，团结起来，组织起来，自觉地进行革命斗争；在革命斗争的实践中，他们愈来愈觉悟到，他们是有能力自己解放自己的，是能够自己掌握自己的命运的。无产阶级革命胜利后，由于推翻了地主资产阶级的统治，彻底废除了人压迫人、人剥削人的不合理的社会制度，劳动人民不会再有失业、破产、变成乞丐、沦为娼妓、死于饥寒的危险，这样，人们便开始摆脱了社会力量的压迫。在这个时候，人们对于宗教的信仰也就日益淡薄下来。但是，在社会主义社会中，人们对于自然力量也还远不能完全控制，在广大人民群众中普及关于自然和社会的科学知识，也还要有一个较长的过程。而且，宗教的发展已有长期的历史，宗教信仰在部分人民群众中还有相当深厚的影响，不是短时期能够消失的。因此，在社会主义社会，还会有一部分人在相当长的时期内信仰宗教。

五是马克思主义认为宗教只有在消除了自然和社会的异己力量对人们的支配之后，才能最终走向消亡。马克思说："（宗教）的根源不是在天上，而是在人间，随着以宗教为理论被歪曲了的现实被消灭，宗教也将自行消灭。"恩格斯说："当谋事在人，成事也在人的时候，现在还在宗教中反映出来的最后的异己力量才会消失，因而宗教本身也就随着消失。"宗教也同其他事物一样，有它的发生、发展和消亡的过程，宗教最终也是要消亡的。随着人类社会阶级压迫的消灭，随着社会生产力和科学的发展——自然科学帮助人们理解和掌握社会力量；社会科学（包括对于宗教本身的科学认识在内）帮助人们理解和掌握社会力量。随着人们政治觉悟和文化水平的提高，信仰宗教的人必将越来越少。人们逐渐认识了自然和社会的发展规律，发现了它们的奥秘，不仅不再感到自然力量和社会力量的陌生、可怕，而且人们能够掌握自然和社会的发展规律，使之为人类服务，从而摆脱了在自然力量和社会力量面前的被奴役的状态。在这时候，人们自然不会再相信"冥冥之中"还有什么"造物主"或"上帝"了。

牙含章以马克思主义关于宗教的基本观点，深刻阐述了我党的宗教信仰自由政策。

（一）文章指出，我们党和国家的宗教信仰自由政策，就是基于马克思主义对于宗教的发展规律的上述认识而制定的。宗教信仰对于人民群众来说，是一个认识问题，是人们的思想问题。因此，必须采取宗教信仰自由的政策，不能使用行政命令来干涉和强迫别人放弃宗教信仰。

（二）文章全面深刻地诠释了党的宗教信仰自由政策："宗教信仰是个人的事情，信教或不信教是个人的自由；每个公民既有信仰宗教的自由，也有不信仰宗教的自由；有信仰这种宗教的自由，也有信仰那种宗教的自由；在同一种宗教里面，有信仰这个教派的自由，也有信仰那个教派的自由；还有，过去不信仰宗教，现在信仰宗教有自由，过去信仰宗教，现在不信仰宗教也有自由。"并强调："承认任何人都有信仰宗教的自由，又承认任何人都有不信仰宗教的自由，这是我们党的宗教政策的不可分割的两个方面。只承认任何一方面而否定另一方面，就是对宗教信仰自由政策的曲解。"

（三）文章提出在贯彻党的宗教信仰自由政策中，必须严格区分宗教信仰自由与利用宗教进行剥削的界限。文章明确指出："必须说明，宗教信仰自由与利用宗教来进行封建压迫剥削，是不能混为一谈的。在封建社会里面，除了世俗的封建主（农奴主和地主）利用宗教为自己的阶级利益服务之外，还有一批披着宗教外衣的封建主，他们也像世俗封建主一样，通过他们占有的大量土地和其他生产资料，对广大的农民和牧民进行残酷的封建剥削。同时，他们又直接掌握了宗教，利用宗教特权，假借宗教名义，对劳动人民进行敲诈勒索。""在社会主义国家，宗教是允许长期存在的，只要有人信仰它。但是，决不能允许人压迫人、人剥削人的现象长期存在下去，因为这是和我们的社会主义制度不相容的。社会主义社会就是要消灭一切人压迫人、人剥削人的现象，不管它是否披着宗教外衣或其他什么外衣。因此，共产党人一方面坚决主张宗教信仰自由，另一方面要坚决废除宗教封建主的压迫和剥削。废除封建主的压迫和剥削，必须采取民主革命的方法，领导一切被压迫、被剥削的劳动人民，起来推翻那些不管披着什么外衣的封建主的统治，废除他们对劳动人民的一切压迫和剥削。"

（四）文章指出，宗教进入社会主义社会后，它的社会功能发生了根本改变，宗教政策的基本点是团结信教群众和不信教群众，共同致力于社会主义建设。党和国家的宗教信仰自由政策完全符合无产阶级革命和社会主义建设的利益。宗教信仰自由政策既能团结有宗教信仰的人，也能团结不信仰宗教的人，以便把他们的全部力量调动到社会主义革命和社会主义建设的斗争中去，使人们不至于因为无神论和有神论这种思想认识上的区别而妨碍在共同事业上的互相间的关系。

（五）文章还提出独立自主办教原则。在历史上，特别是鸦片战争以后，天主教和基督教确实受帝国主义和外国势力的控制，成为西方列强侵略中国的工具，为了有效抵制西方的敌对势力利用宗教试图演变中国政权，必须坚持独立办教原则。"党和人民政府在宗教信徒中，进行了深入的爱国主义教育，启发和提高了他们的爱国思想。正是在这个基础上，我国的基督教信徒，发起了三自（自治、自养、自传）爱国运动，基督教信徒和天主教信徒自觉地进行了反对帝国主义的斗争，把我国的基督教、天主教由帝国主义的控制下解放出来。这是党和国家的宗教信仰自由政策的一项重大成就。

（六）文章还提出宗教信仰自由政策的落脚点，是加强最广大人民群众的团结，促进社会主义建设。在废除了封建制度的压迫剥削以后，为了全面地贯彻宗教信仰自由政策，还要做许多工作。应该做到每个人的宗教信仰，由他本人根据自己的意愿去作决定，不受任何人的干涉和强迫。与此同时，也要教育不信仰宗教的人，尊重别人的宗教信仰，尊重那些爱国守法的宗教信徒和宗教职业者进行正当的宗教活动的自由，坚决制止对别人的宗教信仰采取粗暴态度。只有这样，才有利于人民内部的团结，有利于信仰宗教的人民群众与不信仰宗教的人民群众之间的团结，有利于发展社会主义建设事业。

这篇文章在《红旗》杂志 1959 年第 14 期上发表出来以后，正面宣传党的宗教政策的重要作用，一方面反击了敌人的诽谤，另一方面解放了人民的思想，也释解了宗教界及信教群众的疑虑。

《论宗教信仰自由》一文之后，牙含章又深入地钻研了宗教理论及与之有关的问题。在以后的几年里，连续发表过多篇阐述有神论和宗教的起源、宗教的发展规律等方面的理论文章，同时，又写了一些简明通俗的文章，正确阐述了马克思主义无神论学说的基本原理，为宣传党的宗教信仰自由政策做了大量的工作。

1962 年 10 月 30 日，《人民日报》发表《从无神论著作的译本说起》。

1963 年 1 月，《新建设》杂志发表《有神论观念的起源》。

是年 2 月 3 日，《光明日报》"学术简报"栏发表《探讨有神论观念起源》。

3 月 28 日，《人民日报》发表《费尔巴哈的'基督教的本质'读后》。

7 月，《新建设》杂志发表《关于有神论观念的消亡问题》。

8 月 8 日，《人民日报》刊登《关于宗教、迷信问题》。

1964 年初，牙含章从 1959 年到 1963 年发表的 7 篇文章中选出 5 篇，即《从无神论著作的译本说起》《有神论观念的起源》《关于有神论观念的消亡问题》《关于宗教、迷信问题》《论宗教信仰自由》，编为《无神论和宗教问题》一书，于 1964 年 7 月由上海人民出版社出版。

这是我国用马克思主义观点研究无神论与宗教问题的第一部论著。这部著作的问世，对宣传马克思主义的无神论

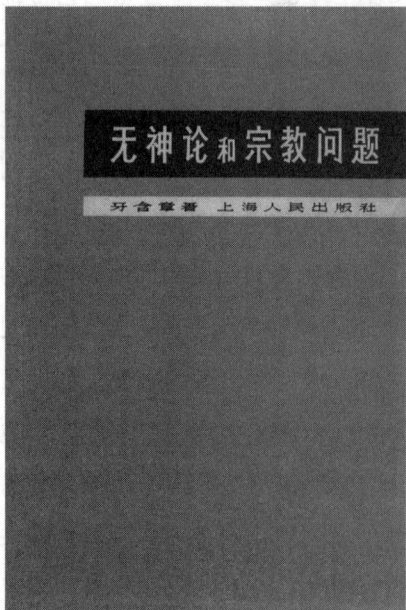

1964 年版的《无神论和宗教问题》

与指导后人在这个领域的研究，皆具有重要的意义。

《无神论和宗教问题》出版的时候，在我国思想界，"左"的倾向已经成为风气。一部分学者批评牙含章关于"宗教是迷信，但不是一切迷信都是宗教"的论断，"已经离开了马克思主义基本原理的轨道，形成了自己的宗教体系"。而认为他们的"宗教和迷信是一回事"的观点"才是马克思主义的宗教观"。于是，牙含章对这种"批评"意见进行了反批评。这样就在宗教问题方面引起了一场论战。争论的一个主要问题是，宗教和迷信究竟是不是一回事？

论争的一方以游骧、刘俊望为代表，他们认为：宗教和迷信是一回事，世界上的一切迷信都是宗教。他们并且认为：这种论点是"马克思列宁主义宗教观"。他们反对牙含章提出的宗教是迷信，但并不是一切迷信都是宗教的论点。

牙含章为论争的另一方，他认为他们的这种论点不是马克思主义的，而是资产阶级"宗教学"的。在理论上是错误的，在实践上是行不通的。要他放弃正确的论点而接受错误的论点，是不可能的事情。于是一场争论就展开了。

牙含章对这场争论写了一篇总结性的文章，题为《和资产阶级"宗教学"划清界限》，发表在 1965 年 6 月 30 日的《光明日报》上。这篇文章从理论上区分了有神论、宗教和封建迷信。

文章指出，一般地说，有神论观念、宗教、封建迷信三者既有共同性，又有特殊性；既有联系，又有区别。这就是马克思主义的一个总的看法。凡是宗教，当然都是以有神论观念作为它的思想基础，但是并不是所有的有神论观念都是宗教。例如，有的人仅仅相信有"鬼"，相信"命运"，但不信仰任何宗教。这种人只能说他是有神论者，不能说他是"宗教信徒"。还有，凡是宗教，当然都是迷信，但并不是所有的迷信都是宗教。我国历史上留传下来的驱鬼治病、求神问卜、相面、算命、看风水以及会道门等等，就是封建迷信，而不是宗教，干这一行的，只能说他们是"迷信职业者"，而不能说他们是"宗教职业者"。由此可见，把一切有神论观念，一切宗教，一切封建迷信不作具体分析，笼笼统统都叫作"宗教"，显然是不正确的。

文章指出，有神论观念和宗教的关系是既有共同性，又有特殊性，既有联系，又有区别。把有神论观念和宗教截然分开，当然是错误的。不信仰神灵的宗教是没有的、也不可能的。如果把有神论观念和宗教当成"一回事"，认为有神论观念就是宗教，宗教就是有神论观念，则更是错误的。特别是在我国，把一切有神论观念都认为是宗教，那是非常有害的。因为在我国，真正的宗教信徒并不很多，但是相信有"鬼"、相信"命运"的人却是不少，如果我们把有神论观念和宗教当成"一回事"，那么，我们势必就得承认凡是相信有"鬼"、相信"命运"的人，都是"宗教信徒"，这就把本来不是宗教信徒的人都算在宗教信徒里边，势必使宗教信徒的人数不知要增加多少倍，也就是说，把宗教势力不知要夸大多少倍。

文章指出，如果说一切宗教都是迷信，这是正确的；如果说一切迷信都是宗教，这就不正确了，因为事实摆在那里，驱鬼治病、求神问卜、相面、算命、看风水、会道门等等封建迷信显然不是宗教。因此把封建迷信和宗教看成是"一回事"，就得承认封建迷信也是"宗教"，这不仅在理论上是错误的，而且在实践中也是有害的。如果我们承认一切封建迷信也是"宗教"，那么我们势必承认党的宗教信仰自由政策也适用于一切封建迷信，势必承认一切封建迷信也有"信仰自由"，这不仅不能进行取缔，反而给从事封建迷信职业者制造了合法存在的理论根据。

牙含章在这次论争中写了多篇文章，始终坚持了马克思主义的正确立场。

1964 年 1 月，《前线》杂志发表《从婚姻来看风俗习惯的改革问题》。

2 月，《新建设》杂志发表《关于有神论观点、宗教、封建迷信的区别》。

是月 25 日，《文汇报》发表《有关宗教几个问题的理解》。

4 月 21 日，《人民日报》发表《斯宾诺莎的〈神学政治论〉读后》。

6 月 2 日，《光明日报》发表牙含章与唐亥合写的《无神论教育与鬼戏问题》一文，这篇文章同时发表在《戏剧报》1964年第5期。

是月17日，《天津日报》发表《宗教是迷信，但并不是一切迷信都是宗教》。

9月11日，《文汇报》发表《封建迷信和宗教不是一回事》。

12月10日，《文汇报》发表《迷信是有神论观念、宗教、封建迷信的总称》。

1965年6月30日，《光明日报》发表《和资产阶级'宗教学'划清界限》，这是对当时进行的论战一篇总结性文章。

可惜的是，从1966年"5·16"开始到1976年"10·06"粉碎"四人帮"结束的"文化大革命"十年动乱，打断了牙含章对宗教问题的研究进程，但是他对宗教问题的思考始终没有停止。对"文化大革命"中对宗教造成的混乱，他很痛心。他亲自看到"文化大革命"时期，党的宗教工作遭到江青反革命集团的全面破坏。他们全面否定马克思主义的宗教理论和我们党在新中国成立以后实行的宗教政策，他们以"极左"的面孔"向宗教宣战"，"横扫"菩萨、庙宇，砸烂宗教工作机构，对宗教工作干部、宗教界人士及大批信教群众实行"专政"。他们这样做，在政治上是别有用心的，在理论上搞的是虚无主义，其结果不但没有"消灭"了宗教，反而还刺激了信教群众的宗教感情，引起了新的宗教狂热。个别地方，宗教封建特权重新抬头，封建迷信活动乘机沉渣浮起，一些神汉巫婆又粉墨登场，骗人钱财。宗教方面出现的这些问题，立即引起了牙含章的警觉，他认为其根源出在宗教理论的混乱上，要解决这些问题，必须在理论上拨乱反正。

这样，牙含章考虑重新修订出版《无神论和宗教问题》一书。

1978年，牙含章重回民族研究所以后，开始修订《无神论和宗教问题》一书。这次修订，在第一版5篇文章的基础上，增加了《和资产阶级'宗教学'划清界限》、《无神论教育和鬼戏问题》、《斯宾诺莎的〈神学政治论〉》、《费尔巴哈的〈基督教的本质〉》等4篇文章，1979年8月由上海人民出版社出了第二版。

《无神论和宗教问题》再版以后，牙含章依然没有停止对无神论、宗教与封建迷信问题的探讨，但重点是中国无神论史的研究。

牙含章对中国无神论史的研究，使他的无神论和宗教问题的研究迈向新的高度。

牙含章对中国无神论史的研究起因是对"文化大革命"时期进行的批孔运动的不满和反感，但根子是对无神论研究的纵深发展。他在"靠边站"的时期，抽出一些时间研究孔子和孔子学说。在研究过程中，他发现孔子是一位中国古代的伟大的无神论者，中国的无神论思想，实际上就是继承了孔子的无神论学说而发展下来的。在进一步研究中，他发现中国也是一个具有丰富的无神论历史遗产的国家。从文字记载来看，春秋战国时代已有了无神论与有神论的斗争，至五四运动时期，经历了大约 2600 多年的历史，在各个不同的朝代，涌现了许多杰出的无神论者，或具有无神论思想倾向的人物，他们写下了许多不朽的无神论著作。

中国的无神论，自古以来比较突出的是围绕两个问题进行的，一个是"形神"关系问题，也就是有鬼与无鬼的斗争问题；另一个是"天人"关系问题，也就是"天命"与"反天命"的斗争问题。

牙含章从"文化大革命"后期开始系统研究中国无神论史，他的研究以中华民族的传统文化遗产为基础，以两个突出问题为两条脉络贯穿下来，对不同朝代、不同思潮、不同的代表人物，条分缕析，进行刻苦研究，取得了丰硕的成果。从 1978 年到 1980 年两年间，他先后写成了两篇学术论文，一篇是《中国无神论史初探》，另一篇是《孔子学说与中国无神论思想的关系—〈中国无神论史初探〉续篇》。这两篇论文既是他五六十年无神论研究的继续，也是他的学术生涯走向新高度的起点，同时也是对一个新的学术领域的开创。论文发表以后，在学术界引起了很大的反响，普遍认为，牙含章吹响了中国无神论史研究的号角。

1979 年，《世界宗教研究》杂志第一集发表《中国无神论史初探》。

1981 年，《社会科学战线》第一期发表《孔子学说与中国无神论思想的关系——〈中国无神论史初探〉续篇》。

　　同年 4 月 29 日，《光明日报》发表《执行宗教信仰自由政策，反对封建迷信活动》。

　　1982 年 8 月，河南人民出版社出版的《宗教·科学·哲学》一书发表《如何划清宗教与封建迷信的界限?》。

　　接着，牙含章又写了《再论如何划清宗教与封建迷信的界限?》一文，参加了 1983 年春天在厦门举行的第三届中国无神论学会年会。

　　同年，中国社会科学院出版社和四川民族出版社决定将牙含章之前出版的《民族形成问题研究》和《无神论和宗教问题》两本书合编为《民族问题与宗教问题》一书进行再版。牙含章利用这次出版机会，对《无神论和宗教问题》再次进行了修订。他在第 2 版 9 篇文章的基础上，增加了《如何划清宗教与封建迷信的界限》《中国无神论史初探》《孔子学说与中国无神论思想的关系》等 3 篇文章，于 1984 年 11 月出版。这就是《无神论和宗教问题》的第三个版本。

　　在出这本书的时候，牙含章写了一篇《三版后记》，对这个时期无神论研究作了一个总结。

　　这篇后记文字不长，原文录后：

　　　　乘这次再版的机会，我认为有两个问题需要作些说明。

　　　　无神论作为一门科学，是人类历史长期发展的产物，是同有神论观念和宗教迷信长期斗争的产物。在建立这门科学的过程中，西方杰出的无神论者，从伊壁鸠鲁、卢克莱修到斯宾诺莎、梅叶、拉梅特里、爱尔维修、狄德罗、霍尔巴赫、费尔巴哈等人，都对无神论学说的创立与发展，做出了伟大的贡献。特别是马克思和恩格斯，在他们创立的辩证唯物主义和历史唯物主义的理论基础上，对人类历史上遗留下来的无神论的宝贵遗产，进行了批判地继承和发展，才使无神论成为一门独立的科学。

　　　　在无神论学说的发展史上，我国历代也产生了许多杰出的无神论者，从春秋战国时代的公孟子、荀子到汉朝的王充、南北朝的范缜，唐朝的柳宗元和刘禹锡，清朝的熊伯龙，都给我们留下了不朽的无神论著作。这是大家都承认的。

值得指出的是，西方有文字记载的最早的无神论者是伊壁鸠鲁，他生于公元前 376 年，而我国有文字记载的最早的无神论者是公孟子，他与墨子是同时人，墨子生于公元前 468 年，公孟子也活动于这个时期，这就比伊壁鸠鲁约早 100 余年。在有文字记载的人类历史上，公孟子是全世界第一个打出"无鬼神"这个光辉旗帜的伟大的无神论者。

还应该指出的是，西方无神论和中国无神论的发展，各走了不同的道路。西方许多国家经历了基督教的统治时期，即所谓"中世纪"时期，无神论者作为"异端"遭受了残酷的迫害，有许多无神论者不是死在"宗教裁判所"的监狱里面，就是死在"宗教裁判所"的火刑柱上。因此，西方的无神论从卢克莱修（约在公元前 99—55 年）以后，中断了一千余年，一直到斯宾诺莎（1632—1677）时代，才随着资本主义的产生和发展而逐渐恢复起来。后来，经过 18 世纪"百科全书派"与费尔巴哈的艰苦斗争，西方的无神论学说才获得了巨大的发展，这就为马克思主义的无神论学说的创立铺平了道路。

我国的无神论所走的道路有自己的特色。在中国历史上，由于历代统治阶级的大力扶植，居于全国统治地位的是儒家的学说。佛教与道教虽然在全国也有很大的影响，但都没有超过儒家的影响。而中国的许多杰出的无神论者，都出身于儒家，因此尽管中国的历代统治阶级对无神论也采取否定的态度，但因为中国的无神论者以儒家的学说作为掩护，从而避开了像西方的无神论者那样的悲惨遭遇，这就使中国的无神论学说，从春秋战国直到清朝，它的优良传统始终没有中断过，这是和西方无神论者所走的道路显然是不同的。只是到了近代，由于我国沦为半殖民地、半封建社会，才使中国无神论思想的发展随着中国社会性质的变化而在一段时期内落后于西方。但是从春秋战国到清朝初期，中国许多杰出的无神论者对世界无神论学说的贡献，是不应低估的。为了阐述中国无神论思想在世界无神论思想方面所做的贡献，我写了两篇文章，一篇是"中国无神论史初探"（发表在《世界宗教研究》杂志 1979 年第 1 集），另一篇是"孔子学说与中国无神论思想的关系"（发表在《社会科学战线》1981 年第 1 期）。这次《无神论和宗教问题》小册子重印时，我把这两篇文章都编入本书，正好弥补了这本小册子原来的不足之处，使它既概括地介绍了西方各个时期的无神论思想，也概括地介绍了中国各个时期的无神论思想。这是想说明的第一个问题。

现在，我国正在党和国家的正确领导下，开创社会主义现代化的新局面，全国各条战线出现一片新的气象，但是在"文化大革命"期间，江青反革命集团对全国的宗教工作进行了野蛮的摧残，严重地伤害了宗教信徒的感情，这个创伤也不是一下子就可以治愈的。所以在"四人帮"被打倒以后，特别是在党的十一届三中全会以后，在宗教工作方面拨乱反正，贯彻信仰自由政策，允许信教的群众有正常的宗教活动自由的时候，压制了十年的宗教活动突然由"地下"转到"地上"，一时出现了一阵子宗教热的现象，这是不可避免的。这是历史给我们的惩罚，我们应该接受这个深刻的教训。同时应该看到，这种宗教热到一定限度，就会自然而然地停止下来，而逐渐转入正常状态。随着这种形势的发展，我们的工作要跟上来，应该向广大人民群众，特别是对青少年，要加强无神论的教育，要加强普及科学知识的教育，以便逐步缩小宗教的影响。这是一个社会主义国家必须完成的历史任务。

与此同时，我们还应该注意的一个问题是，在"四人帮"打倒以后，特别是在党的十一届三中全会以后，有些人也以"贯彻党的宗教信仰自由政策"作为借口，大搞封建迷信活动，特别是在比较落后和偏僻的农村，旧社会遗留下来的形形色色的封建迷信又乘机冒了出来，例如巫婆、神汉、占卦、算命、揣骨、相面、风水、阳宅、神水、神药、扶乩、降神、上供、还愿，如此等等，我们把这些迷信总称之为封建迷信，以区别正常的宗教信仰和宗教活动。

封建迷信是我国历史上遗留下来的为某些人骗取群众财物的一种手段，它实质上是一种人剥削人的行为，是社会主义制度所不允许的。但在旧社会，许多封建迷信职业者也不是剥削阶级出身，而是劳动人民出身，所以党和国家对一切封建迷信活动采取的是取缔的政策，而对封建迷信职业者采取的是教育他们的政策，使他们自动放弃这种骗人财物的职业，变为自食其力的劳动者。新中国成立以后，经过一系列的工作，封建迷信已经大大减少，在许多地方已不存在了。但经过"文化大革命"的十年浩劫，各种封建迷信又乘机复活了。旧日的许多封建迷信职业者，以党的宗教信仰自由政策作为借口，把封建迷信也说成是"宗教信仰"，甚至公开挂牌子进行活动。封建迷信不仅腐蚀人们的思想，而且还威胁群众的生命安全，直接破坏我国的"四化"建设，不能不引起我们的严重注意。有的地方的党和人民政府已经对封建迷信采取了取缔措施，使封建迷信活动有所收敛，但还有许多地方，特别是在比较落后的农村里，封建迷信还在继续泛滥。

不久以前，我到一个封建迷信活动比较严重的地区作了实地调查，发现封建迷信活动没有得到应有的取缔的重要原因之一是，那里的农村基层干部，对什么是宗教？什么是封建迷信？对宗教应该采取什么政策？对封建迷信应该采取什么政策？在他们的头脑中还划不清界限。所以有些干部只好对封建迷信活动采取睁一只眼、闭一只眼的态度。而有些干部还带头大搞封建迷信活动，在客观上，就为封建迷信活动起了助长的作用。

这些事实充分说明，要同封建迷信进行有效的斗争，首先需要把农村基层干部的思想武装起来，让他们划清宗教和封建迷信的界限，这是非常重要的一项工作。这就给我们从事理论工作的同志，特别是给我们研究无神论和宗教问题的同志，提出了一项严肃的任务，有责任把这些问题从理论上，从政策上把它讲清楚。讲清楚了这些问题，就直接有助于同封建迷信进行斗争，间接也是为我国开创社会主义现代化的新局面尽了自己应尽的责任。正是从上述实际出发，我写了一篇题为"如何划清宗教与封建迷信的界限"的文章，发表在 1981 年 4 月 29 日的《光明日报》。见报时，"光明日报"的编辑同志把题目改为，"执行信仰自由政策，反对封建迷信活动"。这次重印时，我把这篇文章也收入本书，并把题目又改回来，并恢复了"光明日报"发表时删去的一些文字。

当然，反对封建迷信的斗争，在我国社会主义精神文明的建设中是一项长期的任务，绝不是写一两篇文章，出一两本小册子就能解决的问题，最根本的一条是，还是要加强党对反对封建迷信斗争的领导，认真地把这项工作抓起来，长期地、深入地开展下去。这是我想说明的第二个问题。

结语

如果我们细读《无神论和宗教问题》三个版本及其产生的经过，也就大致了解了牙含章宗教学的全貌。

牙含章的人生经历中，对宗教，包括信仰伊斯兰教和藏传佛教，有过长期的、密切的接触，因而对宗教的现象和本质，有比较深刻的认识和了解。在他参加革命，接受马克思主义思想体系后，开始以唯物论和无神论观念分析和研究宗教问题。他对马克思、恩格斯关于宗教的本质和功能，宗教的社会根源和消亡途径的论述，以及对中国共产党处理宗教问题的政策方针，有相当系统而且深刻的政治见解和理论认识。所以，他在长期的理论研究和工作实践中，准确把握宗教发生发展的客观规律，用现代意义的理论和方法揭示马克思主义宗教理论的深刻内涵，并且密切结合中国宗教工作的实际，进行现实性、理论性的学术研究，为党和政府确立宗教政策提供正确的理论依据。

牙含章如此富有实际意义的宗教理论，在"文化大革命"中，把他作为"右"的宗教理论代表受到批判。更为奇怪的是，现在有的人又把他作为"左"的宗教理论代表予以否定。牙含章的宗教理论被人为地边缘化。

综观牙含章的宗教论著，可以看到牙含章的宗教学既不是"右"的，也不是"左"的，而是以既符合马克思主义宗教原理，又符合中国实际的宗教观。他从宗教的客观规律出发，以实事求是的态度看待宗教的客观性和社会性，从理论和实践的结合上说明问题，大胆提出解决我国宗教问题的主张。如果一定要归宗的话，他是马克思主义的宗教社会论者。

牙含章始终以马克思唯物史观研究宗教。在他看来，宗教不只是思想意识形态，社会文化形式，更是一种复杂的社会现象。宗教问题同政治、经济、文化、民族等紧密关联。正确解决宗教问题，做好宗教工作，核心问题是使信仰宗教的人和不信仰宗教的人相互尊重、友善团结，增进社会和谐，使他们不至于因为无神论和有神论这种思想认识上的区别而妨碍共同事业上的相互关系，以便把他们的全部力量调动到社会主义革命和社会主义建设上来。

现在，宗教面临着新情况、新问题，研究牙含章的宗教思想，有利于我们从理论上正确认识现阶段的宗教政策，使信教和不信教的广大人民团结一致，共同为实现中华民族伟大复兴的中国梦而共同奋斗。

第九章　民族形成问题研究

DIJIUZHANG　MINZUXINCHENWENTIYANJIU

民族形成
问题研究

牙含章著

MINZU XINGCHENG WENTI YANJIU

四川民族出版社

第九章
民族形成问题研究

　　1958 年，党把我从西藏调到北京，分配到中国科学院民族研究所工作。民族研究所刚一建立，就承担了为我国五十多个少数民族编写"简史"、"简志"的国家任务。当时我国学术界正在汉民族形成问题上展开了一场历时数载的大论战。论战的一方是范文澜同志，他发表了一篇文章，题为《自秦汉起中国成为统一国家的原因》（原载《历史研究》1954 年第 3 期）。范老在这篇文章中，提出了一个前人未曾提出过的问题，即汉民族的形成问题。范老认为我国汉民族是在秦汉时期就形成"民族"的。

　　范老的这篇文章发表以后，立刻引起了许多人的反对，反对范老的人的共同论点是：斯大林讲过，民族是资本主义上升时代的产物。斯大林又讲过，资本主义以前没有民族，只有"部族"。反对的人们认为范老的论点背离了斯大林的民族理论，因而是错误的。他们认为汉族是在鸦片战争以后才形成"民族"的，理由是那时我国才有了资本主义的因素。鸦片战争以前的汉族不是"民族"，而是"部族"。他们认为这种观点才符合斯大林的民族理论。

民族研究所要编写我国五十多个少数民族的历史，当然都要涉及各民族的形成问题。我们必须正确地解决这个问题，而不能回避这个问题。因此，我又把民族研究的兴趣放在民族形成问题上面，前后断断续续地花了 22 年的时间。到 1980 年，我编写了一本名为《民族形成问题研究》的小册子（四川民族出版社 1980 年出版），对这个问题的研究成果作了简要的总结。因为民族的形成问题，是全世界的一切民族都要经历的，因而阐明民族的形成规律，是具有一定的世界意义的。

其实，民族的形成问题，是马克思和恩格斯早就明确解决了的问题。恩格斯在《劳动在从猿到人转变过程中的作用》一文中早就讲过："从部落发展成了民族和国家。"恩格斯在《家庭、私有制和国家的起源》一书中又进一步指出"部落联盟是走向形成民族的第一步"。说明民族至晚在原始社会的后期已经形成。而斯大林所说的在资本主义上升时代形成的民族，据斯大林自己解释，乃是"现代民族"，也叫"资产阶级民族"。说明马克思、恩格斯的民族理论和斯大林的民族理论并无矛盾。

但是斯大林的民族理论是有缺点的。他在 1913 年写的《马克思主义和民族问题》一书中，讲到"民族（俄文是 нация）是资本主义上升时代的历史范畴"时，没有明确指出这种民族就是"现代民族"，亦即"资产阶级民族"。这就使许多读者误解为斯大林讲的"资本主义上升时代"形成的"民族"是一切民族。

到了 1921 年，斯大林在联共（布）第十次代表大会作的报告中，才郑重声明："现代民族是一定时代——资本主义上升时代的产物。"（《斯大林全集》第五卷 14 页）而在 1929 年，斯大林又在《民族问题和列宁主义》这本小册子中，更明确地指出："世界上有各种不同的民族。有一些民族是在资本主义上升时代发展起来的，当时资产阶级打破封建割据局面而把民族集合为一体并使它凝固起来了。这就是所谓'现代'民族。……这种民族应该评定为资产阶级民族"。斯大林在《马克思主义和民族问题》的小册子中说："民族不是普通的历史范畴，而是一定时代即资本主义上升时代的历史范畴……这里指的正是这种资产阶级民族。"（《斯大林全集》第十一卷 288—291 页）可见斯大林后来发现他在 1913 年写的民族理论文章中有些问题当时没有讲清楚，引起了混乱，又由他自己出来作了更正。

至于斯大林所说的"部族"，它的俄文原文是 НароДНОСТЬ，俄文的原意也是民族。在列宁和斯大林的俄文原著中，他们讲到"民族"一词时，多次都用过 НароДНОСТЬ 这个词。但是斯大林在 1950 年撰写《马克思主义与语言学问题》一书时，给 НароДНОСТЬ 这个词赋予了特定的含义，它专指资本主义以前的民族。我国的翻译同志把它译作"部族"，是不符合斯大林的原意的。我国广大读者学习斯大林的著作，要通过中文译本，中文译本的译名出了毛病，这就不能不使广大读者对斯大林的民族理论产生误解，从而引起了不必要的争论。为了彻底弄清楚这个问题，我花了许多年的时间和精力，又在民族研究所的精通德文与俄文的同志帮助下，查对了马克思和恩格斯的德文原著与列宁和斯大林的俄文原著以后，才弄清楚问题的症结所在。

由于这个问题是牵涉到我国翻译界的一个大问题，不是哪一个人写一篇文章就可以解决的。于是我写信给中共中央马恩列斯著作编译局和中国科学院哲学社会科学部，建议由他们联合召开一次座谈会，以便统一认识，解决问题。中央编译局和哲学社会科学部采纳了我的建议，在 1962 年春季，召集北京有关的三十几个单位的同志，开了一次座谈会。参加这次座谈会的同志一致同意经典著作中的译名应该统一，并同意今后只用"民族"这一译名，不再用"部族"这一译名。会后，人民日报在 1962 年 6 月 14 日发表了一篇文章,对这次座谈会作了比较详细的报道。

1971 年,中共中央马恩列斯著作编译局根据这次座谈会所反映的广大群众的意见,重新翻译了斯大林的《马克思主义和语言学问题》这本著作。在新译文中,他们把 НароДНОСТЬ 这个词由"部族"改译成为"资本主义以前"的民族。把 нация 这个词改译成为"资本主义时期"的民族。这就从理论上澄清了二十多年来在民族理论方面存在的混乱。这是中央编译局在民族理论方面的一项重大贡献。

——牙含章自述

当头一棒

1958 年初,牙含章治病以后,从西藏调到北京,分配到中国科学院民族研究所工作。

牙含章从年轻的时候,就爱好理论研究,特别是从事民族研究为他的平生之愿。现在离开繁复的行政事务,到一个理论研究单位工作,正是投其所好。当时,他有一种"得其所哉"的感觉,满心欢喜,决心在民族研究方面做出一点成绩。

牙含章到所里的时候,民族研究所正在进行正式成立的筹备工作,他积极参加了各项筹备工作。

是年 6 月 21 日,中国科学院召开常务会议,讨论了民族研究所的规划任务书和筹备经过,一致认为民族研究工作在哲学社会科学部门占有很重要的地位,民族研究所的成立将大大地推动民族研究工作的发展。中国科学院常务会议讨论并通过了关于民族研究所正式成立的决定,并向国务院建议任命刘春同志为所长,苏克勤、牙含章、翁独健、夏康农为副所长。

23 日,中国科学院民族研究所在北京正式成立,这是我国科学研究工作和民族工作中的一件大事,它标志着我国民族研究工作进入了一个新的时期。

民族研究所的主要工作范围暂定三项，即民族问题、民族学和民族史。民族问题：主要是关于马克思列宁主义民族问题理论和中国共产党的民族政策的研究；民族学：主要是关于中国少数民族的民族识别、社会性质的演变、文化和生活特点及

牙含章与民族学研讨会的代表合影

少数民族宗教的研究；民族史：主要是关于中国各少数民族历史和中国历史上各民族互相关系的研究。因此民族研究所内部暂设三个研究室：民族问题研究室、民族学研究室和民族史研究室，分别进行上述三项研究。此外，自1958年9月起，开始出版一个配合我国民族研究工作、反映我国民族研究工作状况的学术性刊物——《民族研究》月刊。

《民族研究》的前身是由科学院自1954年开始编译出版的《民族问题译丛》，这个刊物主要介绍苏联和人民民主国家在解决民族问题方面的许多宝贵经验和民族研究方面的许多卓越成就，对我国的民族工作和民族研究起了一定的作用。

民族研究所成立以后，决定将《民族问题译丛》改为《民族研究》，以适应民族研究工作的需要。

根据所里几个副所长的分工，牙含章担任《民族研究》月刊的主编。《民族研究》是一个理论刊物，对办这个刊物，他很有兴趣，也充满信心，并积极进行刊物的组稿和出版工作。

1958年9月4日，《民族研究》月刊第1期正式出版。为了说明《民族问题译丛》改为《民族研究》月刊的出版意义和宗旨，牙含章组织编辑部的

同志写了一篇《改刊说明》，放在这期刊物的第一页上。原文如下：

改刊说明

现在和读者见面的《民族研究》，是由原来的《民族问题译丛》改版的。

《民族问题译丛》自 1954 年编译出版，做了不少工作，介绍了苏联和人民民主国家在解决民族问题方面的许多宝贵经验和民族研究方面的许多卓越成就，对我国的民族工作和民族研究起了一定的作用。

现在，我国正处在社会主义建设"大跃进"的时期，党的八大二次会议所制定的"鼓足干劲、力争上游、多快好省地建设社会主义"的总路线，鼓舞了全国人民，推动了一切工作，办刊物也必须适应这种新形势，实现"大跃进"。因此，我们决定将《民族问题译丛》改为《民族研究》，以适应民族研究工作的需要。

改刊后的《民族研究》，将以新的形式、新的内容，继续为党的民族工作、为各族劳动人民的利益、为祖国的社会主义建设服务，《民族研究》除了继续译载苏联和各人民民主国家有关阐述马列主义民族理论、民族工作方面的先进经验和民族研究方面的新成就的文章，供我国民族工作和民族研究的参考之外，它将增加如下几个方面的新的内容：

(1) 介绍我国研究马列主义民族理论的学术论著；

(2) 研究中国共产党的各项民族政策的论著；

(3) 我国各地民族工作经验的介绍；

(4) 研究我国各民族的历史和各民族之间相互关系的论著；

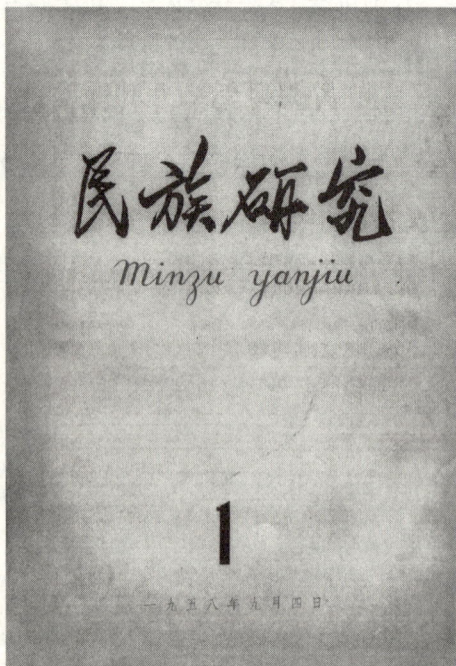

《民族研究》1958 年第 1 期

(5) 研究我国各民族的社会现状的论著；

(6) 我国各民族地区的社会调查报告；

(7) 有关民族语文方面的论著；

(8) 批判资产阶级民族学的论著；

(9) 我国民族方面的著作的书评；

(10) 国内外民族研究工作的学术动态的报告等等。

从以上内容不难看出，《民族研究》是直接服务于党的民族工作的，它将密切结合党的民族工作，密切结合党在民族工作方面各个时期的中心任务，它要帮助全国的民族工作同志提高民族理论与民族政策的水平，帮助他们进一步了解和熟悉各民族的历史和现状，帮助他们解决学习民族理论、民族政策等方面的疑难问题，组织这方面的讨论和邀请这方面的专家解答问题等等。

因此，我们希望全国从事民族工作的同志（包括从事民族教学和民族研究的同志），把《民族研究》看作是我们共同举办的一件事业，是我们共同经营的园地，希望大家踊跃地为它写稿，也希望替它进行宣传，推荐给更多的读者，共同办好《民族研究》。

《民族研究》征稿的原则是"既依靠专家，更依靠群众"，我们一面欢迎民族工作和民族研究方面的专家学者给我们经常写稿，大力支持我们；另一方面，我们更欢迎广大的从事民族工作（包括民族教学与民族调查研究工作）的青年踊跃地投稿，在民族研究工作方面同样要树立敢想、敢说、敢写的共产主义风格，只要言之有物，我们一概欢迎。《民族研究》在这方面要担负起培养一批红色的民族研究青年专家的任务，组织稿件、组织学术讨论就是培养的一种方式。

我们认为学术刊物也要打破常规，同样要办得生动活泼，丰富多彩。它刊登的文章体裁可以多种多样，论文只是文章形式的一种，此外，还可以用调查报告、史料整理、书评、思想批判、学术动态、读者来信、问题讨论等等形式。字数不加限制，只要是内容有价值的东西，长短不拘，如用一封读者来信或解答问题的形式，有几百字就可以；如系少数民族地区的社会调查，或一篇有价值的科学论文，有两三万字也不为长，太长的稿件，我们采取连载的办法，或介绍出版社出单行本。

总之，我们不受常规的限制，常规要服从于学术研究的利益，而不是要学术研究受常规的束缚。

让我们高举起毛泽东思想的旗帜，鼓足干劲，力争上游，在党的"百花齐放"的政策指导下，办好《民族研究》，更好地为各族人民的利益和社会主义建设事业服务。

《民族研究》编辑委员会

孰料这一篇《改刊说明》竟祸起萧墙。

《民族研究》月刊第一期出版后，中央民族事务委员会党组立即认定这期发表的《改刊说明》犯有严重错误，责成民族研究所进行检查。

民族研究所遵照中央民委党组的指示，从 1958 年 10 月 10 日至 12 月 10 日，两个月的时间，通过大鸣、大放、大争、大辩、大字报的形式对所犯错误进行了认真检查和严肃批判。参加检查和批判会的，除中国科学院民族研究所的全体工作人员外，还有中央民族学院、少数民族语言研究所、民族出版社等单位的同志。中国科学院哲学社会科学部分党组、中央民族事务委员会党组都派了专人参加。党内共开了检查批判会 5 次，发言的达 35 人次，群众性的座谈会 13 次，发言的达 87 人次，共贴出大字报 447 张。参加座谈会的，经常有 75 人左右，参加总结会的约有 200 人。在检查和批判过程中，中央民族事务委员会党组除随时听取汇报，掌握情况外，并召开了 5 次党组会，认真地进行了讨论和作出指示。

1958 年 12 月 10 日，由吕振羽代表中央民族事务委员会党组作了《关于〈民族研究〉杂志"改刊说明"的错误》为题的批判发言。吕振羽近一万字的批判文章分作三大部分：一、对这次检查和批判会的估计；二、关于《民族研究》杂志所犯错误的性质；三、关于"公报"或"学报"、学术和政治、民族研究与民族工作的关系等问题。而且在每一个大问题里又分为若干条，处处上纲上线。

　　根据吕振羽的点名批判，作为
"杂志主要负责同志"，牙含章代表
《民族研究》编辑委员会作了检查。

　　吕振羽代表中央民委党组所作
《关于〈民族研究〉杂志"改刊说
明"的错误》的发言，牙含章代表
《民族研究》编辑部所作《我们在
"改刊说明"中所犯错误的检讨》，
均在《民族研究》1959 年 2 月 4 日
出版的第 2 期上公开发表。

　　这次批判对初到民族研究所的
牙含章犹如当头一棒。我们为了弄
清楚这个历史事件，从网上搜寻到
《民族研究》1958 年第 1—4 期的合

《民族研究》1959 年第 2 期

订本，但刊登"改刊说明"的第一期已经撕去了，这可能是当时受上级通知
统一处理的结果。于是，我们继续寻找，终于在一年后，网上奇迹般地出现
了第一期单本，我们买了下来，进行了细致地阅读，终于弄清了问题的症
结。

　　为什么"改刊说明"这样一篇小文章竟作那样大规模的批判？从当时的
社会背景来看也不是什么严重的错误问题，为何要逼牙含章作那样违心的检
查？

　　现在我们可以试作解读。

　　"关于'民族研究'杂志所犯错误的性质"，如果看了"改刊说明"，再看
吕振羽代表中央民委党组所作的批判发言，虽洋洋万言，但其核心是这些话：
"党的领导是我们做好一切工作的关键，紧紧依靠党的领导，是我们不犯或少
犯错误的根本保证；而且要不要党的领导，实质上就是要不要社会主义和无

产阶级专政的问题，所以从无产阶级立场出发，是不能不坚持和尊重党的领导的。《民族研究》杂志的主要负责同志在规定方针任务时，原则上，在'改刊说明'中没有明白提到党的领导；在实际工作中，既没有把'改刊说明'提交民族研究所的党内讨论，只经民族研究所的所务会议讨论通过，也没有提交上级审查，特别在中央民族事务委员会党组提出"重要稿件一定要送审"以后，也只送了一篇读者来信，而关于规定《民族研究》杂志的方针任务的'改刊说明'那样重要的稿件，仍不送请中国科学院哲学社会科学部分党组和中央民族事务委员会党组审查。这是对上级领导的极不重视，这是一个重大的原则性的错误，是组织观念薄弱、党性不强、立场模糊、脱离党的领导的表现，不能解释为偶然的疏忽或思想上的片面性。"

从这些话中可以明显看出，牙含章到民族所后没有理顺领导关系。这次挨整，部分原因与他耿直的个人性格有关；主要原因则是他们把领导关系中一些纠结恩怨，转化、上升为政治路线斗争而形成冤案。

1978 年，中共中央组织部为牙含章彻底平反，1959 年的错误批判是其中的内容之一。1959 年对牙含章的错误批判，并没有动摇他办好《民族研究》月刊的决心，也没有影响他民族研究之进程，他继续不断地撰写学术论文。只是从此以后，凡是在《民族研究》上他发表的文章，只署笔名。也许这是上级的规定。

两次论争

牙含章除了担任《民族研究》主编外，还承担了中国少数民族"三套民族问题丛书"编写的组织工作。

"三套民族问题丛书"的编写是党和国家交给民族研究所的一项重大科研任务。三套民族问题丛书是：《中国少数民族简史丛书》、《中国少数民族语言简志丛书》和《中国少数民族自治地方概况丛书》。其中第三套丛书由各自治地方负责编写，第一、第二两套丛书由民族研究所与全国各有关部门合作编写。编写过程中，每一个少数民族都碰上民族的起源和形成问题。

为了正确解决这个问题，牙含章又转入了有关民族形成理论的研究工作。

当时，我国学术界对"民族"的概念，都是按照斯大林在 1912 年至 1913 年间所写的《马克思主义与民族》一文中对"民族"的定义来认识的，即"民族是历史上形成的一个具有共同语言、有共同地域、有共同经济生活以及有表现于共同文化上的共同心理素质的稳定的人们共同体……民族并不是个简单的历史范畴，而是个在一定时代，即资本主义上升时代形成的历史范畴。封建制度消失和资本主义发展的过程，同时也就是人们形成民族的过程"。

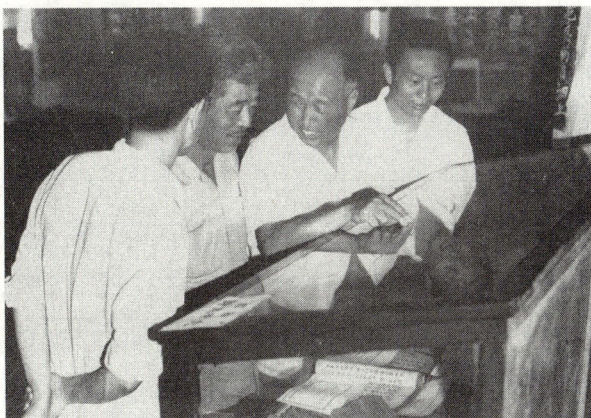

牙含章同志参观中国民族古文字资料展览（右二）

1980 年牙含章所长出席中国民族古文字研究会成立大会和第一届学术研讨会，左二是牙含章，右二是国家民委文化司司长马寅，右一为史金波

一些照搬斯大林上述定义的人，得出如下的结论：我国的少数民族没有一个够得上称为"民族"，全部都是"部族"。因为中国的少数民族解放以前

几乎全部处于资本主义以前的历史发展阶段（大部分处于封建社会——包括封建农奴制在内——少部分还处于奴隶制或原始公社制的末期），他们都还没有进入资本主义，当然都还没有发展成为"民族"，而只能说是"部族"。对于上面的这种论点，在我国少数民族广大群众中，特别是在少数民族出身的干部和知识分子中，引起了强烈的反感，有人认为不承认历史上的少数民族是"民族"，而名之为"部族"，这是对少数民族的歧视。

一些从中国民族实际出发的人，如范文澜根据斯大林形成民族的四个特征认为，秦汉时代汉族已具备了形成民族的基本条件：一是"书同文"，说明汉族已经有了"共同语言"；二是"长城以内的广大疆域"，说明汉族已经有了"共同地域"；三是"车同轨"，说明汉族已经有了"共同的经济生活"；四是"行同伦"，说明汉族已经有了"表现于共同文化上的共同心理素质"。

从 1954 年到 1962 年，两种不同观点的人进行了长达 8 年的论争，论争

1983 年 8 月 23 日，牙含章从事民族工作的老同志合影（左三为牙含章）

1986 年 11 月 19 日，牙含章参加的国家民委民族问题五种丛书工作会议时合影（前排左五为牙含章）

的核心问题是，资本主义以前究竟有没有民族？

牙含章清醒地认识到，正确认识民族定义、民族概念和民族形成问题，不仅是民族研究的理论问题，更是关系到贯彻我国民族平等、民族团结政策的重大政治问题。如果这个问题不能得到正确的结论，不仅影响到少数民族五种丛书的编纂，更重要的是，影响贯彻党的民族平等、民族团结政策。

为了从理论上正确解决这个问题，牙含章全身心投入到民族形成问题的研究之中。

首先，他仔细阅读了马克思和恩格斯对民族问题的论著，发现关于民族形成问题，马克思恩格斯早就有了明确结论。恩格斯在"劳动在从猿到人转变过程中的作用"一文中指出："从部落发展成了民族和国家"；恩格斯在《家庭，私有制和国家的起源》一书进一步指出："部落联盟是走向形成民族的第一步"。说明民族至晚在原始社会的后期已经形成。对于这个问题，他写成题为《谈谈民族的同化和民族融合的区别问题》一文发表于 1962 年 6 月《新建设》。1962 年 7 月 7 日，《光明日报》"学术简报"栏发表《关于民族同化和民族融合问题》一文，作了介绍。《关于民族的起源和形成问题》的文章，发表于 1962 年 9 月 4 日的《人民日报》上，在全国学术界产生了重要影响。

其次，他又通读了一次《斯大林全集》，对斯大林关于民族问题的所有论述进行了研读和对照，发现斯大林对民族形成问题的论述前后有矛盾之处。斯大林 1913 年写的《马克思主义和民族问题》一书中提到："民族是资本主义上升时代的历史范畴"，而在 1921 年在联共（布）第十次代表大会上作的报告中又指出："现代民族是一定时代——资本主义上升时代的产物。"如果把斯大林关于民族形成的论述全面对照来看，斯大林的民族理论与马克思、恩格斯的民族理论并不矛盾。牙含章认为，斯大林的民族理论表述是有缺点的，他在讲"民族是资本主义上升时代的历史范畴"时，没有明确指出这种民族就是"现代民族"，亦即"资产阶级民族"，因此造成了人们认识上的误解，造成了混乱。牙含章认为这个问题必须要加以纠正。在他的建议下，中共中央马恩列斯著作编译局和中国科学院哲学社会科学部（即中国社会科学院的前身）召集北京有关的 30 多个单位的同志举行了一次座谈会。在这次座谈会上，与会的绝大多数同志认为：马克思和恩格斯指出民族是由部落发展成的，说明民族在资本主义前早就产生了。斯大林讲的"在资本主义上升时代"形成的民族，仅仅指的是"现代民族"，亦即"资产阶级民族"，这和马克思和恩格斯的观点毫无矛盾。为了使马克思主义的民族理论在中国正确传播，马恩列斯经典著作中的译名应该统一。只用"民族"一词，不再使用"部族"，以免在民族问题理论上造成混乱。"民族"一词的译名问题是一个学术问题，可以继续进行讨论。会后，牙含章根据会议讨论的结论意见，写了《关于"民族"一词的译名统一问题的讨论》及《关于"民族"一词的使用和翻译情况》两篇文章，发表于 1962 年 6 月 14 日的《人民日报》，《民族团结》1962 年 7 月转载，使广大读者对这个问题有了较全面的了解。后来，中央编译局根据理论界比较统一的意见，重新翻译了《马克思主义与语言学问题》一书，从根本上澄清了在民族理论问题上存在的混乱。

什么是民族？民族到底是什么时候形成的，即民族形成的上限问题？这是民族理论中的又一个重要问题，也是我国学术界从 20 世纪 60 年代长期争论不休的问题。同样，在这个问题上，马恩列斯经典著作中没有明确的界定。牙含章通过孜孜不倦的研究，不断追求新的答案。

云南的《学术研究》1963 年第 7 期，发表了云南大学教授方德昭《关于民族和民族形成问题的一些意见》一文，文中主张民族形成于原始社会末期，阶级社会初期。历史上存在过奴隶制民族、封建主义民族、资产阶级民族、社会主义民族等几种。

牙含章看到方德昭的这篇文章以后，通过云南学术研究编辑部给方德昭写了一封信，表示基本上同意他的观点，但只在一个问题上有不同的看法，认为民族应该形成于原始社会，蒙昧民族和野蛮民族都是原始社会的民族，最晚在蒙昧时期的高级阶段，已由部落发展成了最初的民族——蒙昧民族。指出方文谈到历史上形成的几种民族的时候，没有谈到原始社会的民族。编辑部把牙含章的这封信转给了方德昭，方德昭写了回信，进一步申述了自己的观点。云南《学术研究》编辑部征得他们同意后，在 1963 年第 11 期 "学术通信" 栏以《关于民族形成问题的讨论》为题，发表了牙含章《致方德昭同志》的信（1963.9.10），及方德昭《复牙含章同志》的回信（1963.10.31）。

由牙含章和方德昭两封信引发的这场全国性的争论，从 1963 年下半年到 "文化大革命" 开始，先后持续了 3 年时间，有学术界众多人员参加，在全国学术界进行了更深入的一次讨论。牙含章积极参加这场论争，发表了多篇文章，阐发了自己的观点。

1964 年 2 月，云南《学术研究》年度第 2 期发表牙含章与余胜春合写的文章《对 "民族学" 的质疑》。

3 月，云南《民族研究》年度第 3 期发表牙含章与浩帆合写文章的《关于 "民族形成问题" 的一些意见》。

4 月，云南《学术研究》年度第 4 期发表牙含章《论现代民族》（署名方仁）一文。

牙含章的这些文章，从马克思和恩格斯提出的 "民族最初是由部落发展成的"基本理论的研究中,得出民族形成的上限是原始社会"蒙昧时代"的"蒙昧民族"的结论。这一结论是对我国学术界关于民族形成问题第二次论争的总结,也是对我国民族形成问题理论研究上的一个卓著成就和重要贡献。

是年下半年,当这场论战如火如荼,方兴未艾的时候,中央突然决定调他到内蒙古工作。在随后的一年时间里,他又在内蒙古《实践》月刊上连续发表了5篇文章,继续着民族问题的理论研究。

1.《实践》月刊1965年第3期刊登了牙含章的《民族问题的实质是阶级问题》一文,这篇文章写于大讲阶级斗争的年代,有明显的理论错误,这是时代的局限性。他在《中国社会科学》1983年第1期发表的《论社会主义时期的社会关系》一文中,对这个问题作了正确论述,认为在阶级社会里,民族问题实质是阶级问题;而在社会主义社会阶级消灭之后,民族问题基本上是劳动人民之间的关系问题。同时,纠正和检讨了他以前论述中的一些错误。他说:"我是从事民族研究工作的,由于自己的水平不高,过去在民族关系问题上受过一切社会的一切民族问题的实质都是阶级问题这种极端看法的影响,还曾写过文章,做过宣传。这篇文章,既是学习十二大对社会主义时期的民族关系的论述的探讨,也是对自己在民族关系问题上过去存在过的错误思想和错误言论的自我批评。"这番表述,彰显了牙含章作为一个革命理论家追求真理的真诚与无私。

2.《实践》月刊同年第7期刊登了牙含章的《只有彻底革命才能彻底消灭各民族间事实上的不平等》一文,文章指出:"要彻底消灭各民族事实上的不平等,彻底消灭各民族在生产水平、科学文化水平以及生活水平等等方面的差别,今后还必须大力发展各民族的经济和文化。"

3.《实践》月刊同年第8期刊登了牙含章的《多民族国家是否永远存在民族问题》一文,回答了一封读者来信提出的问题:"有人认为,我国是一个多民族国家,民族问题会永远存在。也有人认为,民族问题是随着阶级的消灭而消灭的,阶级消灭了,民族问题就不存在了。究竟哪一种看法对?"文章引用了马克思、恩格斯《共产党宣言》中的一段话:"人对人的剥削一消灭,民族对民族的剥削就会随之而消灭。民族内部的阶级对抗一消灭，民族之间的敌对关系就会随之消失"，说明多民族国家并不是永远存在民族问题。

4.《实践》月刊同年第 9 期刊登了牙含章的《压迫民族包不包括压迫民族中的被剥削阶级，被压迫民族包不包括被压迫民族中的剥削阶级?》一文，回答了读者提问："压迫民族包不包括民族中的被剥削阶级?"牙含章从历史的范畴和理论的高度做出了科学的解答："从民族成分来说，压迫民族中的被剥削阶级也属于压迫民族，但从阶级地位来说，压迫民族中的被剥削阶级则不是压迫者，而是被压迫者。被压迫民族中的劳动人民，不仅遭受异族统治者的压迫，同时还遭受本民族剥削阶级的压迫。毫无疑问，他们是被压迫者。至于被压迫民族中的剥削阶级是不是被压迫者，情况则比较复杂，需要进行具体分析。由于异民族的侵略，也损害了某些剥削阶级的利益，他们也会不同程度地和劳动人民一起反抗异族的压迫，甚至还可能率领本民族的劳动人民抵抗异族的侵略。因为他们的这种行为在客观上总是代表了劳动人民的一些利益，所以从阶级地位上讲，这些人虽然在本民族内部是压迫者，但在异族侵略时期，他们也会暂时成为被压迫者。但是，被压迫民族中的另一部分剥削阶级，如抗日战争时期汉族中的汉奸、卖国贼，从民族成分上讲，他们虽然也是汉族，但从阶级地位上讲，由于他们卖国求荣、认贼作父，已经成为民族的败类、祖国的叛徒，他们的利益同异族统治者的利益紧紧联系在一起，而与中国各族人民的利益处于根本对立的地位，所以他们是异族统治者的走狗，是屠杀自己同胞的凶手，因而决不是被压迫者。由此可见，我们观察一切民族问题，都必须牢牢地把握住'民族问题的实质是阶级问题'这一马克思主义的民族观。对一个革命者来说，民族成分问题并不是什么重要的问题。对于一切压迫者和剥削者，不管他们是本民族的还是异民族的，都应该坚决反对，与之斗争。而对于被压迫者和被剥削者，也不管他们是本民族的还是异民族的，都应该同情、支持并为他们的彻底解放而奋斗。如果只反对异民族的压迫者和剥削者而不反对本民族的压迫者和剥削者，只支持本民族的被压迫者和被剥削者而不支持异民族的被压迫者和被剥削者，那他就必然堕入到资产阶级民族主义的泥坑，而不可能是一个无产阶级国际主义者。以上意见，仅供参考，如有不妥，请予批评。"

5.《实践》月刊同年第 10 期，刊登了牙含章的《〈马克思主义和语言学问题〉校订本读后》一文，介绍了经过译名统一后重新翻译的该书的情况。

随后不久的"文化大革命"中，牙含章被打成"乌兰夫死党"而受到残酷迫害，他所倾心的民族问题理论研究戛然而止。

1978 年党的十一届三中全会以后，中共中央组织部彻底平反了牙含章的冤案，使他重新回到中国科学院民族研究所工作，在完成其他著述的同时，又坚持不懈地进行民族问题的理论研究。

1980 年，牙含章应中国大百科全书编辑部的请求，写了一篇词条式的文章《论民族》，这篇文章的论点是根据马克思、恩格斯、列宁、斯大林提出的基本原理，作了较系统的阐述。

1981 年 8 月，云南历史研究所的杜玉亭给牙含章寄去这年第 2 期《云南社会科学》，上面刊登有他的文章《基诺族族源问题试探——兼论族源和民族形成的上限》，并写信提出要和牙含章商榷民族形成的上限问题。牙含章于 8 月 13 日给杜玉亭写了回信，系统论述了他对民族形成的上限问题的基本观点。牙含章没有收到杜的回信，他于是给《云南社会科学》编辑部写了一封信，并附了给杜的信的抄件，希望公开发表。《云南社会科学》杂志在同年第 4 期以《关于民族形成

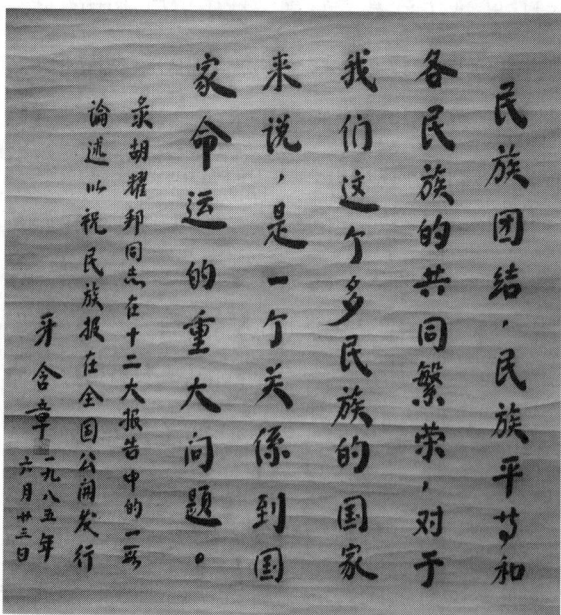

1985 年 6 月 23 日，牙含章为《民族报》创刊时的题词

的上限问题的两封信》为题发表了牙含章给杜和《云南社会科学》编辑部的信件，在学术界产生了重要影响。

1982 年，为纪念马克思逝世一百周年，牙含章撰写了一篇长文《马克思主义指明了民族研究的正确方向——纪念马克思逝世一百周年》。在这篇文章中，他通过回顾 1954 年到 1962 年，从 1962 年到 1982 年，在我国学术界发生的关于民族形成问题的两次大论战，系统论述了马克思主义民族理论在我国的传播。

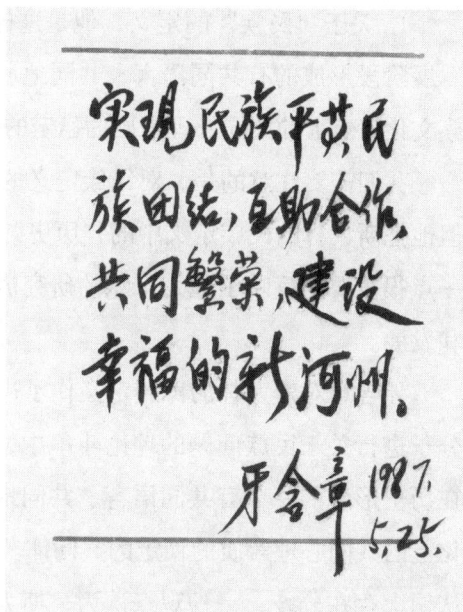

1987 年 5 月 25 日，牙含章为家乡题词

同年，牙含章根据党的十二大关于民族工作的精神，写了题为《论社会主义时期的民族关系》一文，文章运用马克思主义关于阶级斗争和民族问题的基本原理，进一步分析和探讨了社会主义时期民族关系的性质、内容，民族问题与阶级问题的关系，以及如何进一步发展社会主义民族关系等问题。

这些文章，无论是从政治上还是从学术上看，对我国民族问题的认识都上了一个新的高度。

三个结论

牙含章数十年致力于民族问题的理论研究，其重点主要集中在三个问题上，即民族（Nation）的发生、发展和消亡的客观规律的研究上。1986 年 6 月出版的《中国大百科全书·民族卷》上牙含章撰写的"民族"词条，基本上代表他对以上问题的研究结论。

1. 关于"民族"的定义，他是这样写的："民族，指人们在一定的历史发展阶段形成的有共同语言、共同地域、共同经济生活以及表现于共同的民族文化特点上的共同心理素质的稳定的共同体。"

我们需要注意的是，对民族定义的界定中，他沿用了斯大林的民族定义，但他把斯大林的民族定义中的"历史"两字改为"一定的历史发展阶段"，这一点很重要，反映了他几十年的研究成果，是对马克思主义民族定义的总结和发展。

牙含章对斯大林的民族定义作了进一步阐发：1913年，斯大林在与崩得分子进行关于民族问题的理论斗争中，为民族下了科学定义："民族是人们在历史形成的一个有共同语言、共同地域、共同经济生活以及表现于共同文化上的共同心理素质的稳定的共同体。"对斯大林的民族定义，中国学术界在认识上存在分歧：一种观点认为，斯大林的这个定义是给现代民族亦即资产阶级民族定的，只属于资本主义上升时代这一特定的历史范畴，只适用于资本主义上升时期及其以后形成的现代民族，即资本主义民族和社会主义民族。民族的4个特征上，只是随着资本主义生产方式的产生和发展，才由一种潜在因素变成了现实。在此以前的社会发展阶段，不可能具备民族的4个特征。另一种观点认为，现代民族的4个特征，并不是从天上掉下来的，而是早在资本主义以前的社会发展阶段开始萌芽并逐渐形成的，现代民族与古代民族相比，在民族的4个特征上只存在发展程度的不同，不存在有无的差别。因此，斯大林的民族定义，既适用于现代民族，也适用于人类历史上各个不同发展阶段的一切民族，具有普遍意义。

2. 关于民族的形成，牙含章的基本观点是："民族属于一定社会发展阶段的历史范畴，不是在人类社会一开始就有的，而是当人类历史发展到一定时期时才产生；同样，在将来当人类历史发展到一定时期时，民族就会消亡。这是不以人们的意志为转移的客观规律。"

"从部落发展成民族和国家"，这是马克思主义关于人类历史上最初形成民族的基本原理。在民族形成以前，人类结成以血缘关系为纽带的氏族、部落，过着集体群居、共同劳动、平均分配的原始共产生活。随着生产的发展，人口逐渐增加，部落也愈来愈多，亲属部落之间就结成了部落联盟。部落联盟是朝民族形成跨出的第一步。

由若干部落（或部落联盟）发展成为一个民族，须具备4个条件。首先必须有共同的地域，这是形成一个民族的基础。每个部落（或部落联盟）本来就有自己的居住地域，这些地域连接起来，自然就形成了民族的共同地域。其次是需要形成共同的语言。当时，每个部落各有自己的方言，但在一般情况下，还有作为各部落之间交际工具的共同语言。这种共同语言或者是一个人口众多的大部落使用的方言，或者是经济和文化比较发达的部落使用的方言。这种部落方言容易被周围的其他部落所接受，就变成了各部落之间的共同语言。在各部落的共同语言的基础上，逐渐形成了共同的民族语言。形成共同的民族语言的物质因素是，部落之间的需要——特别是交换方面的需要。当人类的生产品除了自己消费之外还有剩余，可以用以交换时，商业就产生了。最初的商业是"日中为市"，"以物易物"，这就需要沟通彼此的语言。由于有了共同的市场，必然产生共同的经济联系与共同的经济生活。随着共同的地域、共同的语言和共同的经济生活的形成，自然就逐渐形成了共同的风俗习惯、共同的宗教信仰，等等，进而逐渐形成了表现于共同文化上的共同心理素质。由部落发展成为民族，要经过一个漫长的历史发展过程。

从部落发展成民族，这是人类最初形成民族的规律。民族并不是一旦形成就凝固不变了，由几个民族中分化出来的一部分人，长期生活在一起从而形成一个新的民族，则是民族形成的又一条规律。这种现象越是到近代越普遍。例如美利坚人即由英国人和许多国家的移民融合在一起形成的。从几个民族中分化出来的部分人形成新民族，一般情况下有一个人口众多的民族成分作为新民族的主体。例如美利坚人主要是以英国的移民为主体而形成的一个新民族。

人类历史上，一方面不断有新的民族产生，另一方面又不断有旧的民族消亡。由于民族同化的原因，一个民族或其一部分人接受另一个民族的民特征，逐渐丧失本民族的民族特征，最后变成另一个民族。一些弱小的民族被强大的民族用强制手段征服、同化，这种现象叫作"强迫同化"；一些文明程度比较低的民族则自然地逐渐接受了文明程度比较高的民族的文化，久而久之便丧失了自己的民族特性，变成了另一个民族，这种现象叫作"自然同化"。在中国历史上，曾多次出现这种现象，例如南北朝时，中国北方南移的匈奴、鲜卑等族，宋代的契丹、西夏等族，后来都自然同化于汉族之中。强迫同化是民族压迫的表现，自然同化则是历史的进步现象。

3. 关于民族繁荣与民族融合问题，牙含章的基本结论是：各民族在共同发展和共同繁荣的过程中，共同性必然越来越多，差别性越来越少，民族融合的因素也就逐渐增长起来。

十月革命胜利后，苏联共产党内有人认为社会主义在一国胜利以后，在一国之内可以实现民族融合。斯大林认为，在一国范围内不能实现民族融合，只有当全世界建成共产主义社会以后才能实现。社会主义在一国内胜利的时期，是各民族共同发展和共同繁荣的时期，不是民族差别消失和民族融合的时期。就是在全世界实现无产阶级专政以后，民族差别也还要保留很长的时期。

斯大林把无产阶级专政在全世界范围胜利以后的时期又分为两个阶段，他认为：在第一阶段，民族压迫将被彻底消灭。这个阶段将是以前被压迫的民族和民族语言的发展、繁荣阶段，将是确定各民族平等权利、消灭民族互相猜疑、建立和巩固各民族间国际联系的阶段。在第二阶段，随着统一的世界社会主义经济的逐渐形成而代替世界资本主义经济，类似共同语言的东西才会开始形成，因为只有在这个阶段，各民族才会感觉到除了自己的民族语言以外，还必须有民族间的一种共同语言，以便进行经济、文化和政治方面的合作。当世界社会主义经济体系已经充分巩固，社会主义已经深入到各民族的日常生活中，各民族已经在实践中深信共同语言优越于民族语言的时候，民族差别和民族语言才开始消亡而让位于一切人们的共同语言。根据斯大林的论述，各民族的民族语言的消失和全人类共同语言的形成，乃是民族差别消失和民族融合实现的主要标志。

斯大林还预言，在全人类的共同语言产生以前，世界上将先产生一批区域语言，即若干国家的若干民族共同使用的语言。当然，区域语言将来和民族语言一样，也是要消失的。

当民族语言的差别消失的时候，民族的共同地域、共同经济生活和表现在文化上的共同心理素质方面的差别就会随之消失，民族就逐渐消亡了，全世界也就实现了民族融合，人类又恢复到无民族差别的状态。但这不是恢复到史前时期那种无民族差别的状态，而是在高级形态上的恢复。

一本好书

牙含章民族问题的研究成果，总的体现在他的《民族形成问题研究》一书中。

1978 年，中国的民族研究重开局面。四川人民出版社向牙含章约稿准备出书。他就把从 1962 年至 1965 年这几年的有关民族形成问题的研究文章，收集归拢，选出其中 6 篇文章，即《民族的起源和形成问题》、《论民族同化和民族融合》、《关于"民族"一词的译名统一问题》、《从"民族共同体"的四种类型谈起》、《论"现代民族"》、《介绍〈马克思主义和语言学问题〉的新译本》，并以《建国以来民族理论战线的一场论战》作为代序，编成一本书，取名《民族形成问题研究》，1980 年由四川人民出版社出版。

1983 年，中国社会出版社和四川人民出版社拟将牙含章以前出版的《无神论和宗教问题》及《民族形成问题研究》两本书合编为《民族问题与宗教问题》一本书，重新出版。牙含章在《民族形成问题研究》原有 7 篇文章的基础上，增加了《论民族》、《关于民族形成的上限问题的两份来信》、《马克思主义指明了民族研究的正确方向》、《论社会主义时期的民族关系》等 4 篇文章，列入《民族问题与宗教问题》一书中，由中国社会科学出版社和四川民族出版社于 1984 年 11 月联合出版。

　　这本书是牙含章几十年民族研究的心血结晶。

　　中国是一个多民族的国家，正确处理民族问题极端重要。从 1939 年到 1989 年，半个世纪的漫长岁月中，牙含章遵循马克思主义民族问题的理论，紧密结合中国的实际，做了许多扎实的、开创性的研究，他的这些丰富的研究成果，为我国民族学的发展做出了许多卓越的贡献。他所追求的民族平等、民族团结、各民族共同繁荣，既是他个人为党的民族事业奋斗一生的理想境界，也是解决我国民族问题的理论标杆。

第十章 中国无神论史

DISHIZHANG　ZHONGGUOWUSHENLUNSHI

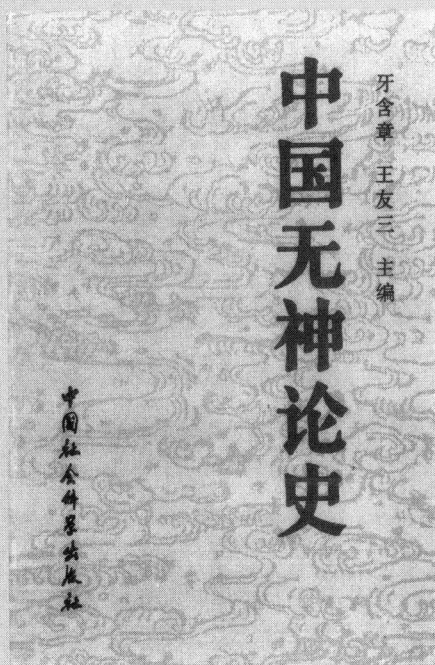

中国无神论史

牙含章 王友三 主编

中国社会科学出版社

第十章
中国无神论史

在"文化大革命"期间，我对批孔运动也感到十分厌恶。因为对于孔子这样一位伟大的历史人物，采取简单粗暴的一棍子打死的态度，不仅许多中国人想不通，就连许多外国人也是想不通的。我在"靠边站"的时期，抽出一些时间研究中国的无神论史。在研究过程中，我发现孔子也是一位中国古代的伟大的无神论者，中国的无神论思想，实际上就是继承了孔子的无神论学说而发展下来的。根据我的研究成果，写成了两篇学术论文，一篇的题目是《中国无神论史初探》，"四人帮"打倒以后，发表在中国社会科学院世界宗教研究所编辑的《世界宗教研究》杂志1979年第一集中（这篇文章同时收入江苏人民出版社编辑的《中国无神论思想论文集》，1980年出版）。另一篇文章的题目是《孔子学说与中国无神论思想的关系——〈中国无神论史初探〉续篇》，发表在吉林出版的《社会科学战线》杂志1981年第一期。发表这两篇文章，仅仅是研究中国无神论史的一个开端。

1978年，我曾向中国社会科学院的领导同志提出过一个编写多卷本的《中国无神论史》的设想，并写一篇建议，题为《要研究中国的无神论史》，发表在中国社会科学院规划办公室主编的内部刊物《情况和建议》第三十三期上。这是一项艰巨的工程，需要组织一个强有力的写作班子，要花好几年的时间才能完成。

——牙含章自述

过眼风云

美国心理学家在《少有人走过的路》这本书中写道："人生苦难重重，这是个伟大的真理，是世界上最伟大的真理之一，它的伟大在于我们一旦想通了它，就能实现人的超越，只要我们知道人生是艰难的，只要我们真正理解并接受这一点，那么我们就再也不会对人生的苦难耿耿于怀了。"

1964年9月14日，中央组织部通知牙含章任内蒙古大学副校长（校长为内蒙古自治区主席乌兰夫）。对于牙含章来说，从北京调往内蒙古，实际上是一种贬谪，其中有着复杂的政治背景和社会因素。他在内心里对这次调动是想不通的，但他坚决服从了组织决定。

这年秋天，牙含章带着家人走上蒙古高原的时候，意识到这一次的迁徙是对自己人生的又一次考验。1959年对《民族研究》之《改刊说明》的批判，1958年到1964年关于民族问题的论争，特别是他明确指出"斯大林的民族理论是有缺点的"，这在当时来说，是不可以的；并且，他还在做进一步地探究，都可能是造成

60年代牙含章在内蒙古大学工作期间留影（左二）

这一次调动的原因。

独立思考是知识分子最优秀的品格。它首先来自于自由的精神，体现在个人对事物的理性判断，而不是人云亦云，人行亦行。牙含章作为一个知识分子来说，以自己的思想，以自己的行为，担负

60年代牙含章与内蒙古大学的教师合影

起对社会的责任，为此而自觉承受来自任何方面的责难。

知识分子往往借助知识和精神的力量，对社会表现出强烈的关怀。牙含章本着自己的道德良知和学术良知，怀揣着崇高的理想和信念，独立思考，对社会发声，对面临的各种大大小小的问题，无论是思想文化、科学技术还是社会政治方面的问题，勇于提出自己的思想和解决方案。所以,他对自己因此受到的不公正的待遇，处之泰然。

牙含章到内蒙古大学以后，担任副校长职务，并兼任蒙古研究室主任。他全力投入到工作之中，很快忘记了因为这次调动带来的不快。

牙含章对待同志一贯坦率真诚。他在内大工作中，对青年教师和学生一贯予以慈父般的关怀。他经常深入课堂听课，千方百计体察师生之间的关系和教学中存在的问题，而且能解决老师和学生在教学和生活中遇到的实际困难，很快就与蒙汉族师生融成了鱼水之情。

牙含章没有因环境的改变而放弃民族问题的研究，他继续写文章，从到内大至"文化大革命"开始不到一年的时间里，他在内蒙古《实践》月刊上连续发表多篇文章，进一步阐明他的民族理论（详见前一章）。

好景不长。正当他以充沛的精力和极高的热情投入内大的教学工作、蒙古民族学研究工作以及在民族问题的理论研究方面的工作，成果初现的时候，史无前例，灾难重重的"文化大革命"开始，牙含章被打成"资产阶级当权

派"、"黑帮分子"、"反动学术权威"、"美国特务",被揪出来进行了游街和批斗。当乌兰夫被揪出来的时候,他也很快被打成"乌兰夫的死党",对他的批斗又进一步升级。最使他痛苦的是,从1966年下半年到1968年上半年将近一年半的时间里,他被关在"牛棚"里,受到严重的侮辱、摧残和折磨。

1968年到1970年,学校进行的"斗批改"中,牙含章虽然恢复了人身自由,但是不能离开学校,随进接受"批斗"。

1971年到1973年,牙含章按照学校革委会要求接受"工农兵再教育",到工厂劳动改造。

1974年1月,牙含章作为领导干部被"结合"到内蒙古语言文学历史研究所革委会。因为内蒙古从"文化大革命"开始不久,就无中生有地制造"内人党"假案,层层挖"内人党",最后甚至挖到蒙古包基层群众身上,使几乎所有的蒙古族(也有汉族)干部都遭到了悲惨的磨难,严重地损伤了内蒙古人民的感情和蒙、汉民族的关系。

这年春夏之交,牙含章被内蒙古大学党委请去作关于民族问题的报告。牙含章不顾"四人帮"的禁忌,从理论和政策的高度,剖析了挖"内人党"运动的实质,严肃地指出:它是践踏民族政策的行为,是犯了路线性的错误。由于他的报告说出了蒙古族广大干部和群众想说而又说不清的话,为蒙古族人民鸣了不平,伸张了正义,因此受到内蒙古干部和群众的普遍欢迎和拥护,一些盟、旗接连翻印他的报告,广为流传。同时,也由于他的这篇维护党的民族政策的报告刺到了"四人帮"的痛处,因而遭到他们的切齿忌恨。

1975年冬,牙含章被召到北京参加学习班。在学习班上,他遭到斥骂和批判,有人指责他与中央唱反调,要他检查。牙含章不顾个人安危,不畏权势,义正辞严地回答说:"我不能检查,我要检查内蒙古700万人民通不过!"表现出了铁骨铮铮的一身正气。由于他拒绝检查,在"四人帮"的淫威下,他被送到石家庄监督劳动,直到1976年"四人帮"垮台后,才恢复了自由。

坎坷归坎坷,折磨归折磨,艰难归艰难,牙含章仍不灰心地继续着他的研究和写作。他充分利用"靠边站"的时间完成了关于民族形成方面的数篇重要学术论文和革命回忆录《陇右地下斗争》一书，并且开拓了一个新的研究领域——中国无神论史的研究。

中国无神论是世界无神论的组成部分，中国无神论史是世界无神论史的一个组成部分。可是对中国无神论史的研究，长时期没有引起学界重视。到20世纪70年代，系统研究中国无神论史还是一个空白。

牙含章在思想上很早就接受了马克思主义无神论观念。他在从事宗教研究的同时研究无神论。在他的第一本宗教学著作《无神论和宗教问题》中，就有很多篇幅是研究无神论的。不过这本书中他研究的对象主要是世界无神论的部分。

1972年到1974年的批孔运动，使他受到很大的触动和刺激。当时"靠边站"的他，开始研究孔子，并且发现孔子是中国无神论的鼻祖。

孔子所谓"务民之义，敬鬼神而远之，可谓知矣"（《论语·雍也篇》），明显对鬼神采取回避的态度，实际上是否定鬼神的存在。

西汉刘向编辑的《说苑》一书记载有孔子和他的弟子子贡关于有鬼无鬼的问答。子贡问孔子："死人有知无知也?"孔子答道："吾欲言死者有知也，恐孝子顺孙仿生以送死也；欲言无知，恐不肖子孙弃不葬也。赐欲知死人有知将无知也，死后自知

中国社会科学院研究生院民族系师生合影（教师自左至右：杨玉山、陈述、傅懋勣、牙含章、翁独健、李有义、王辅世）

牙含章在研究生论文答辩会上 （前排中为牙含章）

之，有未晚也。"东汉时期著名的无神论者王充，在《论衡》一书中，分析过这个对话，认为孔子幽默回答"死人有知无知"问题，显然表明他是一个无鬼论者。

牙含章在进一步研究中发现，孔子的忠实信徒公孟子公开宣称"无鬼神"，这是我国有文字记载的最早而又最明确的无神论观点。公孟子是中国无神论史上第一个打出无神论旗帜的人，他比西方无神论的先驱伊壁鸠鲁要早一百多年。

牙含章的这一思想火花，顿时在身上燃烧起来，他开始集中力量研究中国无神论史。

中国无神论的珍贵历史遗产是极其丰富的。据有关文献记载，我国很早就有一些无神论著作，如《无神论》、《无鬼神论》等，但可惜的是在历史的烽烟中早已遗失了。保留下来的无神论史料，大多散存于经史子集、诸子百家，以及稗（bài）官野史的著作之中。如"上帝"这个词初见于《诗经》中，其中"瞻仰昊天，则我不惠"（《诗经·大雅》）、"疾威上帝，其命多辟"（《诗经·大雅·荡》）、"昊天孔昭，我生靡乐。视尔梦梦，我心惨惨"（《诗经·大雅·抑》）。这些诗篇中，人们虽然承认有"昊天"、"上帝"，但他对受苦人是不仁慈的，不公正的，是糊里糊涂的，到底人信还是不信，这些怨恨上帝的诗篇，就是中国无神论思想的萌芽。

牙含章花了好几年的工夫，遍读史籍，掌握了大量的无神论史料，在此基础上，写成了系统论述中国无神论史的两篇学术论文，即《中国无神论史初探》及《孔子学说与中国无神论思想的关系——〈中国无神论史初探〉续篇》。他在这两篇文章中，比较全面地描述了从春秋战国到五四运动近两千年间，中国无神论史发生、发展的大致轮廓。

搏击长空

党的十一届三中全会后，中共中央组织部彻底平反了牙含章的冤案并调回原单位——中国社会科学院民族研究所工作，不久担任了所长职务，他感到很兴奋，觉得自己浑身充满了力量，能像雄鹰一样飞向天空。

牙含章在理论战线上又开始了一段新的征程。

1978 年，当他走进自己的办公室考虑的第一件事情，就是编写《中国无神论史》。

同年，牙含章向中国社会科学院的领导提出了关于编写多卷本《中国无神论史》的设想，立即得到中国科学院领导的赞同和支持。

这一年的 12 月，在他的倡导下，在南京举行了第一次中国无神论学术讨论会，会上成立了中国无神论学会，他被选为副理事长。

1979 年 8 月出版的《世界宗教研究》杂志发表了牙含章的《中国无神论史初探》。

同年，中国社会科学规划领导小组把"中国无神论史"列为哲学社会科学"六五"期间的国家重点项目，这使牙含章感到非常兴奋，他开始着手《中国无神论史》编写的组织工作。

1980 年 3 月 12 日，《光明日报》发表了《关

牙含章与国外来访学者（前排右二为牙含章）

于孔子再评价问题》，报道了自粉碎"四人帮"以后，我国学术界提出了重新评价孔子的问题。据统计，约有 30 多家报刊发表了 50 多篇文章，学界就孔子的政治立场、仁学、哲学思想、经济思想、文学思想、教育思想和教学方法等问题各抒己见，展开了讨论。其中关于"孔子的世界观是唯心主义还是唯物主义?"这一部分，涉及孔子的学说与中国无神论的关系问题。对于这个问题，讨论中有两种不同的看法。一种认为孔子是唯心主义者，把"天"看成活灵活现的上帝，相信"天命"，认为人的死生富贵，事的成败兴废，都由天命决定。持这种看法的同志中，对孔子的唯心主义又有不同评价。有的认为孔子的唯心主义是反动的思想体系；有的认为孔子的哲学体系是唯心主义的，但是，他的哲学思想的确反映了一些客观实际，吸收了一些当时唯物主义和无神论的思想资料，具有进步性；也有的认为孔子的哲学具有客观唯心主义向主观唯心主义转化的倾向。

另有一种看法认为孔子的哲学思想是开始摆脱宗教唯心主义转向朴素唯物主义的一种哲学形态，对宗教唯心主义持怀疑态度。关于"天"，孔子基本上采取回避态度。对于鬼神孔子实际上也是不相信的。孔子也讲"天命"或"命"，这是在自然、社会力量盲目作用面前无力改变而产生的消极宿命论。但是孔子不甘心受命运摆布，要发挥能动性去"知天命"。在认识论中，既有先验论的因素，又有经验论的因素，从总的倾向来说，唯物主义反映论的思想占主导地位。虽然孔子没有一套完整的哲学思想体系，但他却是我国以注重"人事"为特点的朴素唯物主义传统的开创者。

牙含章积极参加了这次学术界重新评价孔子学说的大讨论。

牙含章会见外国学者

牙含章从中国无神论

思想的"天人"关系和"形神"关系上，全面分析了从孔子到公孟子、子夏、王充、荀子、熊伯龙等一些中国无神论者的学说，系统介绍了孔子学说，也就是我国的儒家学说与无神论思想的关系。他对"文化大革命"期间写成的《中国无神论史初探》的续篇——《孔子学说与中国无神论思想的关系》一文，作了进一步的修订，全面阐明了他对中国无神论史发展的脉络和轨迹。《中国无神论史初探》及其续篇《孔子学说与中国无神论思想的关系》这两篇文章是牙含章创意编写多卷本《中国无神论史》的认识基础和学术准备。

　　同年 10 月，中国无神论学会在武汉举行第二次全国无神论学术研讨会，《中国无神论史》的编写成为会上的重要议题。

　　这一年，牙含章作为编写《中国无神论史》的发起

牙含章与访问学者进行交流

人，亲自组织力量在北京香山召开了第一次编写组会议。在他的主持下，讨论和确定了该书写作的指导思想和内容，同时他被编写组推为该书主编。

这次会议以后，牙含章主持编制《中国无神论史》总体规划。

1983 年初，在厦门举行了第二次编写组会议，牙含章代表编委会对《中国无神论史》的写作与出版问题提出了二十五条设想，规划了编写组的工作方式和进程。此后，《中国无神论史》的编写工作全面启动。

这年 8 月 18 日至 28 日，在青海西宁举行了第三次编写组会议，会议由该书主编牙含章主持，参加会议的 20 多位编写组成员进行了学术交流。会后，即 1986 年 12 月，青海人民出版社出版了牙含章和王友三主编的《中国无神论史研究》一书，这本书编有 18 篇文章，基本上都是由《中国无神论史》编写组成员编写的，是中国无神论史研究的初步成果。牙含章在为这本书写的《序言》中强调了在中国进行无神论教育的重要性。《中国无神论史》的编写工作顺利展开之后，牙含章作为这本书的主编，其主要任务是协调与组织各写作小组进行工作，并及时帮助解决编写工作中出现的各种问题，还分别参加各种形式的专篇专题座谈会。

这本书的编写是一项艰巨的系统工程。正如他在《中国无神论史》的"导言"中所说：

> 中国无神论史毕竟还是一门新的学科。我们编写《中国无神论史》的工作是一项艰巨浩大的系统工程。

> 中国的无神论者和具有无神论思想倾向的人物，一般都是历代的思想家、政治家、军事家、教育家、史学家、文学家等等，无神论思想只是他们的思想的一部分，而又散见于经史子集、稗官野史等种种著作之中，而这些著作之多，真可以说是"浩如烟海"，要把这些著作通读一遍，也不是一个人的一生精力可以办得到的。这一客观情况决定了编写《中国无神论史》，必须采取"集体攻关"的办法，即由有志于研究中国无神论史这门学科的若干同志，在自愿的原则下，组成一个写作班子，通力合作，花若干年的工夫，完成这

项研究与写作的初步任务。从 1978 年起，我们就开始着手准备工作，首先是这个写作班子的组织工作。到现在为止，参加《中国无神论史》写作班子的就有中国社会科学院的世界宗教研究所、哲学研究所、社会学研究所和民族研究所，有内蒙古社会科学院、北京市社会科学院、河南省社会科学院，有北京大学、南京大学、兰州大学、辽宁大学、昆明师范大学、武汉水运工程学院、中央民族学院、贵州民族学院、辽宁图书馆等 16 个单位，参加编写以及辅助工作的共计 33 人。

由于参加编写的这些同志散居全国各地，又分别在不同单位工作，他们本身既承担研究任务，有的还有教学任务，要把这些同志集中在一个地方，脱产写书，这在目前条件下是办不到的。因此，我们采用了"分编包干"的办法，即由几个同志，在自愿的原则下，承担一部分的编写任务。因此，我们把《中国无神论史》从先秦到近代，共分为七编，把少数民族的无神论史单独列为一编。从先秦到近代的七编，基本上由汉族同志编写，少数民族的这一编，原则上由少数民族的同志编写。这样分工的好处是，他们既熟悉本民族的历史，更有利于培养少数民族自己的研究无神论史的人才。

采取"分编包干"的办法，必然要带来认识上的不同看法。要统一大家的认识，这要有一个过程，必须召开若干次学术讨论会议，逐步加以解决。这个过程，既是统一认识的过程，也是对中国无神论发展历史的探索、钻研与深入的过程。

在统一认识的过程中，我们也明确了在人物与资料的选择方面，既不以哲学上的唯物、唯心作为取舍标准，也不以政治上的革新与保守作为取舍标准。而是以"天人"关系与"形神"关系为取舍标准。这就是说，历史人物是否要上书，要立传，不管他在哲学上是唯物主义或唯心主义，在政治上当时是革新派或保守派，只要他在反"天命"，反"鬼神"，反世俗迷信这三个方面至少占一条，就对其贡献大小，作出实事求是的评价，放到恰如其分的地位。

由于中国社会科学规划领导小组把《中国无神论史》列为"六五"期间的国家重点项目，得到领导上的关怀与经费资助，因而在编写过程中碰到的许多具体困难，得到迅速克服。而在出版方面，自始至终得到中国社会科学出版社的大力支持。把《中国无神论史》纳入重点出版项目，才使我国广大读者有机会早日与本书见面。

《中国无神论史》的编写工作非常艰巨，内容也非常丰富。全书分为八编八十七章，全面系统地论述了从先秦、两汉、魏晋南北朝、隋唐、宋、元、明、清至近代鸦片战争、五四运动时期，中国各民族无神论发生、发展的广阔历史，无神论各个学派的特点，他们之间的关系及其同有神论的斗争历史。

中国无神论的形成和发展，是由具体学者无神论思想发生、发展及其学术活动而表现出来的，他们的无神论思想是不可能突然产生出来的，它必须有一个历史的发展过程，并且，这一代学者的思想同他们上一代的学者和下一代学者的思想都有一定的传承关系，要从这种思想的传承链条中来解释中国无神论思想的繁复的发展过程。同时，中国无神论史上的所有无神论者，都生活在中国历史上各个不同的朝代，他们的思想和学术活动和当时的历史环境、历史事件有着密切的联系，所以，对他们的无神论思想需要历史地、辩证地放在当时的历史条件和社会环境下去进行评判。《中国无神论史》全面系统地梳理和分析了中国历史上无神论的代表人物，如先秦的子产、管仲、晏婴、孔子、公孟子、范蠡、孙武、董无心和西门豹、老子、庄子、孟子、孙膑、尉缭子、荀子、韩非，两汉的杨王孙、司马迁、桓谭、郑兴、尹敏、王充、张衡、王符、荀悦、仲长统，魏晋南北朝的曹植、嵇康、杨泉、傅玄、阮侃、郭泉、鲁褒、鲍敬言、阮瞻、阮修、宗岱、乐广、谢鲲、孙盛、戴逵、何承天、范缜、刘峻、朱世卿、樊逊、邢邵、祖冲之、贾思勰，隋唐时期的傅奕、吕才、刘知几、卢藏用、李华、柳宗元、刘禹锡、李藩、牛僧孺、李德裕、皮日休、沈颜，宋代的欧阳修、张载、余靖、王安石、沈括、郑樵、储泳、谢应芳，元代的刘基，明代的曹端、罗钦顺、王廷相、吕坤、李时珍、张居正，清代的陈确、王夫之、熊伯龙、颜元、冯景、袁枚、洪亮吉、周树槐，近代的严复、章炳麟、朱执信、蔡元培、胡适、陈独秀、李大钊，还有少数民族中的蒙古族的尹湛纳希、卢布桑却丹，壮族的郑献甫、曾鸿燊、韦拔群，白族的高天明、赵式铭等一百多位无神论学者的思想内涵、学术著作、社会影响以及他们之间的传承关系，这样，就让我们清晰地看到了中国无神论史形成和发展的全过程。

中国是由 56 个民族组成的统一的多民族国家，中国历史，是中国各民族的历史，作为中国历史的一个组成部分的中国无神论史，也是中国各民族的无神论史。因此，不能把中国无神论史写成仅仅是汉族的无神论史。中国无神论史，必须包含中国少数民族的无神论史，以充分反映中国各民族共同创造了中国文化包括中国无神论与有神论斗争史这一重要内容。

但是，中国各民族的发展是不平衡的，就从无神论与有神论斗争的史料来说，汉族的史料相当丰富，相对地说，少数民族的史料就比较缺乏。因此，这本《中国无神论史》就内容上说，有关汉族的无神论与有神论的斗争史不能不占主要地位，占大部分篇幅。但为了突出《中国无神论史》是中国各民族的无神论与有神论斗争史的这一指导思想，在《中国无神论史》里面，便把中国少数民族的无神论与有神论斗争史，单独列为一编。

《中国无神论史》少数民族卷的编写中，详细列举了蒙古族、苗族、彝族、壮族、满族、白族等少数民族中的无神论思想的形成和发展，充分体现了民族平等的精神。

《中国无神论史》的编写到 1986 年的下半年基本完成了初稿，当 150 万字的初稿摆放到牙含章的书桌上时，作为主编的他，才开始了艰苦的统稿和修订工作。此时，他已经 70 岁了，且患有严重高血压症，医生规定他一天只能工作半天，但牙含章在极其繁重的工作任务面前，只有弃置医生禁令于不顾，每天坚持紧张的写作，逐章逐节审阅修订分头编出的初稿，一部分章节还需要重新撰写，还要撰写全书前言和总序。经过 3 年的案头奋战，并在南京大学哲学系教授王友三协助下，到 1989 年 8 月中旬，最后形成了 100 万字的《中国无神论史》8卷本的修订稿，交付中国社会科学出版社出版。

《中国无神论史》这一课题的研究成果，是具有开创性的，是国内第一部完整与系统地阐述中国无神论发展史的大型专著，它填补了中国无神论史研究的空白，弘扬了中华文化的优秀精髓，是我国哲学社会科学方面的一个突破性的成果，也是对世界无神论史的一个重要贡献。

牙含章在他60岁以后的岁月中，几乎全身心地倾注于这一学术领域的开创事业，直到他逝世的前夕。这部著作的完成，不仅说明他在这一学术领域所做出的卓越贡献，也说明他不仅与封建宗教学彻底决裂，也与资产阶级宗教学划清界限，更说明他是个彻底的马克思主义唯物主义者，彻底的无神论者。

第十一章　师道师说·牙含章卷

DISHIYIZHANG　　SHIDAOSHISHUOYAHANZHANGJUAN

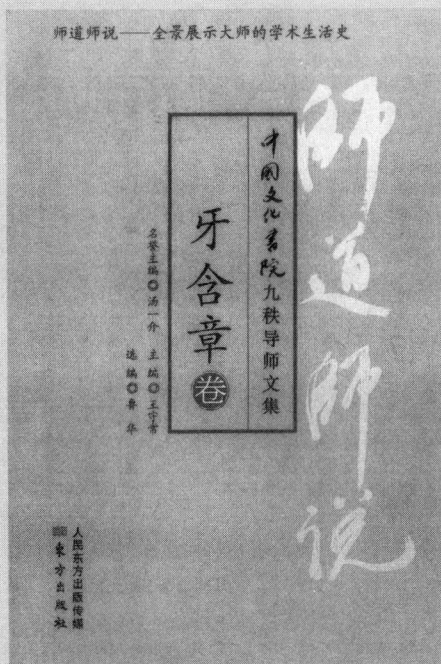

师道师说——全景展示大师的学术生活史

第十一章
师道师说·牙含章卷

　　牙含章同志自参加革命工作以来，潜心研究"民族问题""宗教问题"。除了几本专著以外，在报刊上发表过 100 多篇文章，由于时隔几十年，多数文章底稿已找不到了，现根据现有的一些文章，选编成册，以资纪念。

——鲁华：《师道师说：牙含章卷》编后记

收官之章

　　1984 年，是年届 68 岁的牙含章最忙的一年。他除了忙于各种学术活动和学术著作的撰述外，还忙于中国文化书院的讲学。

　　中国文化书院，是一所由热衷于中国传统文化的众多老一代著名学者梁漱溟、冯友兰、张岱年、邓广铭、周一良、任继愈、牙含章等先生支持下，由一批中青年学者创办起来的民间文化团体，于这一年 10 月在北京正式成立。中国文化书院的创办宗旨是：通过对中国传统文化的研究和教学活动，继承和阐扬中国的优秀文化遗产；通过对海外文化的介绍、研究以及国际性学术交流活动，提高对中国传统文化的研究水平，并促进中国文化的现代化，为推动中国文化走向世界，世界文化走向中国做贡献。

当时，这是一件新鲜的事情。因为，很长一段时间里，中国人久违了"书院"这种文化组织。

其实，书院是真正的国粹，它是宣讲中华传统文化的场所，历史悠久，人文荟萃。书院之始，起于唐朝。开元六年（718年），唐王朝设立正修书院，开元十三年（725年）改称集贤殿书院。（书院）置学士，掌校刊经籍，征集遗书，辨明典章，以备顾问应对。贞元中，李渤隐居读书于庐山白鹿洞，至南唐时就遗址建学，以授生徒，号为庐山国学；宋改称白鹿洞书院，书院成为民间藏书和讲学之所。宋代书院尤盛，白鹿、石鼓（一说为嵩阳）、应天、岳麓号为四大书院。创办者或为私人，或为官府，一般选址在幽静山林，名胜之地。不少有名学者讲学其间，采用个别钻研、相互问答、集合讲解相结合的教学方法，以研习儒家经籍为主，间以议论时政，培养了大量人才，对学术思想发展产生着重要影响。元代各路、州、府皆设书院。明清书院仍盛，惟多数成为准备科举的场所。清末废科举，书院改为学校，但民间所办私塾，亦称之为书院。自1949年新中国成立后，民办书院在中国大陆逐渐消失了。

文化是一个民族心灵的"后花园"，是引导国民精神前途的灯火。尤其是中华民族的传统文化，是我们中华民族的思想根系，它联结着中华56个民族的"灵魂"。但是，近现代中国社会发生的巨大变革中，中华传统文化被边缘化，人们的行为失去传统的评价标准，由此造成许多严重的社会问题，这使中国有良知的知识分子心生忧虑和不安。他们认识到要改变这种情况，必须回到中华民族数千年赖以维系的中国传统的文化的精神怀抱里。同时他们也认识到中国的传统文化也不能固步自封，因循守旧，要直面现实，与时俱进，要走向现代，要走向世界。于是，中国文化书院应运而生。

作为一个由中华传统文化哺育成长，又接受了马克思主义思想意识形态影响的牙含章，经过"文化大革命"的文化反思，以及对中国无神论史的研究，深刻认识到中华传统文化是中国走向现代化的思想基石和精神力量。他积极参加中国文化书院的创建，并担任导师。从中国文化书院成立之日起，到他离世的 5 年时间里，他为继承和弘扬中华传统文化倾注了无限的热忱。他在完成几项重大的学术著述的同时，按时去中国文化书院讲学。他渊博的学识，独到的学术思想，推动中国传统文化走向现代、走向世界的执着精神，在书院的师生心目中留下了极为深刻的印象，而使他们久久难以忘怀。

在世界走向全球化的时刻，弘扬中国文化，也要有一个全球化的视野，中国文化书院自 1984 年 10 月成立后，在努力坚持自身文化主体性的同时，积极吸收和融合世界上其他民族的优秀文化，在具有前瞻性、开放性、兼容性的文化思维统领下，书院成为推动中国学术文化建设的一个重要民间学术团体。包括牙含章在内的在这个书院讲学的所有老一辈学者们，以他们对继承和弘扬中国传统文化的热忱，肩负中国传统文化走向现代、走向世界的责任，为使这个书院成为一个更加有主题精神，更加开放，更加容纳多元趋向的有朝气的学术团体，殚精竭虑，奋力向前，为推动中国学术文化的建设做出了贡献。

2010 年 5 月，当中国文化书院成立 15 年的时候，为了表彰中国文化书院的导师们为中国文化与社会做出的贡献，以表达对他们的敬意与纪念，书院策划出版了 1 套收纳了中国文化书院 90 岁以上的 15 位导师的最具代表性著作的文集，全名为《师道师说：中国文化书院九秩导师文集》。牙含章的著作位列其中。

此时，牙含章已经去世 20 余年了，《师道师说：中国文化书院九秩导师文集·牙含章卷》的编选任务，只有由他的夫人鲁华来承担了。

编选这本文集，也成了鲁华对相濡以沫、同甘共苦，一同走过四十年风雨历程的丈夫的最好纪念了。正如她在这本书的后记中说的："牙含章同志自参加革命工作以来，潜心研究民族问题、宗教问题，除了几本专著以外，在报刊上发表过 100 多篇文章，由于时隔几十年，多数文章底稿已找不到了，现根据现有的一些文章，选编成册，以资纪念。"这是她的心声。

作为文化纪念，鲁华在这本书里，倾注了她的很多心血。选编这本书的时候她已经 82 岁高龄，为了尽可能展现牙含章在革命斗争和学术研究两个战线上的斗争全程，她极其艰难地搜集和整理已故丈夫的所有发表过的东西。因为牙含章在完成《中国无神论史》的统稿之后，将他的所有书籍分赠临夏州图书馆、中国文化书院、中国社会科学院民族研究所和东交民巷小学，并清理烧毁了所有的手稿，所以，鲁华只能从发表过的著作中选编，一部分文章选自牙含章的专著，一部分选自报刊上发表的文章。

鲁华编辑《师道师说·牙含章卷》特别突出三个重点：民族研究、宗教研究、无神论研究和藏学研究，以及护送班禅额尔德尼返藏的重要历史事件。内容上注重体现牙含章一生中的主要学术成果和学术思想。

《师道师说·牙含章卷》共收入 26 篇文章，其中有《自传》1 篇。民族方面有 7 篇文章：《论民族的起源和形成问题》《论"现代民族"》《论社会主义时期的民族关系》《论民族同化和民族融合》《建国以来民族理论战线的一场论战》《关于民族形成的上限问题的两封信》。宗教方面有 6 篇文章：《有神论观念和宗教的起源》《关于有神论观念和宗教的消亡问题》《和资产阶级"宗教学"划清界限》《论宗教和封建迷信》《如何划清宗教与封建迷信的界限》《论宗教信仰自由》。无神论方面有 5 篇文章：《各种无神论学说简介》《〈中国无神论史〉导言》《孔子学说与中国无神论思想的关系》《斯宾诺莎的"神学政治论"》《费尔巴哈的"基督教的本质"》。另外在"史海点滴"中选了 5 篇文章：《〈达赖喇嘛传〉序言》《〈班禅额尔德尼传〉序言》《回

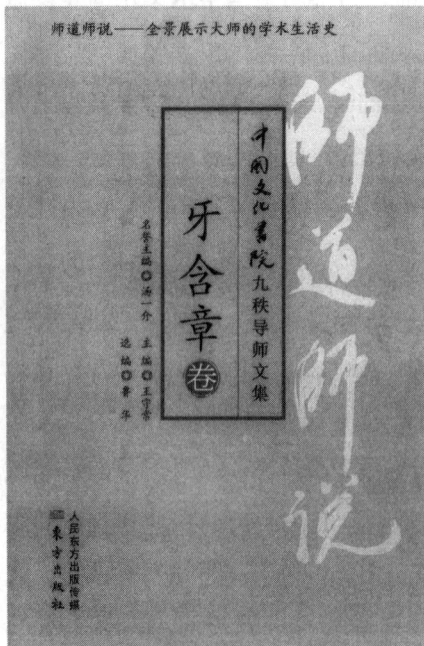

鲁华选编的《师道师说·牙含章卷》

忆乌兰夫同志二三事》《护送班禅额尔德尼返回西藏的回忆》《陇右地下斗
争的历史回顾》。

　　书中另列了两篇附录：一篇是《牙含章小传》，另一篇是访问记《鲁华：
我们护送班禅大师返回西藏》。

　　这些文章基本上涵盖了牙含章一生研究的各个方面，反映了他在不同革
命时期的斗争历程，同时，也从一个侧面反映出我们党从抗日战争到改革开
放这一段时间解决民族问题走过的艰难历程。

　　细看这本书的内容，我们发现鲁华编这本书是很有匠心，下了很大功夫
的，她是在用整理牙含章一生创造的文化成果这一实际行动，抒发失伴已久
的思念心情。

良缘于助

　　人的一生有许多波折，怎样顺利度过逆境，闯过难关，除了正确的价值
判断，还有一个重要的因素，就是看
你选择和谁在一起。

　　牙含章的一生历经坎坷，在他经
历过几度艰难之后，勇敢而又耐心地
选择了鲁华做他的终身伴侣。因为有
了鲁华，有了这样的爱人，有了和睦
的家庭，使他的困难得到帮助，使他
的委屈得到排解，使他的后顾之忧得
以消除，使他的勇气和信心得到提升，
更能坦然自如面对一切。

　　从婚姻意义上说，选对一个人作
终身伴侣，不仅是事业成功的基础，
而且也是人生幸福的源泉。牙含章得

1945—1948 年，在兰州女子师范读书时的鲁华

到了鲁华，这是他一生的幸运。

鲁华，1928 年出生于临夏县大鲁家村一个农民家庭，但这是一个耕读世家，书香门第。她的大伯父鲁效孔[①]和她的叔叔鲁效杰（鲁子俊）长期从事教育事业。

鲁华的父亲鲁效智（1896—1985），字若愚，兄弟中排行第三，幼读私塾，后上凤林高等学堂，临夏中学毕业。他是大革命国共合作时期的国民党员，曾在临夏党部工作，当过国民党县党部书记长。新中国成立后受牙含章动员，参加革命工作，在西北军政委员会驻班禅行辕代表处办公室，负责搞物资调配工作。母亲梁玉琴（1902—1995）是河州城里有名的梁家药铺——广泰堂老板的女儿，知书达理。鲁华幼时，母亲教她识字，是她的第一个启蒙老师。家族的读书风气和文化氛围，使鲁华成为家族中的第一个知识新女性。

1928 年 10 月，鲁华出生的时候，他们一家已经从大鲁家村搬进河州城内居住。本来他们就是富户，家道殷实，加上她父亲有工薪收入，虽然当时遇上极为严重的社会动乱，但在河州城内比较安全，她生活在一个富有而舒适的家庭环境中。五六岁时，母亲就教她认字。父亲是读书人，家中有很多藏书，她自己也喜欢写字翻书，七岁上学的时候，已经是一个识文断字的聪明女孩。

1935 年，鲁华 7 岁时入临夏市女子小学读书。1941 年小学毕业，升临夏中学读初中，1944 年初中毕业升入临夏中学高中。这时的她，已经长成一个

---

①鲁效孔（1864—1949），字时雨，甘肃临夏县三角乡大鲁家村人。早年就读私塾，后毕业于甘肃师范。历任临夏凤林高级学堂、导河县立女子小学、建国小学校长，民众教育馆馆长，是临夏地区新式教育的奠基人。1923 年，他与地方贤达鲁效祖等发起创建导河县立初级中学，今甘肃省临夏中学前身，这是当时临夏地区的最高学府。首任校长是鲁效祖。1924 年鲁效祖赴新疆供职后，即由鲁效孔接任校长一职，直至 1928 年，教出了首届毕业生。在他担任导河县立初级中学校长的同时，兼任临夏凤林高级学堂的校长。牙含章曾是他的学生。他治学严谨，训导有法，治学有方，为人正直，堪为师表，深得师生崇敬。

大姑娘了，长得清俊、秀气，性格文静，又是大家闺秀，有追求的学生，也有说媒的亲戚，这使她的母亲大为警惕，对她管得很严，她自己也感到苦恼。在高中读了一年后，她在一种精神压力下，想离开临夏。这时正值抗战胜利，兰州女子师范要招高中部（原址为今兰州第三中学），住在兰州的叔叔给她通了这个信息，这使她欢喜若狂。这是一个摆脱男生追逐，媒人说媒，母亲管教之苦，又可以继续她心爱的求学之路的最好机会。1945 年 9 月，她离开临夏，顺利考入兰州女子师范后期高中部，住在兰州下沟（今五泉南山根）四叔鲁子俊家。这时期的鲁华，生活有叔叔照管，自己也摆脱了无谓的苦恼，可以一心读书。开学时，她还兴奋地参加了学校庆祝抗战胜利的文艺演出。她的学校生活极为愉快，这种愉快一直持续了 3 年，直到她毕业。1948 年毕业后，她由于成绩优秀，就留在本校附小任教。当了一年老师后，她实在不能忍受那些学生的调皮捣蛋，渐渐地不想当老师了，她要求叔叔帮助另找工作。

1949 年 8 月 22 日，临夏解放，同鲁子俊一块加入地下党组织的拜学忠当了临夏县人民政府的县长。鲁子俊托拜学忠为鲁华找工作。拜学忠认识鲁华，刚解放的临夏需要干部，拜学忠要鲁华来临夏县工作。1949 年 8 月，鲁华来到临夏县，被安排到县政府教育科工作。一天，牙含章到临夏县检查工作，见到了鲁华。他见过小时候的鲁华，在他印象中的那个活泼可爱的小姑娘，现在已经成长了一个端庄、秀丽、娴静的成熟女性，心中不由得生出爱慕之情。牙含章早年由伯父主持娶了妻子胡金棠，当孩子不足一岁时，他离开临夏，再没有回过家。1949 年回家乡工作后，才知道妻子胡金棠已于 8 年前去世，儿子牙英彪由大妹牙伯琴抚养。这时的牙含章 33 岁，当见到鲁华的时候，便有了婚姻方面的考虑。他可能向拜学忠谈过追求鲁华的想法，拜学忠为他们做介绍人。此时的鲁华，21 岁，也是当嫁的年龄。当她小心地向父母谈起拜学忠的提议后，她的母亲第一个反对，认为牙含章从小就是个娃娃头，胆子大，站在街上，铜脸盆一敲，召集同学上街游行呼口号（当年牙家和鲁家在一条街上，鲁华母亲亲眼见过大革命时期牙含章带同学参加胡廷珍领导的开会游行等革命活动）。而鲁华生性老实，胆子小，怕结婚后缠不过，受欺负。他的父亲也反对，但反对的理由和母亲反对的理由不一样，主要出于政治方面的考虑。他是国民党，牙含章是共产党，恐怕门不当，户不对。鲁华自己也有顾虑，害怕当后妈。

为了躲开牙含章的求婚，鲁华要又一次离开临夏。当她向县长拜学忠辞职时，拜县长只是笑了笑，批准了她的要求。

1950 年 2 月，鲁华回到兰州，还是由拜学忠介绍到白塔山下的私立学校尚德学校当了语文教师。有缘的人，总是躲不开相见。她前脚离开临夏，牙含章后脚跟到兰州。同年 4 月，牙含章调任为中共甘肃省委统战部副部长。

鲁华到兰州后，仍住叔叔鲁子俊家。鲁华每天放学后回到家里，便看见牙含章已经坐在屋里。她因有嫁他的顾虑，态度不免有些冷淡。一天，她对牙含章说，你不要总是来找我。牙含章回答她，我不是来找你，我是来找子俊的。因为叔叔和牙含章是同学，找叔叔没有什么不对，她便不好说什么。就这样，有那么一两个月时间里，每天下学回去，就看见牙含章已经端坐在家里，找她说这个、聊那个，她也就听着，不便拒绝。尤其拜学忠总不忘尽他当介绍人的义务和责任，凡是到兰州开会或工作什么的，总要抽空到鲁子俊家，不厌其烦地给她做工作。这样拖拉着总不是办法，她鼓足勇气，向牙含章直言相告了她和她父母对婚事的反对意见。牙含章似乎找到了话头，不断地给她讲政策。关于她母亲说的男强女弱的问题，他指出，新社会的婚姻基础是男女平等，互助互尊，没有女人嫁了男人就受欺负的道理。至于她父亲反对的意见，他指出，解放了，不管是共产党，还是国民党，都为新中国的建设努力，不存在门不当户不对的问题。至于她个人不想当后妈的问题，他指出，不存在这个问题，孩子已经长大，而且参军了，将来各有各的工作，又不住在一起，没有当后妈落亏欠的事情。不久，鲁华在牙含章这样充分理由的说教下，慢慢动摇了原先的决定。这不仅因为牙含章讲得有道理，更重要的是他的真诚和执着，足使鲁华动心。她再次征求父母的意见，最后也得到了她父母的同意和祝福。

于是，鲁华答应嫁
给牙含章。

人生需要爱的呵护
和陪伴，从此，鲁华成
为牙含章生活中的亲密
伴侣，革命中生死与共
的战友，学术研究中的
得力助手。

1950 年新婚时的牙含章和鲁华

准备进藏

1950 年下半年，中央决定牙含章到西藏工作。随后，西北军政委员会任
命牙含章为驻班禅行辕副代表。从这个时候开始，牙含章全力投入到护送班
禅大师返藏的一切准备工作之中。新婚燕尔的鲁华也明白，今后她的工作将
随着牙含章承担的任务而转移。不久，组织上把她从尚德学校调到正在筹备
中的中共西藏工委驻兰州办事处，从事护送班禅大师返藏的各项事务。

这时的牙含章具体负责处理调集干部，领取经费，采购各种物资，配备
武器弹药，组织医疗队、电影队、报社、电台等具体事务；鲁华作为西北军
政委员会驻班禅行辕代表办公室的干部，工作异常繁忙，她尽力奔忙着。

据鲁华回忆，进藏的物资准备非常充分。截至 1951 年 5 月份，在不到半
年的时间里，天津承制的大批皮衣，皮裤、皮靴、皮帽、皮手套等所有御寒
物品，甚至在雪地行军用的风镜陆续交货。上海定做的大量帐篷、行军床、
行军桌椅和包括冻伤膏在内的大量药品物资由铁路运抵兰州。人粮、畜料、
炊具木柴和各种副食品、调料等从甘肃、青海采购齐备。从甘肃、青海等地
租雇的骆驼、牦牛、骡马向青海集中。所有这些物资给养提早用 200 辆大卡
车运到香日德，骆驼、骡马、牦牛也赶到香日德集中。

1951 年 8 月 1 日，对鲁华来说，是革命生涯中的一个值得纪念的日子。

这一天，中央决定西北入藏部队"用十八军某某支队名义"。西北进藏部队对外的称呼是"中国人民解放军第十八军独立支队"。西北军政委员会驻班禅行辕代表办公室进藏的工作人员全部穿军装，入军队序列。鲁华自此成为一名军人随部队进藏工作。

鲁华进藏前除了完成日常的准备工作外，她还要做一件重要的事情。这时，他们的第一个孩子，女儿牙小笠才一岁多，她不可能抱着女儿进藏，只有把她送到家乡临夏，自己的母亲那里。她的母亲疼爱女儿，一看到牙含章和鲁华抱来的牙小笠，倍加喜爱这个外孙女，欣然接受了哺育的任务。鲁华的母亲是一个坚强的女性，她嫁入鲁家后一直是家中的顶梁柱，一生生了6个孩子，2个儿子，4个女儿，其中一个夭折，一个儿子智障，家里负担很重。但当鲁华把女儿交给她的时候，她决然地说，你放心去，这里别操心，搞好自己的工作就是了。

牙含章在即将要离开甘肃赴西藏的时候，他强烈地想看一看他的大伯父，即族里人称之为"王国爸爸"的老人。1928年，在他13岁的少年时代，河州发生战乱，父母相继去世，伯父成为他人生的一个重要依靠。在故乡，伯父成为他最牵挂的人。还有，1949年初在兰州他见到了逃难来的两个侄子，牙英华和牙克新，遂引导他们走上了革命道路，并牺牲在残酷的地下斗争中，他非常怀念他们。这次，牙含章打算和鲁华一同去牙家嘴看一下伯父，两个侄子的眷属和村里的亲人们。到和政县的时候，已经是下午了，当天要赶回兰州，时间紧，到牙家嘴去全是山路，没有汽车，只能骑马去。鲁华还不会骑马，没有办法，只好在和政县政府里等候。牙含章自己骑马到牙家嘴与伯

鲁华与女儿牙小笠

父和亲人们匆匆相见又告别。

走向拉萨

1951 年 12 月 19 日，护送班禅大师的部队在牙含章的率领下，从西宁出发踏上西行大道。

护送队伍中有 5 位女同志，鲁华和一个叫黄钧的上海姑娘负责宣传组的工作。鲁华回忆："当时只有一台收音机，每天吃过晚饭，别人都休息了，我们才开始工作。我们收听的是中央人民广播电台的口语新闻广播，边收听边快速记录下来，然后进行整理选编，到第二天午饭后，挨个帐篷传达给全体人员，使大家及时了解西藏、全国和国际上的大事。不脱离政治，这是当时主要的政治思想工作之一。"

从西宁出发前往香日德的 978 华里是乘汽车行进，这段路程是便道行车，道路高低不平，都是橡皮路、翻浆路，泥泞塞途，汽车行驶缓慢，整整走了 6 天方才抵达。行经青海湖和驻锡香日德，班禅大师按教规进行宗教活动，向青海湖投掷了食品和金银财物。佛教信徒赶着牛羊，驮着财物，长途跋涉供奉班禅，班禅向信徒摸顶祝福。

1952 年 1 月，香日德连降大雪，传说唐古拉山积雪封山。牙含章向中央和西藏工委汇报了这个情况，周恩来、李维汉电询雪情，并指示如唐古拉山被雪所封就待来年再启程。如此众多的人、畜集中区区一地，停留日久，人粮马料难以接济，后果不堪设想。牙含章与班禅及堪布会议厅商量，如唐古拉山雪封，则绕道三十九族，中央批准了这一计划，大队人马继续前进。

2 月 3 日，护送班禅大师行至曲麻莱。曲麻莱县长来福堂是班禅的官员，曲麻莱的牧民是班禅的属民，在这偏僻的巴颜喀拉山南麓辽阔的草地上，牧民们不顾严寒，长途跋涉，早已集结，帐篷成片，一下子变成了帐篷集镇。行辕于是在此休整四天，班禅进行宗教活动，向前来朝拜的牧民祝福。护送人员则利用这一机会，宣传群众，访问群众，散发国旗和毛主席像章，散发领袖像和宣传品；医疗队免费治病，文工团进行演出和放映电影，并在这里开展了统战工作。护送班禅的工作人员开会，总结经验，吸取教训，坚定信心，继续前进。

20日，大队人马赶到唐古拉山时，惊喜地发现没有大雪封山，人马可以通过。

开始翻越唐古拉山时，鲁华才知道并不轻松，甚至非常艰难。她回忆道："唐古拉山横隔在青海和西藏之间，独立支队将要通过的唐古拉山口，最高处达到5800多米，过唐古拉山是我们这一路上最艰难的一段行程。山上到处冰天雪地，酷寒逼人。两只脚冰得实在难熬，高山缺氧更使人受不了，人头昏脑涨，脑袋痛得好像快要炸裂一样，胸口上好像压着一块千斤重的石头一样，让人喘不过气来，两腿更是虚软得抬不起脚来。牲畜也因为缺氧，嘴里喷着白沫，晃晃悠悠迈不开步子。再加雪山缺草，牲畜又冻又饿，体力消耗非常大，骆驼和马匹走着走着，一下子扑倒在地，就再也爬不起来。在低空盘旋的兀鹰一看见骆驼倒下，马上成群飞来撕食整头骆驼。在过唐古拉山的短短几天时间内，大批骆驼、马、牦牛死于这种无比险恶的自然环境之中，沿途留下一具具牛马骆驼的尸体，连绵不断，成为唐古拉山艰险旅途的路标。由于山上又冷又缺氧，越停留越危险，队伍必须整个白天都要赶路。晚上宿营时，帐钉插不进坚硬的冰层，只能凑合着用石头压住帐篷边角，架起帐篷。

1952年12月，牙含章和鲁华在黑河帐篷中

做饭就靠进山时驮来的一点干牛粪。大家硬是豁出命去，只用了6天的时间，翻过了唐古拉山天险。当地藏民说这是一个奇迹，但我们也付出了极其艰苦的努力。这是进藏道路上，我们与大自然所做的最为艰苦的一场战

斗，我们取得了胜利。"

可以想见，一个娇小姐出身的知识分子，穿上军装成为一个解放军战士以后，在唐古拉山的行进中，接受了最严酷的考验，使她成长为一名坚强的革命战士。

鲁华回忆：翻过唐古拉山，就进入西藏境内，叫藏北草原。到安多部落，见到达赖喇嘛和西藏地方政府派来迎接的官员。又走了十几天，到了黑河镇，也算是西藏北部的一个重镇，约有几百户人家，镇上有一些稀稀拉拉的土房子。我们走在街道上，只见到几个破旧的小商铺，卖的都是一些外国货，如印度的鼻烟壶，便宜首饰。镇上有一座 500 多人的喇嘛庙和一个 200 多人的尼姑庙。部队领导给这些喇嘛和尼姑发放了布施，每人一块银元；给黑河的头人和官员赠送了很多砖茶和布匹一类的礼物。我们几个女同志给见到的喇嘛、尼姑和牧民，发送了许多宣传品，主要是印有和平解放西藏的"十七条协议"和解放军三大纪律八项注意、党的民族平等政策、宗教信仰自由政策等内容的传单布告。

4 月 28 日，入藏队伍正式进入拉萨城。从 1951 年 12 月 19 日离开西宁，在雪域高原上行走了 4 个月时间，走了 4000 里路程，他们终于把班禅大师护送到西藏首府，这是爬雪山、过草地换得的胜利。付出艰苦努力的鲁华感到欢欣鼓舞，欣喜异常。这一天，整个拉萨市充满了节日气氛。久已渴望班禅大师归来的西藏人民，换上了过节的新衣裳，街道打扫得非常干净，拉萨三大寺院的代表和西藏地方政府各级官员，以极其隆重的仪式，拜见班禅大师，都向他敬献哈达。当天下午 4 时，在拉萨的布达拉宫举行了班禅大师会见达赖喇嘛的仪式，这是一个历史性的会见。从 1923 年，九世班禅被迫离开西藏，奔向内地，整整 29 年。班禅大师与达赖喇嘛的亲切会见，标志着西藏人民内部的团结；班禅返回西藏，加强了西藏地方的爱国力量，增强了西藏地方对祖国的向心力，融洽了中央人民政府和西藏地方政府的关系，具有维护祖国统一的重大意义。

到达拉萨以后，牙含章担任西藏工委委员兼秘书长，研究室主任，工作非常紧张和忙碌。鲁华被分配到西藏妇委会宣传部，主要搞统一战线工作，和西藏地方政府上层官员们的夫人们进行认识、交往，向她们宣传十七条和平协议，还有党的民族宗教政策。当时拉萨治安上有一些问题，有很多谣言，空气比较紧张，有人暗中扔石头，也有同志遇害。工委规定女同志不能单独出去，出去工作时，总是和三四个同志一起走，并有妇委会机关负责保卫工作的同志陪同。鲁华在和那些贵族夫人们交流时，注意仪表，她始终穿戴整洁，待人礼貌周到，说话柔声细气，毕竟是教员出身，很有亲和力，受到大家称赞。

根据中央的指示，西藏工委决定，牙含章继续护送班禅大师回札什伦布寺。鲁华在拉萨工作了一个多月后，又同牙含章一起踏上去日喀则的艰途。

在日喀则

1952 年 6 月 9 日，班禅大师和护送队伍由拉萨起程前往后藏日喀则。

在日喀则，牙含章和鲁华过的是集体生活，他们两人不在一块住，牙含章和男同志住在一起，鲁华则和一同去的六七个女同志住在一起。居住的地点是一个贵族的庄院。那个庄园很大，有前后两院，前院四面是豪华的房子，后院是一个美丽的花园。她们就住在前院的几个大屋子内，睡觉打通铺，铺的是草褥子，被褥和用具都是从青海出发时带去的。牙含章当时忙于建立日喀则的党政工作机关工作，和按照和平解放西藏"十七条协议"，落实班禅的原有职权等工作；鲁华则参加妇女工作和宣传工作。一块去的有宣传队、文工队、电影放映队、医疗队，大家在一起忙得紧张，也很快乐。只有在接见当地藏族上层人物及其眷属时，鲁华才作为驻班禅行辕助理代表夫人的身份参加活动。藏族贵族和官员们的夫人看到鲁华文静、秀气、落落大方的样子时，她们很羡慕。

初到日喀则，鲁华外出进行工作，如访问藏族群众，或去搞宣传活动，都是几个人同行，并有负责保安工作的男同志陪同。实际上，在他们工作生活的半年里，也没有发生什么大的治安问题。日喀则建城，已有 500 多年的历史。它之所以发展成为后藏的中心，除了有其地理位置和经济、政治上的原因外，还有一个因素，便是传说西藏传播佛教的有名高僧莲花生和阿底峡曾经过此地，并在这里修行讲经。公元 8 世纪时，藏王赤松德赞请印度高僧莲花生进藏建桑耶寺，路经日喀则地方，在此地修行讲经，传播佛法。这位高僧从孟加拉进入西藏传教时，曾预言雪域的中心将在拉萨，其次在年麦（日喀则）。他讲，年麦的尼玛山，有雄狮猛扑天空之姿，若在此营建宫室，进行传法，对雪域民众，将有莫大的好处。以后，虔诚的宗教徒便在此山设宗，从而发展成为后藏的首城。札什伦布寺则是日喀则的耀眼明星。

在日喀则工作和生活的半年时间里，鲁华除了和同事去参加各种宣传活动和妇女工作以外，她有机会系统地了解了历代班禅大师的驻锡地札什伦布寺和后藏地区的藏族社会。

日喀则生活中，最使鲁华久久难忘的是，班禅大师亲自陪同她参观札什伦布寺的深刻记忆。

对鲁华来说，札什伦布寺是她见过的一个最神秘的地方。在她生活的河州城里，也有喇嘛寺，她只看见那些厚重的大门，和听见从里面传出来的诵经声。但她作为一个女儿家，没有进过喇嘛庙。听牙含章说过拉卜楞寺，但她也没有去过。对于塔尔寺，因忙于进藏的筹备工作，加上生孩子，也没能到内部细细去看，现在她有机会细细地探访这个后藏的最大寺院和历代班禅驻锡之地。通过与十世班禅大师一起走过的返藏之路，她对班禅的驻锡地有了一份神秘感，更有了一份亲切感，她曾向牙含章表示要细细地看一看札什伦布寺，也顺便了解一下藏族文化。

从青海到日喀则一路走来，鲁华与班禅大师和大师堪布厅的官员都已经很熟悉。当班禅大师知道鲁华的心愿后，主动约牙含章说，我们俩人一同陪夫人看看寺院。

在一个晴朗的日子，在班禅大师和牙含章的陪同下，鲁华饶有兴趣地参观了札什伦布寺。

札什伦布寺,坐落在日喀则城西4里外的尼色日山之尾,背之山形如大象奔跑。从公路上远远望去,寺院依山而筑,宫殿重叠,毗连错落,十分雄伟壮观。不愧是后藏黄教的最大寺院。这个寺是明正统十二年(1447年),由宗喀巴的大弟子根敦朱巴,在后藏大贵族曲雄朗巴·索朗白桑和琼杰巴·索朗白觉的资助下创建成的。开始,寺院的名称叫做"康建曲批",意为"雪域兴佛"。寺庙建成以后,根敦朱巴正式为建成的寺庙起名为"札什伦布",意思是"吉祥须弥"。生于明穆宗隆庆四年(1570年)的四世班禅罗桑曲结在万历二十九年(1601年)21岁时,就任札什伦布寺的十六任池巴,对札什伦布寺进行了一次大规模的扩建,大经堂由原来的一层扩建为三层,并创建了专修密宗的阿巴札仓,使札什伦布寺形成了自己完整的由显到密,先显后密的学经体系,他使札什伦布寺得到大规模的发展。从四世班禅罗桑曲结开始,札什伦布寺成为班禅额尔德尼的驻锡之地。四世班禅罗桑曲结坚赞活了94岁。

札什伦布寺经过历代班禅的多次扩建,总面积达到30万平方米。内分脱胜林、夏孜、吉康三大扎仓(僧学院),有经堂56座,僧房236间。札什伦布寺的建筑壮丽,主次分明,主殿大经堂雄踞中央,可以容纳2000人念经。主殿左侧是大佛堂,即弥勒佛堂,叫强康,也叫大强巴殿,右侧是度母佛堂。大殿旁边还有一座在其他寺院所没有的佛堂,叫"汉佛堂"(甲纳拉康)。

强康,即大强巴殿,高30米,共7层,建筑面积860多平方米,殿内大铜佛强巴佛高26.5米,仅尊座就高3.8米,一只中指长1.2米,脚板长4.2米,肩宽11.5米。大强巴佛的眉间白毫使用了大小钻石、珍珠、琥珀、松耳石等共1400多颗。这尊铜佛由110个工匠用了4年时间才建成功,花费黄金6700两,黄铜23.1万斤,其他珍宝装饰不计其数。其造型生动威严,制工精湛,反映了藏族人民惊人的创造才能和高超的工艺水平。

汉佛堂内陈列着历代皇帝赠予各世班禅的诸多礼品。楼上有乾隆皇帝的画像。画像前有"道光皇帝万岁万岁万万岁"的牌位。其偏殿是清朝驻藏大臣与班禅会晤的客厅,厅内仍按当年的摆设布置。从客厅再过一个小门便是礼品陈列厅,里边陈列有历代班禅到内地拜见皇帝时,皇帝赠予的礼品,包括永乐古墓、元明织品、佛像佛珠、玉石如意、金银酒杯、茶碗碟盘等。班禅大师为了让鲁华仔细看佛像，让人拿钥匙打开玻璃箱子，从玻璃箱中鲁华看到里面保存着 10 尊大小不一的青铜佛像，大的约有 20 厘米高，小的约 10 厘米高，其中 9 尊是唐代的，一尊是元代的，骑在猪身上的赤身女度母铜像。这 10 尊佛像是札什伦布寺珍贵的文物藏品，一般人是看不到的。

看到这些珍贵的不一般的内藏文物后，鲁华深切感到历代班禅和中央政府的密切关系。当她向牙含章讲到参观札什伦布寺的这些体会和感受时，牙含章又给她介绍了班禅世系的内向传统和根源。鲁华由此感到和平解放西藏的"十七条协议"中班禅额尔德尼的固有地位及职权应予维持的这一条款的重要，这一条对于实现祖国的统一和藏族内部团结具有深远含义，反映出中央那么重视护送班禅返藏工作的战略意义。她也由此感到自己在那样严酷条件下，勇敢爬越唐古拉山进藏的意义所在，内心感到无比的自豪。

日喀则留给鲁华的另一个重要记忆是，那里的秋天，非常令人怀念。日喀则夏天不太热，又很短暂，只是秋天来得早，去得晚。7 月，在家乡河州正是炎热的天气，可是在日喀则已经吹来了秋风。8 月，满山遍野的树叶由绿变黄。9 月，天空中的一行行大雁在头顶"咕噜，咕噜"地鸣叫着，向南飞去。它们的身影勾画出一道一道柔美的弧线，一圈又一圈地往南移动。望着这一行一行的大雁，听着它们的鸣叫声，鲁华心上泛起一阵凉意。这个时候，作为一个年轻的母亲，她不由地想起留在河州母亲身旁的女儿，她的眼睛不禁湿润起来，但没有哭。当她把这一感受告诉牙含章时，他沉思了半晌说，我们抓紧时间完成日喀则的工作，回拉萨后你也许有机会去看看小笠的。

是年 12 月，根据中央的指示，牙含章要回拉萨参加西藏工委会议。这个时候，牙含章帮助班禅恢复他的固有地位和职权的工作也顺利完成了。1923年九世班禅被迫离藏后，被达赖方面侵占的那些宗（县）和谿卡（乡），归还给班禅方面，已经由班禅派官员去接收管理。还有，调节班禅内部由内地回来的人员和留在当地人员之间的矛盾问题，也得到很好的处理。

当牙含章同鲁华等去向班禅大师辞行时，班禅大师对他们恋恋不舍。从

1951 年 12 月从塔尔寺出发，到 1952 年 12 月，整整一年。前半年的时间，他们一同行进在千里雪原之上；后半年的时间，为执行"十七条协议"，恢复班禅在后藏的职权而共同努力工作。牙含章与班禅大师在维护祖国的统一及藏民族内部团结的事业而奋斗的道路上，结下了深厚的友谊。班禅大师为牙含章举行了隆重的欢送仪式。

从日喀则出发的一天，班禅堪布会议厅在市郊搭帐篷进行欢送。当得知牙含章和鲁华要离开日喀则时，与鲁华交往过的那些藏族上层的贵族妇女们都赶来相送。不过半年的时间，她们已经像老朋友一样眷恋不舍。

藏北之行

这次从日喀则回拉萨，没有走来时的南路，而是改走北路，牙含章想了解藏北的情况。这条路线没有南路好走，要经过南木林宗和堆龙德庆宗，要走过风雪弥漫的藏北草原，又要走过险象丛生的喜马拉雅深谷和堆龙河、拉萨河、雅鲁藏布江西岸崎岖的山路。

藏北之行，又增加了鲁华的许多见识。

藏北冬天的天气特别寒冷。骑在马上，上身穿得多，还能奈何，但腿上尽管穿着棉裤，但冷风从四面向里面钻，两腿冻得麻木，好像没有知觉了一样。一路上那些新奇的地貌和旖旎的风光，让她忘掉了骑马的颠簸和寒冷的侵袭。

从日喀则到拉萨近 20 天的行程中，鲁华像一个愉快的旅行者。在大家的呵护和簇拥下，她饱览着藏北的大好河山。

牙含章则不一样，他忙于藏北地区藏族和喇嘛寺院的调查，这是他选择走北路的根本原因。藏北之行，为他的对藏族社会，特别是对藏北地区封建农奴制度的基本情况的调查，提供了一个长达二十余天的便利条件。

调查中，牙含章虽然精通藏语，但他发现安多藏语与卫藏藏语属于不同的方言区，有明显差别。在调查时，他需要护送他们的藏民的帮助解决与当地人的语言沟通问题。牙含章一边询问，一边向鲁华口述。鲁华写字快，迅速记录下来。这一路上的调查中，鲁华做了牙含章的得力助手，付出了辛勤劳动。

这一路上，他们对西藏农奴制度的土地占有、地租剥削与高利贷，世俗封建主与宗教封建主、农奴（包括差巴、堆穷、囊生）作了许多实地调查。

这次的藏北调查，加深了牙含章对西藏是一个农奴制封建社会的理论认识。当时来说，组成西藏社会经济的两个主要部分，一是农业，二是牧业。农业与牧业生产的比例，大体是三与一之比。像一切农奴制封建社会一样，土地是西藏的主要生产资料。按照西藏的习惯分法，西藏的土地不外三种所属关系：一属于官府，二属于贵族世家，三属于寺院，包括活佛和上层喇嘛。他们一般被称之为"三大领主"。而土地的耕作者，却是没有任何社会地位，生活在"三大领主"的重重压迫下的农奴。西藏农奴又分为"差巴"、"堆穷"以及地位类似奴隶的"囊生"三个层次。他们的人数比例，大体是"差巴"、"堆穷"各占农奴的45%，"囊生"占10%。西藏地方的农业主要集中在雅鲁藏布江及其支流的河谷地带。他们经过的地方，正是后藏农业的中心地区，这里数以千计的大小封建庄园星罗棋布，形成后藏经济的脊梁，是领主的乐园，农奴的地狱。

对鲁华来说，这一路上最使她心灵震动的莫过于农奴的苦难生活，下层藏族妇女在封建农奴制度下的悲惨境遇与她在拉萨和日喀则看到的藏族贵族们的生活印象形成鲜明对照。生活在重重压迫下的农奴，除了人身全为领主占有，世世代代被束缚在差地上。领主可以把农奴连同庄园地转让、抵押、租让或赠送给其他领主。领主可以自备刑具，惩罚农奴，甚至鞭打致死。农奴对私人财物的权限也受人身依附关系的限制。例如领主对没有能力支差的差巴，可以收回差地以及牲畜、农具等，转交其他有能力支差的农奴。这样，被没收了土地的"差巴"即降为"堆穷"或"囊生"。农奴逃亡或死亡后没有家属的，全部财产即由领主收回；即使有后嗣的，死者个人衣物、马匹、首饰等亦送给领主。凡因故不能为领主支差的农奴，经领主同意的，要缴纳人役税。农奴逃亡，被主人寻到后，任意处置；未被领主寻觅到，而被官府收容的，即转官府交人役税，并成为官府直辖的农奴。农奴结婚亦受到限制，在同一领主下的男女农奴结婚，一般不受干涉。但若是男女双方不属于同一领主，就需要取得领主的同意。习惯上有两种办法：一种是以"男换男，女换女"的办法，由一方领主向对方交换一个农奴；另一办法是暂时不变夫妻的隶属关系，将来生男归男方领主，生女归女方领主，他们的财物也由双方领主平分。而沦于"囊生"的农奴则没有结婚的权利，他们是西藏农奴中社会地位最低和生活条件最苦的农奴。他们没有农具、牲畜、差地，甚至不能结婚，没有一个家。他们如有私生子女，既无法抚养，主人也不负责任，因而，他们只能终生仅供主人驱使，胼手胝足，除了从主人那里获得一份仅能维持生存的口粮，一件粗氆氇的衣裳，并寄居在主人家里，孑然一身，赤贫如洗，年老失去劳动力之后常常沦落为乞丐。

鲁华在看到那些女农奴们的苦难境遇后，想起那些藏族贵妇们的奢侈生活，对照之下，内心深深感到不安。她自己作为西藏妇委会干部，深深感到自己身上所负有的帮助广大西藏下层妇女获得解放的崇高责任。

回到拉萨

1953 年 1 月初，拉萨连降三场大雪。牙含章一行二十多人马在纷纷扬扬的大雪中，走进了这个离别半年之久的高原古城。

鲁华骑在马上，望着风雪弥漫的布达拉宫，更加觉出青藏高原的神奇迷幻。她想到，以后就要在这里生活和工作了。石头上能栽花，云彩里能跑马的就是这个地方吗？想到这一点，令她满心升起了奇迹感。只要和他，丈夫牙含章在一起，总是能坚持下去，那么高的唐古拉山不都爬过来了吗。

回到拉萨以后，牙含章忙于工作，忙于开会，忙于处理公文，鲁华则在妇委会负责宣传工作。他们还是住在各自单位的办公室。牙含章的办公室里有一个小套间，里面放一张双人床。平时各忙各的事情，两人一星期见一次面。每到星期六下午，牙含章和警卫员两人来接她到牙含章的办公室。星期一早上，又是牙含章和他的警卫员把她送到妇委会办公室。那时候条件差，办公室里也不好做饭，牙含章吃饭在工委领导同志的小灶，鲁华去时，警卫员从小灶打来菜，主食有时是米饭，有时是馒头。鲁华平常在妇委会大灶上吃饭。当时供应困难，妇委会的大灶每顿做一盆子烩菜，蒸一笼馒头，一人一碗烩菜，一个馒头，就是一顿饭。1953年之前，干部没有工资，公家管吃管住，一个月只发几元津贴作零用钱。

平时工作时，鲁华都是和几个同事及保卫人员一块出去，一块回来。这一点，也使牙含章少了操心。但使牙含章感到不安的是，他们回到拉萨的时候，鲁华已经怀孕四个月了，自己工作忙，无法去照顾。当他每向鲁华说起这一点的时候，鲁华总是说，你忙你的，我没事。

只有鲁华知道，1953年上半年牙含章的工作之重。一回到拉萨，牙含章就承当了极其繁重的工作任务。作为西藏工委的领导成员兼工委秘书长、政策研究室主任，召集和参加各种工作会议，整理各种报告、文件，处理各种行政事务，并组织和参加社会调查，为工委制定政策和工作部署提供依据，全都是职责所在。同时，他又是工委领导中唯一精通藏文的人，各种藏文文件和重要藏文稿件的审定，都是他的事情。他更有一项重要的工作任务，就是出于当时的政治和工作的需要，要着手撰写《达赖喇嘛传》。

牙含章编写《达赖喇嘛传》，全靠利用每天早晨上班前和晚上的时间。鲁华说，每天早上天不亮牙含章就早早起床。不一会儿，就有一个老喇嘛在敲门。牙含章赶紧把他接进来，两个人开始坐在桌子边上

1953年鲁华与同事在拉萨合影（坐者为鲁华）

核对藏文材料，老喇嘛念，牙含章记，快到上班的时间，老喇嘛就走了，牙含章开始上班。晚上一吃过饭，牙含章开始写作，这样的情况持续了大概有一两个月的时间。接着又是一两个月时间里，牙含章起早贪黑，一直写作。

是年5月23日，在西藏和平解放两周年纪念日，牙含章撰写的《达赖喇嘛传》脱稿，这是一喜；不过10天，即6月3日又是一喜，鲁华在医院里生下了他们的第二个孩子——一个男孩。他们为这个孩子取名萨宁，寓意西藏的和平解放，带来了拉萨这个喇嘛教圣地的和平安宁。

在拉萨，带孩子是一件艰苦的事情。鲁华在医院生下萨宁后，做了绝育手术，出院的时候，已经断奶了。妇委会里两个人住一间房间，没法带孩子，只能住在牙含章的办公室套间里。办公室里不能做饭，两个人工作都很忙，大人好办，吃食堂，但孩子不好办，只好请了一个藏族保姆给孩子喂奶粉。当时由于交通不方便，国产的东西运不进去，拉萨街上的日用品都是从印度、英国、美国进口的。孩子吃的奶粉是美国的可宁奶粉，在当时是最贵、最好的。

森林遇险

1953年是建国4周年。中央统战部指示西藏工委，组织一个由达赖和班禅双方共同参加的统一的西藏观礼团，去北京参加国庆活动。

西藏工委决定由工委委员、秘书长牙含章陪同这个代表团前往北京。这个代表团的组织工作，由他全权负责。

统一战线是中国革命胜利的三大法宝之一，其基本思想是团结多数，打击少数，争取一切可以争取的力量，壮大自己，孤立敌人，取得革命胜利。西藏和平解放后，仍然保留着解放前的社会制度。尽管"十七条协议"对包括上层和宗教人士在内的西藏人民都有好处，但由于多种原因，到1953年，和平解放西藏三四年了，完全实行协议的条件尚不成熟。另外，1952年上半年班禅返回拉萨，实现了班禅与达赖的友好会晤，但由于历史的原因，双方

在许多问题上还有分歧和
争议。做好西藏上层的统
一战线工作，对于实现
"十七条协议"和达赖、
班禅两方面的团结，具有
重要的意义。中央统战部
要求组织达赖和班禅双方
人员参加的赴京观礼团，
其意图皆在于此。牙含章

1953年牙含章与儿子牙萨宁合影

熟悉党的统战工作，他发挥其长，经过同达赖、班禅双方协商，他们同意统
一组织代表团上北京。

　　当牙含章忙于组团的各项工作的时候，经过组织上的批准，鲁华也带着
出生两个月的儿子牙萨宁，随同观礼团一起回内地，交由母亲操心抚养。

　　牙含章顾不上帮忙。鲁华非常了解组团工作的艰巨，她不让丈夫分心，
一方面忙于工作，一方面做着带孩子出藏的各项准备工作。

　　对鲁华来说，所有的准备工作，只是围绕着一个重心，那就是如何把两
个月大的牙萨宁安全带到临夏，交到母亲的怀抱之中。

　　那时康藏公路还没有全线修通，由四川只通到昌都，从拉萨到昌都都要
骑马，而且要一个月的行程。怀抱两个月大的孩子骑马行走一个月，对鲁华
来说是非常困难的。牙含章提出，雇一个人背着孩子随马队一同前行。鲁华
根据当时的情况，自然同意这个办法。于是他们托人雇了一个青年藏民，是
个哑巴，但他非常聪明，说明任务后，他点点头就出去准备了。他找人做了
一个木头箱子，里面垫了许多软和的东西，让孩子躺在里面，他背上走。因
为孩子随时要吃奶，背牙萨宁的藏民要紧紧地跟着鲁华一块行走。

　　8月1日，西藏观礼团从拉萨出发，鲁华骑马，藏民背负着牙萨宁，随着
西藏观礼团一块走，一路还算顺利。在经过一座山时，藏民比划着给鲁华说，
让她骑马随大队走大路，他背着牙萨宁走一条他熟悉的山路，走一条捷径，

他在山那面等他们，鲁华同意了。藏民便背着盛着牙萨宁的箱子快步向山上走去。

翻过山，鲁华果然看见藏民背着牙萨宁已经等在路口，但发现藏民的神色比较紧张。藏民比划着告诉她，他在山上遇到一只狗熊，蹲在山路口，他被吓坏了，他慢慢地从狗熊旁边弯腰过去，结果发现狗熊垂头睡觉，他不敢惊动，安全地逃过了这一劫。

鲁华听到这个情况吓坏了，从此再不让藏民离开自己。

从拉萨到昌都一个多月的行程，唯有这件事，使她后怕了很多年。

9月下旬，观礼团乘坐西藏军区驻昌都部队的卡车到成都，然后乘坐西南军区调派的飞机到武汉。牙含章带着观礼团乘火车到北京。鲁华则带着牙萨宁乘火车到兰州，然后从兰州回到离别两年的故乡，使出生3个月的牙萨宁和已经3岁的姐姐牙小笠团聚在外婆的身边。

只有父母才是儿女的家。鲁华回到临夏，她自己放心了，牙含章也放心了。

这年秋天，回到临夏的鲁华并没有消闲。在北京参加中央西藏工作会议的牙含章给鲁华传来一个很令她惊喜的消息，中央民族大学为了给西藏培养干部，专设藏族语言系藏语班。这个班已于1953年秋季开学，据他了解，如果是已经在西藏工作的干部，可以插班学习。牙含章希望鲁华能进这个班学习，以便以后能更好地在西藏从事革命工作，为藏族人民服务。

1957年牙含章在上海治病时全家合影

作为一个女人，人生有两大决定命运的选择，一个是择夫，一个是择业。对鲁华来说，择夫选嫁了一个职业革命家，注定要吃苦，要经受挫折磨难的命运。择业，从安静的教学生涯转至颠簸的革命生涯。她现在已经是西藏干部，学习藏语，过语言这一关，是同藏族干部、藏族人民相处的重要条件。法国总统蓬皮杜曾经说过，我相信命运，命运是机遇和抓住机遇的能力。牙含章传来的这个消息，又为鲁华的未来提供了一个难得机遇。

鲁华决定上民大藏语班。这个决定也使牙含章觉得很高兴，这样他就有一个能懂藏语，且能帮助他进行藏语工作和藏学研究的亲密助手。

1954年春节刚过，鲁华告别了父母和两个孩子，到北京进了中央民大藏语系藏语班，又开始了愉快的学生生活。

鲁华的学生生活的确是轻松愉快。当她重新拿起书本，感到从头读写藏文的苦涩的时候，眼前总是浮现出皑皑白雪的高原，穿着皮袄赶着牦牛辛苦的藏族牧民，还有那艰难跋涉过的唐古拉山，萧瑟冷清的日喀则喇嘛庙，充满各种矛盾和斗争的拉萨街头。她要在这里，同藏族人民同甘共苦，学好藏语是为了更好地在西藏工作，这增加了她学好藏语的信心。

作为一个美丽的知识女性，西藏工委领导的夫人，藏语班上那些藏族男生和女生总是不断地向她投来一种既是神秘的，又是羡慕的眼光。这些都在助长着她愉快的心绪。

1957年，鲁华和她中央民大藏语系的同学一块去西藏实习。这是她一生中第二次到拉萨，她被分配到拉萨中学教学，平时住在拉萨中学，星期六和星期天到牙含章办公室。鲁华的到来，给牙含章带来了家庭的温暖和精神的愉悦，但牙含章却有鲁华无法排解的精神压力。这一年，牙含章在身体上已

1958年鲁华母亲与子女、外孙们的合影

经查出鼻癌，而且他自己非常清楚，鼻癌之病的根源。他的亲属中也传来一些不好的讯息。一个是他的新妈，公私合营后没有了自己的店铺，她有4个孩子，生活负担一下子沉重起来，牙含章每月给她寄钱帮助养家。还有他的至亲，在临夏县担任新集乡乡长、县妇联主任的大妹牙伯琴，因"说过几句实话"被打成"右派分子"，失去了工作。而其时在临夏县水利科工作的大妹夫刘敬儒也被打成"右派分子"，失去了工作。这使他感到忧心。1928年的动乱中，他失去了双亲和大姐。劫后余生，就剩了他和两个妹妹。1936年，由于时局的逼迫，他进入藏区，又到延安，缺乏对两个妹妹的照料。在艰苦的抗战岁月中，他曾捎信给两个妹妹，让她们卖掉房产维持生活，但她们宁可吃苦，也不愿出卖和家人一起生活过的家，要等哥哥回来。1946年，在他赴甘肃开展地下斗争期间，他又亲自发展大妹夫和大妹加入中国共产党，积极参加地下革命斗争。由于出了叛徒，妹夫刘敬儒被捕入狱，妹妹带着几个孩子到处躲藏，并及时揭发敌特，避免了地下党更大的损失。新中国成立后，刘敬儒和牙伯琴都担任了公职，积极参加社会主义革命建设，努力工作，大家都是知道的，如今他们怎么都成了"右派分子"？被打成右派分子的大妹和妹夫带着三女两子（刘启芳、刘启慧、刘公超、刘彦超、刘启芬）回到原籍临夏县桥寺乡尕马家村务农。在1957年那样严峻的形势下，他只能对她们精神上鼓励，经济上尽力帮助而已。

小妹牙兰芳没有机会读书。牙含章离家后，由嫂子胡金棠带到娘家生活，后由她主持嫁与临夏县桥寺乡杂货庄铁匠唐吉祯为妻，养育了5个孩子（唐秀兰、唐文云、唐秀华、唐文龙、唐秀萍），全家7口人生活，全由小妹夫唐吉祯一人做工维持，生活比较困难。对此，他感到不安，每月寄钱帮助他们。

柴米油盐，米面夫妻。在一个传统的家庭里，妻子始终依从着丈夫。20世纪50年代，牙含章和鲁华在工资不高的情况下，既要供自己的两个孩子上学，又要帮助亲属们，手头自然不宽裕，这种情形下，作为家庭主妇的鲁华的态度很重要。鲁华非常理解牙含章资助亲属们的心情，大大减轻了牙含章的心理负担。

1957 年下半年，牙含章得到西藏工委的批准，到上海医治鼻癌。这个时候，鲁华在拉萨中学的实习工作结束，有时间陪同牙含章到上海治病。在上海，医院采取当时最先进的办法，即用镭放射的方法治愈了牙含章的鼻癌。

北京风云

1958 年上半年，中央组织部根据牙含章的病情，把他调回北京，分配到正在筹建的中国科学院民族研究所，担任副所长职务。

是年 7 月，鲁华从中央民族大学藏语言文学系藏语班毕业。鲁华在中央民大的 4 年学生生活中，学习刻苦，政治上也有了长足进步。藏语班吸收一批党员，鲁华被列入培养对象，毕业前，她光荣加入中国共产党，实现了进藏工作后一大夙愿。鲁华毕业时，牙含章已经调到北京。鉴于这个新的情况，鲁华被留校工作。由宗群院长亲自发话，把她安排到艺术系藏族舞蹈班工作，主要为藏族舞蹈学员教政治课和语文课。

牙含章离开西藏工委的领导岗位，调入学术单位工作。一般人可能认为他会有政治上失意之感。相反，从牙含章不慕高位的秉性来说，调入中央民族研究所，倒使他如鱼得水，可以继续实现他的民族研究的理想。

有的时候，理想是彩霞，而实现却是泥潭。初到民族研究所，正当他热情、勤奋、努力，想要开拓民族研究的一片新天地的时候，却不期遭遇到迎头一棒的打击。

这就是我们在本书第八章中叙述的，1958 年下半年，中央民族事务委员

1962 年，鲁华在中央民族学院艺术系与藏族学生的合影

会党组领导了一场批判《民族研究》月刊"改刊说明""错误",为月刊主要负责人牙含章"拔白旗"的事件。我们不说这次批判的正确与否,只是说明这次批判对牙含章的打击之重,伤害之深。

鲁华对这次的学术问题上纲上线到政治路线的批判,有极为深刻的印象。批《民族研究》杂志,就是批杂志的主编牙含章。鲁华看过《民族研究》是年9月第一期发表的"改刊说明",当时没有看出什么错误,现在回顾起来,也不是什么大的问题。当时牙含章调入民研所不到一年时间,就遭到这样的一场批判,到现在也想不透是什么背景。总之,从当年10月10日至12月10日,在中央民族事务委员会的领导下,在民族研究所进行了两个月60天的"大鸣、大放、大辩论、大字报"形式,对《民族研究》"改刊说明"的所谓"严重错误"进行认真检查和严肃批判。鲁华目睹了牙含章在这场批判中的境况,犹如惊涛骇浪扑面而来。她所做的工作,就是默默帮助牙含章誊抄总结会上的检讨,再就是不断安慰牙含章,用女性的温存和妻子的体贴,从精神上帮助做过鼻癌手术的丈夫渡过这一难关。

当人生受到挫折的时候,最能引起对亲人的想念。遭受过批判的牙含章,这时特别想念一生照顾最少的大儿子牙英彪。缓解人生压力的最好办法是与亲人相聚。鲁华非常理解牙含章这时的心情,她陪着牙含章远赴新疆去看望大儿子、儿媳和他们的孩子。

牙含章与鲁华去新疆看望大儿子牙英彪一家

鲁华感到稍安的是,牙含章并没有因这一次的批判而有任何的消沉,他照样编刊物写文章。特别是1959年西藏一小撮反动农奴主发动的抗拒民主改革的武装叛乱后,他连续发表了6篇文章,以确凿的史料,说明西藏从唐代开始，就与汉族发生了密切的关系，元代正式与汉族和各兄弟民族联合，组成了统一的多民族的祖国大家庭，从理论上阐明西藏人民要建立幸福的社会主义社会，就必须推翻黑暗、野蛮和残酷的封建农奴制度，这是历史发展的必然规律，说明中国人民解放军和西藏人民进行的平叛斗争与民主改革是完全正确的。

这里，他表现出一个共产党员的雄心壮志，铮铮铁骨，和对党的事业的忠心耿耿，对祖国和人民高度的责任感。

1962 年，牙含章与牙耀明、牙小笠、牙萨宁合影

这一年，牙含章为捍卫党的宗教信仰自由政策而进行了不懈的努力。当时，国外反动派和叛逃到国外的反动分子，以西藏对寺庙和宗教上层的封建特权进行民主改革为借口，污蔑我党"消灭宗教"，这在一些不明真相的人中间造成了混乱。为此，1959 年下半年，他在《红旗》杂志上发表了《论宗教信仰自由》一文，从理论上深刻阐述了我党的宗教信仰自由政策。从写这篇文章开始，他又深入钻研宗教理论及与之有关的问题，由此而引起关于宗教问题方面的一场争论。这是一些人给牙含章算的一笔账。

另一笔账是 1962 年到 1964 年牙含章关于民族的形成，民族的概念和民族的定义问题的研究而引起的一场全国性的争论，特别他对斯大林讲的"民族是资本主义上升时代的产物"的提法提出质疑，这与国内当时的流行说法产生矛盾。这也引起一些人的不满。

加上"改刊说明"的风波，这几种因素加起来导致了1964年牙含章被调离中央民族研究所，去内蒙古大学任职。对此，鲁华感受最深。

内蒙岁月

牙含章调内蒙古大学任副校长职务时，鲁华已在中央民族大学艺术系工作了6年，与藏族舞蹈班的学生老师打成一片，工作上也很顺利。两个孩子，牙小笠和牙萨宁都在民大附小上学，家庭生活也很平静。丈夫的这一调动，将要打破这一切。牙含章调内蒙古工作，中央组织部亦要求中央民大通知鲁华随丈夫一同去内蒙古工作。鲁华本想牙含章去内蒙古，她仍在北京照顾孩子上学。学校意见让她随牙含章一块去内蒙古，这是上面已经决定了的。既然如此，她想这时的牙含章已年近50，身体已有很多毛病，让他一人去内蒙古，也不放心，去就去吧，全家在一块总是相互有个照应，总是好一些。

牙含章在民族研究所任劳任怨，勤奋工作，一切都好好的，怎么突然调内蒙古工作，鲁华很想不通。但根据牙含章独立自主，刚正不阿的性格，并联系到在民研所里发生的一些矛盾风波，还有牙含章在民族宗教问题上的两次论战，一定是得罪了上级，或是在政治上出了问题。鲁华在政治上受牙影响，也是很敏感的。在家里，牙是负责政治文化的，她是主持家务的。全家去内蒙古，意味着这六七年在北京辛辛苦苦建设起来的家又要被抛弃，家庭的平静生活又要被打乱，特别是两个孩子还小，迁徙就要改变他们已经熟悉的学习环境，动荡一定会影响他们的学业。但她同牙含章共同生活的这15年中，已经深深体会到，也许是因为本人个性特强，从不妥协，政治关系不顺是影响牙含章工作生活的主要因素。这次离开北京去内蒙古，当然与政治有关系。当时的年代里，只要一涉及政治，你就什么都不能再想了，也不能婆婆妈妈了，只有赶紧收拾东西，走路。

1970 年在内蒙古，牙含章与家人合影

　　鲁华虽然是个大家闺秀，又是一个知识女性，但一段职业军人生活和西藏工作的锻炼，滋长了一种行事果断和精干麻利的作风，不用牙含章操心，她把一切收拾得妥帖，甚至连孩子们的冬衣都收好拾带上了。

　　是年秋天，他们一家从北京迁往内蒙古。在路上，他们常常看见南迁的大雁，一溜一行鸣叫着，往南飞翔，去寻找温暖的地方过冬。而牙含章和鲁华携带着两个年幼的孩子，伴随着沉重的车轮声，却向北迁徙，那是去接受内蒙古高原寒冬的考验。

　　1964 年 5 月，牙含章一家在内蒙古大学安顿下来。但不到一年半，史无前例的"文化大革命"就开始了。牙含章又遇到了一场劫难。当时内蒙古大学的校长，由自治区主席乌兰夫兼任。1941 年 7 月到 1942 年底在延安，牙含章和乌兰夫同在西北调查局第四分局少数民族研究室工作，乌兰夫任主任，他任副主任。由于这段历史，一些人认为牙含章与乌兰夫有特殊关系，是乌兰夫要求调内大的。"文化大革命"一开始，他被首当其冲，打成"乌兰夫的死党"，不断进行批斗。内蒙古在挖"内人党"问题时，又把他定为"内人党"的中央委员，让他交代与乌兰夫的关系和"内人党"的情况，如此不断进行折磨。牙含章在被批斗的时候，造反派曾经多次找鲁华，要她交代牙含章的问题。鲁华告诉他们，牙含章在家里从不谈国事，从不谈工作上的事情，这是他长期形成的纪律习惯。造反派不相信，鲁华说，你们相信也好，不相信也好，他就是这样，在家里只说家事，从不说国事，我也没有办法。从此，造反派不找她"揭发"了。每当牙含章被拉去批斗时，鲁华等在会场外面，批斗一结束，她赶紧接上疲惫的牙含章，悄悄说老牙你又胜利地过了一关，带回家让他休息，并予温语宽慰。

在"文化大革命"这样的全民运动中，被揪斗批判的对象有一些未能坚持下去，大多是因为夫妻不睦，或者后花园起火。牙含章因为有鲁华、有儿女有家做助力，才挺过了那一道一道的坎子。

人在苦难中，最容易勾起的，就是对故乡的思念，往事的回忆，和对亲人的眷恋。此时牙含章闻知，新妈的处境也不好，她因创建"天生园"，运动中被打成"资本家"而受到批斗，这也使他不能释怀。新妈，这个美丽、温柔、体贴人的凉州姑娘，心地善良。当年父亲遇害，家破人亡的时候，是她坚撑着把他和小妹领到兰州读书。在陇右地下斗争时期，由她经营的天生园糕点铺成了掩护开展地下斗争的庇护所，地下党的一个秘密联络处。牙含章发展地下党员，建立地下党组织，大多在她的家里进行。每当牙含章一进入她家，秘密会见一些地下组织的负责人时，她就在屋顶上观察动静，及时报信。在那些国民党统治的白色恐怖中，她成为牙含章最可靠的掩护者。

新中国成立后，牙含章一直按时给新妈寄钱。鲁华曾问过牙含章，别人和后妈合不来，你对后妈咋这么好，牙含章深情地说："她是救了我的命的。"

父母双亡后，他们兄妹是由他的大伯父和新妈照顾的。

1971 年，牙含章从"牛棚"中被解放出来，回到故乡牙家嘴

牙含章"新妈"的晚年照

时，他看望了大伯父和叔伯兄弟们。他看望了两个妹妹及他的"新妈"。磨难中，他从亲人那里获得了精神上的安慰和生命能量的补充。

这次回乡，又使他增加了一桩特别沉重的心事。他从参加过陇右地下斗争的一些战友那里，知道了在"文化大革命"的混批乱斗中，甘肃地下党被诬蔑为"反革命地下军"、"特务组织"，参加过陇右人民游击队的革命同志被诬蔑为"土匪"，这使他感到非常气愤。他所参与领导的陇右地下党，为甘肃人民的解放事业做出了可贵的贡献，有不少同志为之英勇献身。

牙含章伯父

陇右地下党的光辉斗争历史不容抹杀，对祖国和民族的解放献身的烈士不容诬蔑，应该恢复历史的本来面目。他产生了撰写《陇右地下斗争》革命回忆录的念头。

回到内蒙古，周围环境依然处在混乱的运动之中，但在家中显得很安静。他想利用"靠边站"的时候，写作《陇右地下斗争》回忆录。这个计划得到鲁华和两个孩子的支持。这时候，牙小笠和牙萨宁已经在内蒙古插队，家中只有他和鲁华，这正是写作的大好机会。

人们的计划，往往被外在的因素所打乱。正当他展开稿纸写作的时候，学校革委会要求

牙含章伯父全家照

1971年，牙含章与他的两个妹妹牙伯琴（右）、牙兰芳（左）合影

1971年，牙含章与大妹牙伯琴一家人

他们这些经过运动洗礼的人们到基层锻炼。1972年，他被安排在内蒙古第二毛织厂劳动。白天去工厂劳动，晚上回家可以看书。这样的劳动生活，费去了牙含章宝贵的3年岁月。

1975年又是牙含章的一个灾难之年，这年冬天，他因为替"内人党"鸣冤的问题被发送到石家庄水泵厂监督劳动。鲁华知道牙含章因为同错误作斗争而挨整已经不是第一次了，甄别和平反是迟早的事情，她默默地承受着分离的痛苦，带着两个孩子在内大苦苦等待丈夫归来。

直到1976年"四人帮"垮台，牙含章才恢复了自由。这时他已经是六十岁的人了，被强迫安排在河北省退休，但他一直在工厂参加劳动，直到1978年平反。

晚年情结

1978年党的十一届三中全会以后，中共中央组织部对牙含章的问题予以彻底平反，发了正式文件，落实政策，调回到原工作单位中国社会科学院民族研究所工作。

从内蒙古高原向北京返回的时候，牙含章和鲁华的心情已经比较轻松。大儿子牙英彪在新疆工作顺利，已经有了 3 个孩子。女儿牙小笠已经从内蒙古工业学院毕业，被分配到核工业部（二机部）仪器自动化厂工作。小儿子牙萨宁从西安冶金建筑学院工民建专业毕业，分配在武汉工作。

1971 年牙含章回乡时同小妹牙兰芳和妹夫合影

最使鲁华长舒一口气的是，这次是由中央组织部对牙含章彻底平反，调回原单位，这意味着从 1958 年调到民研所以后对他屡次的批判打击都是错误的，也意味着党对他忠党爱国的肯定，对他追求真理、坚持真理的褒扬和鼓励，这使鲁华非常感动。坐在回京的汽车上，多年的阴霾一扫而光。鲁华

牙含章小妹牙兰芳一家人

心里想着怎样安顿好一个新家；而牙含章已开始谋划着回到阔别 15 年的学术工作战线上，需要抓紧完成的几项重要研究课题。

学者对时间有着特别的敏感，因为时间决定着实现自我理想的进程和结局。牙含章对岁月的流逝之快感到惶恐。从 1964 年到 1978 年的这 15 年，也

1971年牙含章与外甥女唐秀兰、唐秀华合影

就是在他48岁到62岁何其宝贵的盛年，基本上是在无序的、忧患的、不能自主的岁月中度过的。在蹉跎岁月中，尽管完成了《陇右地下斗争》一书的写作以及《中国无神论史初探》和《中国无神论史续探》等学术文章，但大部分时间被白白耗掉了，这使他非常痛惜。

一个人的生命是有限的，牙含章深深懂得这一点，他珍惜时间的唯一办法就是抓紧工作，抓紧完成既定的目标。1979年，在担任中国社会科学院民族研究所所长的时候，牙含章已经步入花甲之年，这表明，他要实现自己的理想，完成自己的抱负，只有跑步前进。年龄并没有使他气馁，相反他以坚定的意志、坚强的信念和充分的自信，焕发出青春般的活力，进行顽强的拼搏。在他获得放心思考、放手工作的11年时间里，成就了他一生中收获最多，成果最丰硕的一个新阶段。刚到民研所后，他就撰写了《西藏历史的新篇章》《民族形成问题研究》《建国以来民族理论战线的一场论战》等论著，对60年代的学术成果进行了系统总结，同时还增订再版了《无神论和宗教问题》。1983年，即他67岁从所长、第一线领导岗位上退下来担任民研所顾问后，他修订重版了《达赖喇嘛传》，撰写完成了《班禅额尔德尼传》。1986—1989年，他又完成了《中国无神论史》的修订统稿任务。

1985年，牙含章已经69岁，他多次给鲁华说："在有生之年，我一定要完成《班禅额尔德尼传》和《中国无神论史》两项工作。"事实说明，这两本书是在他患严重高血压症，医生规定只能半天工作的情况下，他不顾一切、夜以继日地工作完成的，这是他精神和意志的胜利。

什么是伟大？伟大就是坚持和创造。不管什么样的坎坷和艰难面前，永不停止前进的脚步。牙含章的勇敢和顽强，对伟大这两个字作了最好的注解。作为《中国无神论史》的主编，牙含章承担着繁重的工作，从1978年，他提出编写多卷本《中国无神论史》的设想、规划，到以后组织多个中央研究单位和全国有关大专院校的专家教授撰

1971年，牙含章与牙家嘴族人的合影

1971年，牙含章与牙家嘴族人的合影

稿，到1986年，用3年的时间，把150万字的初稿修订为100万字的定稿，案头工作是常人难以想象的繁重。为他分劳的鲁华，自觉做了主编助手，她的任务是查找资料和誊清牙含章修改过的稿件。有的改稿她要誊抄几次。经常在夜晚的灯光下，他们家里映现出一幅生动的夫妻编书图。

一个有成就的男人身旁，一定有一个付出更多的女人。幸福的家庭是男人的坚强堡垒。不管牙含章处于什么逆境，遇到什么困难，患有什么疾病，

鲁华以一个妻子的坚强，默默守候着、安慰着、支持着、帮助着，才使一个伟大的战士坚持战斗到最后。

1989 年 8 月，牙含章完成了《中国无神论史》的修订工作，100 多万字书稿，送交中国社会科学出版社以后，他终于松了一口气，终于实现了他的夙愿，完成了他们预定的写作任务，这给他带来了多么大的喜悦。曾经和牙含章一同修订书稿的王友三曾形象地述说："清楚地记得，去年 8 月中旬在北京与牙公共同对《中国无神论史》书稿作最后修订的情景，以及社科出版社接到书稿即着手安排出版给我们带来的喜悦心情。当时，我们谈论了为之工作十年的甘苦，也论及了下一步的打算。他的言谈与音容笑貌，都使我感到他对自己的身体与今后的工作仍皆充满信心，然而谁能料到这竟是我们最后的一次谈话，又是最后一次舒心地表达我们之间的情谊呢！"[1]

钢铁会因疲劳而断裂，何况人呢！牙含章 1979 年到民研所担任所长的时

1988 年 5 月，在北京小汤山疗养院

1989 年夏，牙含章与鲁华在书房合影

---

[1]王友三：《缅怀牙公——纪念牙含章同志逝世一周年》，《临夏文史资料》第六辑，1990 年 12 月印。

候，他自己说："这是党又一次给了我为
我国各民族劳动人民做些有益事情的机
会，我绝不辜负党和人民对我的信任。"[1]
他决心把"文化大革命"中损失的 10 年
补回来。此后的 10 年里，他一直在拼命
地工作着。《中国无神论史》的编写，仅
仅是他在这个时期完成的多项著述中的其
中之一。长期繁重的工作严重透支了他的
身体，当完成《中国无神论史》的时候，
他的生命只剩了 4 个月的时间。

牙含章与鲁华在庐山别墅村

向出版社交出《中国无神论史》书稿
后，牙含章面对书柜对鲁华说，现在该写
的写完了，以后也不怎么写了，这些书放
在家里没用，送到家乡也许有用。其后一段时间里，鲁华帮助他清理一生中
收集和使用的所有书籍，分成四份，分送给中国文化书院、民族研究所、东
交民巷小学和临夏州图书馆。

1989 年 11 月 16 日，牙含章和鲁华心爱的女儿牙小笠因病去世。一个 73
岁，饱经沧桑的老人，送别自己 38 岁正当盛年的爱女，他在如何忍受内心的
伤痛！

是年 12 月 18 日早上起床后，牙含章感到很不舒服，他以为感冒了，就
吃了一点感冒药，开始看书。鲁华做好早点，喊他吃饭，他说不想吃，而继
续看书。看了一会儿书，他说他有点困，便又上床睡觉了。午饭也没有吃，
一直睡到下午 4 点左右才醒来。准备吃晚饭，当他下床时就摔倒了，这时是
下午 5 点钟，家人赶紧送医院抢救。第二天凌晨 4 时 10 分，牙含章停止了呼

---

[1]牙含章《自传》，《中国当代社会科学家》第三辑，书目文献出版社 1983 年 3 月北京第一版，
第 20 页。

鲁华晚年岁月

吸，享年 73 岁。

牙含章停止呼吸的那一刻，鲁华在惊恐和悲痛中突然想到，正是在 38 年前的这一天清晨，牙含章陪护着十世班禅大师踏上西去返藏的征途。她联想到牙含章小时候当过喇嘛，青壮年时期同多位活佛相处，又倾力完成了《达赖喇嘛传》《班禅额尔德尼传》……这是一个时间上的巧合，还是一种命运的机缘，鲁华的思绪飘忽不定，但她心中还是感到了一丝安慰。

牙含章为了实现自己的理想，身心长时间超负荷运转，导致过早去世，但他所创造的历史和文化的价值，将会长存。

鲁华是一个坚强的女性，她不仅陪伴牙含章度过了 40 年的艰苦岁月，战胜过许多苦难，在晚年 82 岁的时候，还选编出版了《师道师说：牙含章卷》，使牙含章有了第 11 本著作。

鲁华今年已是 88 岁高龄，依然神采奕奕。大儿子牙英彪已经去世，她在小儿子牙萨宁的精心照料下安度晚年。祝愿她身心愉快，健康长寿。

附 录

FU LU

◎ 采访实录
◎ 文献辑要
◎ 牙含章年表

附 录

一、采访实录

仰慕已久

牙含章是我的同乡。因而，我有过了解这位名人的机遇。

记得上高中的时候，我们班上有两位同学，一位是贾文新，一位是白辛工，他们是牙含章老家的近邻。同学们在一起喧起家乡名人的时候，他们就以牙含章为荣，夸牙含章是他们老家走出的一位延安老革命，解放前陇右地下斗争的领导人之一，33 岁就担任了新中国成立初的临夏地区行署专员。这是我第一次知道牙含章的名字。

我上大学学的是历史学专业，民族学是历史学的一个重要分支，一个偶然的机会，我接触到了牙含章的一些学术活动资料。一天，我帮助历史系资料室水天长老师清理旧报刊，偶然翻出 1963 年到 1964 年的几期中国人民大学资料室编的历史学剪报影印件，其中有云南《学术研究》杂志1963 年 11 月以"关于民族形成问题的讨论"为题刊载的牙含章和方德昭就民族和民族形成问题的两封通信，云南《学术研究》1964 年第 4 期，牙含章与施正一合写署名方仁的文章《论现代民族——兼与杨堃先生商榷》，以及学术界如杨堃、施正一、岑家梧、蔡仲淑、杨毓才等全国知名学者与牙含章、方德昭论争文章的剪辑资料。这些资料反映了当时全国范围内进行的关于民族问题的一次大讨论。争论的双方，以杨堃为代表的观点是：民族是资本主义社会的产物，资本主义以前没有民族，只有部族。以牙含章和方德昭为代表的一方认为：最初的民族产生于原始社会，由部落发展而成，部落联盟是形成民族的第一步。以后几十年民族理论研究和民族工作的实践都证明，牙含章等所坚持的观点是正确的。当时，作为一个历史学的学生，我通过仔细阅读这些资料，不仅了解了这次民族问题大讨论的情况，也了解了同乡人牙含章的重要学术活动。我也由此而认识到，20世纪60年代，牙含章以自己的学术活动，推动了我国关于民族的形成、民族的概念和民族的定义等问题的研究，在理论上做出了重大贡献。至今，我仍保存着这些已经泛黄的剪报资料。

1972年到1981年，我在中共临夏州委报道组从事新闻报道工作。1978年党的十一届三中全会后，各地都在落实党的民族宗教政策。我为了写这方面的报道，曾去找州委统战部部长马永祥，他给我介绍了党的民族宗教政策，并且从书柜中拿出一本书，书名《回回民族问题》，告诉我，早在延安时期我们党就组织研究回回民族问题，这本书就是当时中共中央西北工作委员会组织编写的一本研究民族问题和民族政策的书。这本书不仅在当时为动员广大回族人民包括回族上层参加抗日民族统一战线发挥了重要作用，而且为我们党制定民族政策提供了科学依据，为民族区域自治制度的形成奠定了理论基础。他还特意告诉我，这本书的作者之一是我们临夏人牙含章。后来我才知道，马永祥和牙含章在延安时一起工作过，也是陇右地下斗争时期的老战友。

1981年到1984年，我在中共甘肃省委党校从事教学工作，同时进行民族宗教理论的学习与研究。在此期间，我比较多地研读了牙含章民族宗教方面的著作，如1959年第14期《红旗》杂志上登载的《论宗教信仰自由》的文章，1964年由上海人民出版社出版的《无神论和宗教问题》，1980年由四川民族出版社出版的《民族形成问题研究》，和1981年由甘肃人民出版社出版的《陇右地下斗争》，1981 年发表在《社会科学战线》上的《孔子学说与中国无神论思想的关系》，1983 年发表在《中国社会科学》上的《论社会主义时期的民族关系》等文章和著作。我从这些著作中受到启发，先后写了两篇文章：一篇是《甘肃民族关系史上的一幕壮剧——试论甘南起义中的民族大联合》，这篇文章由我和马自祥合作，发表在《甘肃民族研究》1982 年第 2 期上；另一篇是《试谈伊斯兰教在回族形成中的纽带作用》，刊登在中共甘肃省委党校理论研究室的《理论学习》1982 年第 6 期上。

1984 年，我从中共甘肃省委党校调到中共甘肃省委统战部工作。由于工作需要，我广泛涉猎了统战、民族、宗教等方面的有关著作，牙含章的著作是我阅读的重点。当时在民族宗教工作上，重点学习和宣传中共中央发出的《关于我国社会主义时期宗教问题的基本观点和基本政策》的文件（即中央 18 号文件）。这个文件比较系统地总结了新中国成立以来党在宗教问题上的正反两个方面的历史经验，阐明了党对宗教问题的基本观点和基本政策。这是新中国成立以来党中央发出的指导宗教工作的一个重要文件。我在学习这个文件的时候惊奇地发现，文件广泛地吸收和采用了牙含章发表在《红旗》杂志 1959 年 14 期上的《论宗教信仰自由》一文和上述两篇文章中的一系列主要观点和重要结论。这说明牙含章的理论成果是经得起时间和实践考验的。

数十年中，牙含章其人其事，一直潜伏在我的脑海中，时不时地浮现出来。

两访牙含章

对牙含章生平和思想的深入了解，是在 1985 年夏天与他的两次会面和谈话。

这年 6 月至 8 月，我参加了中共中央统战部在北京举办的统战干部训练班的学习。6 月中旬，我的中学老师、时任中共临夏州委宣传部部长的唐振寰携同我的同学，时任临夏民族报副总编的包天锡，和我的好友临夏军分区宣传科营职干事牛建业一起来北京，要请牙含章并通过他请时任中共中央统战

前左：牙含章，右：唐振寰，后左：
包天锡，右：郭正清（牛建业摄）

部部长、全国政协副主席的杨静仁为初刊的《民族报》题词。唐振寰老师要我联系此事。由此，得以与牙含章见面认识，并有缘聆听他的谈话。

我们曾先后两次到崇文门外西大街社科院家属院一幢普通楼房里，拜访了牙含章，并进行了长谈。

第一次见到牙含章，他与我想象的大不一样，没有一点架子，中上个头，宽脸盘，很慈祥和善。一说话，就带着浓重的家乡口音，给人一种非常亲切的感觉。而给人印象最深的是，他不时流露出热爱和思念家乡的情怀。不等我们说明来意，他就急切地询问家乡的近况，唐振寰老师向他做了如实汇报，并请他为新刊的《民族报》题词，他欣然答应。同时，他也答应联系杨静仁为《民族报》题词。

不久，我就接到时任中央统战部秘书长张蒙纳的通知，说杨部长要见临夏来的同志。我们见到杨静仁的时候，他说："含章从不求人，但为《民族报》题词的事情，给我打了三次电话。"足见牙含章对家乡的关怀。

第二次见牙含章，是在去取他的题词的时候，他与我们进行了长时间交谈。

约定见面的前一天，牙含章打来电话，请我们第二天上午早点去他家。我们到了他家的时候才知道，他要请我们吃一顿便饭。他和他的夫人鲁华亲自做了一顿家乡饭，要用夏天常吃的凉面招待我们。一如河州人吃凉面的习惯，餐桌上摆有芥末、蒜泥、油泼辣子、香菜酱醋等佐料，显得非常地道。在外奔波半个多世纪，还没有忘记乡俗，令人感动。看着两位老人在那里给我们盛饭端菜，心里真有说不出的滋味。饭后，牙含章拿出了他写给《民族报》的题词给我们看。在一张宣纸上他用毛笔字工整地写着："民族团结、民族平等和各民族的共同繁荣，对于我们的国家来说，是一个关系到国家命运的重大问题。"

他手指着题词说：

我这里专门抄了党的十二大报告上的一段话送给《民族报》，希望党的民族工作方针，成为办报的宗旨和方向。我们临夏不仅是多民族杂居地区，而且历史上也是民族矛盾突出、民族关系紧张的地方。我今年快 70 岁了，现在看到家乡发生了巨大变化，特别是看到民族关系出现了崭新面貌，感到非常高兴。从我内心来讲，深知这一局面来之不易，没有中国共产党领导，这是根本不可能的，这是我从自己六七十年的亲身经历中体会到的。

你们知道，我的老家在和政县买家集乡牙家嘴，一个只有四五户同姓人家的小村子，周围有藏族、回族、东乡族居住的村庄。我们经常与他们来往，大家相处得很好，建立了深厚的感情。1972 年我刚从"牛棚"解放出来，回到故居牙家嘴时，周围的回族农民提了鸡蛋来慰问我，使我这个汉族共产党员忍不住流下了眼泪。我深深体会到，我们回汉人民之间有一种难以言传的心连心的深厚感情。一般来讲，姓氏是血统符号，民族是文化符号。不同民族的人们友好相处，首先要解决好文化上的相互沟通，相互尊重，这是人之间情感交流的基础。

我的少年时期，正是 1925—1927 年的大革命时期，是第一次国共合作时期，中国共产党中央先后派宣侠父、胡廷珍同志来甘肃开展工作。宣侠父同志本人我没有见过，但看到过他写的《西北远征记》，书中谈到他到兰州，又到河州，最后到欧拉草原会见了五世嘉木样，又会见了嘉木样和黄正清的父亲黄位中，建议成立"甘青藏民大同盟"，并且通过各个渠道努力，迫使军阀马麒从拉卜楞寺院撤军。这恐怕是我们党在甘肃开展少数民族工作的第一步。

胡廷珍同志也是我们河州人。1927年4月下旬，他回家乡搞党的工作，搞学生工作。他到我们学校凤林学堂进行革命演讲，各民族的学生都来听演讲。我听了他的革命讲演，在他的领导下，参加了追悼李大钊同志的群众大会。我们高唱"打倒列强，除军阀"的革命歌曲，上街游行，贴标语。我在那时候参加了胡廷珍建立的共产党地下组织中共导河特支的外围组织——导河青年社。他组织我们学习马列主义理论，树立革命理想。这也是我们党在民族地区开展革命活动的重要事件。那时的一片革命热情，现在回忆起来，还是非常感人的。

国民党发动"四一二政变"，国共分裂，大革命失败。国民党到处抓杀共产党，胡廷珍同志打算到苏联去，后在新疆遇害，甘肃地下党遭到严重的破坏。随后发生了由"尕司令"马仲英带领反对国民军的回族农民暴动。农民暴动没有政党领导是不可能成功的，这场战乱却给甘肃回、汉人民带来了惨痛的灾难。回民聚居的河州八坊被付之一炬，汉族农民很多逃难他乡，那时的民族关系糟糕到了极点。这次回民暴动中，因我父亲当时是凉州镇守使马廷勷军队的师爷，作为马方代表与国民军和谈，在谈判中被国民军杀害，当时我才12岁。差不多同时，我母亲和姐姐也相继去世，那种情况下我自己能生存下来，是个奇迹。从那时开始我下决心研究民族问题，要为解决民族问题找到一条正确道路。

1936年，我因避兵到了甘肃拉卜楞寺，作了保安司令部的书记官，我在这里学习藏文藏语，同时对拉卜楞寺的历史和现状进行调查研究。

1937年，拉卜楞寺的大活佛嘉木样呼图克图要去西藏拉萨三大寺院修习，需要一个懂藏文的秘书，经黄正清推荐，我跟随嘉木样由甘肃拉卜楞寺出发去西藏拉萨。一路上，成千上万的藏民朝拜嘉木样活佛。利用这个机会，我向西藏各阶层的人进行了调查。1942

年，我用这些调查材料写成了一本书，取名《青藏调查记》。这算是我研究民族宗教和藏学的开始。

在拉萨一个偶然的机会，我从报上知道抗日战争已经爆发。国家的存亡是最重要的事情，我决定回内地参加抗战。延安是指挥抗战的圣地，1938年我辗转到了延安，加入中国共产党，投入到如火如荼的抗战工作中。1939年中央成立西北工作委员会，为了团结动员回族人民参加抗战，中央要求我们编写《回回民族问题》一书。通过编写这本书，我们深入研究了民族平等、民族团结、民族区域自治等诸多问题，为后来的民族区域自治政策的制定和实施，解决了一些理论问题。

1946年抗日战争胜利后，党派我到陇右从事地下工作，我们在实践中认真贯彻了党的民族政策。在抗日期间的1943年1月到1944年7月，陇右，主要是临洮、康乐、临潭的汉、藏、回、东乡等4个民族的贫苦农民，在没有共产党领导的情况下自发地联合起来，发动了反对国民党统治的"甘南民变"，人数最多时高达10万人。汉族农民起义军的领袖是王仲甲，回族农民起义军的领袖是马福善和他的儿子马继祖，藏族农民起义军的领袖是肋巴佛，东乡族的农民领袖马木哥，人称眼窝司令。当时正值国共合作，全民抗战期间，甘肃各族人民解放的时机还未到来，结果"甘南民变"不到10个月，就被国民党军队镇压下去，许多领导人转入了地下，他们同时派人找寻中国共产党的关系，希望党派干部领导他们的斗争。

1946年冬天，担任过王仲甲第一路军司令的肖焕章和副司令吴建威到庆阳，找到甘工委汇报了情况。甘工委根据西北局的指示，派我和高健君到甘肃陇渭地区开辟党的地下工作。

1946年冬天到1949年9月，三年陇右地下斗争中，在残酷的白色恐怖之下，在远离领导的处境之中，依靠毛泽东思想，特别是"三大法宝"，就是统一战线，武装斗争和党的建设，取得了对敌斗争的胜利。3 年中，陇右地下党由我们刚去时的 8 个党员，发展到近5000 名党员，组织起了一支 3000 人的陇右人民游击队，配合王震部队，为陇右地区的解放做出了贡献。再一个是陇右工委在甘肃少数民族中做了不少工作，我们大胆在少数民族中发展共产党员，培养少数民族干部，他们在解放后党的民族工作中都发挥了重要作用。我们争取藏族上层人物黄正清，和平接管夏河。

"文化大革命"时期，一些人对党在陇右地下斗争的历史进行诬蔑，我利用靠边站的时间写成了《陇右地下斗争》一书，捍卫了这一段既悲壮又光荣的革命历史。

1950 年，党决定我到西藏工作。这给了我再次进藏，进行藏族社会研究的机会。这一年，中央确定了进军西藏的任务，并且制定了解决西藏问题的方针政策。这年夏天，中央决定把护送班禅返藏作为由西北进军西藏总任务的一个重要组成部分。西北军政委员会决定由范明和我来承担护送班禅返藏这一历史性的重要任务。年底我们进京向中央领导请示工作，领受任务。这项工作由周恩来总理和李维汉部长具体指示和安排。按照周总理和李部长的指示，从1951 年春开始，我们紧张而有秩序地进行进藏的各项准备工作。1951 年 5 月，我陪同班禅进京晋见中央领导。我自己作为内部小组的工作人员，参加了中央人民政府和西藏地方政府签订和平解放西藏的十七条协议的签字仪式。十世班禅额尔德尼·确吉坚赞返回西藏是协议的重要内容之一。班禅返藏关系到西藏和平解放以后社会的稳定。当时西藏不通公路，要在冬天翻越唐古拉山，条件十分艰难。出发前，西北军政委员会副主席习仲勋同志代表毛主席和西北军政委员会亲自来送行，并给我们作了做好班禅工作的 10 点指示，我们遵照执行。

1951 年 12 月 19 日，我们从塔尔寺出发，踏上护送班禅返藏的道路。我们一行千余人骑马在青藏高原上行走了 4 个月才到达拉萨，稍后又护送班禅大师从拉萨到日喀则的札什伦布寺，圆满完成了党中央交给的护送班禅大师安全返藏的任务。

行军途中，我对藏族社会也进行了调查研究。在札什伦布寺，我收集到历代班禅和达赖的传记资料，到拉萨后，我根据当时的形势，先写了《达赖喇嘛传》，同时也收集整理了写《班禅额尔德尼传》的资料。《达赖喇嘛传》主要阐明了在当时西藏工作中需要澄清的两大问题：一个是历代达赖喇嘛与历代班禅额尔德尼的关系问题；再一个是达赖和班禅与中央政府的关系问题，说明西藏一直是在中央政权的管辖之下，西藏是祖国不可分割的一个部分。中国自古以来就是一个多民族的大家庭。

1958年，党把我从西藏调到北京，分配到正在筹建的中国科学院民族研究所工作。这以后我的工作重点是民族形成问题的研究，宗教发生、发展、消亡规律的研究和有神论、宗教和封建迷信的区别问题研究，参加过好几次论争。

民族问题和宗教问题上的多次论战中，我是积极参加的一方，也是受到攻击最多的人，但我坚持下来了。我在从事民族问题的研究过程中，碰到了许多理论上的疑难问题，民族形成问题，就是其中之一。这是一个涉及世界范围的重大理论问题，而当时在社会上流行的看法是：民族只是资本主义社会的产物。我觉得这个理论和我国的实际之间存在着矛盾，因为我国许多民族是没有经过资本主义的。要解决这个疑难问题，这在当时来说是相当困难的，要冒很大的风险。我的态度是不能逃避困难，而要迎接困难，克服困难。也就是现在常说的，要"敢"字当头，要敢想、敢说、敢写。还有，要在理论上攻克一个难关，要有毅力，要有非攻克不可的决心，还要有恒心和耐心，因为有些问题一时半会儿解决不了，要花相当长的时间。就拿民族形成问题来说，如果从1939年我碰到这个问题的时候算起，到现在，先后花了46年的时间，其中有些时间是停止了研究工作的，如在"文化大革命"期间，但总的来说，是连续下来的。到现在为止，这个问题在我国还没有彻底解决，还需要把这场争论继续进行下去，要在理论上攻克一个难关，还要有很大的牺牲精神，要不怕碰钉子，不怕吃苦头，不怕得罪人，甚至不怕受各种打击陷害。因为理论上的争论，必然要发生人与人之间的争论，因为你所反对的理论，正是别人，甚至有时是很多人坚持的理论，这才发生理论战争。你要别人放弃他们坚持的理论，那是谈何容易的事情，正因为如此，理论斗争往往要受到各种形势的阻挠、排斥、打击，直到政治陷害，这都是常有的事。可以说，进行理论斗争，也和战争一样，有时是要死人的。所以进行理论斗争，要有不怕牺牲的精神，也就是过去常说的"五不怕"精神。在这方面，我有过许多亲身的体会。

党的十一届三中全会以后，我的问题得到彻底平反。1978年，党又把我调回到中国社会科学院民族研究所工作。我觉得要进行民族问题研究、宗教问题研究、无神论问题的研究，还有中央指示的写《班禅额尔德尼传》的任务，还有我自己提出的编《中国无神论史》的任务，总之要干的事情很多，我只能抓紧时间尽力而为。

现在年纪大了，写东西很慢，又患高血压，什么时候跌倒了，就爬不起来了。现在只能按大夫的嘱咐，一天只工作半天。时不我待，我要在有生之年，一定要完成《班禅额尔德尼传》和《中国无神论史》这两项工作。

临别时，唐振寰老师说起明年将进行临夏回族自治州成立30周年庆典，请他参加时，他动情地说："我是想去得很啊，到时去成去不成还很难说。"他指着书桌上的一摞稿件说："现在不当所长了，可是工作任务还是很重的，除了继续完成中央指示《班禅额尔德尼传》修改出版的工作，另外还有《中国大百科全书·民族卷》《中国无神论史》的编稿以及我自己要承担撰写的一些章节条文的工作任务。"他看着我们期待的目光，口气缓和下来说："到时候如果能去成的话，一定要回去一次，说不定也是最后一次回老家。静仁忙，到时约上杨和亭、沈遐熙一块去，到临夏几个地方转一转。"鲁华望着牙老的脸庞，笑着说："他哪里有时间去转临夏！说是离职休息，比上班还忙，不是开会，就是写书。七十岁的人了，还有严重高血压，不能长时间坐板凳，可他一坐就是半天。医生规定他一天只能工作半天，但他一趴到桌子上就连轴转，而且晚上也写，晚八点开始看材料写作，两点以后才睡，他能熬得住，不知道疲倦。"听着夫人的话，牙含章苦笑着说："一个人一生立什么志，做什么事，就受什么苦，这是命里注定的，没有任何办法去改变它。"

在这次面见牙含章的过程中，我们每人还得到了他编著的 1984 年 9 月新出版的精装本《达赖喇嘛传》，这是牙含章根据中央领导的指示，对 1963 年 6 月由生活、读书、新知三联书店资料室编印内部发行本修订重版的书，新加了 23 幅历史文献插图，装帧精美大方。实践证明了重版这本书的意义和价值。以后我每翻阅这本书的时候，我就想起那次谈话的情景和牙含章的音容笑貌。

通过 1985 年夏天的这两次会面和谈话，我比较深入地了解了牙含章作为一个革命家和理论家的思想境界和精神追求，比较深入地了解了他无论在武装斗争战场上，还是在理论斗争的阵地上，表现出来的是一个共产党员和无产阶级革命战士不怕打击陷害的斗争勇气和牺牲精神，也比较深入地了解了他为了民族解放事业和民族团结进步所做出的革命贡献和学术成就。

为了进一步了解牙含章生平和著述中的细节，我一直准备着再去采访本人。

1988 年 10 月，组织上调我到甘肃省民族事务委员会（省宗教局）工作。由于工作繁忙，一直未能去拜访牙含章。

后传来牙含章于 1989 年 12 月 19 日去世的噩耗，震惊之余，我怀着伤感的心情，即时写了一篇题为《怀念牙含章》的文章，发表于 1990 年 2 月 5 日的《民族报》上，表达了追思，写《牙含章传》的准备工作随之搁置。

这一搁，竟是 20 余年。

采访牙伯琴

2001 年 11 月后，组织上调整了我的工作，减少了繁忙的公文起草和行政事务，有了一些空余时间搞花儿研究。在研究民国时期的花儿文献时，我想弄清楚牙含章在上世纪 30 年代研究花儿的情节。

读了张亚雄 1940 年 1 月出版的《花儿集》中的一些材料后，我意识到牙含章于上世纪二三十年代不仅搜集整理了大量的花儿唱词，而且对花儿的音乐也很精通，对花儿的流行和传播状况以及对花儿的结构、派别、会场，更有系统的研究和理论阐发。因此我对张亚雄所说的"斋主的信，包括了许多很宝贵的材料，编者为隐括其意，编次为《花儿再序》"之语有所质疑。因为，这一章内容的叙述方式和语言风格不同于书中张亚雄写的《花儿序》和《花儿后序》两章风格。我怀疑《花儿再序》为牙含章的原文。

一次友人聚会，有人问我，你最近写什么东西，我便说了正在研究牙含章青年时代写花儿文章的事情。没有想到在场的唐秀兰说，牙含章是她的舅舅。我赶紧询问，你是否知道你舅舅年轻时研究花儿的情况，她说她不清楚，但是他的大姨娘（即牙含章的大妹牙伯琴）可能知道一些。唐秀兰，我早在 70 年代就熟识，现在知道她与牙含章有这层关系，对我来说，有了了解牙含章生平事迹的一个重要渠道，感到十分高兴，我们便多次约谈。她的母亲牙兰芳（小名双旋），是牙含章的小妹，民国十一年（1922 年）生人，小时曾同其兄随新妈到兰州生活过一段时间，以后又随哥哥回到临夏居住。她对舅

牙伯琴

舅怀有深厚的感情，对我搜集材料，准备写《牙含章传》的想法十分支持。

2002年11月16日，我在牙伯琴儿子刘彦超、儿媳包秀华和牙兰芳的女儿唐秀兰、唐秀华和儿子唐文龙姐弟三人及与其有姻亲关系的包天锡的陪同下，采访了牙含章的大妹牙伯琴。

牙伯琴，生于民国八年（1919年），小牙含章3岁，小时候在凤林街女校上学读书，1948年由牙含章介绍她和丈夫刘敬儒先后加入中国共产党，成为中共地下党员。1949年参加革命工作，担任临夏县新集乡副乡长，后在临夏县商业部门工作。1980年从临夏县离休。我们见她的时候，已经83岁高龄，精神矍铄，思维清晰，对往事记得很清楚。

牙伯琴不但告诉我牙含章研究整理花儿的情况，而且披露了牙含章生平方面的资料。

> 我们的父亲名叫牙生祥，字善卿，光绪十年（1884年）生人，知识分子，教书先生。母亲，娘家姓康，在家务农。父母生有我们四个孩子：大姐十月花；哥哥牙含章，原名牙鸿伟；我，小名阿桂，官名牙伯琴；妹妹，小名双旋，官名牙兰芳。

> 我生于民国八年（1919年），哥哥牙含章生于民国五年（1916年），大我三岁。在我九岁，民国十七年（1928年）之前，家境尚好。父亲先是在和政龙泉学堂教书，后到河州城凤林学堂教书，不久，被凉州镇守使马廷勷聘为师爷，主管财政，常常奔走于凉州、河州之间。马廷勷为了让父亲忠心为他办事，还买了一个凉州姑娘送给父亲，照顾父亲的生活。这以后，母亲和大姐十月花在老家牙家嘴；我和哥哥牙含章、妹妹牙兰芳跟着父亲和新妈住在河州城大柳树巷里买下的上下院子。民国十七年（1928年）尕司令（即马仲英）反了以后，我们家遭了大难。我的父亲文化高，办事能力强，政治上非常敏感。尕司令反的时候，马廷勷兄弟马廷贤当了尕司令的副司令，父亲知道事情坏了。当时，国民军进军西北，目的是要削弱马家军阀势力，由于马廷贤参加了尕司令的阵营，所以会把矛

头先对准凉州马廷勷。想到国民军一旦向马廷勷找事，他是马廷勷的师爷，一定脱不了干系，难免会祸及儿女。他首先让本家侄儿牙尚贵拿了 500 两银子，找到拜把子弟兄、河州石佛寺的住持杨喇嘛，托杨喇嘛把在凤林学堂念书的哥哥送到夏河拉卜楞寺避难。马廷勷为了保住自己的军权和财帛，委派父亲找河州镇守使赵席聘和谈。父亲到河州的时候，不巧，赵席聘要调去兰州，他和马廷勷的管家阿爷只好找一个叫戴师长的谈判。谈判过程中，发生了尕司令队伍袭击国民军战地医院的事情，国民军迁怒于父亲和管家阿爷而杀害了他们。我的父亲是为保马家财产而送命的，殁的时候才 44 岁。母亲听到父亲的死讯后，受刺激得了急性肠炎。听人说鸦片能止泻，结果喝了一疙瘩鸦片后给熬死了。大姐连惊带吓，得病而亡。哥哥去了拉卜楞，家里只剩下新妈、我和妹妹。我们家破人亡，情况糟糕透了。新妈是个好人，因为家穷被马廷勷买来送给父亲照顾生活。父母亲和大姐死后，她对我们姊妹两个给予了很好的照顾。等事变平息后，哥哥才从拉卜楞回来。哥哥回来的时候，娘老子殁了三年了，哥哥搬灵重葬了父亲。之后，新妈领上哥哥含章、妹妹兰芳到了兰州。父亲生前的积蓄都放在新妈处，新妈走兰州时，把大部分钱带走了，伯父处留了一些。到兰州后，哥哥到兰州省立第五中学读书。几年后，新妈改嫁，嫁给一个叫侯寿山的人，在兰州开了天生园糕点铺。我们住在兰州时，我把她家作为娘家去转。新妈改嫁以后，哥哥从兰州省立五中毕业，再没有继续求学，领着妹妹回到河州，进行自学。他研究整理花儿，也就在这个时候，是 1933 年到 1934 年。我们老家周围兴唱花儿。哥哥在老家上学的时候，经常把听到的花儿记在本子上存起来。在这时候他把以前收集的花儿进行整理、研究。有一段时间，他整天在下院里抄啊写的，都是花儿，有厚厚一叠。我们进去，他不让翻看，把我们赶出来，他倒扣上院门写。大约一年多的时间里，他一直搞这个事情。1934 年，青海马步芳在河州"拔门兵"（挨户拔丁）时，他又去拉卜楞寺研读藏经，一年后回来。大约在 1935 年，由伯父主持给他娶了媳妇，是胡家涝池的姑娘。1936 年，他的儿子牙英彪出生不到一岁，又碰上抓兵，也是在杨喇嘛的介绍下，到拉卜楞寺黄正清处干事。1937 年陪嘉木样活佛去了西藏，1938 年去陕北延安参加了革命，我们再一直没有见过面。他在陕北旬邑县陕公高级班学习的时候，给我来过一封信，才告诉了他的这些情况。信中还说，叫我们卖掉房产分钱去生活，我们想到这是老父亲花银子买下的家业，不忍心卖，还要等哥哥回来住，我们要团聚，不管生活多艰难，我们都没有卖。解放后，哥哥回到临夏当专员的时候，把这个院子捐给国家，办起了《团结报》社，后来当了印刷厂。我十九岁的时候定亲嫁给本地人刘敬儒。当年伯父给他娶的媳妇胡金棠，不到三十岁就害病死了，她留下的孩子牙英彪乳名智慧，由我带着抚养。刘敬儒原在和政伪三青团工作，1947 年有人揭发他是共产党牙含章的亲戚，被开除公职，我们就到了兰州。新妈家就成了我们的娘家，经常去转。1948 年 2 月，侯寿山使他的小儿子侯庚寅来我家，叫我去转娘家。我到侯家的时候，想不到见到了分别十二年的哥哥牙含章。原来哥哥早在两年前，受党的派遣来到甘肃，化名康明德，领导陇右地下斗争。新妈的家成了哥哥进行革命活动的掩藏地点。哥哥曾给我说过，如果没有天生园店，可能无法在兰州开展地下斗争，也可能躲不过国民党的追捕。这次在新妈家见到了哥哥以后，他给我和刘敬儒讲革命形势，并先后介绍我们加入了地下党组织，参加了革命。

其他的情况，你已经知道，我就不多说了。

采访牙伯琴行将结束的时候，她对唐秀兰说，你舅舅是个细心人，他对自己写过的东西，总会留下一些文字的痕迹。花儿的事，你可以问问你舅妈。

唐秀兰便给她的舅妈——鲁华去电话询问此事。鲁华在电话中告诉她：现放着一本牙含章保存下来的《花儿集》，书中有牙含章本人的批注和记号，若需要，她可以寄来让我看。

2002 年 11 月 30 日，鲁华寄来了这本《花儿集》，这是张亚雄在民国二十九年（1940 年）一月，重庆青年书店印行的初版本，书没有封面，牙含章自己用牛皮纸粘了一个封皮，封皮里面有一段文字：

> 这本书里面发表的《花儿再序》一文，是我在一九三六年在拉卜楞时，给当时的《民国日报》副刊写的，发表在那一年十一月的《民国日报》副刊上，署名是冀达斋主。张亚雄当时在编副刊。他收入这本集子时，文字上有些修改。另一封信（一七八页）也是当时我给张亚雄的，发表在一九三六年十一月七日《民国日报》副刊上。《论抄录山歌》一文（一四八页）是张亚雄写的，也发表在一九三六年十月十四日的《民国日报》副刊上。

该书九十页空处，牙含章还有一段批注：

> 《花儿再序》是我的文章的题目，曾在当时的《民国日报》副刊上连续发表……

该书中，除这两段批注外，还有十多处用钢笔校改的错字或用毛笔或红铅笔打出的记号，标出他撰写的文字和整理的花儿歌词。

后又看到牙含章于 1987 年 4 月 26 日给西北民大魏鸣泉教授的一封信（见附录二《文献辑要》），从而使我的疑问有了确切的答案：张亚雄《花儿集》第七章"花儿的派别及结构"即是牙含章的原文，《花儿再序》即是牙含章发表在《民国日报》上文章的原有题目。

牙耀明访谈录

一次，我和花儿研究专家王魁谈起牙含章研究花儿的往事。他告诉我，他在临夏二中的同事牙桂香老师的父亲牙耀明是牙含章的堂哥，也许他了解牙含章研究花儿的情形。2005 年 3 月 30 日，在王魁的陪同下，我采访了牙耀明，他提供了很多牙含章青少年时搜集、研究花儿的情况以及身世方面的材料。

牙耀明（1915—2008），男，汉族，原名牙鸿雁，和政县买家集镇别杜村人。1949 年参加革命，1951 年随牙含章护送十世班禅大师进藏，并参加青藏公路勘探和筑路工作。1958 年由西藏调入甘肃，同年参加甘南平叛，1958 年 6 月 1 日在玛曲平叛中不幸左臂负伤，定为乙级三等战残，之后一直在甘南州玛曲县公安局工作，1980 年退休，定居临夏市东校场。

牙耀明

牙含章研究花儿的情况我知道。我们牙家嘴的年轻人，个个都是花儿唱把式。牙含章小的时候在牙塘上学。放学回家，跟大人上庄稼地，一听见哪里有唱花儿的，就跑过去听。听的时候，还掏出笔记本记。他自己会唱花儿，有声嗓，"勒"（意思是能很好用真假声唱花儿的颤音长调）拉得很好。听说他在解放前报上登过花儿的文章，我识字浅，没看过。他收集花儿，写花儿文章，上过报纸，这些都是他从兰州上学毕业回到河州闲坐的时候做的。我听他的妹子阿桂（即牙伯琴）说过。

牙含章的父亲本名叫牙生祥，字是善卿，我叫四爸。四爸叫我的父亲是"老大哥"，也叫老相爷。善卿四爸，是我们当家里唯一的读书人，书念得好，文化高，是牙家嘴上最有学问的人，人结交广，办事也干撒。牙含章和我是一个太爷、两个爷爷。我生于民国四年（1915 年）、牙含章生于民国五年（1916 年），我比他大一岁。在河州凤林学堂上学时我和他在一起。胡大少爷（胡廷珍）在河州成立共产党组织的时候，牙含章参加了。胡大少爷开悼念李大钊的大会，我和牙含章及其他同学一起参加，我们拿着红绿旗子，从河州城大什字游行到河滩关，游行完以后，一起下馆子吃饭，牙含章掏的银子。大概在民国十二年（1923年）大河家的三少君（马廷勷）请四爸去当了师爷。四爸给三少君拿的是财政大权。三少君为了让四爸给他忠心服务，给他找了一个漂亮的凉州姑娘服侍。四爸跟着三少君驻凉州（马廷勷时任凉州镇守使）大约有三四年时间。民国十七年，尕司令(马仲英)和国民军打仗，三少君的兄弟马廷贤参加了尕司令队伍。四爸知道情况不好，自己和家人都有危险，就先把在凤林学堂念书的牙含章送到牙家嘴，住在我们家，然后派侄子牙尚贵拿银子找拜把兄弟，也是最好的朋友杨喇嘛。杨喇嘛，名真如，汉族，河州石佛寺住持和尚，当时在黄正清的保安司令部当处长，在拉卜楞寺有一定威望，关系也很多。杨喇嘛安排牙含章在拉卜楞寺当了"阿卡"（指喇嘛）。牙含章在拉卜楞寺待了三年，主要是念经，也学会了藏话、藏文。安顿好含章以后，四爸带着我的大哥牙鸿荃回了凉州。三少君在尕司令和马廷贤反国民军的时候，也害怕国民军收拾他，他为了保住自己的地位和财产，知道四爸和河州镇守使赵席聘是旧识，关系甚好，所以叫四爸从凉州回河州，同国民军商议投降事宜。但四爸回河州时，刘郁芬正调赵席聘回兰州。四爸只好把赵席聘送到四家嘴，赵要四爸一同回兰州，四爸说要办三少君交代的事，不能去兰州，你走，我去同戴师长谈。与国民军戴师长谈的过程中，尕司令队伍烧了一个寺，这个寺里坐的是国民军的担架队，还有医生救护队，尕司令队伍攻寺的时候，端过了国民军一个排的队伍，也把伤员都杀了。国民军怀疑四爸和三少君的管家阿爷以投降为名，哄了国民军，让灭了国民军救护队，便杀害了四爸和管家阿爷。牙含章从拉卜楞寺回到河州时，才知道父亲殁了，母亲殁了，大姐也殁了，很伤心，只剩下他老子从凉州娶来的新妈和两个妹子。他回到河州后，才给老子搬了灵。四爸活的时候喜欢和信任这个新妈，他的钱财都放在新妈手里。新妈决定带他和尕妹子双旋去兰州。新妈雇人绑好驮子准备走的时候，四爸的亲大哥，大家叫王国爸爸，叫卸了驮子，不让新妈带走全部财产，主要是金子和银子。要新妈把儿子娶媳妇和打发姑娘的钱留下。最后，在乡绅何叔安、宋茂亭等的调解下，新妈同意留下了一些银子，到底留了多少不清楚，反正不是一半。新妈到兰州后，供含章和她的妹子念书，有好几年，花费了一些金银。后来，他的新妈嫁了人，这个人办起兰州天生园点心铺，本钱就是新妈带去的钱财。

牙含章到兰州去念书的时候是十四五岁。他的新妈改嫁之后，他和妹子回到临夏，住城内大柳树巷，这时的牙含章十七八岁。当时在临夏东川石毕湾还有三石地，还有个王老师替四爸埋下的一千两银子，都交给了牙含章。我记得这时候，他很阔气，还买了一架高级照相机，玩照相。

牙含章从兰州回临夏后，为了避兵，又去过拉卜楞寺，大概一年多时间。记得他十八九岁的时候，由他的大大（指四爸的大哥王国爸爸）主持，给他娶了胡家涝池的姑娘，名叫金棠，她娘家是北塬上的大户。人常说"宋半川，胡半塬"，胡家土地多，钱财广。娶下媳妇不到两年（孩子不到一岁），民国二十五年（1936年），牙含章又碰上抓兵，还是在杨喇嘛的介绍下，他再次去拉卜楞寺，当了拉卜楞保安司令部的书记官，黄正清的秘书，嘉木样活佛的翻译。嘉木样活佛给他讲经，他给嘉木样活佛教汉文，他拿个照相机照相，嘉木样活佛也有个照相机，也喜欢照相，洗照片，两人成了好朋友。嘉木样去西藏拜佛习经，他也跟随去了西藏。牙含章在西藏大概活动了一年多，跟嘉木样跑各大寺院，拜访大小活佛。

他自己给我说的，在拉萨的时候，有一天他从一个北京人开的商店中，看到报纸上登的抗日战争爆发的消息，决心回内地参加抗战。嘉木样硬留，留不住，就给了一百两银子（实100银元）。牙含章拿这个钱当路费，去了印度，从印度到新加坡，又从新加坡到香港，从香港到汉口，再到西安，找到八路军办事处开了介绍信，去了延安。在延安上了两年抗日军政大学（实为陕北公学）。学习结束分配到党的中央机关工作。抗战结束，派到甘肃来，化名康明德，搞陇右地下斗争。他化名康明德，用的是他姑舅哥的名字。他的姑舅哥在跑反的时候，被土匪打断了腿子，跑不动，为了不连累大家，偷着在一个爬腰树上吊死了。这个姑舅哥最心疼他，为了纪念死去的姑舅哥，他用这个化名，搞地下斗争，建立党组织，发展游击队。

1949 年 8 月临洮解放，他当县委书记，组织学生参军参干，支援解放青海、新疆。

1949 年 8 月 22 日临夏解放，牙含章当了临夏专员。当时，夏河还没有解放，黄正清带着伪政府人员和财物跑到阿木去乎，夏河一片混乱。当时的夏河归临夏管。我记得是 1949 年 9 月 20 日，牙含章带着队伍解放了夏河。去夏河时，他骑了一头老骡子，我跟着去了，解放军刘团长带了一营解放军也跟着。牙含章当过拉卜楞寺的书记官，认识很多活佛喇嘛，一路上各个寺庙进行迎接。我们第一天到清水，第二天到完尕滩、桑切，第三天到夏河。这时，黄正清也从阿木去乎回到拉卜楞。牙含章给黄正清交代了共产党的政策，黄正清打消了顾虑，对牙含章和解放军进行了隆重的欢迎仪式。牙含章安排了夏河县的领导班子。我们到夏河的第三天（9 月 22 日），召开了夏河和平解放和县政府成立的庆祝大会，牙含章在大会上讲了话。

1950 年夏天，牙含章从临夏调到兰州，当了省委统战部副部长。1949 年到临夏时，他才知道前头的媳妇已经殁了 8 年，儿子牙英彪一直由他的大妹子尕师爷（牙伯琴）抚养。他在统战部工作的时候，与临夏县大鲁家的姑娘鲁华结了婚，鲁华也是大户人家的姑娘，知识分子。在这个时候，他接受了护送班禅大师回藏的任务。鲁华参军一块进藏，我也跟着去了，主要是赶骡子，干后勤。

牙含章护送班禅返藏，最艰难的是指挥大队人马过唐古拉山这件事。爬唐古拉山，不亚于红军过雪山草地，骆驼在雪山上不会走，死了一大片，几万头骆驼过山后没剩下多少，拉骆驼的人也死了好些个，这个雪山队伍爬了个吃力。

1952年底，牙含章把班禅大师送到后藏札什伦布寺，各方面安顿好以后，回到拉萨上班。在拉萨的时候，他的工作很多，非常忙。我有时候去看他，桌子上全是材料文件，电话一个接一个，找他的人一个跟一个，忙得半天和我说不上一句话。我见他工作一大堆，看着也替他着急，简单问候一下就走了，以后没有急事也不随便去找他。

1957年，牙含章因病从西藏调北京，我们见面也少了。

1962年，我专门去北京看望他，那时，他的生活比较安定，全家在一起，一对儿女上小学。

情况大概就是这样。他的事情很多，我说得很简单，你们写材料的时候，最好写详细一些。

王鉴的回忆

2005年春节，我和省民委党组书记、副主任王尚乾去看望乡友、曾任甘肃教育学院党委书记的宋良智，我向他说起写《牙含章传》的打算，问他有无关于牙含章的材料。他说："我对牙含章略知一二，但没有接触过。我的一位同学，临夏

王鉴

人王鉴①参加护送班禅返藏的队伍进藏，以后留在西藏工作，曾先后在西藏新闻简讯社、西藏日报社、西藏人民出版社工作，与牙含章接触多，肯定知道牙含章的情况。他现已退休，住在成都西藏干休所，我给你电话，你和他联系。"于是，我便和王鉴通了话，讲明我想写《牙含章传》征求他的意见，并请他提供一些资料。他非常支持我写《牙含章传》。他说，牙含章的一生是传奇的一生，革命的一生，尤其做西藏工作和藏学研究中，为加强民族团结、维护祖国的统一做出的重要贡献是不可磨灭的。牙含章的一生是可以立传的。随后寄来了他于1995年10月31日发表在《西藏日报》上的长篇报告文学《一片冰心忆多情——忆牙含章日志》和给我的一封信，其中提供了许多有关牙含章的史料。我们通过好几次电话，他讲了很多与牙含章交往的情况。

我是跟着牙含章同志护送班禅返藏的队伍，一块从塔尔寺出发，踏上进藏道路的。我们从香日德分别，我先走了。他带队伍后面出发，好长时间没有见面。

1954年夏，张经武代表陪同达赖喇嘛去北京出席第一届全国人民代表大会，《新闻简讯》藏文版的审稿任务交给了工委秘书长牙含章。我作为编辑，经常去送审稿件。那时工委驻地在老宇拓（房名），报社在三多仓（房名），送审稿件要穿过拉萨闹市区。我第一次去时，他一眼就认出了我，问了一些香日德别后的经历，称赞我进藏后学会了藏文藏语。强调要了解西藏和藏族人民，开展西藏工作，不懂藏语不行。那时他已写出了《达赖喇嘛传》初稿。办公桌

---

①王鉴，生于1928年12月，临夏县新集镇古城村人。中共党员，曾任西藏人民出版社党委书记、社长、总编，职称为编审，全国出版协会第二届理事会理事。在韩集私立云亭中学（现临夏县第一中学）读完小学、初中后，1948年入临夏中学高中部，1949年考入西北师范学院英语系，参加反对省主席郭寄峤在甘肃发行建设公债的学生运动，参加党的外围组织"西北青年民主同盟"。1951年参加中国人民解放军，随部进藏，被分配到西藏新闻简讯社（西藏日报社前身）工作，努力学习藏文，主编藏文《西藏新闻简讯》《西藏日报》，历任记者、编辑、副总编辑。1983年6月任西藏人民出版社党委书记、社长、总编，1994年退休。

上，除了文件，还有一摞藏文的西藏历史和历世达赖喇嘛、班禅额尔德尼传记一类的书。说明在完成了护送班禅返藏任务后，他立即着手研究达赖喇嘛和西藏的历史。

1957年牙含章同志调北京后，我们见面的机会少了。1958年元月和1963年9月我曾拜访过他。80年代，我到西藏人民出版社工作后，与牙老接触较多。那时，他答应把即将脱稿的《班禅额尔德尼传》汉、藏两种文本均交由西藏人民出版社出版。我和他共同协商签订了"关于出版《班禅额尔德尼传》汉、藏两种文本的协议"。

1984年以后，连续多年，我每次赴京，都要专程拜访，聆听教诲。除了出版事宜外，谈得最多的是关于西藏和藏族的方方面面。从谈话中，使我深刻感受到他对藏族和西藏的真挚感情，对藏族解放事业的深切关怀和真知灼见。

1985年4月9日，我在西山八大处开完会后去拜访牙老，适逢从兰州来一客人，带来了拉卜楞寺于7日失火的不幸消息，牙老听后十分震惊。也许他想起了49年前在那里工作的情景，知道大寺是全国重点文物保护单位。他非常惋惜地说："拉卜楞寺是藏传佛教六大寺院之一，收藏的典籍很多，其中有许多珍贵的文物，这下可完了！"他焦急地询问来客失火的情况，来客也不知道其详。后知中央拨1000多万元专款重新修建，典籍损失不大，才放下了心。

1988年5月19日上午，在他简朴的书房里，我又一次向他请教有关《班禅额尔德尼传》清样中的一些问题和西藏当代历史方面的几个问题。他那清晰的记忆、敏锐的洞察力和坚持党性原则、实事求是的精神，给我再次留下了深刻的印象。

当我问到解放前西藏有没有共产党的地下组织问题时，他肯定地说："没有。"又诙谐地说："有的只是国民党的地下党。"接着他介绍了1949年7月，噶厦驱逐国民党人员之前的一些情况。我接着问："那您以前进藏算不算？"他说："我进藏是跟拉卜楞寺的嘉木样呼图克图五世去的。当时虽然参加了革命，仅是党的外围组织成员，还不是共产党员。进藏也不是党派去的。后来，经印度转到新加坡、香港，才和地下党挂上了钩……"他回避了我问到的与摄政王热振的关系，因为过去听人说，三十年代热振倾心内向与牙含章的活动有关。

当谈到当前应依靠什么人治藏和西藏的长治久安等问题时，他的见解更是入木三分，与十七个月之后中央对西藏工作的决策精神不谋而合，体现了他对西藏情况的透彻了解和解决西藏长治久安问题的透彻见解。

长谈从晨持续到中午，他提议到附近餐馆吃顿便饭，说今后也难得见面。饭后我又送他回到住处，热情握别。可是做梦也没想到，这一别竟成了永别！

牙老于1989年12月19日晨4时10分与世长辞。当我在年底接到社科院民族研究所姚兆麟同志的来信，告知此事，并说牙老临终嘱咐："不开追悼会，不发讣告，一切从简。"姚兆麟来信称"谨于25日上午10时在北京八宝山举行向牙含章同志遗体告别仪式"。手捧着那封催人泪下的信，我呆呆地站着，牙老的音容笑貌，浓重浑厚的乡音显现在我的脑际，萦绕在我的耳旁，久久无法抹去。我下意识地翻开他签名送给我的《达赖喇嘛传》和新近出版的《班禅额尔德尼传》陷入了沉思：一生勤奋好学，对藏学有很深造诣的长者、尊师，走完了他光辉的一生。可是《班禅额尔德尼传》的藏文版在他生前未能出版，我感到无比愧疚。活佛死后可以"转世"，一生与活佛打交道的共产党人，悄然离去，他不能"转世"，但他对藏族解放事业的无私奉献、不求索取的敬业精神，可以传世，并将永远活在后来者的心中。

王鉴的谈话、来信和所寄的材料，对我帮助很大，使我非常感动，也增强了写《牙含章传》的信心。

鲁华的怀念

2010 年，通过朋友张世海的介绍，我认识了兰州大学的韩雪梅教授，她要研究牙含章早年在拉卜楞寺的学术活动，要求我提供牙含章的资讯，我向她口述了有关牙含章童年及其在拉卜楞寺的生活情况。她据此撰写了《牙含章：从拉卜楞寺的学生娃成长为中国红色藏学家》一文，收入这篇文章的《内地旅行者眼中的拉卜楞》（由宗喀·漾正冈布等著）于当年 10 月由甘肃民族出版社出版。

2012 年，我的老师唐振寰，为我编校的《牙含章花儿著述校稿》写了一篇序言，题为《一个为党的民族事业奋斗终身的人》，全面介绍了牙含章的革命人生和学术成就。这篇序言收入在他的文集《不褪色的记忆》之中，这本书于同年 8 月由敦煌文艺出版社出版。

10 月中旬，我把唐振寰老师的《不褪色的记忆》和宗喀·漾正冈布等著的《内地旅行者眼中的拉卜楞》两本书，委托唐秀兰寄给鲁华。不久，唐秀兰告诉我："今天舅妈来电话，说她花好几天看完了这两本书中关于你舅的文章。我从这些文章中反而了解了你舅的少年时期在拉卜楞寺的情况，和他青年时期在延安的革命活动和学术研究。这些情况，他在生前没有说过，我原来不知道。这说明郭老师已经了解和掌握了许多情况。如果郭老师要写《牙含章传》的话，我请他来北京，我可以提供些你舅在西藏、北京、内蒙古时工作和写作的情况。"

10 月下旬的一天，

鲁华与郭晓梅合影

牙含章的连襟张润德来电话，他告诉我，他同鲁华通电话时，谈起我研究牙含章的事情。鲁华给他说，她自己也很希望能有一个人来为老牙写一个传记，正确记叙和公正评价他一生的功过。她看过郭写的一些关于牙的文章，相信郭能干这个事情。如果郭来北京，她乐意给郭提供材料和照片。张润德的夫人鲁璇是鲁华的堂妹，他们经常联系。他等于转告了鲁华邀我赴京采访她的意愿。

2012年12月，唐秀兰给鲁华的电话中，说到我编校完《牙含章花儿著述辑校》的书稿，并想继续收集资料写《牙含章传》的意向。鲁华让唐秀兰转告我，希望我去北京和她一谈。并说，郭老师决定要来北京的话，也请早点来。一来她掌握一些资料和情况，可以告诉作者；二来她自己患高血压和其他一些病症，年岁已大（时年84岁），趁早提供一些她所知道的老牙的情况。

我深知，采访鲁华，这是完成《牙含章传》的决定性步骤和关键性因素。因为最了解牙含章的莫如他的夫人。鲁华出生于临夏一个大姓的书香之家，从小受到良好的教育。1948年她从兰州女子师范毕业后，在该校附小任教。临夏解放后，受时任临夏县县长拜学忠的邀请，到临夏县工作，认识了牙含章。他们1950年结婚，一起护送班禅返藏，并留在西藏工作，以后调到北京，陪伴牙含章度过多舛和奋进的40年岁月，相濡以沫，全力辅佐。除她之外，再没有人能够说清楚牙含章从临夏到西藏，从西藏到北京，从北京到内蒙古，再从内蒙古回到北京的漫长的坎坷历程。但是，这时的我，患白内障多年，而且越来越严重，除了视物模糊外，又新生眼神经痉挛一症，一看书，一思考，眼皮立刻抖动不止，使人心慌意乱，不能自已。能不能完成《牙含章传》的写作，我自己已经没有把握。要真正采访鲁华，要有完成《牙含章传》写作的把握才行。

看到我的困难与彷徨，我的女儿晓梅提出作我的助手，让我搭框架，提供素材，甚至口述，她在电脑上操作成文，这使我眼前一亮。知女莫如父。晓梅在我的书房中长大，从小喜欢读书，尤其喜欢看人物传记，也喜欢写作。在小学、中学，她的作文经常被老师当作范文在课堂上给同学朗读。经过大学教育，读研究生，她的理论修养和写作水平有了一定程度的提高。只是因为我自己长期从事写作工作，深知写作之苦，不愿子女再搞类似职业，所以从不鼓励他们学习写作。现在，既然我自己完成这项工作有困难，她自己又愿意吃苦，我欣然同意她来继续完成这个夙愿。

2013 年 3 月 9 日，我和女儿登上去北京的列车，开始了这次向往已久、心荷重负的郑重之行——采访牙含章夫人鲁华及其小儿子牙萨宁的旅途。抵京后的第一天早上，当我们父女到牙含章住所，乘电梯到三楼时，鲁华已经等在过道里。这是我时隔 28 年后又一次见到她，似乎没有多大变化，虽然是 85 岁高龄的人了，仍是温婉的神态，仍是慈祥的笑容，仍是整洁的穿戴，仍是睿智的言谈，仍是高雅的气质。相遇时的那种亲切，好像是迎接远路上来的娘家人；见面时的那种熟悉，好像是上个月才分别一样。对于我们的这次采访，她作了充分的准备。首先给我们赠送了刚刚出版，才由印刷厂寄来的《中国文化书院九秩导师文集·牙含章卷》，这本书由鲁华选编，由东方出版社于 2013 年 1 月出版。我望着鲁华忙忙签名字的样子，感到非常温馨、体贴。这样，完全打消了怎么样发问采访的窘境。此后的一周内，我们每天早上 8 点半按时到鲁华位于北京市崇文门西大街 3 号社科院楼 307 室住所报到，开始问答式的采访。回忆，有时是快慰的，有时是痛苦的。对鲁华来说，通过沉重的回顾和无尽的思念，进行心灵与语言交加的叙述，是无比怀念，无比伤感的。而我们则像满怀希望的，站在矿井中急于挖掘的采金工一样，进行笔记和录音。

鲁华对牙含章护送班禅返藏，在札什伦布寺帮助班禅恢复原有职权，西藏工委工作情况，撰写《班禅额尔德尼传》《达赖喇嘛传》情况，以及怎么去上海治疗鼻癌，如何调到北京，再如何去内蒙古大学任职，在"文化大革命"中受批斗，到内蒙古第二毛纺织厂、石家庄水泵厂劳动等情况讲得非常详细。当她说到在"文化大革命"批斗时，内蒙古大学一个青年学生打牙含章耳光，以至几个月中他左耳听不到任何声音的情形时，两眼饱含泪水，声音几度哽咽。

老牙一直工作在对他很不利的环境中，但是无论遇到什么样的艰险，他从不畏惧，无论受到什么样的打击，他从不胆怯。他任何时候，从不在压力下屈服，只要他坚持的事情，谁也改变不了。

老牙意志力非常坚强，办事缜密果断。1951年2月，西北军政委员会任命范明为驻班禅行辕代表，牙含章为副代表，他们的主要任务就是护送班禅安全返回西藏。范明带先遣队提前出发后，护送班禅返藏的繁重而光荣的任务完全落在他的身上。1952年12月19日，他率领一支由2000名官兵组成的队伍，对外正式称呼为中国人民解放军第十八军独立支队，400多人的班禅行辕人员及4000匹乘马，200余匹骡子，还有2000多人的赶驮队及30000余峰骆驼，9000头牦牛，驮运着数量惊人的银元和物资，首尾绵延150公里长的大部队，行进在千里雪原上。经过四个多月的跋涉，终于在1952年4月28日，安全地把班禅护送到拉萨，受到各方面的热烈欢迎，并于当天下午，实现了班禅与达赖隆重会见，解决了藏族内部的团结问题。从西宁到拉萨的漫漫长途中，1951年冬天到1952年初夏，老牙作为一线的负责人、夜以继日地工作。既要照顾好班禅大师生活和安全，又要安排好全面的行军组织工作；既要及时向中央汇报请示随时出现的情况和问题，又要制定周密的日常行动计划；既要加强班禅行辕的联系，又要做好护送队伍人员的思想工作。含章作为这支队伍的首长，在最艰难的时候，表现出一种从战争环境中过来的革命者的果断、英武和智慧。在那种场合，绝看不出他是一个文人、学者，而是一个坚定的战场指挥员。

牙含章一生正直，但又倔强。他的倔强是讲道理的倔强，表现为肯坚持自己意见。因为如此，常与顶头上司产生意见分歧而挨整。他虽然常常挨整，但秉性不改，需要坚持的，他仍然坚持。好几次都是先挨整，后平反。从1952年进藏，1957年因病调离，这6年是他工作比较艰苦的一个阶段。除繁杂公文处理和艰苦的学术著述外，还要处理复杂的人际关系和庞杂的机关事务。护送班禅返藏任务由西北局负责，由西北局报请中央成立了中共西北西藏工委。进藏部队及解放西藏的任务，由西南局负责，亦由西南局报请中央成立了中共西藏工委。进藏后，根据中央指示，两个工委合到一起，成立了统一领导的中共西藏工委。牙含章作为中共西藏工委委员，同时又兼任工委秘书长和研究室主任，并且是工委领导班子中唯一精通藏语文的领导成员，处于各种矛盾之中，面对很多困难，需要特别注意协调处理好各方面的关系。他从青少年时代就接触藏族社会的实际情况，他始终认为，藏族的社会发展要比汉族落后一些，尤其像西藏，许多游牧部落还有原始共产主义意味，西藏长期政教合一，社会制度上还是典型的农奴制度。阶级虽已分化，但阶级意识非常模糊，因为统治阶级又是宗教教主，一般人民非常迷信崇拜。因此对藏族地区的民主改革要迟缓进行。这种思想一直贯穿在他的工作和研究中，强调处理问题实事求是。直到患上鼻癌重症，组织上批准他到上海治病离开了西藏。"文化大革命"中，有一部反映西藏工作的纪录片不指名地批评"一个犯有严重右倾机会主义错误的人"，有知情者说，指的就是牙含章。牙含章坚持真理，不怕挨整。1959 年，西藏进行平叛和民主改革，国内外一些不明真相的人认为共产党要消灭宗教。红旗杂志社约请牙含章写了一篇《论宗教信仰自由》的文章，全面、正确地阐释了党的宗教信仰自由政策。这篇文章的发表，澄清了一些人的模糊认识，在国内外产生了正面反响。但一些人写文章批评牙含章，认为宗教与迷信是一回事。在这一年，含章在北京受到一些人的攻击和批判。还有 1958 年，在他主持编写少数民族五种丛书的时候，为了澄清中国现阶段是"民族"还是"部族"的概念问题，在全国范围进行一次学术性的论战。事实证明，老牙的观点是正确的，并由社科院主持召开会议，统一了"民族"概念的提法，并解决了马恩列斯著作中对"民族"一词的翻译问题。但一些人攻击老牙敢于质疑和纠正马克思主义经典作家的论断，太岁头上动土，好大的胆子。老牙为此而承担了政治后果。这场论战后的 1964 年，组织上决定老牙调离中央民族研究所，去内蒙古自治区工作。有人说，那里老同志多，能管住牙含章。1964 年底，他服从组织调动，到内蒙古大学工作，担任副校长，兼任蒙古研究室主任。虽然是受迫害去内蒙古大学工作的，但他没有任何怨言，很快与师生打成一片，积极组织教学及研究工作。一年后的"文化大革命"中，他首先成为批判对象，批他的大字报挂满校园。内蒙古大学"文化革命办公室"组织编写印发了《牙含章反党反社会主义材料》，摘编了他在民族问题、宗教问题和西藏问题上的所谓"反党反社会主义，反毛泽东思想"的论点，发动全校师生员工进行批判。运动中，一些人认为，含章和乌兰夫在延安西工委时一起工作过，认为与乌兰夫有特殊关系，是乌兰夫要到内蒙古去的。内大"文化大革命"揪斗时，把他打成"乌兰夫的死党"。一次批斗会，内大的一个造反派上去质问牙含章是不是乌兰夫死党？他回答：不是！造反派又问：你到底是不是？他仍回答：不是。造反派上去就打了他几耳光，耳朵被打聋了。有一两个月的时间里，一个耳朵听得见，一个耳朵听不见。内大在"文化大革命"中主要抓"内人党"，他被定成"内人党的中央委员"。当时，他对什么是"内人党"都不清楚，莫须有地被打成"中央委员"，虽然可笑，还是通知他去北京参加学习班，交代"内人党"问题。老牙脾气倔犟，不是的绝不承认。他是参加过延安整风的，从不做"好汉不吃眼前亏"这种姑息过关的事情，所以又被送到石家庄水泵厂劳动改造，莫名其妙地被折磨了好几年。他说，挨整不要紧，如果顺着他们的口气瞎说，那你要承担历史责任，那才严重呢！环境一直对他不利，他也一直是从这种不好的环境中斗过来的。

　　老牙是一个不知疲倦，拼命工作的人。1978 年，中共中央组织部为他彻底平反，重回中央民族研究所工作担任所长的时候，已经是60多岁的人了。调到内蒙古大学以后，就得上了高血压病症。"文化大革命"中加重了病情，调回北京后，治疗了一段时间，但随着年龄增大，病情不断加重，后来医生给他规定只能半天工作半天休息，但实际情况是他承担的工作任务越来越多。十多年的运动，使中央民族研究所无论是研究工作还是机关工作，都处于百废待兴，欠账待还的阶段，作为所长，一样少不了他要规划，他要组织实施，尤其是他自己要亲自执笔完成的任务不少。一到民族所工作，他即给中国社会科学院领导写报告，提出编写《中国无神论史》，上级批准这个报告后，他即组织实施，工作量非常大。大百科全书《民族卷》让他担任主编，又有大量的组稿任务和编写任务。他在石家庄劳动时写成的《陇右地下斗争》一书需要修改出版。中央指示，《达赖喇嘛传》要修改重版。该书出版后，中央又指示，尽快出版《班禅额尔德尼传》。本来，《班禅额尔德尼传》在拉萨时已经差不多搞出来了，调北京工作离开拉萨的时候，他把已经写成的部分书稿和全部资料交给西藏工委研究室。中央交代了《班禅额尔德尼传》的出版任务，他又花了一年多时间撰写《班禅额尔德尼传》。《班禅额尔德尼传》完稿送进印刷厂后，《中国无神论史》的初稿也从二十多个大专院校和科研单位集中到他的书桌上等他统稿，还要写总序。统稿工作，其实是一项很繁重的工作。说是统稿，一部分书稿他要重新写过。有这么多的工作任务，他把医生的半天工作嘱咐弃之脑后，拼命工作。一般是从早上起床吃一点东西后，就趴在桌子上写，中午吃过饭稍微休息一会儿，又趴到桌子上，有时候就写到深夜。人不是铁，哪有这样拼命的。1989年8月中旬，当《中国无神论史》完成统稿，送到中国社会科学院出版社，之后还不到4个月，12月18日早上，他感到不舒服，以为是感冒，吃了点药，看书。中午让吃饭，他说不想吃，没有吃饭就睡觉了，下午5点钟起来准备吃晚饭，下床时就摔倒了，赶紧送医院抢救，没有抢救过来，第二天凌晨去世。这次摔倒，就再也没有能够爬起来，终于结束了他的写作。

当鲁华说完这段话后，她长时间的沉默。我的眼睛里也充满了泪水。我和晓梅也不再忍心提问。

2013年3月15日，我们结束对鲁华和她儿子牙萨宁的采访，回到兰州。

如此，通过对牙含章亲属及同事的采访，我们丰富了对他生平事迹的了解和认识。

女工回忆牙校长

2012年11月23日，同牙含章在内蒙古第二毛纺织厂一块劳动过的女工在网上发表了一篇题为《牙含章校长》的文章，深情地回忆了牙含章在"文化大革命"期间，同她们劳动的情景，同时写到了牙含章坚持纠正"内人党"问题而受到迫害的情况。

1974年，牙含章与两位女工的合影

1972年春天，我们科长领来一位40出头的男人，说是来基层锻炼的，至于他原来在哪里工作，叫什么名字都不清楚。那时人与人的关系都很紧张，害怕哪句话说不对又被抓起来，互相都不敢打听。把他分到我那个班，当时我就明白了，和我在一起工作，他肯定也是受害者。虽然我平反昭雪了，但后面有一句"以观后效"，我的工种变了，没有恢复原来的检验工作，落实政策根本就没有到位。

这个男人上班很认真，不迟到不早退，见人就是一面微笑，彬彬有礼的，称呼所有人都是"师傅"，上班时虚心请教我，干活儿很卖力。

每天下班，我和他一起骑自行车回家，他住内大宿舍，我住师大附中宿舍，正好同路。有一天，我问他的名字，他说他叫牙含章，是内大的校长，来工厂劳动改造的。后来我们成了好朋友，经常交谈，他是一位声名卓著的民族宗教理论专家，曾在西藏工作多年，曾任西藏自治区党委统战部部长。1965年调到内蒙古，任内蒙古大学副校长。

1974年离开前，这位牙校长特意把我和雷师傅叫到他家，我们三人合了影。

这一年春，内蒙古地区落实政策工作步履迟缓，在广大受害的干部群众怨愤不满之际，内蒙古大学党委邀请牙含章在该校作了一次关于民族政策的演讲。在演讲中，牙含章全面重申了党的民族政策，严厉批判了"挖肃运动"严重践踏党的民族政策的种种言行，提出了落实少数民族干部政策、彻底平反"乌兰夫反党集团"和"内人党"两大冤案等主张，受到了听众的热烈称赞。

演讲结束后，据说内大的学生把演讲记录稿整理出来，并自行散发出去，让更多的人了解了牙校长的主张，也知道了牙含章的大名。

关于民族政策的演讲稿上报到内蒙古文教办，文教办主任认为在党的民族政策受到严重歪曲之际，一位汉族领导干部能够挺身而出，重申党的民族政策，批判大民族主义，实属难能可贵。

不久，此事上报中央。当时，正是"四人帮"统揽意识形态大权时期，很快，中央组织部的一名处长找牙含章谈话，指责他的演讲存在严重错误。不料，牙含章毫不退缩，反而向中组部提出建议——落实民族政策的关键在于落实民族干部政策。一场灾难再次降临到了牙含章头上，他遭到批判，说他是"反动民族理论专家"，并被撤销了党内外一切职务，下放到了河北一个工厂劳动。

牙校长临走前，还去和我们告别。因我没在家，他还在我家门口留下便条，嘱咐我多保重，好好学习，好好工作。从此我们就失去了联系。

史金波评赞老所长

2015年8月，牙含章在社科院民族所的同事，著名学者、民族所副所长史金波在《中国社会科学院专刊》总第310期上，发表了一篇结合当前"三严三实"教育写的回忆文章《严以律己、清正廉洁的典范——记民族所老所长牙含章同志》。

史金波，男，1940年3月生，河北省高碑店市人。1962年中央民族学院语文系毕业，1966年中国科学院民族研究所西夏文专业研究生毕业。现为中国社会科学院学部委员，民族研究所研究员，研究生院教授、博士生导师，兼任中国社会科学院西夏文化研究中心主任，国家文物鉴定委员会委员，全国古籍保护工作专家委员会副主任，宁夏大学、河北大学兼职教授，宁夏回族自治区特聘专家等。曾

史金波

任中国社会科学院民族研究所副所长、中国民族古文字研究会会长、中国民族史学会常务副会长、中国民族学会副会长、中国西南民族学会副会长、中国少数民族哲学思想史学会副会长等，1990 年获国家级有突出贡献专家称号。

牙含章同志既是抗日战争时期参加革命的老同志，又是著名的民族问题理论家、宗教学家和藏学家。

他的一生有传奇的经历：青年时期曾到甘肃省藏传佛教寺庙拉卜楞寺当临时喇嘛，刻苦学习藏语、藏文，调查寺庙的历史和现状；后随嘉木样活佛到西藏学习藏文典籍，考察西藏社会情况；抗日战争爆发后，立即自西藏经印度、新加坡等地，辗转奔赴革命圣地延安，参加抗日斗争，被分配从事当时急需的民族问题研究；解放战争时期在陇右地区负责地下工作，建立“陇右人民游击队”，团结上层，促进了甘肃夏河藏区的和平解放；新中国成立后，他受命率领大队人马辎重，从青海西宁护送十世班禅大师返藏，历经艰险，经过 4 个月到达西藏，圆满完成党中央交给的艰巨任务。

牙含章同志后来一直在科研、教学部门从事领导工作，并结合党和国家的现实需要，深入进行民族、宗教理论研究，把马列主义民族理论与中国民族问题的实际相结合，撰写出大量高水平的学术著作，贡献巨大，先后出版了《达赖喇嘛传》《班禅额尔德尼传》《民族形成问题研究》《无神论和宗教问题》《西藏历史的新篇章》《陇右地下斗争》等。他晚年还主编了《中国无神论史》，此书正式出版时，他已辞世，未能见到花费了大量心血的成果。

牙含章同志著述丰富，给我们留下了丰厚的理论和学术遗产。作为一名革命干部、一名共产党员，他严于律己、清正廉洁、光明磊落的优秀品质也十分突出，值得学习。

牙含章同志一向把党和国家的利益置于个人利益之上，事无巨细，对自己严格要求。他在西藏工作期间得了鼻癌，调回北京后，每年都要去上海复查治疗，车费、医疗费、住宿费都由自己负担，不向公家报销。他作为宗教学家，对著名寺庙有特殊兴趣，在参观北京市的潭柘寺、戒台寺等寺庙时，从不向所里要车，总是带着家人乘坐公共汽车前往。1983年，他到成都开会，为筹备会议提前几天到达，当时四川省领导和出版社都主动提出给他派一辆车，供他工作和游览使用，他婉言谢绝。在市内和郊区联系工作和看望谭冠三等老同志时，他都与陪同人员一起坐公共汽车，有时下车后还要步行很长时间。他离休后有时到统战部、国家民委等单位联系工作，凡用所里车，都嘱咐会计从其工资中扣除车费。

他不仅一贯廉正自守，以身作则，也常以此与其他同志共勉。1982年，他参加甘肃省保安族撒拉族东乡族自治县成立大会时，当地政府为向来宾表示谢意，送给每位客人当地特产——一把保安刀。他知道后说：“我们不能随便要人家的东西，谁要谁交五块钱。”后来，随他同去的同志都交了五块钱。他在甘南进行调查访问时，当地藏族喇嘛和群众都记得这位过去和他们一起战斗过的老干部，非常敬重他，送给他哈达和酥油。他表示谢意后，让随行人员把这些礼物都送交当地政府。一次参观果园，果园负责人准备了一些水果让大家品尝，他拒不食用，说这是人家一年的收获，我们不能随便食用。他在厦门和当地宗教处的同志到南普陀寺与寺庙僧人座谈宗教问题，会后，寺内僧人招待他们吃素餐。饭后，他拿出20元钱放在桌子上，说这是我的饭钱，其他吃饭的同志也要交饭钱，寺庙负责人忙说：“这是招待大家的便饭，不收钱。”他说：“共产党员怎么能白吃僧人的饭？”他这种纤尘不染、守正不阿的可贵品质，使随行人员、当地干部、僧人、群众都深受感动。甘肃省有一位为他开过车的司机动情地说：“如果共产党员的干部都像他这样子，就没有不廉洁的事了！”

牙含章同志热爱党，组织观念很强。他一般都超标准缴纳党费，自提为9级干部后，每月都缴纳50元党费（当时相当于一个普通干部的一个月工资）。那时，他和夫人负担家人、亲属七八口人的生活费用，生活并不富裕，也没有什么存款，有人建议他少交一些党费，他说："大家工资都不高，我的生活水平不能超出大家，有钱应多交党费。"国家恢复稿费制度后，出版社、编辑部给他寄来稿费，他都请财务科给退回。有的出版社不理解，给他来信询问，有的还说是否嫌少。他知道对方有误会，不得不复信说明："我拿着国家的工资写作，不能再要国家的钱。再说我写作是为了宣传马列主义，这是共产党员应尽的义务，更不能要国家的钱。"后来他的稿费有的用来缴纳党费，有的留给所里作集体福利，一部分则寄给了他的家乡，帮助解决家乡用电问题和文化教育事业。他去世前一年，血压居高不下，大夫建议他停止一切工作。在这种情况下，他把大部分藏书共几千册无代价地捐赠给中国文化书院和甘肃省临夏州图书馆。当时我作为所领导主持、见证了这次赠书仪式。

他平易待人，生活简朴，在经济上资助过很多人。他在 1980 年分到三小间住房，按其级别待遇，应分到更宽裕的住房。社科院和民族所曾几次要给他调整增加住房，都被他一一回绝。直到他去世前半年，因其女儿身患重病，需请保姆住家照顾，才接受了补给他的住房。他关心群众生活、严于律己、公私分明的品格，受到民族所干部和群众的交口称赞。

他勤奋工作，学术造诣很高，但他自己严以修身，并不看重名位。他任民族所所长时，兼任所学术委员会主任，在他主持下，很多人职称得到晋升，而他对自己的学术职称却不提任何要求，不参评研究员。美国、日本等国数次邀请他作学术访问或出席学术会议，都被他婉言谢绝。他厌恶投机钻营、追逐名利的行为，大家称赞他是淡泊名利、言行一致的正人君子。

牙含章同志胸怀坦荡，做人实在，对同志披心相付，对上不谄，对下不骄，心地光明，堂堂正正。他离休时交代完工作后，分别找一些同志倾心交谈，诚恳征求意见。这样一位离开工作岗位的老同志严格要求自己、保持晚节、革命到底的拳拳之忱，令人感动。他临去世前留下了不发讣告、不写悼词和生平、不开追悼会、不送花圈、不举行告别仪式、不另制新衣、不保留骨灰、将骨灰撒到黄河中的文字遗嘱。他去世后，遵从他的遗嘱，我们将他的骨灰撒到内蒙古包头黄河中。当时我代表民族所陪同他夫人前往，在呼和浩特市接触到内蒙古大学、内蒙古社会科学院等牙含章同志工作过的部门时，大家都十分怀念他，特别对他的高贵革命品质赞不绝口。我当时组织召开了一次座谈会，大家热情发言，对他在"文化大革命"时抵制"四人帮"，公开反对清查"内人党"的实事求是精神以及热情工作、克己奉公的高风亮节给予高度赞扬。

牙含章同志以锲而不舍的精神、坚定的步伐走完了革命的征途，留下了永存的学术精华，以其高尚的精神境界为自己的一生画上了令人难忘的句号。他的优秀品格对当前构建和谐社会，反腐倡廉，贯彻落实"三严三实"精神是很宝贵的精神财富。

看到这篇文章后，我们决定电话采访史金波先生。今年5月下旬，托甘肃省军区政治部党史军史工作办公室主任许瑞源通过他在中国社会科学院民族学与人类学研究所工作的同学郭宏珍问到史金波先生的联系方式，得以顺利与他通了电话。我们简略告知撰写《牙含章传》的情况，请示是否可将他的这篇文章以牙含章亲友、同事的回忆录列入书中，他欣然同意，并告诉我们："牙含章同志传奇的一生，是革命的一生，也是学术研究成果丰硕的一生。我早就认为，他的一生应该做一部很好的传记，而且一定很精彩，对当前，对后世都会很有意义。现在由你们父女完成，我十分高兴"。随后，我们与史金波先生作了多次电话交谈，他提供了许多有关牙含章的往事，并在晓梅的邮箱中发来了他写的另一篇文章《艰苦的科研经历，丰硕的科研成果——记著名民族问题理论家、宗教学家、藏学家牙含章同志》及几幅珍贵的照片资料。史先生的这篇文章全面论述了牙含章的学术成就，特别论述到牙含章 1936 年发表在《甘肃民国日报》上论述花儿的长篇文章《花儿再序》，认为这是牙含章青年时代的一项重要的学术活动，是他早期花儿研究的一篇重要著作，在花儿学史上产生过重要影响的珍贵史料。这是一位中国社会科学院学部委员评论牙含章花儿研究的文章，在花儿研究领域将会产生重大影响，我们特收入与《牙含章传》同时出版的《牙含章花儿著述辑校》之中。

采编手记

牙含章是一位具有共产主义理想信念的爱党、爱国、爱人民的革命家。他的前半生几乎是在中华民族为求得解放的战斗岁月当中度过的。他身处波澜壮阔的无产阶级革命和社会主义建设时代，在党领导的伟大事业中，他不怕牺牲，敢于担当，不屈不挠，终身奋斗，做出了杰出贡献。

（一）牙含章的少年时代，正赶上了 1925—1927 年的大革命时期。他以高昂的革命热情，参加党的外围组织，即中共导河特别支部领导下的青年进步组织——"导河青年社"，带领同学，制作红旗，上街游行，张贴标语，参加追悼李大钊的群众大会，并且勇敢地向各族群众讲述李大钊被害的经过，揭露黑暗的封建统治，引起各族群众的强烈反响。

（二）1937 年，牙含章从西藏高原获知神圣的抗日战争爆发。他认为这是一个热血青年报效祖国的大好时机，于是毅然奔赴陕北抗日根据地参加抗战。1938 年，他进入陕北公学接受党的教育，学习期间参加"民族解放先锋队"，和"西北青年救国会"，同年加入中国共产党，并在刚建立的西工委和中央调查局第四分局少数民族研究室，进行民族问题的研究工作。同时，以马尔沙的化名，参加发起回族抗日救国团体"延安回民救国协会"，和"回民文化促进会"，为抗战时期动员回族人民参加民族统一战线，抗日救国，发挥了重要作用，也为回回民族的解放事业做出了贡献。

（三）1946 年全国解放战争开始，牙含章勇敢接受党的派遣，到国民党统治区的甘肃陇右地区，建立党的地下组织，发展共产党员，组织和领导人民游击队。伟大的事业伴随巨大的风险，他勇敢机智地躲过国民党的数次追捕，建立了数十个地下党组织，特别在少数民族中发展了一批地下党员，组织起有数千名战士的游击队伍，配合正规军作战，解放了陇右大片土地上的各族人民。1948年，解放战争转入全面反攻后，牙含章代表陇右工委与夏河藏族上层人物黄正清建立了联系。1949年9月，通过争取黄正清，和平解放了藏族聚居的夏河县。解放初期，在他担任临夏行署专员的时候，进行剿匪，安置难民，培养少数民族干部，加强民族团结，组织财政经济，稳定民族地区社会秩序做出了突出贡献。

（四）从1950年冬开始，牙含章被调到从事西藏工作的战线上。为了实现祖国的统一，1951年，牙含章受到党中央的委派，肩负护送班禅返藏的重任，率领数百名护送人员及包括大批牛、马、骆驼的运输队，冒着零下40多度的严寒，在冰雪封冻的长江、黄河源头和海拔六千米的唐古拉山行军。他与班禅行辕官员及护送的战士、民工，同心协力，历经艰难险阻，战胜了气候恶劣，缺少水草等重重困难，终于1952年4月28日护送班禅大师到达拉萨。同日，班禅大师与达赖喇嘛实现了分离二十九年后的第一次历史性会见。5月8日，根据中央指示，又继续护送班禅大师回日喀则，于6月23日到达札什伦布寺。胜利地完成了护送任务。接着他按照中央的方针，协助班禅堪布会议厅处理了达赖、班禅两大系统间的历史遗留问题，包括噶厦向班禅堪布会议厅交接堪厅所辖宗、谿的权力，以及妥善安排日喀则基宗与堪厅今后的关系等，真正恢复了班禅的固有权力。同时，负责建立了日喀则分工委，进行了日喀则建政工作。到1952年底，他顺利完成上述各项工作任务后，回到拉萨参加西藏工委工作。牙含章从1950年下半年到1958年上半年，在西藏期间所进行的工作，在西藏历史上具有重大意义。首先，它是驱逐帝国主义出西藏，恢复西藏与祖国大家庭亲密关系这一整个历史任务的一个组成部分，他在维护祖国统一、增进藏汉民族团结做出了重要贡献；其次，他为恢复西藏民族内部的团结做出了突出贡献；再次，在西藏工作中，他正确贯彻了民族平等政策和统一战线政策，以充分尊重的态度与藏族上层人士共事，为保持西藏的稳定和发展方面做出了杰出贡献。

牙含章是一位求真务实的社会科学家。他的理论研究和学术论著以探索真理，研究科学为目的，在社会学的诸多方面都有创造和建树。

（一）牙含章是在一个多民族杂居地区长大的学者，对民族问题有许多切身的体会，对民族关系有着更深刻的理解，对民族问题的研究更为实际和深入，贡献更为突出

1938年牙含章奔赴延安参加革命，历史又恰好赋予他一个在党的领导下，学习马克思主义，从理论上研究民族问题的良机。由此，从1939年到1941年，他在西工委从事回回民族问题研究，参加编写《回回民族问题》一书。他运用马克思列宁主义民族观，研究了当时能够搜集到的有关文献材料，结合自己对回回民族的了解，对回回民族的来源和历史问题作出了正确结论：回回民族早在元代以后形成。他的这一结论最早写入延安解放社出版的《回回民族问题》一书，这为确认"回回是民族，回回问题是民族问题"，"实行民族平等，就是现实解决回回民族问题的基本政策"，奠定了理论基础。这是牙含章在民族理论上的一个重要贡献。

1958年，牙含章调入中国社会科学院民族研究所工作。这时，刚成立的民族研究所承担了为我国50多个少数民族编写简志、简史的任务。简史要说明每个民族是什么时候形成的问题，因而，又涉及民族形成的理论。他便转入了民族研究工作。这时期他在民族理论上的另一个重大贡献是，他以自己的学术活动，推动了关于民族的形成、民族的概念和民族的定义等问题的研究。这些问题实际上是相互联系的，是一个问题的不同方面；既是学术理论问题，又是关系到民族平等、民族团结政策的重大问题。关于民族形成的问题，早在五十年代，我国历史学界就曾以汉民族什么时候形成的问题，进行过一场争论。一种意见认为，早在秦汉时期汉民族就已形成；另一种意见则认为，汉民族形成于鸦片战争之后。后一种意见的根据是，斯大林关于民族是资本主义上升时期形成的论述。

面对这些问题，牙含章没有采取简单的回避态度，而是深入钻研理论，

到马克思主义经典著作中去找答案。为此，他在这段时期内，通读了已经翻译出版的马恩全集和列宁、斯大林的全部著作。此外，为了弄清经典作家原著的本意，他还请民族研究所精通俄文和德文的同志，核对了经典作家有关论述的原文。经过深入研究后，他提出：马克思主义认为，民族在资本主义社会以前就已存在；民族至晚在原始社会的后期已经形成的结论。并说，这些都是经典作家早已有过明确论述的。至于斯大林关于"民族是资本主义上升时期的产物"的论断，他在分析了斯大林在不同时期的论述后指出：斯大林的上述说法与恩格斯的论述并无矛盾，因为，斯大林并不是说历史上一切民族都是资本主义上升时期形成的。他曾经说过："世界上有各种不同的民族，有一些民族是在资本主义上升时代发展起来的……这就是所谓'现代民族'。"按照斯大林的说法，"现代民族"也就是资产阶级民族。牙含章同时指出，斯大林对这个问题的阐述是有缺点的，即最初他没有把他指的民族是"现代民族"说清楚，后来的著作才对此作了补充和更正。牙含章的上述论点提出后，曾经引起我国民族学界热烈的争论，通过几年的分析和讨论，终于圆满地解决了民族形成的问题和民族概念的问题。

1978 年以后，牙含章对我国民族关系的论述，成为他民族理论上的又一个重要贡献。多民族国家社会和谐的一个重要方面，是族际关系的和谐，如何在一个民族和文化多样性的国家创造高度的政治认同和社会向心，必须从政治上解决民族团结、民族和谐的制度和行为规则。为了找到一条解决民族问题的正确道路，他不断实践，不断研究。很长的一段时间里，他积极探讨以什么理论来指导民族工作实践，才能从根本上有效缓解社会竞争和社会财富分配带给民族关系的紧张状态，使民族关系趋于和谐稳定，并最终实现各民族共同发展繁荣。这是摆在中国特色社会主义民族理论建设的重大现实问题。作为一个长期从事民族问题的革命家和理论家来说，正确认识和分析民族关系的变迁，对解决中国社会主义革命和建设中面临的民族问题，更具现实意义。"十年动乱"中，他虽然处于被批判、被揪斗和被打倒之列，备受身心折磨。但他始终密切关注着民族关系的变化和所产生的社会影响。"四人帮"在党的民族理论方面造成混乱，搞阶级斗争扩大化；在民族工作的实践中搞"极左"的一套，使民族地区社会主义建设发生了不少曲折。党的十一届三中全会以后，他重返中国社会科学院民族研究所工作岗位后，认真思考和分析了我们党民族理论和民族工作实践上正反两方面的经验教训，作出了深刻的总结分析。1983 年，他在《中国社会科学》杂志上发表了题为《论社会主义时期的民族关系》的长篇文章。这篇文章中，牙含章根据党的十二大关于民族工作的精神，运用马克思主义关于阶级斗争和民族问题的基本原理，进一步分析和探讨了社会主义民族关系的性质、内容，民族问题与阶级问题的关系，以及进一步发展社会主义民族关系等问题。他从理论和实践的结合上，充分说明了解决中国民族问题的根本道路是：不断发展国内各民族之间平等、团结、互助的社会主义民族关系，是我国社会主义建设的一项重要内容，民族平等、民族团结、民族和谐和各民族的共同繁荣，对于我们这个多民族的国家来说，是一个关系到国家命运的重大问题。这是他在半个世纪进行民族理论研究和民族工作实践中，取得的重要成果和得出的基本结论。同时，也是对党解决民族问题的基本方针、路线、政策的高度概括和总结。

（二）牙含章在宗教理论方面做出了几个突出贡献

一是从理论上深刻阐述我党的宗教信仰自由政策。1959 年在关于西藏问题的反华闹剧中，国外反动势力和叛逃到国外的反动分子，以西藏对寺庙和宗教上层的封建特权进行民主改革为借口，诬蔑我党"消灭宗教"。这在一些不明真相的人中间造成了混乱。为此，牙含章于 1959 年下半年，在《红旗》杂志上发表了《论宗教信仰自由》一文。他在这篇文章中指出：宗教是社会意识形态之一，将长期存在下去。宗教信仰自由，是我们党和国家对待宗教问题的基本政策，也是一项长期的政策。他从理论上全面阐述了我党的宗教信仰自由政策。同时，他在这篇文章中明确指出，宗教信仰自由和利用宗教的封建特权进行剥削，是性质不同的两回事情。后者是与社会主义制度不相容的，因而也是不能允许的。因为在这之前，还很少有这样全面阐述宗教政策的理论文章，所以它一发表就引起了国内外的普遍注意。在国内，他使各民族广大干部和群众更加清楚地理解了党的宗教信仰自由政策的威力，在国外，一方面驳斥了反华流言的制造者对我党的诽谤，另一方面也使得善良朋友加深对我党政策的认识。

二是对有神论观念、宗教和封建迷信理论上作了明确区分。他在发表《论宗教信仰自由》一文之后，又陆续在报刊上发表了有关有神论、宗教、封建迷信问题的文章，如《有神论观念的起源》《关于有神论观念的消亡问题》《关于宗教迷信问题》《关于有神论观念、宗教、封建迷信的区别》《有关宗教几个理论问题的理解》《宗教是迷信，但并不是一切迷信都是宗教》《封建迷信和宗教不是一回事》等文章。在对马克思主义关于有神论观念和宗教的起源、发展与消亡的规律作通俗性阐释的同时，在阐述党的宗教信仰自由政策时，对有神论观念、宗教和封建迷信，从理论上作出了明确的区分。他认为："宗教是迷信，但并不是一切迷信都是宗教。例如社会上还存在着巫婆、神汉、相面的、看风水的等等，是封建迷信，不是宗教。党对封建迷信只能采取取缔政策，而不能让其放任自流，因为封建迷信实际上是一些迷信职业者利用它作骗取财物的一种手段，是变相的人剥削人的一种行为，是社会主义社会制度所不能允许合法存在的。"他的这些见解，曾引起了关于宗教问题方面的一场论争。这场论战中，有的人认为宗教和迷信是一回事，世界上的一切迷信都是宗教。这种观点不仅背离马克思主义的宗教观，而且也不符合宗教的实际，于是他进一步阐述宗教与迷信的区别和划分问题和政策界限问题，不仅在理论上，而且在实践上，为解决封建迷信问题，提供了政策依据。

正如我国著名哲学家、宗教学家任继愈先生说："牙含章提出的宗教和迷信怎么划分的问题，我认为是个重大的理论问题，只有他才提的很明确。……它的提出，推动了学术的发展，促进了大家的思考，是个贡献。"①

①姚兆麟：《为党的民族事业奋斗的一生——纪念牙含章同志》，《临夏文史资料选辑》第六辑，1990年12月印，第81页。

三是开拓了无神论的研究领域。在探讨马克思主义关于宗教理论及宗教起源的过程中，必然会遇到无神论与有神论的斗争的问题。牙含章敏锐地发现，无神论的研究是马克思主义民族学、宗教学的基础理论，是马克思主义社会科学研究的主要组成部分，或不可缺少的一个领域，而对于无神论的研究，在我国的理论界尚未引起足够的重视，他决心在这一门学科的创建和发展中做出自己应有的贡献。于是，他在研究宗教理论和宗教政策的同时，率先撰写了一篇篇有关无神论的文章，其中有《从无神论著作的译本说起》、《有神论观念的起源》《关于有神论观念的消亡问题》等。这些学术活动，开创了我国马克思主义无神论研究的先河，对于后来建立独立的学科，起到了引导作用。

（三）牙含章是一位有特殊经历的藏学家

牙含章比较系统的调查过拉卜楞寺、哲蚌寺、札什伦布寺等三大寺院，并与五世嘉木样、十八世肋巴佛、十世班禅有过特殊的关系。他从上述这三位活佛的接触中认识到，他们虽然是佛身，但也是凡胎，他们既有宗教的崇高理想，也有对现实的深切关注和普救大众的情怀。基于此，牙含章的藏学研究中，把活佛从神坛上请下来，融入藏族社会历史的实际中进行研究。这样就脱离了旧藏学的樊篱，使藏学研究为国家的统一、藏族人民的解放服务。他的藏学研究对增进藏民族的团结和祖国的统一做出了重要贡献。

他的藏学研究有深厚的社会、学术背景，他在藏学研究上的突出成就是三本藏学论著即《达赖喇嘛传》《班禅额尔德尼传》《西藏历史的新篇章》。

《达赖喇嘛传》，从1952年底开始写作到1953年5月23日完稿，仅用了半年时间。正确记述了藏族、汉族和满蒙等其他兄弟民族之间的友好团结的主流关系，历代达赖喇嘛和历代班禅额尔德尼平等的主流关系，和历代西藏地方政府与中央政权之间相互依存的主流关系。热情赞颂了中华各民族人民用勤劳和智慧，共同缔造的我们多民族的伟大祖国。

这本著作因其达到的学术高度，在历史学界引起的广泛注意，和在西藏问题的研究中产生的巨大影响，成为藏学研究的基础读物。纵观我国藏学研究的发展历程，《达赖喇嘛传》成为在马克思主义指导下的中国新藏学发展的突出标志之一。

牙含章的另一部藏学著作是《班禅额尔德尼传》。《青藏调查记》一书的被毁，使他十分抱憾，他一直想继续西藏历史社会的调查研究。当他担任驻班禅行辕助理代表后，又使他有了一个继续研究西藏历史的机会。同班禅和班禅行辕官员的朝夕相处，以及进藏途中与藏族群众接触中，他比较系统地了解了班禅世系和藏族社会的状况。他决定撰写《班禅额尔德尼传》。为此他在到达日喀则后，他则有目的、有计划地搜集、检索和整理了历代班禅额尔德尼的传记资料，为撰写《班禅额尔德尼传》打下了坚实的基础。由于当时工作的需要，他先写了《达赖喇嘛传》。调离西藏时，他把已经整理的十多万字的班禅传的资料全部留给西藏工委政策研究室。1984 年，他修订完成《达赖喇嘛传》并出版后，接受中央指示，继续完成《班禅额尔德尼传》的撰写、出版。他写信给当时的西藏自治区领导同志，经他们的同意，把他整理的班禅传记材料借给他使用。他用一年的时间，在这些材料的基础上，又收集整理了大量的藏文史料和汉文史料，甚至一些珍贵的私人手抄本材料。1985 年底，书稿正式交西藏人民出版社，1987 年 11 月出版发行。《班禅额尔德尼传》用大量确凿的事实说明，从宗教和政治方面，历史上达赖和班禅的地位不相上下，而且有些时候，有些方面，班禅还超过达赖；从总的情况看，在反帝爱国和对中央的从属关系上，班禅方面比达赖方面好得多。这对认识西藏的历史问题很重要。《班禅额尔德尼传》是对我国的民族事业和藏学研究事业的又一重大贡献。

牙含章在藏学方面的第三本著作是《西藏历史的新篇章》。牙含章很早就进行西藏社会的调查研究，正式到西藏工作后，作为兼职的工委政策研究室主任，又身体力行地领导和组织了对西藏社会各方面的深入调查，掌握了关于西藏社会的大量资料，及时提供给工委和中央有关部门负责人，作为分析西藏社会和制定相应政策的依据。基于对西藏问题的深刻认识，他于 1958 年调到中央民族研究所时，《民族研究》这一专业理论刊物正在筹办之际，他就组织参加过西藏社会调查的同志撰写了关于西藏社会性质的论文《西藏农奴制度的初步分析》。文章写好后，西藏发生了 1959 年的上层反动集团的武装叛乱。形势的发展，迫切需要介绍叛乱发生的社会背景，揭露叛乱集团的反动本质。这篇文章及时担负了上述任务，在《民族研究》1959 年第三期发表后，起到了有力的战斗作用。在此之后，国际上乘西藏发生叛乱之际，掀起了一股反华的恶浪。牙含章利用半年左右的时间，先后独自或与他人合作，连续撰写了《西藏是中国领土不可分割的一部分》《西藏地方政府的反动本质》《西藏人民的新生》等六七篇文章。这些文章全面阐述了我国中央政权和西藏地方政权关系发展的历史，论证了我国关于西藏的主权；深刻揭露了西藏封建农奴制度的落后性、残酷性和腐朽性；揭露了上层反动分子勾结外国侵略势力，发动叛乱，分裂祖国的罪行；阐明了我党关于西藏问题的正确政策。这些文章先后发表在《人民日报》、《红旗》杂志和《民族研究》上，在当时发挥了反击国际上的反华恶浪的重要战斗作用。1979 年，牙含章把当时发表的这些文章选编为《西藏历史的新篇章》一书由四川民族出版社出版。

牙含章的这三部学术著作，在政治上，对人们认识中央政权与西藏地方政权之间辖属关系，以及粉碎帝国主义制造"西藏独立"图谋发挥了重要作用。学术上，不仅是新藏学的引领性的学术著作，新一代藏学工作者的基础读物，更是西藏和中央有关部门作为分析西藏社会和制定西藏政策的依据，特别是在判定西藏是一个封建奴隶社会和喇嘛教是一个政教合一的组织，据此制订相应的改革政策和工作方针方面，牙含章的藏学研究具有划时代意义。他的藏学著作是新藏学的起点和标志，为藏学研究做出了重大的理论贡献。

（四）牙含章是开创花儿理论研究的花儿学家

花儿是形成于藏汉交汇地区的多民族文化融合的民歌。20 世纪 30 年代，牙含章深入花儿流行地调查花儿的渊源和流行状态，系统地研究花儿派别和结构，写成了《花儿再序》这篇著作。

《花儿再序》是最早发表的全面、系统、准确阐述花儿基本理论问题的一篇开创性文章。在我看来，文章中至少有十个"第一"，即第一次提出"河州花儿"概念；第一次提出花儿三个区域分类理论；第一次提出花儿结构"句"、"令"、"调"三要素的理论；第一次提出河州花儿与洮岷花儿不同句式结构理论；第一次提出"本子花"与"草花"不同唱法的理论；第一次提出花儿"令"的定义；第一次指出十六种花儿曲令名称和不同流行地区及其音乐特征；第一次提出虚字在花儿结构和唱腔中的作用理论；第一次提出花儿对唱为花儿主要歌唱形式的理论；第一次介绍花儿会场和花儿会的民俗意义。这"十个第一"充分反映了青年时代的牙含章从现象探本质，从实际探求理论的学术提升能力。牙含章的花儿作品发表问世，已经过去了 76 年，他所阐明的问题和得出的结论，依然放射着理论的光芒，对现在花儿研究的实践依然发挥着指导的作用。

牙含章生性高洁，有很高的精神追求。他既能脚踏实地做事，又能仰望星空，充满理想执著追求，坚定前行。

（一）牙含章是一个理想主义者。他为少年时代立下的一个崇高志向奋斗了一生

牙含章出生在民族杂居地区，青少年时代，他经历了民族动乱，耳闻目睹了反动政治者在这些地区制造的民族矛盾，很早就萌发了解决民族问题的念头。他曾说："我的故乡不仅现在是一个民族杂居地区，而且在历史上，是一个民族矛盾和民族斗争极其尖锐的地区。因此，我自幼就对民族问题非常关心，对如何解决民族问题，试图找寻一条正确的道路，并为这一目的而贡献自己的绵薄之力"。这就是他的理想。理想是人生奋斗的目标，是人前行的灯塔。理想一旦形成，就成为行为的内在推动力，激励人们朝着一定方向，自觉地努力地从事相关的实践活动。牙含章寻找解决民族问题道路的理想，成为他前行的风帆和动力，由这个理想而确定了自己的人生坐标和走向，并为此不懈奋斗了一生。

（二）牙含章是一个文化的先觉者

文化先觉的知识分子，能以高度的文化责任，站在时代的前沿，关注文化的现状、问题和走向，敏锐地觉察到社会进程中崭露出来的富于积极和进

步的潮头，或是负面的倾向，不仅去发现它、提出它、判定它，还要推动它、纠正它、承担它，从而主动且积极地去引领文化的走向。有一种流行于中国西北的民间歌曲——花儿。由于它是普通民众用来传递情感，表达爱意的歌曲，音调比较浪漫，用词比较直露，被人们称作野曲，不上大雅之堂，旧时鲜有文字记载。在牙含章之前，尽管花儿在河州地方，流传千年，人人皆知，但当地的文人学士没有一个人去记录、整理和研究它。少年时的他却发现这是人民的心声，其中洋溢着饱满的生命气息蕴藏着深厚和丰富的文化内涵。他便自觉地去搜集整理，并进行研究，写出了他的第一部著作《花儿再序》，正确阐释了这种文化的特质和社会意义，他亦成为当地知识分子中第一个研究花儿的人。

（三）牙含章是一个具有独立思想和自由精神的人

自由精神是创作的源泉，文化产生在自由的土壤。牙含章最大的长处就在于此。在学术研究上他始终坚持独立的思想，能够深刻把握自己的理论认知，勇敢维护自己的理论创造，而不被外部力量所动摇，在多次的理论风浪中能够站稳脚跟，坚守自己的学术阵地。

20世纪60年代，关于民族形成问题讨论中，只有他一个人敢于指出"斯大林的民族理论是有缺点的"。为了纠正这一缺点，他通读了马恩列斯的全部著作，进行刻苦研究，并与抱着错误观点的人顽强抗争。有人认为牙含章这样做，是在"太岁头上动土"，为此遭到贬谪和外放。但是，他的精神追求和心灵自由具有野草般的坚韧和顽强，他没有屈服过权威，也没有动摇过信念。这是因为在他的内心中，始终有一块孕育文化树苗的自由土壤，且立有一株不可摧毁的信念之树。这是牙含章铸就他辉煌文化人生的根本原因，也是成就学术研究具有鲜明个性和坚实力量的根本原因。

（四）牙含章是一位有着明确不移的志向，坚忍不拔的毅力且执着前行的勇者

第一次大革命失败后，在爆发的民族动乱和失去亲人的痛苦中，他立志研究民族问题，要找出一条解决民族问题的正确道路。为此，他以惊人的毅

力，刻苦学习，勤奋研究，以非凡的胆略，打破一些所谓的"理论"禁区，以自己的学术成就，为成功解决民族问题做出了不可磨灭的贡献。撰写大量的文稿，据统计，从 1958 年到 1964 年，他在全国各报上发表的文章有 30 篇之多，这对一位身患病症的人来说，何等繁重的脑力劳动。1978 年重回民族研究所工作时，他已经是 62 岁的老人。1978 年到 1989 年的 10 年岁月，是他拼命工作的十年，这期间他完成了 200 余万字的学术论著。1979 年 7 月出版了 7 万余字的《西藏历史的新篇章》，1980 年 9 月出版了 5 万多字的《民族形成问题研究》，1984 年 9 月增订重版了 26 万字的《达赖喇嘛传》，同年 11 月出版了 25 万余字的《民族问题与宗教问题》，1987 年 11 月出版了 28 万字的《班禅额尔德尼传》，1989 年 8 月主编了 100 余万字的《中国无神论史》。期间，还完成了数十篇重要论文，以及担任中国大百科全书《民族卷》副主编所承担的所有编稿和撰稿任务。同时，还担任中国民族理论研究会会长等 20 多个义务的社会学术团体的职务，参加大量的学术活动。"牙含章同志工作是如此的繁忙，但凡是见过他的人，从不曾见他显出过疲倦的样子。他徒步上下楼梯，在街上走路的速度也不让年轻人，根本不像个曾经因鼻癌和厄运较量多次的人，这无疑同他那'乐天派'的性格有关，就是他在处境恶劣的时候，人们也难得看到他脸上有多少愁云。"[1]

对于牙含章来说，生命既不是享福，也不是受苦，而是一种责任，是为了实现理想，而完成的使命。人生中的无数个艰难岁月成就了牙含章，这基于他一生的勤奋好学和不断进取。他虽然没有接受过高等教育，但他的学术背景和学术底子非常深厚。在他的艰难跋涉中，在他的辛苦和劳累中，在他的成就和辉煌中，人们会得到他的思想的启迪和精神的鼓励。牙含章所具有的，是中华民族优秀文化哺育和滋养下，成长起来的中华民族的奋斗精神，是这种民族精神所激发出来的拼搏精神与创造精神。

---

①穆杨：《牙含章和〈达赖喇嘛传〉》，《人民日报》1985 年 10 月 29 日海外版。

（五）牙含章清正廉洁，不慕高位，不求富贵，甘愿摒弃物欲的清贫者

牙含章一生始终保持着一个普通人的简单朴素的生活。1985 年夏天，我第一次见到他时，他的艰苦朴素的作风给了我极深刻的印象。他的寓所在一幢普通的机关家属楼里，不大的居室中，有一个狭小的书房，装满书籍的两个书橱占去了房间一大块地方。他写作的一个小书桌上，堆满了资料和书稿，他的一把藤椅已经很旧了，松开的藤条和散开的竹篾，被塑料带捆绑着，靠墙有一张供午休的小床，放着一套洗得很干净的旧被褥。作为 1938 年参加革命并在中共中央机关工作多年的老同志，在我们祖国的解放事业中做出过重大贡献，又是我国当代著名的社会学家，其工作、生活状况竟如此简单朴素，是我们绝对没有想到的。据我所知，他走过苦难的道路，但没有过过贫穷的生活。他所表现出的俭朴，体现着中华民族的优秀传统品格。正如他的同事史金波所写的，他一贯严以律己、清正廉洁、生活简朴。应当看到，牙含章勤于工作，俭于生活，决不是一种生活方式，而是一种生活的态度，是他的思想意识、道德情操、精神境界和文化追求的具体表现。因为他不为物欲所惑，故无欲则刚，不为利害所移，不为权势所曲，始终坚持自己的理想，坚守自己的信念，坚定自己的立场，实践自己的主张。这是他深厚的文化素养和高洁的人生追求的文化呈现，是他广大视野和务实作风的人生态度，也是他能够为党和国家、人民做出巨大贡献的动力来源。

人生是一次华丽的探险，梦想指引方向，也由梦想产生跋涉的力量。纵观牙含章的一生，他之所以生命不息，奋斗不止，白天上班忙工作，夜晚休息忙写作，几十年如一日，出色完成党和国家交给职责任务，同时还有十几部学术著作面世，而且涉及多学科，多领域，这是难以想象的。关键是他始终保持着理想和信念，使思想和行动能够高度统一，才有如此宏伟的革命贡献和学术成就。

牙含章志存高远的视野，不畏艰险的勇气，艰苦奋斗的作风，乐观豁达的心态，所表现出的对人生的理解和追求，应该成为我们仰望的星空和努力攀登的高峰。

二、文献辑要

（一）有关第一章《花儿再序》文献（以出版、印刷时间为序，下同）

1. 张亚雄著《花儿集》，重庆青年书店印行，民国二十九年（1940年）一月初版。该书有三处写明牙含章对花儿的研究，照录如下：

①该书第七章"花儿的派别及结构"之下有这样一段话："花儿再序，作于民国二十五年十一月，对于花儿的派别及结构，叙述颇详。当时我在甘肃《民国日报》编副刊，牙含章先生自拉卜楞来信云：'这里来给先生告诉些陇上花儿的事情。不过以一个河州人的见闻，而遍论三陇花儿的概况，疏漏之处，在所不免，尚祈原谅！'云云，斋主的信，包括了许多可宝贵的材料，编者为隐括其意，编次为《花儿再序》。"

②该书第九章"采风录"第四篇"论抄录山歌"中作者写到："冀达斋主自拉卜楞军次寄来河州花儿一百余首，字斟句酌，都经过了苦心抉择的工夫。他同情于致力民间风俗习惯，野曲方言的工作，所以他抄来的东西，也极能保存花儿的本来面目。他说敝邑（指河州）野曲，多为男女合唱，随时随地皆可为唱歌的场所。即在操作时间，只要口齿有暇，便是对唱的时机，所有的曲子，都是一唱一和，没有单独歌唱的。比如男子唱道：

仁贵征东不征西，没知道杨满堂反的。

我心里没有丢你的意，没知道你丢下我的！

女的便对唱如下：

三个石头支罗锅，三个人浪花园里哩。

你丢我的心甭想，我丢了你，对太阳发的个愿哩！

冀达斋主所录花儿，略以'杨家将'、'三国'、'清朝'、'十二月'、'五更'、'野花儿'分别次第。

冀达斋主自拉卜楞寄来花儿百余首，兹举一首如下：

拉卜楞寺院是一只船，马莲滩，长石头好比个桨杆。

日子多了心要变，人情上再等上两年。

③该书第十章"杂话花儿"第五节"关于注释的话"中，张亚雄称：牙含章先生给编者的信，有一段对几个地名煞费考证，这种考证，我们是极为需要的。现在把它照抄下来：

前见先生登在《民国日报》（九月十八日）上绮丽的月令曲中有一首花儿道："太子山高了者尖对尖，雨打了米粮川了。"这一首花儿中的"米粮川"，原注称在太子山跟前，现名"柳沟滩"等语。又说太子山顶上有乌山池，池神为常遇春，"雨打了米粮川了"的故事，大概与乌山池的神有些纠葛等语。因为先生对于方志一方面也很注意，故将上述的错误校正如后，以备参考。

查太子山现属和政县，距县城约三十里。山的表面完全是尖哨的石壁。上面草木不生。山为火焰形，山顶甚尖，虽猎者不能攀登，何从有池？更何从求雨？其说未免附会传讹。和政有首花儿：

万挂石崖的太子山，白云在半腰里哩。

远远来了者没见下面，难心者怎回去哩？

这就是形容该山的高峻。至于乌山池的一说，太子山上并没有乌山池。按照前注的推测，当是河州西乡鸡窝山上的"五山池"。每当天旱的时候，官绅们上山祈雨。池水澄清，四周野花遍地。花儿中唱道：

五山池边的紫牡丹，黄菊花赛金莲哩。

头顶上香盘者喊老天，多藏者成婚缘哩？

于此可见当地花草的茂盛，五山池中，相传有"五山爷"，庙里供"感应五山大王之位"的牌位，是否常遇春则不知。

至于"米粮川"的这个名词，不但太子山根里没有，而且河州全境也没有。河州志上也未载其地。原注说是原名"柳沟滩"，也没有这样一个地方；不过太子山根却有一"柳梅滩"，相传当时遍滩柳梅，每当落英缤纷之时，身入其中，恍若世外桃源。因此有人爱好风景，卜居其间，现在已有人家十数户。梅柳风景虽成过去，可是地方还叫柳梅滩。

真正的米粮川不知在什么地方，不过花儿中有这样一首：

凉州不凉的米粮川，兰州城有一个五泉。

大嫂子好比个藏金莲，二嫂子好比个牡丹。

照这花儿推测，米粮川大概在河西一带。与太子山无干，就是受了雨灾，也和五山池的神没有关系。

牙含章先生此段考证，引经据典，皆以花儿为证，可谓渊博。如牙先生者，为编者帮忙不少。

2. 临夏回族自治州文联编《河州》1987 年第 1 期，魏泉鸣《抗战前后的花儿研究及其特征》，文章根据张亚雄著《花儿集》的提示，比较详细地摘引了张亚雄同牙含章讨论花儿的几段文字，介绍了牙含章早在上世纪 30 年代搜集和研究花儿的概况，为正确评价牙含章的花儿学观点及确定他在花儿学研究史上的地位，提供了有力的佐证。这篇文章后收入魏泉鸣著《花儿新论》一书（敦煌文艺出版社 1991 年 8 月第 1 版）。

3. 中共甘肃省委党史资料征集研究委员会编《甘肃党史资料》（大革命时期的甘肃地下党）第四辑，1988 年 3 月印。中共临夏州委党史资料征集办公室《大革命时期的中共导河特支》节文：中共导河特支在进行革命鼓动工作的同时，在凤林高等学堂建立了革命青年的进步组织——青年社。入社的有鲁成明、魏秉仁、李建章、胡廷宝、牙鸿伟（牙含章）、王彦昇、刘应虎、杨定仁、刘盛文，小学教员邓豪杰等。青年社成立会上，胡廷珍到会讲了话，他介绍了北伐战争发展的形势，号召青年们"以俄为师"，学习马克思主义理论，积极参加反帝反封建的国民革命。青年社的学习教育工作主要由李印平主持，他不定期地多次给青年社社员讲授唯物史观和社会发展史，启发青年们对共产主义的思想认识。特支成员杨松轩还组织杨定仁等人编演文艺节目，开展革命宣传。1927 年五一国际劳动节时，青年社在临夏陕山会馆演出了小话剧"斗地主"，使地主豪绅感到惶恐，各族群众耳目一新（第 44 页）。

鲁练如、鲁子俊《临夏"青年社"活动的回忆》节文：胡廷珍以国民党甘肃省党部特派员的身份，赴河州（今临夏）视察工作期间，叫我们到河州凤林高等学堂（杨公祠）学习。我记得参加学习的有魏秉仁、李建章、胡廷宝（胡廷珍弟）、牙鸿伟（牙含章）、王砚生、刘应虎等10余人，教员有邓豪杰。学习刚开始时，胡廷珍说："今天你们参加学习后，就是'青年社'的社员了……"不久，李大钊同志被国民党杀害的消息传来，导河特支在河州东关庙召开了李大钊同志的追悼大会，我们这些学生身着蓝衣、脚穿白鞋、左臂佩青纱，参加了追悼会。胡廷珍在会上送了"李大钊同志精神不死"的白布横额挽幛。机关、学校及其他单位送的挽联、挽幛，挂满了东关庙壁，国民军驻河州部队的官兵也左臂佩带青纱参加了追悼会。大会由导河县教育局长鲁效祖主持，因他不明共产党活动内幕，说话语无伦次。胡廷珍在会上讲了李大钊同志的生平事迹，宣传了共产主义，号召家乡人民学习李大钊的精神，投身革命事业，向军阀进行斗争。我们"青年社"的学生及桑梓父老受到了一次革命思想教育。追悼会后，胡廷珍回兰州去了，"青年社"的活动，由导河特支成员杨松轩领导。他和杨定仁等同志组织排演节目，曾在"五一"节演出过一场"斗地主"的话剧。当时参加演出的有牙鸿伟（牙含章）、王砚生、刘应虎和刘应弼（不到10岁饰演地主儿子）等。这些节目宣传了新民主主义革命和共产主义思想。后来，国民党疯狂搜捕共产党人，杨松轩和傅琇父亲被捕，杨松轩在解往兰州途中，光着脚，随在解差马后步行。历程二日到达兰州时，脚血肉模糊，脚痛不堪。此后，河州"导河青年社"的活动也就停止了。（第253页）。

4. 王沛著《河州花儿研究》，兰州大学出版社1992年7月第1版，该书第十章"花儿的搜集、研究和创作"中，论述到牙含章当年搜集、研究和撰写花儿著作的情况。

5. 甘肃省民族事务委员会（省宗教局）《甘肃民族宗教》编辑部编《甘肃民族宗教》1998年春季刊，刘凯：《牙含章与"花儿"》。

6.《牙氏族谱》编辑委员会编，牙国高、牙运隆主编《牙氏族谱（英公世系)》，2000 年 2 月，广西东兰县牙氏族人内部印行。据该族谱考证：牙氏远古鼻祖为汉大将军韩信，韩信被吕后杀害后族人四散。牙氏近古始祖为明朝御史官韩美士（又名韩流秀）先居山东，后移河南南阳。韩美士生有英、雄、俊、杰四子，皆为文武之才。明成化六年（1471 年），朝廷令都御史韩雍赴广西剿匪，韩英四兄弟随军南下，遂居留广西。明弘治年间（1488—1504 年），转至东兰州长江哨大黄石板榄村（今广西东兰县长江乡三堂村），时板榄村有数户牙姓人家，称明时自南阳徙之，因来自同一故乡，英公兄弟遂与牙姓杀鸡饮血，盟结同宗，韩姓易为牙姓。和政牙家嘴这一支牙姓，系韩英后裔，即英公世系。和政牙姓何时何因迁居河州，族谱无考。族谱将和政牙氏列为英公世系，载有："现代名人牙含章简介"，并刊登牙含章复广西牙氏族人来函征稿的信件一封，及牙含章本人照片一帧。

信件原文如下：

牙国高同志：

来函敬悉。从来信又结识了咱们同姓的一位朋友，我很高兴。将来如有机会，我一定到广西去一次，看望咱们同姓的朋友，希望这个愿望能够实现。因为到现在为止，我只知道甘肃和广西有姓牙的人，其他省份还未发现。甘肃姓牙的人很少，没有广西多。也不知最初是从那里迁移来的。随信送上我的"自传"一份，照片一张，留个纪念，也算是"自我介绍"吧。

此复并祝

近好！

牙含章

1984.4.26

7. 甘肃省民族研究所编《甘肃民族》2004 年第 4 期，郭正清：《牙含章对花儿的研究》。

8. 甘肃省民族研究所编《甘肃民族》2005 年第 3、4 期，郭正清《牙含章花儿著述校稿》一文辨析恢复了牙含章的论著《花儿再序》，及搜集的六部叙事花儿和一百多首散花儿。

9. 临夏回族自治州文联编《河州》2005 年 3、4 期合刊,郭正清《牙含章先生和他的学术活动》。

10. 魏泉鸣著《中国"花儿"学史纲》,甘肃人民出版社 2005 年 9 月第 1 版,书中有三个地方叙述牙含章的花儿学研究成果:(1) 该书第四章第一节专论牙含章的花儿研究。(2) 牙含章给魏泉鸣的一封信。(3) 牙含章学术简历。

这封信的原文如下:

魏泉鸣同志:

我从《花儿》(实为《河州》,是含章先生的笔误——魏著)1987 年第一期上,拜读了你的大作《抗日前后的花儿研究及其特征》一文,提到 1936 年我和张亚雄先生合作研究花儿的一些往事,这里涉及我想搞清而至今没有搞清的一个问题。而这个问题的搞清,对你现在正在从事的抗战前后花儿研究的进一步深入也有好处。因此,冒昧地给你写这封信。

我当时并不认识张亚雄先生,但从甘肃《民国日报》上看到他正在从事花儿的收集与研究,认为这是具有一定进步意义的好事。为了促使他对花儿的研究逐步深入,并使他的《花儿集》早日能和读者见面,除了和他有些信件来往之外,特别写了一篇论述花儿的文章,题为"花儿再序",署名为"冀达斋主"。当时公开发表在甘肃《民国日报》的副刊上,时间在 1936 年 11 月。因为文章较长,在甘肃《民国日报》的副刊上连续登了好几天(这是半个世纪以前的文章,我不可能把文稿保存下来)。

后来,抗日战争爆发了,我和张亚雄先生就失去了联系。1949 年甘肃解放时,党派我回到故乡——河州工作,才从一个朋友处看到张亚雄先生的《花儿集》,前言是他自己写的,时间是 1939 年 6 月 10 日,地方在重庆。因为书的封面与封底均已损失,不知是那个书店出版的。从友人处了解，似乎是由国民党办的正中书局出版的。

在《花儿集》"上编"的第七部分，题为"花儿的派别及结构"，全文刊用了拙作《花儿再序》，也证明是根据我的"来信"，"编者隐括其意，编次为花儿再序"。这部分文章除刊用了拙作《花儿再序》的全文之外，张亚雄先生也增加了他自己的若干论点，大约我的原文占篇幅的十分之八，他的文章约占十分之二。经过他的修改，就不完全是我的文章的本来面目了。

前几年，经过曲子贞同志的介绍，我才认识了张亚雄先生，我仍继续支持他原来从事的花儿研究工作，因为现在的条件比那时有了根本的变化，他的《花儿集》已由中国文联出版公司1986年出版了新的版本。我曾写信给他，想看看未经过他修改的当年我写的《花儿再序》的原文，他回信说，原文已遗失了。我又托人到兰州图书馆查找，也未找到1936年的旧报。最近我读了你的大作以后，对查找花儿研究历史上的这份原始材料，又产生了一些希望，我想你正在研究抗战前后的花儿历史，可能看到我写的那篇文章的原作，或者可能提供一些查找这份原始材料的线索。希望得到你的答复，并盼告诉你的通讯地址，以便今后直接联系。

我的通讯地址是：北京西郊中国社会科学院民族研究所。

此致

敬礼

牙含章

1987.4.26

11. 乔建中著《土地与歌》（修订版），上海音乐学院出版社2009年9月。该书对张亚雄《花儿集》第七章"花儿的派别及结构"，即牙含章《花儿再序》之文，作了评价，认为它涉及的有关花儿的几个理论问题，有极高的学术价值。

12. 谢承华：《忆牙含章先生有关花儿的来信前后》（2012年5月）。

13. 甘肃文联编《甘肃文艺》2012 年第 6 期，载郭正清文章《牙含章与张亚雄的花儿之交》，叙述了上世纪三十年代，牙含章和张亚雄合作研究花儿的情况。

14. 滕晓天、井石主编《青海花儿辞典》，青海人民出版社 2013 年 12 月第 1 版第 411 页，《牙含章》词条。简略介绍了牙含章的生平及上世纪三十年代调查整理和研究花儿的情况。

15. 滕晓天：《浅谈牙含章先生执著的花儿情结》（2016 年 3 月 3 日）。

16. 王沛：《中国花儿学派的先行者——简论牙含章花儿研究的学术价值》（2016 年 6 月 10 日）

（二）有关第二章《青藏调查记》文献

1. 中国人民政治协商会议甘肃省委员会文史资料委员会编《甘肃文史资料选辑》第 30 辑《黄正清与五世嘉木样》（黄正清口述，师纶记录整理，甘肃人民出版社 1989 年 5 月第 1 版），该书第五世嘉木样简介中讲到 1937 年嘉木样进藏修经的路线和过程，涉及牙含章《青藏调查记》中的有关内容。

2. 甘肃民族研究所、甘肃省藏学研究所编《拉卜楞寺与黄氏家族》（主编陈忠义、洲塔，甘肃民族出版社 1995 年 9 月第 1 版），该书《简论五世嘉木样》《黄正清回忆录》等章节叙述到五世嘉木样进藏修经的情况。

3. 扎扎著《拉卜楞寺的社会政教关系》，青海民族出版社 2002 年 12 月第 1 版。其中叙述到第五世嘉木样进藏修经的历史背景及经过。

4. 宗喀·漾正冈布等著《内地旅行者眼中的拉卜楞》，甘肃民族出版社 2010 年 11 月第 1 版。韩雪梅《牙含章：从拉卜楞的学生娃成长为中国红色藏学家》，详细叙述了牙含章于 1928—1936 年在拉卜楞寺院的学经生活和工作情况。

（三）有关第三章《回回民族问题》文献

1. 李维汉著《回忆与研究》，中共党史资料出版社 1986 年 4 月第 1 版。"中央西北工作委员会和少数民族工作"一章，有 4 个地方记载延安西工委时期牙含章工作情况。

①六届六中全会以后，中央决定成立几个中央工作委员会，分担党中央的部分工作，其中有中央西北工作委员会，以主持西北地区陕甘宁边区以外的陕、甘、宁、青、新、蒙各省地下党的工作，尤其是少数民族工作。中央西北工作委员会（以下简称西工委）成立于一九三九年初，书记由洛甫兼，我是秘书长。委员中我现在记得的有洛甫、李富春、王若飞、邓发、高岗、贾拓夫、陈铁铮（孔原）和我，共十几个人。洛甫不管具体事，实际工作是我从陕北公学分校返回延安后开始的，日常事务由我和贾拓夫负责处理，重要的问题向洛甫报告请示。西工委的工作人员有：刘春、牙含章（马尔撒）、张光天、刘庚、何承华、何长庆、周仁山、王铎、朱侠夫（塞农）、孔飞、谷敬、秦毅、陈洪、郑义、沈遐熙、谢华等。（第452页）

②为了加强对民族问题的研究工作，西工委专门设立了民族问题研究室，对少数民族，重点是对抗日战争和陕甘宁边区有直接影响的蒙古和回回两个民族的历史、政治、经济、文化等情况进行调查研究，作出合乎实际的结论，为党中央制订民族政策提供科学的依据。民族问题研究室由刘春负责，下设两个研究组：回回民族问题研究组，牙含章、秦毅、朱侠夫等参加；蒙古民族问题研究组，王铎、孔飞、周仁山等参加。（第453页）

③为了推动陕甘宁边区回民的抗日救亡运动，积极参加抗战工作，促进边区回民文化，一九四〇年一月，由西工委组织八路军政治部金浪白，马列学院马文良，中央党校马青年、王占魁、王谦、苏汝智，西工委牙含章，以及女大的苏冰等，共同发起"延安回民救国协会"。二月二十六日，举行"延安回民救国协会"成立大会，到会的有在延安的全体回民，以及邓发、李卓然、徐以新和边区政府的代表等。这次成立大会是边区少数民族建立自己抗日组织的一大盛举。（第461页）

④关于回民文化促进会。与蒙古文化促进会同时进行筹备。筹备委员有：谢觉哉、罗迈、张仲实、艾思奇、莫文骅、马阿訇、马青年、贾拓夫、刘春、马文良、鲜维峻、金浪白、马寅、牙含章、吴玉章、邓发、林伯渠、高岗、李富春、肖劲光、周扬、丁玲、王若飞、吕骥、张邦英、曹轶欧、曹力如、

刘景范、胡乔木、柯敬施、赵毅敏、金茂岳、杜矢甲、习仲勋、马文瑞、白志民、王维舟、马海德、苏冰等。回民文化促进会成立大会与中国回教救国协会陕甘宁边区分会同时召开，选举林伯渠、高岗、谢觉哉、周扬、张仲实和延安的马阿訇、定边的马阿訇、三岔的马阿訇、关中的马阿訇等三十余人为理事。（第464页）

2. 中共甘肃省委党史资料征集研究委员会编《甘肃党史资料》（抗战时期的甘肃地下党）第五辑，约1988年下半年印。该书载中共甘肃省委于1981年1月25日批转中共甘肃省委组织部1981年1月20日《关于为甘肃地下党平反的请示报告》，省委同意省委组织部的以上请示报告，指示：转发各地，请向全体党员转达，并做好有关人员的平反工作。

请示报告指出：

1943年延安"抢救运动"一开始，康生首先对在兰州入党，当时在中央社会部工作的张克勤（樊大畏）同志刑讯逼供，戴上"特务"帽子，诬陷甘肃地下党是"红旗党"。后又将在延安和陕甘宁边区工作的孙作宾、陈成义、陆云龙（当时被迫害致死）、魏子义、乔映淮、陈超群、杨静仁、李铁轮、鲜维俊、罗杨实、王实先、郑重远、赵子明、贺进民、高陇生、霍流、刘杰、王冰、陈瑞、高炳明、段沅、陈裕源、蔡炯、鲁平、窦志安、张生强、刘雨村、张友三、牙含章、王君朗、万良才等30多人逮捕关押，刑讯逼供，打成"特务"。同时，对在西北党校学习的高健君、金少伯、张重鸣（苏星）等同志，也进行了批斗审查。康生还在延安中直"抢救失足者大会"上，大讲所谓"张克勤事件"，造成了恶劣的影响。以后在中央的干预下，对被诬陷的同志经过逐个甄别，全部作了否定的结论，个人问题已经解决，但康生强加给甘肃地下党的所谓"红旗党"这一莫须有的罪名，始终没有公开宣布平反。"文化大革命"中，康生一伙又给甘肃地下党强加上各种罪名，致使不少同志又惨遭迫害，有的同志被打成"叛徒"、"特务"、"反革命分子"，有的被迫害致残、致死，这是康生一伙制造所谓"红旗党"罪恶的继续。

为了拨乱反正，正本清源，恢复甘肃地下党光荣历史的本来面目，我们意见：彻底推倒康生一伙强加给甘肃地下党的一切诬蔑不实之词，公开平反，恢复名誉。凡因此受到打击迫害的同志，应由本人所在单位党委做出平反结论，过去所作结论不符合上述精神的，应予纠正。过去形成的材料，予以清理。对迫害致死致残的同志，要做好善后工作。本人在地下工作期间有其他重大问题的，是什么问题就按什么问题结论处理。

3. 宁夏社会科学院回族研究编辑部编《回族研究》2001 年第 4 期，王伏平文《西工委与〈回回民族问题〉——纪念〈回回民族问题〉出版 60 周年》，对抗战时期党中央在陕甘宁边区成立的中央西北工作委员会（简称西工委）的工作情况，进行了简要的介绍，并详细论述了西工委领导下，民族问题研究所编写的《回回民族问题》一书的内容，和该书出版的重要意义和历史影响。

4.《中国民族报》2006 年 6 月 23 日，孙雅丽：《苏冰：我一生中的几个重要瞬间》，回忆牙含章在抗战时期在延安中央党校工作情况，以及牙含章与马文良、苏冰等发起组织延安回民救国协会。

5. 中共甘肃省委党史研究室编《周仁山同志诞辰百年纪念文集》，2014 年 6 月印。其中周仁山回忆文章《延安时期的民族政策和民族工作》，谈到牙含章在编写《回回民族问题》一书中承担和完成的工作任务。

（四）有关第四章《陇右地下斗争》文献

1. 临夏分区行政督察专员公署布告：奉陕甘宁边区政府令，临夏分区专员鲁瑞林，副专员曹毅先另有任用，应予免职，委任牙含章为临夏分区行政督察专员，张乐山为第一副专员，王治国为第二副专员，尅日到职视事，除呈报并分令外，仰我全体军民一体周知此布。专员：牙含章，副专员：张乐山、王治国，1949 年 11 月 20 日。

2.《甘肃日报》1981 年 10 月 16 日，穆珍、元祥《牙含章给家乡捐款》报道：甘肃人民出版社出版牙含章撰写的革命回忆录《陇右地下斗争》一书后，他把所得的一千元稿费捐给了家乡。牙含章在给买家集公社党委的信中说："希望用此款给家乡的社会主义建设事业做点好事。钱数虽不多，但它表示了我对家乡的回、汉父老、兄弟、姐妹们的一片热爱感情"。公社党委经过研究，决定把这笔钱用在文化福利事业上，为公社文化站添置一些必要的设施。

3. 中共甘肃省委文件（省委发〔1982〕57 号）《关于对一九四三年甘肃南部农民起义有关问题的通知》，批转 1981 年 9 月 23 日《关于 1943 年甘肃南部农民起义问题座谈会纪要》。这次会议是省委于 1981 年 9 月 11 日至 23 日召开，由省委副书记杨植霖和省委统战部长王世杰主持，1943 年前后中共甘肃工委和陇右工委的负责人及工作人员孙作宾、陈致中、牙含章等 17 人参加，对1943 年甘肃南部各县农民起义（习惯称"甘南民变"）的性质、领导和主要领导人功过是非等问题作出了明确结论。

4. 刘敬儒《地下斗争回忆》（1982 年 5 月撰稿），记载了牙含章在陇右地下斗争时期，1947—1949 年在兰州的革命活动。

5. 中共甘肃省委党史研究室编《甘肃党史资料》第一辑，甘肃省人民出版社 1984 年 7 月第 1 版。杨友柏《回忆陇右地下斗争时期的高健君同志》一文详细叙述了高健君和牙含章进入陇右开展地下斗争的情况。

6. 陈仁川、刘玉编文，苏朗绘画《肋巴佛起义》（连环画），甘肃人民出版社 1984 年 10 月第 1 版。该书以图画形式表现了牙含章介绍肋巴佛加入中国共产党，并护送其赴延安学习的情况。

7. 郭山吉《牙含章谈临夏情况》，（1987 年 5 月 25 日撰稿）。《临夏州志》副编审郭山吉于 1987 年 5 月 25 日，到北京采访牙含章，请他谈了 1949 年 9 月到临夏，1950 年 6 月离开临夏这期间的工作情况。并请牙含章题词："实现民族平等，民族团结，互助合作，共同繁荣，建设幸福的新河州。牙含章，1987 年 5 月 25 日。"并为牙含章拍照一帧。

8. 中共甘肃省委统战部编、胡国兴执行主编《甘肃统战史略》，甘肃人民出版社 1988 年 5 月第 1 版。该书第四章：解放战争时期各地下工委的统战工作，对牙含章作为负责人之一的陇右工委的统战工作，作了总结和评价。

9. 杨友柏著《鏖战陇右》，1988 年 5 月，内部资料印行。详细回忆陇右工委开展陇右地下斗争始末。

10. 中共甘肃省委党史研究室编《甘肃党史资料》（解放战争时期的甘肃地下党）第六辑，1989 年 4 月印。

档案资料：①西北局对目前国民党区工作紧急指示（1946 年 6 月 5 日）。②关于甘肃工作讨论记录整理（1946 年 7 月 24 日讨论，参加人：仲勋、德生、文瑞、作宾、范明、严克伦、胡达民）。③朱（敏）致习马张孙电（1946 年 10 月 16 日）。④西北局讨论甘肃工作的记录（1946 年 12 月 8 日至 11 日）。⑤关于甘肃回民工作问题（甘肃工委座谈会记录，1947 年 6 月 14 日）。⑥讨论甘肃工作（参加人：马文瑞、李合邦、李培福、赵怀璧、孙作宾等，1948 年 4 月 23 日）。⑦孙作宾给习仲勋的信——工作成绩和缺点、干部问题及任谦的情况汇报（1948 年 5 月 4 日）。⑧西北局对甘肃工作指示（1948 年 11 月 13 日）。⑨敌区工作会议通知（1948 年 11 月 15 日）。⑩甘工委座谈西北局对甘肃工作的指示（时间：1948 年 11 月 28 日至 29 日；地点：华池县元城子；参加人：孙作宾、任达、张可夫、李义祥、方刚、张友三等）。⑪西北局复甘工委电（1949 年 5 月 2 日）。⑫兰州工作报告（1949 年 5 月 21 日）。⑬甘工委关于陇右工委工作座谈意见（1949 年 5 月 25 日）。⑭西北局对目前甘肃工作的指示（1949 年 6 月）。⑮西北局关于甘肃干部配备以及行政区划的决定（1949 年 7 月 26 日）。⑯马尔沙关于陇右工作的简要报告（1949 年 9 月 1 日）。⑰陇右工委的工作报告（1949 年 9 月 19 日）。

回忆录：①孙作宾《峥嵘岁月——忆甘肃地下党的斗争》。②陈致中《我在陇右工委的片段回忆》。③高剑（健）君、康明德（牙含章）、杨重义（万良才）《纪念陇右死难的烈士们》。④天水地委党史资料征集办公室《沈遏熙同志谈陇南地下党的组建及主要活动情况》。

照片资料：我地下工作者陇右工委委员牙含章用过的公文包。

从以上档案、回忆录析出牙含章革命工作史料如下：

1946 年 10 月 16 日，朱（敏）致习（仲勋）马（文瑞）张（德生）孙（作宾）电："丁：方刚（高健君）、马尔沙（牙含章）、马荣、马永祥十五日

去王仲甲处。"（第 214 页）

1947 年 2 月 22 日，中共陇渭支部正式成立，由郭化如任支部书记、高健君、万良才、牙含章、毛得功、杨友柏为委员。（第 8 页）

1948 年 8、9 月间，甘工委派牙含章作为交通员到张家川同沈遐熙合作，准备配合王震部队开展关山一带的游击活动，建立陇南根据地。后该方案撤销，牙含章撤回陇渭。（第 583 页）

同年 11 月 13 日，西北局指示甘工委"向河州回民区发展"。根据这个指示，陇右工委决定马尔沙同志（牙含章）负责临洮城与兰州市和河州等地的工作。（第 184 页）

同月 29 日，甘工委座谈西北局对甘肃工作的指示的会议上决定马尔沙（牙含章）为陇右工委委员。（第 248 页）

1949 年 5 月 21 日，马尔沙（牙含章）与窦志安碰头，把牙含章在兰州发展的地下党员和支部工作调整为皋榆工委负责。（第 370 页）

同月 25 日，甘工委根据工委交通员张建国的情报："马尔沙（牙含章）搞兰州工作，发展党员五十多个。马尔沙（牙含章）住兰州，可能找到一些河州的线索，可是经常住在那里不好，住在陇渭亦可接到那里的关系，所以马可以回来"，发出"关于陇右工委工作座谈意见"："马尔沙不要住兰州回到陇右，少数民族工作，首先是藏民工作马要负责"。（第 344 页）

6 月 15 日，甘工委书记孙作宾给彭（德怀）、贺（龙）、习（仲勋）报告提出："陇右工委有开辟藏番民工作任务"。（第 272 页）

7 月 26 日，西北局《关于甘肃干部配备以及行政区划的决定》，决定马尔沙（牙含章）任临夏分区专员。（第 200 页）

9 月 1 日，马尔沙（牙含章）给张德生、孙作宾上报《关于陇右工作的简要报告》。（第 348 页）

同月 19 日，《陇右工委的工作报告》提出工委委员分工：马尔沙任陇右人民游击队副政委。（第 355 页）

11. 中共临夏州委党史研究室编，主编赵树德、副主编刘仁谦《中国共产党在临夏七十年》，甘肃人民出版社 1995 年 10 月第 1 版。

1927 年 4 月下旬，中共甘肃特支书记胡廷珍，以国民党甘肃省党部特派员身份到临夏视察。在此期间，胡廷珍秘密同驻军所属政治部主任、共产党员李印平等取得联系，建立了临夏第一个党组织—中共导河特别支部。同期，在中共导河特支领导下，在临夏凤林高等学堂成立了导河青年社，负责人李印平，成员有牙鸿伟（牙含章）等人。

1949 年 7 月 25 日，中共中央西北局批准确定甘肃行政区，并任命各分区领导。其中，中共临夏地委杨和亭任书记，马尔沙（牙含章）任临夏专员公署专员。（第 62 页）

同年 8 月 4 日，中共中央西北局电报通知中共临夏地委组成人员：杨和亭任书记，白凤章、聂景德、高兆富、霍如瑄、马尔沙（牙含章）、李仲英、高诗德为委员。（第 62 页）

同月 8 日，为配合人民解放军解放整个陇右地区，"陇右人民游击队"在陇西县文峰镇阴湾正式成立，毛德功任司令员，杨友柏任第一副司令员兼参谋长，肖焕章、夏尚忠分任第二、第三副司令；陈致中任政治委员、万良才、牙含章任副政治委员。（第 62 页）

15 日，陕甘宁边区政府命令：临夏分区辖临夏、和政、夏河、宁定、永靖、康乐、淘沙、临洮八县，任命马尔沙（牙含章）临夏分区行政督察专员。（第 63 页）

同日，临洮县解放，牙含章任中共临洮县临时县委书记。（第 63 页）

9 月 13 日，中共临夏地委召开分区全体干部会议，根据临夏分区特点，布置此后一段时间的工作任务。地委书记杨和亭、分区专员牙含章，分别主持会议并讲话。（第 73 页）

同月 20 日，陇右工委负责人、临夏分区专员牙含章及解放军六十二军一八六师五五六团政委张成礼、副团长刘光奇率兵一营，进驻夏河。（第 73 页）

21 日，在夏河拉卜楞柔扎塘召开上万人参加的群众大会，欢庆夏河解放，牙含章、霍德义、张成礼在大会上讲话。（第 73 页）

10 月上旬，临夏专属民族事务委员会成立，牙含章兼任主任。（第 73 页）

同月 14 日，临夏专属财政经济委员会成立，牙含章兼任主任。（第 73 页）

12 月 17 日，临夏分区成立"三马"（马鸿逵、马步青、马步芳），财产清理委员会，牙含章兼任主任。（第 77 页）

1950 年 5 月 22 日，甘肃省人民政府副主席王世泰视察临夏，临夏地委书记杨和亭、专员牙含章、十一师参谋长张伯达等前往大夏河迎接。（第 85 页）

同年 6 月上旬，牙含章离任，杨和亭兼任专员。（第 85 页）

12. 甘肃省临洮县志编纂委员会编《临洮县志》，甘肃人民出版社 2001 年 11 月第 1 版。该书第二章"中国共产党"，记载牙含章陇右地下斗争时期在临洮的工作情况：1947 年 4 月，牙含章和地下党员肖焕章到临洮，在窑店、衙下集、苟家滩、三甲、玉井、站滩、漫洼等地秘密发展党员，建立党的组织。同年 11 月建立中共临洮南乡区工作委员会。12 月在站滩、漫洼先后建立 13 个党支部，两个党总支。1949 年 4 月，建立了中共临洮城区工作委员会。5 月在白家湾建立中共临洮东乡区工作委员会。先后发展党员 1200 人。7 月我军第一野战军向甘肃挺进，牙含章组织临洮党组织做好迎接解放军的工作。8 月 17 日牙含章率陇右人民游击队在临洮城郊迎接解放大军入城，当日中共临洮县委成立，牙含章任临洮县委书记，组建县委、县政府机关，同时组织全城能工巧匠抢修洮河浮桥和康家崖渡口，保证解放军顺利渡过洮河；并组织临洮的地下党员和青年学生积极参军，支援解放青海和新疆。（第 477—488 页）

13. 牙伯琴《我的回忆》（2001 年 6 月撰稿），记载牙含章陇右斗争时期的工作。

14. 中共夏河县委党史资料征集办公室编《夏河县委党史资料》第一辑，1991 年 9 月准印证印行，内部使用。常秋英《我对地下党革命斗争的一点回

忆》；张子丰《我参加陇右地下党兰州联络站二三事》；张庆有《春蚕到死丝
方尽——牙含章生平述略》。这三篇文章回忆了牙含章在陇右地下斗争时期，
对夏河藏族上层人物黄正清进行统战工作的情况。

15. 中共甘肃省委党史研究室编著《中国共产党甘肃大事记》（1919.5—
1999.12），中央文献出版社 2002 年 4 月第 1 版。其中记载牙含章1946年—
1951年的革命经历。

16. 甘肃省地方志办公室编《甘肃史志》2010 年第 2 期，王运昌、王杰
《陇右地下斗争回忆》。该文作者之一王运昌系牙含章在甘肃地下斗争时期，
亲自发展的一个地下党员，并由牙指定担任党支部书记，王运昌以亲身经历，
回顾了那一段艰险的斗争环境中，牙含章大胆冷静开展地下工作的生动情景。

17.中共甘肃省委组织部编《中国共产党甘肃省组织史资料》第一卷
（1925.12—1987.10），中共党史出版社 2011 年 11 月第 1 版。其中收录牙含章
1946 年至 1951 年夏天，在甘肃党政部门任职情况。

18. 李晟 2016 年 3 月 2 日口述《解放前后陇右地方干部训练班从临洮迁
临夏的回忆》：1949 年 8 月 28 日，陇右工委负责人、临夏专署专员牙含章率
领从临洮抽调的地下党员和青年学生 50 多人作为第一批从临洮出发，9 月 3
日到达临夏东公馆。我所在的"陇右地方干部训练班"100 多人的学员队伍，
作为第二批 9 月 1 日从临洮出发，9 月 7 日到达临夏，第一天住东公馆，第二
天搬到尕校场临夏中学。

（五）有关第五章《班禅额尔德尼传》文献

1. 中共西藏工委《西藏工委通报习仲勋同志对西藏工作的几点意见》
（1952 年 12 月 16 日）印发昌都、三十九族、波密、日喀则、江孜等所有入藏
的干部战士学习，要求他们在工作中切实注意。

牙含章护送班禅到达拉萨后，即向中共西藏工委负责人张经武、张国华、
范明等，传达了习仲勋关于护送班禅及做好西藏统一战线工作的谈话记录
（当时牙含章记录为十条意见）。他们认为，习仲勋同志讲话非常正确，非常
重要。即以上述文件的形式发给有关单位传达、学习、贯彻。

2. 西藏自治区政协文史资料研究委员会编《西藏文史资料选辑》第八辑（1986 年 3 月，内部发行），乐于弘著《进藏日记摘抄》之二（1952 年元月 5 月 2 日）记载牙含章护送班禅到达拉萨的情况。

3.《中国藏学》1989 年第 2 期，吴丰培：《〈班禅额尔德尼传〉述评》。

4. 西藏自治区政协文史资料研究委员会编《西藏文史资料选辑》（怀念十世班禅副委员长专辑），1989 年 6 月印行。习仲勋《深切怀念中国共产党的忠诚朋友班禅大师》一文写到："1951 年 12 月 15 日，班禅大师自青海西宁返藏前夕，我受中央委托，代表毛主席、中央人民政府和西部军政委员会，专程赴西宁为他送行……我还根据中央的精神，向我们派去陪同班禅大师进藏的负责同志（指牙含章等）交代了两条：一是西藏一切工作都要贯彻慎重稳进的方针，条件不成熟的事不要办，上层爱国人士和领袖人物不同意的事不要办；二是西藏工作要以反帝爱国统一战线为主"。

5. 中共西藏自治区党史资料征集委员会编《中共西藏党史大事记（1949—1966）》，西藏人民出版社 1990 年 12 月第 1 版。其中 1951 年 1 月 30 日到 1957 年 3 月 5 日，有 18 个条文，记载牙含章西藏任职和工作的情况。

1951 年 1 月 30 日，中共中央统战部长李维汉在京听取汪锋、范明、牙含章等关于西北准备进藏情况的汇报，就护送班禅返藏、做好统战工作及争取和平解放西藏等问题提出了具体意见。

次日，周总理由李维汉部长陪同在京接见汪锋、范明、牙含章等同志。在谈话中，周总理对西北进藏的任务、路线、领导关系、干部配备、通讯联络等问题，均作出了明确指示。

2 月 27 日，西北军政委员会任命范明为驻班禅行辕代表，牙含章为驻班禅行辕助理代表。

4 月，中共西北西藏工委成立。西北局于二月决定组建中共西藏工委，四月报请中央，中央批复改为中共西北西藏工委。

5 月 31 日，西南局根据中央指示拟定统一领导的西藏工委的方案。《协议》签订后，中央决定西藏工委和西北西藏工委实行统一，归西南局领导。

西南局根据中央指示，拟定了统一领导的西藏工委方案，于五月三十一日上报中央。西南局电报说："西藏工委原为张国华、谭冠三、王其梅、昌炳桂、陈明义、李觉、刘振国（以上七人均为军级干部）、平措旺阶八人组成，张为书记，谭冠三为副书记。为统一领导，应吸收西北西藏工委同志参加工委组织。但参加方案可以有两个，一是西北西藏工委成员全部参加，十八军师级主要干部参加，这个方案人数较多，召集会议比较困难。二是在原有八人外，再吸收西北西藏工委之范明、慕生忠、牙含章三个参加，并增加范明为副书记。我们认为后一方案较好，便于开会商量问题。但在未会合前，两工委组织均不变。"

6月7日，西北局组织部发出通知，西北局决定由范明、慕生忠、牙含章、白云峰四同志任西北西藏工委委员，范明为书记。

是月11日，中央关于同意西藏工委吸收西北西藏工委同志参加的决定。中央复电西南局并西北局：关于工委组织，同意西南局的第二种方案，即在原有八人外，再吸收西北西藏工委中之范明、慕生忠、牙含章三人参加，并增加范明为副书记。两个工委在会合前都不变。

7月27日，西北局请示中央关于西北西藏工委进藏时间安排和使用番号问题。

8月1日，中央复电西北局和西南局同意西北西藏工委的入藏时间安排，并指出西北入藏部队"用十八军某某支队名义。"中央复电中还指示班禅入藏则应劝其暂缓，候达赖表示欢迎后再去为有利。范明走后，牙含章应继续留班禅处工作，班禅行辕可派极少数人员随范明先行入藏。

是月6日，西南局、西南军区复电范明："范明同志率领部分，可命名为人民解放军第十八军独立支队。该部之行动计划，应由张（国华）、谭（冠三）规定之。"

12月19日，中共中央批复西南局同意组成统一领导的西藏工委。西藏工委于十二月五日上报西南局、西北局关于工委组成的电报说，根据中央批准西南局关于西北西藏工委与西藏工委会合后组成的第二个方案研究后，决定以张国华、范明、牙含章、慕生忠、谭冠三、昌炳桂、王其梅、陈明义、李觉、刘振国、平措旺阶等十一人为委员。

同日，班禅额尔德尼在西北军政委员会驻班禅行辕助理代表牙含章陪同护送下从西宁启程返藏。中共中央西北局书记、西北军政委员会副主席习仲勋代表毛主席、西北军政委员会，亲往送行。

1952年4月28日，班禅额尔德尼返抵拉萨。班禅和堪厅全部官员由牙含章护送，于今日到达拉萨，噶厦（西藏地方政府）在郊外设帐篷欢迎，中央代表张经武、军区司令员张国华等亦前往欢迎。当日，班禅会晤了达赖。

6月23日，班禅额尔德尼返抵日喀则。班禅及堪厅人员仍由牙含章护送，西藏军区警卫员派出一个连护送至江孜，一五四团派出一个连到江孜接迎到日喀则。九世班禅离藏已近三十年，班禅回到喀则时，欢迎的僧俗人民行列长达数里。

1953年9月28日，西藏国庆观礼团抵北京。观礼团团长朵喀·彭错饶杰（西藏地方政府噶伦、西藏军区副司令员），副团长为噶辛·罗桑仁增（达赖身边的基巧堪布，即总堪布）、纳旺金巴（班禅堪布会议厅副主任）。中共西藏工委委员兼秘书长牙含章带队。

10月2日，毛主席接见西藏国庆观礼团。毛主席接见时说，各民族要团结，不论大的民族小的民族都要团结。团结起来，按照各民族不同地区的不同情况进行工作。有些地方可以做得快一点，有些地方可以做得慢一点，不论做快做慢都要先商量好了再做。没有商量好就不能强做。商量好了，大多数人赞成了，就慢慢地做。做好事也要商量着做，商量办事，这是共产党和国民党不同的地方。①

1954年2月10日，中央召开西藏工作讨论会议。中央指定中央统战部李维汉部长在京主持西藏工作讨论会议。西藏工委张国华、范明、慕生忠、王

---

①中共西藏自治区党史资料征集委员会编《中共西藏党史大事记》，西藏人民出版社1990年12月第1版，第45页。

其梅、牙含章等参加会议。会议开了三个多月，共举行了五十九次会议。会议主要解决了工委内部的团结问题，统一战线问题，改编藏军问题。

1957 年 3 月 5 日，中央书记处会议讨论西藏工作问题。中央指定西藏工委张经武、张国华、范明、周仁山、王其梅、牙含章、慕生忠等参加中央书记处会议。谭冠三在拉萨主持工委日常工作。中央书记处认为：西藏今后在六年内不改革是肯定的，这是对外已经宣布了的，内定不改的时间还要长，可能十一年不改（即第三个五年计划之内不改）。中央书记处认为，西藏的人员、机构、事业、财政要大下马。目前西藏工作以大下马为紧急任务，下马越快越好，人员内撤越快越好，要坚决地迅速地下马，坚决地迅速地内撤。

6. 西藏自治区政协文史资料委员会编《西藏文史资料选辑》（纪念西藏和平解放四十周年专辑），1991 年 1 月准印。内载原中共西藏工委副书记范明《护送十世班禅大师返藏纪实》一文，对护送班禅大师进藏工作作了详细记述。

7.《习仲勋文选》，中央文献出版社 1995 年 12 月第 1 版，第 200—201 页载有 1951 年 12 月 18 日习仲勋对牙含章等谈话《对西藏工作的几点意见》。

8.《毛泽东西藏工作文献》，中央文献出版社、中国藏学出版社 2001 年 5 月北京第 1 版。

9. 习仲勋革命生涯编辑组编《习仲勋革命生涯》，中共党史出版社、中国文史出版社 2002 年 4 月第 1 版。其中范明《记习仲勋的革命业绩》和汤洛《送班禅额尔德尼归藏记》两篇文章，分别记述了 1951 年 12 月 18 日习仲勋同牙含章等所讲的《对西藏工作的几点意见》。

10.《中国民族报》2006 年 12 月 8 日，孙雅丽：《鲁华：我们护送班禅大师返回西藏》。

11. 凤凰网，2008 年 3 月 21 日，书摘：《牙含章与〈班禅额尔德尼传〉》。

12. 习仲勋传编委会编《习仲勋传》，中央文献出版社 2013 年 8 月第 1 版。该书下卷第二十二章"倾心祖国的统一和民族团结"中，记述了 1951 年

12 月 18 日习仲勋向牙含章等人的谈话情况。

（六）有关第六章《达赖喇嘛传》文献

1. 西藏人民出版社编《西藏民族问题论文集》，（西藏人民出版社 1984年 10 月第 1 版），多吉才旦：《从〈达赖喇嘛传〉说起》，对牙含章所著的《达赖喇嘛传》作出评价。

2.《北京晚报》，1985 年 5 月 20 日，彭捷：《为民族团结铺路的人——访〈达赖喇嘛传〉的作者牙含章》。文章作者访问了《达赖喇嘛传》再版以后的牙含章，请牙含章叙述了《达赖喇嘛传》写作的时代背景和政治原因。

3.《人民日报》（海外版），1985 年 10 月 29 日，穆扬：《牙含章和〈达赖喇嘛传〉》，文章详细描写了牙含章本人的传奇性经历。

4.〔美〕梅·戈尔斯坦著，杜永彬译，《喇嘛王国的覆灭》（中国藏学出版社 2005 年第一版）。该书多处引用牙含章编著《达赖喇嘛传》中，有关达赖喇嘛与班禅额尔德尼关系的材料。

5. 人民网，豆瓣读书，2006 年 1 月 5 日 22：31：57 上网，网名"须臾之间"：《以史为鉴，可以知兴替——牙含章〈达赖喇嘛传〉小评》。

（七）有关第七章《民族形成问题研究》文献

1. 云南《学术研究》1963 年第 11 期，方德昭《关于民族形成问题复牙含章信》。

2. 云南《学术研究》1964 年第 1 期，杨堃《关于民族和民族共同体的几个问题——兼与牙含章同志和方德昭同志商榷》。

3. 云南《学术研究》1964 年第 1 期，读者来信：云南民族研究所杨毓才《向牙含章、方德昭二同志请教》。

4.《中国地方志》1990 年第 1 期简讯：中国地方志指导小组成员、中国民族志指导组副组长牙含章同志逝世。

5.《宁夏社会科学》1996 年第 6 期，史金波《振奋精神，勇于探索，开创民族史研究的新局面》。

6. 国家民委政策研究室编《民族政策研究成果选编》，1997 年 7 月 20 日印。刘先照《关于民族的几个基本理论问题》，文章指出，关于民族问题的实质，具有代表性的观点，是著名民族问题理论家牙含章在《中国社会科学》1983年第1期上发表了《论社会主义民族关系》一文，认为否定社会主义时期民族问题实质是阶级问题是完全正确的，但不能否定阶级社会民族问题实质是阶级问题，并引证了1958年中央在一个文件（这个文件是经过毛泽东修改圈阅，邓小平签发）的批语中明确指出"在阶级社会，民族问题实质是阶级问题。"经过这一场大讨论，很多人赞成牙文的意见，但也有相当多的人，赞成人民日报评论员文章的意见。一直到今天，这两种意见仍然在争论。

（八）有关第十一章《师道师说·牙含章卷》文献

1. 中国文化书院导师文集编辑出版工作委员会编，鲁华选编《师道师说：牙含章卷》（东方出版社2013年1月第1版。）牙含章生前在中国文化书院，担任导师讲课，深受该院师生的尊敬，对他的道德学问评价很高。2010年5月，由中国文化书院策划，给90岁以上的导师各出一卷文集，其目的是"为表彰中国文化书院导师们为中国文化与社会所做出的贡献，以表达我们深切的敬意与纪念"。其编辑方法和要求，则是"选取导师们代表性文章或散文、随笔，文字30万字以内为宜，由这些中国文化书院导师们的直系亲属或其学生担任。斯时，牙含章已经离世多年，选编文集的任务就由他的夫人鲁华女士担任。该书全书分为四个部分：民族、宗教、无神论、史海点滴。其中一部分文章是从牙含章专著中选取的；另一部分是发表在报刊上未编入专著中的文章，弥足珍贵。

（九）有关牙含章传记文献

1. 《中国社会科学家辞典》（1981年），中国当代著名社会科学家——牙含章。

2. 《兰州报》，1982年1月23日，鲁正葳：《故乡行——访中国社会科学院民族研究所所长牙含章》，文章叙述了牙含章来兰参加有关会议的情况和他的生平事迹和学术成就。

3. 中国大百科全书编辑委员会编《中国大百科全书·民族卷》，中国大百科全书出版社 1986 年 6 月北京第 1 版，第 486 页，施正一撰写的牙含章词条，全文如下：

　　牙含章（1916—　　），中国当代民族问题理论家和宗教学家。别名马尔沙，笔名章鲁、子元。生于甘肃临夏一个农民家庭。1936年—1937年在甘南拉卜楞寺和拉萨哲蚌寺开始研究藏族历史与喇嘛教（见藏传佛教），对青藏地区进行考察，撰写出《青藏调查记》。1938年到延安，加入中国共产党。1939年在中共中央西北工作委员会从事民族问题研究工作。1942年任中共中央调查研究局第四分局少数民族研究室副主任。1949年任甘肃临夏专员公署专员。1950年任西北军政委员会民族事务委员会委员和中共甘肃省委统战部副部长。1951年任西北军政委员会驻班禅行辕副代表。1952年任中共西藏工作委员会委员兼秘书长。1958年以后先后任内蒙古大学副校长和中国社会科学院民族研究所所长。1978年后先后当选为中国无神论学会副会长、中国民族理论研究会理事长、中国民族研究团体联合会副理事长。1985年被聘为《中国大百科全书》总编辑委员会委员。在近半个世纪的革命生涯中，他始终把党的实际工作和理论研究紧密地结合在一起。

　　牙含章的理论活动的突出特点，是坚持马克思列宁主义原理同中国民族问题的实际相结合。抗日战争第一阶段，在李维汉、贾拓夫、刘春主持下参加了《回回民族问题》一书的编写工作。中华人民共和国成立后，编写《达赖喇嘛传》，得到中国共产党中央领导同志的支持和赞许。1939年以来，开始研究民族问题理论、宗教政策和无神论问题。在他的著作中，论证了 K.马克思和 F.恩格斯认为民族是在原始社会由部落发展而成，而 H.B.斯大林讲的在资本主义上升时期形成的民族是现代民族等问题。他的主要著作有：《西藏历史的新篇章》《民族形成问题研究》《无神论和宗教问题》《中国无神论思想初探》《论社会主义时期的民族关系》和《马克思主义民族理论与非洲民族形成问题》等。

4. 中共甘肃省委《党的建设》编辑部编《党的建设》1989 年第 5 期，马进祥：《革命历艰险，学者著述多——访牙含章》。

5. 政协临夏回族自治州委员会文史资料委员会编《临夏文史资料选辑》第五辑（1989 年 10 月，准印证内部印行），鲁永发：《当代社会科学家——牙含章》。

6.《人民日报》1989 年 12 月 26 日刊登新华社北京 12 月 25 日电：

民族问题专家牙含章逝世

向我国著名民族问题理论家、宗教学家和藏学家，中国民族理论学会理事长，中国社会科学院民族研究所原所长牙含章同志的遗体告别仪式今天在八宝山革命公墓礼堂举行。

牙含章同志因病于 12 月 19 日逝世，终年 73 岁。

牙含章同志 1916 年 10 月出生于甘肃省和政县的一个农民家庭。1936 年起在甘南拉卜楞寺和拉萨哲蚌寺研究藏族历史与喇嘛教。1938 年奔赴延安参加革命工作，同年加入中国共产党，1939 年在中共中央西北工作委员会从事民族问题、民族政策的研究。牙含章同志曾任中共中央调研局第四分局民族研究室副主任、中共甘肃省委统战部副部长、中共西藏工委秘书长、内蒙古大学副校长等职。牙含章同志在西藏工作和从事藏学研究中，为加强民族团结、维护祖国的统一，做出了重要贡献。其主要著作有《达赖喇嘛传》《班禅额尔德尼传》《西藏历史的新篇章》《民族问题与宗教问题》《民族形成问题研究》《无神论和宗教问题》《中国无神论初探》《陇右地下斗争》等。

遵照牙含章同志的遗言，身后不发讣告、不开追悼会。

胡乔木、阿沛·阿旺晋美、赛福鼎·艾则孜、费孝通、杨静仁、胡绳、司马义·艾买提等同志和全国人大民委、统战部、国家民委、中国社会科学院、西藏自治区党委、西藏自治区人民政府、内蒙古自治区人民政府等单位送来了花圈。邓力群、平措汪杰、赵延年、江平、胡绳、多杰才旦等前往向牙含章同志的遗体告别。

7. 中国社会科学院民族研究所编《民族研究》1990 年第 1 期，载中国社会科学院民族研究所署名撰写的《牙含章同志生平》，并刊登牙含章遗像。

牙含章同志生平

中国当代著名的民族问题理论家、宗教学家和藏学家、中国民族理论学会理事长、中国社会科学院民族研究所原所长牙含章同志，因病于 1989 年 12 月 19 日逝世，终年 73 岁。

牙含章同志 1916 年 10 月出生于甘肃省和政县买家集乡的一个农民家庭。1936 年—1937 年在甘南拉卜楞寺和拉萨哲蚌寺开始研究藏族历史与喇嘛教。1938 年奔赴延安参加革命工作，同年加入中国共产党，1939 年在中共中央西北工作委员会从事民族问题、民族政策和无神论的研究。之后，历任中共中央调研局第四分局民族研究室副主任、甘肃临夏专员公署专员、西北军政委员会民族事务委员会委员、中共甘肃省委统战部副部长、中共西藏工委秘书长、政策研究室主任、内蒙古大学副校长等职，并在学术团体中先后被选为中国民族研究团体联合会副理事长、中国无神论学会副会长、中国少数民族经济研究会顾问，等等。

牙含章同志对党的事业一贯忠心耿耿，任劳任怨，兢兢业业，坚决贯彻党的民族政策和宗教政策，对党的民族工作做出了很大的成绩。他为人清正，刚直不阿，在"文革"中，同林彪、"四人帮"进行了坚决斗争。他衷心拥护党的十一届三中全会以来的方针、政策和路线，坚持四项基本原则，反对资产阶级自由化，关心和培养中青年社会科学工作者的成长。他在半个世纪的革命生涯中，坚持把马克思列宁主义的基本原理同中国民族问题的实际相结合，始终把党的实际工作和理论研究紧密地联系起来，在民族研究和无神论研究等领域内，取得了重大突破，推动了民族、宗教理论的发展，在民族工作，特别是在西藏工作和藏学研究中，他为加强民族团结，维护祖国统一，做出了重要贡献。其主要著作有《陇右地下斗争》《达赖喇嘛传》《班禅额尔德尼》《西藏历史的新篇章》《民族问题与宗教问题》《民族形成问题研究》《无神论和宗教问题》《中国无神论初探》和主编《中国无神论史》等。

牙含章同志的逝世是中国社会科学界的一大损失。遵照他的遗愿，丧事从简，不发讣告，不开追悼会。

中国社会科学院民族研究所

1989 年 12 月 20 日

8.《民族报》1990 年 2 月 5 日，郭正清《怀念牙含章》。

9.《民族报》1990 年 3 月 1 日第 3 版，卢世雄《长留教泽启后昆——悼念牙含章先生》。

10. 甘肃省民族事务委员会《甘肃民族》编辑部编《甘肃民族》1990 年第 2 期，[民族精英·怀念民族问题专家牙含章同志专栏] 载有一些接触过牙含章的人所写的悼念诗文。其中有黄正清《悼牙含章同志》、沙里士《向牙含章同志学习》、单宗明《哭牙含章同志》、乙丁《悼念牙老含章》、郭正清《怀念牙含章》、陈忠义《深切怀念牙含老》。

11. 政协临夏回族自治州委员会文史资料委员会编《临夏文史资料选辑》第六辑（1990 年 12 月，准印证内部印行），姚兆麟《为党的民族事业奋斗的一生——纪念牙含章同志》，王友三《缅怀牙公——纪念牙含章同志逝世一周年》。

12. 中共甘肃省委统战部编《甘肃统战理论研究》1991 年第 1 期，高占福《我国当代著名的民族问题理论家、宗教学家、藏学家牙含章》

13. 临夏州志编纂委员会编《临夏回族自治州志》，甘肃人民出版社 1993 年 6 月第 1 版，第 1425 页：《牙含章传》。

14. 和政县志编纂委员会编《和政县志》，兰州大学出版社 1993 年 3 月第 1 版，第 458—459 页：《牙含章传》。

15. 中共甘肃省委统战部《凝聚》编辑部编《凝聚》1995 年第 2 期，毛兴仁、张舒雅：《当代民族宗教理论家——牙含章》。

16.《西藏日报》1995 年 10 月 31 日，王鉴：《一篇冰心几多情——忆牙含章同志》。

17. 甘肃省夏河县志编纂委员会编《夏河县志》，甘肃文化出版社 1999 年 10 月第 1 版，人物志：牙含章。

18.《中国共产党西藏历史大事记》，中共党史出版社 2005 年 9 月第 1 版。该书多处记载牙含章在西藏工作情况。

19. 陈元龙、冯岩、王维胜、史有勇编著《寻古·探幽·览胜——走进临夏》，甘肃人民出版社 2006 年 7 月第 1 版，第 227—228 页，人物卷《民族学家牙含章》。

20. 解放西藏史编委会《解放西藏史》，中共党史出版社 2008 年 3 月第 1 版。该书第三章"争取和平解放西藏"第一节"护送班禅返藏的准备工作"；第四章"和平谈判，签订协议，人民解放军和平进军西藏各地"第一节"和平谈判与签订协议"；第五章"站稳脚跟，执行和维护协议"第三节"护送十世班禅返藏"及第四节"重点加强上层统一战线工作"，其中记录了牙含章西藏工作情况。

21. 唐振寰：《不褪色的记忆》，敦煌文艺出版社 2012 年 8 月第 1 版，文章《一个为党的民族事业奋斗的人——〈牙含章花儿著述校稿〉序言》，全面介绍了牙含章的革命人生和学术成就。

22.《民族日报》2012 年 10 月 8 日，包天锡：《牙含章先生的多彩人生》，全面阐述和评价了牙含章传奇的革命人生。

23. 人民网 2012 年 12 月 23 日，文章《牙含章校长》，作者记叙了牙含章在 1972 年——1974 年被下放到呼和浩特市的第二毛纺织厂劳动，并宣传党的民族政策而受到"四人帮"再次迫害的情况。

24. 中共甘肃省委党史研究室编《甘肃党史工作》2014 年第 3 期，郭晓梅、许瑞源《牙含章：为党的民族事业奋斗终身》。

25. 人民网 2015 年 8 月 28 日 8：40 上网，史金波（中国社会科学院民族学与人类学研究所副所长）：《严以律己、清正廉洁的典范——记民族所老所长牙含章同志》。这篇文章先在社科院《专刊》总第 310 期发表。

26. 史金波：《艰苦的科研经历，丰硕的科研成果——记著名民族问题理论家、宗教学家、藏学家牙含章同志》（2016.6.2）

27. 甘肃民族研究所编《甘肃民族研究》2016 年第 2 期，郭晓梅《牙含章年表——为纪念牙含章先生诞辰一百周年而作》。

28.《民族日报》2016 年 7 月 18 日，包天锡《传奇人生，伟大战士——读〈牙含章传〉书稿随感录》。

29.《甘肃日报》2016 年 8 月 10 日，谭湘《钩沉拾遗说含章》。

30. 甘肃省民族事务委员会编《甘肃民族工作》2016 年第 4 期，谭湘《读郭正清父女所著《〈牙含章传〉有感》。

31. 中国西藏网讯 2016 年 10 月 13 日，苏文彦《中国民族现论的继承、发展与创新暨纪念牙含章先生诞辰 100 周年学术研讨会在京召开》。

32.《中国民族报》2016 年 10 月 14 日，王婧姝《民族理论界学者在京纪念牙含章先生诞辰 100 周年》。

33.《甘肃日报》2016 年 10 月 19 日，郭正清《纪念牙含章先生诞辰一百周年学术研讨会在京召开》。

三、牙含章年表

牙含章，原名牙鸿伟，别名马尔沙，化名康明德，笔名章鲁、子元、史进、向阳、方仁等，1916 年 10 月 15 日，生于甘肃省和政县买家集镇团结村牙家嘴社。

1923 年

和政县龙泉学堂读书。

1925 年

河州凤林学堂读书。

1927 年

加入中国共产党导河特支领导的革命组织——导河青年社。

1928 年

夏河拉卜楞寺避难，当临时喇嘛，读经三年，学习了藏语藏文。

1931 年

国立兰州五中读书。

1933 年

国立五中毕业后回临夏自学。同时进行花儿的调查、研究、整理。

1934 年

避兵祸入拉卜楞寺继续研读佛经。

1936 年

再避兵祸，第三次到拉卜楞寺，作拉卜楞保安司令部书记官、司令黄正清秘书。对拉卜楞寺及周边藏族地区的历史和现状进行调查研究。

11 月，《甘肃民国日报》连载《花儿再序》（署名冀达斋主）。青年时代一项重要的学术活动,二十世纪三十年代人类学调查的新鲜成果,现代花儿理论研究的碑石。

1937 年

5 月，五世嘉木样呼图克图要去西藏三大寺学经，沿途需要通晓汉藏文的秘书，经黄正清推荐随五世嘉木样呼图克图从夏河拉卜楞出发赴西藏。途中，对甘青藏族各阶层进行调查。到拉萨后住在西藏三大寺之一的哲蚌寺中，寺内丰富的文化古籍给他提供了难得的学习机会，他广闻博览，研究藏传佛教——喇嘛教及藏族的历史文化和风土人情等。同时通过拉萨市的工商业者和居民，对西藏社会各阶级的情况作了比较全面的调查研究。

1938 年

4 月，在拉萨从印度华侨报纸得悉抗日战争全面爆发的消息。"国家兴亡，匹夫有责"，坚辞五世嘉木样呼图克图的挽留，从拉萨转道印度加尔各答、新加坡、香港而抵达汉口、西安。

7 月，经西安八路军办事处介绍到陕甘宁边区关中分区的陕北公学分校学习，并参加"民族解放先锋队"和"西北青年救国会"。

10 月，加入中国共产党。

11 月，延安陕公总校学习。

1939 年

2 月，从陕公结业后，分配到中共中央西北工作委员会（简称西工委）工作，在张闻天、李维汉、贾拓夫领导下从事民族问题研究。

是年到 1941 年，主要研究回回民族问题。同李维汉、刘春一同编写了《回回民族问题》一书，这本书以马列主义民族学观点科学分析得出回回问题是民族问题的结论，为党制定回回民族问题的政策，打下了理论基础。"回族"之名由此而成立。该书于 1941 年 4 月由延安解放社公开出版。后分别于1947 年、1958 年、1980 年再版。

1940 年

1 月到 10 月，受西工委委派，化名马尔沙，先后参加"延安回民救国协会"和"回民文化促进会"两个回民抗日救国协会之组织筹备工作，并担任理事。

1941 年

5 月，中共中央组建中央调查研究局，担任该局第四分局少数民族研究室副主任，负责陕甘宁边区内部和周边地区少数民族的调查研究。

9 月，根据中共中央决定，延安创建民族学院，担任该院研究室副主任兼藏民班班主任。

1942 年

3 月，利用从拉卜楞寺到拉萨沿途调查的材料，整理成一本书，约二十余万字，取名《青藏调查记》，送给当时的中共中央调查研究局第四分局局长贾拓夫审阅。贾拓夫看后，认为有公开发表的价值，为这本书写了序言，并推荐给延安解放社出版。解放社排出清样后，因延安整风审干暂停出版。1946 年审干结束准备出版时，胡宗南进攻延安，书稿清样被敌人发现焚毁。《青藏调查记》包含了很多关于藏族的非常珍贵的调查资料，是一部重要的藏学著作，可惜未能面世。这不仅是他科研工作的重要损失，也是中国藏学研究的一项无法弥补的缺憾。

1943 年

5 月至 1946 年 2 月，参加延安审干运动，成为一个经得起严峻政治考验的坚定的共产主义者。

1946 年

3 月，中共中央批准恢复中共甘肃省工作委员会（简称甘工委），调入甘工委，任对外宣传组组长兼《陇东报》编辑。

7 月，受甘工委派遣到甘肃张家川作党的地下工作。

10 月 15 日，受甘工委派遣，同高健君一起到陇右地区开展党的地下工作，任陇右工委委员。1946 年 10 月到 1949 年 8 月，三年艰苦的地下斗争中，调查了 1943 年"甘南民变"的真实情况，在参加"甘南民变"的骨干中发展共产党员，建立以陇西、渭源、临洮、会川为中心，辐射岷县、通渭、定西、康乐、宁定（今广河）、和政等 18 个县的基层党组织，组织游击队，扩大革命根据地，为陇右地区的解放做出了重要贡献。

1949 年

8 月 4 日，中共中央西北局电报通知中共临夏地委组成人员：杨和亭任书记；白凤章、聂景德、高兆富、霍如瑄、马尔沙（牙含章）、李仲英、高诗德为委员。

8 日，为配合人民解放军解放陇右地区，"陇右人民游击队"在陇西县文峰镇阴湾正式成立。毛得功任司令员，杨友柏任第一副司令员兼参谋长，肖焕章、夏尚忠任第二、第三副司令员，陈致中任政委，牙含章任副政治委员兼政治部主任。

15 日，陕甘宁边区政府令：临夏分区辖临夏、和政、夏河、宁定、永靖、康乐、洮沙、临洮 8 县。任命马尔沙（牙含章）为临夏分区行政督察专员公署专员。

16 日，率陇右人们游击队配合人民解放军一野一兵团解放临洮县。兵团司令员王震指定其担任中共临洮县委代理县委书记。主持组建县委和县政府，负责支前，动员群众搭浮桥，筹集粮草，协助解放军渡洮河。根据王震司令员指示，动员临洮大批地下党员、青年学生随军到青海、新疆工作，为青海和新疆解放事业输送了大批人才。

22 日，临夏解放。

28 日，代理临夏分区行政督察专员公署专员鲁瑞林奉命率部南下，甘工委急电牙含章迅至临夏履行专员职务。同日，牙含章率领从临洮抽调的地下党员和青年学生 50 多人赶赴临夏。

9 月 1 日，向甘工委写出《关于陇右工作的简要报告》（署名马尔沙）。

20 日，同解放军六十二军一八六师五五六团政委张成礼、副团长刘光奇率一营步兵，利用与黄正清的早期关系，和平接管藏族聚居的夏河县。

10 月 10 日，临夏专署民族事务委员会成立，任主任。

14 日，临夏专署财政经济委员会成立，任主任。

12 月 27 日，临夏分区成立"三马"（马鸿逵、马步青、马步芳）财产清理委员会，任主任。

1950 年

2 月 14 日，《甘肃日报》刊登高剑君（高健君）、康明德（牙含章）、杨重义（万良才）署名文章《纪念陇右死难的烈士们》。

4 月，任为西北军政委员会民族事务委员会委员、中共甘肃省委统一战线工作部副部长。

是月下旬，向中共临夏地委写出《解放初夏河建政的经验和教训》，以为政治交代。

5 月 11 日，在临夏《团结报》发表署名文章《分区财经工作转变的开端》。文章主要阐述分区财经会议的收获，今后注意的问题等两大方面六个问题。

21 日，临夏分区召开地方人士座谈会，以专员身份到会讲话。

30 日，离临赴兰。在临夏工作期间，认真贯彻党的民族平等团结政策，大力培养吸收少数民族干部，积极组织剿匪、救灾，建设良好的社会环境。

7 月 26 日，西安《群众日报》发表《加强西北各民族的大团结》。

12 月 25 日，西北局讨论进藏问题，根据中央指示，决定牙含章到西藏工作。

1951 年

1 月下旬，同汪锋、范明一同赴京，听取中央对西藏工作和护送十世班禅返藏工作的指示。

30 日，中共中央统一战线工作部部长李维汉在京听取汪锋、范明、牙含章等关于西北军政委员会准备进藏情况的汇报，就护送班禅返藏、做好统战工作及争取和平解放西藏等问题提出了具体意见。

31 日，周恩来总理由李维汉陪同在京接见汪锋、范明、牙含章等，在谈话中，周总理对西北军政委员会进藏的任务、路线、领导关系、干部配备、通讯联络等问题，均作了明确指示。

2 月 27 日，西北军政委员会任命范明为驻班禅行辕代表，牙含章为驻班禅行辕助理代表（或称副代表）。

3月19日，同范明到青海塔尔寺班禅行辕到职视事。

4月27日，陪同十世班禅赴京，并参加中央人民政府与西藏地方政府关于和平解放西藏问题谈判的内部工作。

5月23日，中央人民政府与西藏地方政府签订和平解放西藏十七条协议，参与有关工作。

6月7日，中共中央西北局组织部发出通知，西北局决定由范明、慕生忠、牙含章、白云峰四同志任中共西北西藏工委委员，范明为书记。

11日，中央复电西南局并西北局：同意西藏工委原有成员基础上吸收西北西藏工委中之范明、慕生忠、牙含章三人参加，增加范明为副书记，两个工委在会合前，组织不变。

7月27日，西北局请示中央关于西北西藏工委进藏时间安排和使用番号问题。

8月1日，中央复电西北局和西南局：同意西北西藏工委的入藏时间，指出西北入藏部队"用十八军某某支队名义"。并指示：班禅入藏则应劝其暂缓，候达赖表示欢迎后再去为有利。范明率领部分部队及班禅行辕少数人先行入藏。范明走后，牙含章继续留班禅处工作。

12月18日，向前来西宁代表毛主席和中央政府欢送班禅赴藏的中共西北局第二书记、西北军政委员会副主席习仲勋汇报了护送班禅返藏的准备工作，对习仲勋作出的指示作了记录，向西藏工委作了汇报，西藏工委指示西藏各地军政人员做好贯彻工作。

19日，率领护送班禅返藏部队及后勤辎重，陪同十世班禅额尔德尼从西宁出发，踏上返藏之路。

同日，中共中央批复西南局同意组成统一的西藏工委，决定以张国华、范明、牙含章、慕生忠、谭冠三、昌炳桂、王其梅、陈明义、李觉、刘振国、平措旺阶等十一人为委员。

1952年

4月28日，护送班禅返藏队伍在千里雪原上长途跋涉四个月，翻越唐古拉山，途经藏北草原到达拉萨。同日，班禅和达赖在布达拉宫会面。

6月9日，根据中央指示，继续陪同护送十世班禅额尔德尼从拉萨出发，回到他在西藏的驻锡地——日喀则扎什伦布寺。

23日，带领护送班禅队伍经曲水宗、白地宗、浪卡子宗、江孜宗和白朗宗，抵达日喀则扎什伦布寺，胜利完成护送班禅返藏的任务。经过近两年的艰苦努力，为党出色地完成了这一举世闻名的历史使命。

6月到12月，根据中央指示和西藏工委的决定，在日喀则工作半年时间，主要任务：一是帮助班禅恢复他的固有地位和职权。二是调解班禅集团内部的团结问题。同时帮助筹建日喀则地区的党政机构及经济、文化设施。在此期间，搜集了班禅世系的大量文献资料，为撰写《班禅额尔德尼传》，做了准备工作。

12月上旬，从日喀则经南木林宗、堆龙德庆宗，返回拉萨，被留任中共西藏工作委员会委员兼秘书长、统战部长、研究室主任，繁忙的行政之余，做了大量藏族历史的研究工作。

1953年

1月，开始利用每天早晨上班前时间和晚饭后的时间，撰写《达赖喇嘛传》。

5月23日，在西藏和平解放两周年纪念日，写成26万余字的《达赖喇嘛传》。这部书是我国学者首次运用历史唯物主义和辩证唯物主义的观点和方法，研究西藏地方两大活佛系统关系和西藏与中国从属关系为主线，以反帝爱国为中心的，近代西藏地方政治史的专著。它对于澄清当时西藏工作中需要澄清的两大问题，即历代达赖喇嘛与历代班禅额尔德尼的关系问题和反驳当时一部分西藏反动分子鼓吹"藏独"的言论，具有重要的现实意义。书稿完成后，即送请中共中央统一战线工作部审阅。1956年，中共中央统一战线工作部办公室出版，内部发行，供有关部门参考。1959年，根据周恩来总理的建议，由三联书店内部发行。1963年三联书店重版，内部发行。1983年用一年时间进行了全面修改。1984年9月由人民出版社正式出版发行。1991年，外文出版社出版英文版。

8 月，受命组织并带领达赖和班禅双方共同参加统一的西藏观礼团，赴北京参加建国四周年的国庆活动。这是班禅回藏以后，全藏统一组织的第一个国庆观礼团，由热噶厦（代表达赖方面）担任团长，纳旺金巴（代表班禅方面）为副团长。

10 月 2 日，毛泽东主席在中南海勤政殿接见西藏国庆观礼团。同张国华、范明先行向毛泽东汇报工作情况。毛泽东正式接见观礼团时，大家站立在勤政殿内，毛泽东在正中，朱德和林伯渠在毛泽东左右两侧，右面一行为李维汉、刘格平，左面一行为张国华、范明和牙含章。观礼团正式成员约三十人排成一行，正副团长带头，列队进入勤政殿，每人向毛泽东敬献哈达，场面极其隆重，毛泽东发表讲话。

10 月底到 1954 年 2 月 10 日，参加中央统战部在北京召开的西藏工作会议，会议时间长达三个月，举行了 59 次会议。

1954 年

4 月，带领西藏国庆观礼团返回西藏。

1956 年

2 月 3 日，主持召开中国共产党西藏地区代表会议。

1957 年

3 月 5 日，参加中央书记处讨论西藏工作问题的会议。这次会议讨论进藏人员的内撤问题。

年底，因鼻癌赴上海治疗。

1958 年

年初，调中国科学院民族研究所工作，任副所长，兼《民族研究》杂志主编。承担《中国少数民族》《中国少数民族简史丛书》《中国少数民族简志丛书》《中国少数民族自治地方概况丛书》《中国少数民族社会历史调查丛书》等我国民族问题五种丛书的编写任务。这要涉及 50 多个少数民族的历史，涉及民族形成问题。为此，从是年开始到 20 世纪 80 年代中期，长达数十年的关于民族形成、民族的概念和民族的定义等问题的研究。

1959 年

3 月，西藏少数上层反动分子发动的武装叛乱平定后,支持叛乱的外国反对分子鼓吹"藏独"谬论。鉴此,他从正确分析西藏历史、维护祖国统一出发,撰写了一系列关于西藏历史、政治、宗教的文章。

同月，《民族研究》1959 年第 3 期发表《西藏封建农奴制度的初步分析》(署名叶鲁、禾示)。

4 月 2 日，《人民日报》发表《达赖喇嘛的封号、地位、职权和噶厦的由来》。

24 日，《人民日报》作为"资料"发表《西藏是我国领土不可分割的一部分》。

是月，《民族研究》1959 年第 4 期发表《西藏地方与祖国的历史关系》(署名子元)（日本爱知大学大林洋五来信，对此文提出评论）。

同月，《民族研究》1959 年第 4 期发表《西藏地方政府的反动本质》(此文系与孙青同志合写)。

5 月，《红旗》1959 年第 9 期发表《任何反动势力都阻挡不了西藏人民的新生》（署名章鲁)。同时发表在 5 月 1 日的《人民日报》。5 月 5 日第 18 期《北京周报（英文版)》曾予转载。

7 月，《红旗》1959 年第 14 期发表《论宗教信仰自由》的文章。12 月 21 日，美国 NCCC 国外部远东局出版的"中国通报"第 9 卷第 23 期上，以"宗教信仰自由"为题，对《论宗教信仰自由》之文，作了扼要介绍。

1960 年

3 月，《民族研究》1960 年第 3 期发表《文成公主与汉藏友谊》（署名子元)。

1962 年

春季，中央编译局和中科院哲学科学部采纳了牙含章的建议，并召集北京有关的三十几个单位的同志，开了一个座谈会。参加这次座谈会的同志经过讨论，一致同意经典著作中的译名应该统一，并同意今后只用"民族"这一译名，不再用"部族"这一译名。

6月14日，《人民日报》作为"学术动态"发表了这次讨论会的报道《"民族"一词的译名统一问题的讨论》和《关于"民族"一词的使用和翻译情况》（署名章鲁）。这两篇文章由《民族团结》7月号作了转载。

6月，《新建设》1962年6月号发表《谈谈民族同化和民族融合的区别问题》。7月7日，《光明日报》在"学术简报"栏发表了"关于民族同化和民族融合问题"一文，对这篇文章作了介绍。

9月4日，《人民日报》发表《关于民族的起源与形成问题》。

10月30日，《人民日报》发表《从无神论著作的译本说起》。

1963年

1月，《新建设》1963年1月号发表《有神论观念的起源》。

2月3日，《光明日报》"学术简报"栏发表《探讨有神论观念起源》，对《有神论观念的起源》一文进行了介绍。

3月28日，《人民日报》发表《费尔巴哈的'基督教的本质'读后》。

7月，《新建设》1963年7月号发表《关于有神论观念的消亡问题》。

8月8日，《人民日报》发表《关于宗教迷信问题》。

11月，云南《学术研究》1963年第11期，在"学术通信"栏以"关于民族形成的讨论"为题发表《致方德昭同志》（1963.9.10），及方德昭《覆牙含章同志》（1963.10.31）。这两封信引发了全国性的争论。

1964年

1月，北京市委《前线》杂志1964年第1期发表《从婚姻丧葬来看风俗习惯的改革问题》。

2月，《新建设》1964年2月号发表《关于有神论观念、宗教、封建迷信的区别》。

2月25日，上海《文汇报》发表《有关宗教几个理论问题的理解》。

3月，云南《学术研究》1964年第2期发表《对"民族学"的质疑》（署名史进）此文系与余胜椿合写。

同月，云南《学术研究》1964 年第 2 期"学术动态"专栏发表《关于民族形成问题的讨论》（署名章纪）。

4 月 21 日，《人民日报》发表《斯宾诺莎的〈神学政治论〉读后》。

5 月，云南《学术研究》1964 年第 3 期发表《关于"民族形成问题"的一些意见》（署名浩帆）。此文系与浩帆合写。

6 月 2 日，《光明日报》发表《无神论教育与鬼戏问题》。此文与唐亥合写，这篇文章同时发表在《戏剧报》第 5 期。

同日，《天津晚报》发表《发型讨论与移风易俗的斗争》。

17 日，《天津日报》发表《宗教是迷信，但并不是一切迷信都是宗教》。

7 月，云南《学术研究》1964 年第 4 期发表《论现代民族》（署名方仁）。此文系与施正一合写。

同月，从上述有关无神论和宗教问题的研究文章中挑选了五篇，编为《无神论和宗教问题》一书，上海人民出版社出版 1964 年 7 月第 1 版，内部发行。后进行增订，上海人民出版社 1979 年 8 月第 2 版，公开发行。这本书集中反映出他从 50 年代就开始的宗教与无神论研究，致力于阐述马克思主义关于宗教与无神论的基本观点，把宗教与无神论放在一定的历史背景中加以考察而形成的丰富的理论成果。

9 月 11 日，上海《文汇报》发表《封建迷信和宗教不是一回事》。

14 日，任命为内蒙古大学副校长，兼蒙古研究室主任。

是年秋，携全家赴内蒙古大学任职。继续进行民族问题理论的研究和写作。

12 月 10 日，上海《文汇报》发表《迷信是有神论观念、宗教、封建迷信的总称》。

1965 年

3 月，内蒙古《实践》1965 年第 3 期刊登《民族问题的实质是阶级问题》。

5 月，《内蒙古大学校刊》刊登《大立无产阶级民族观，大破资产阶级民族观》。

6 月 30 日，《光明日报》发表《和资产阶级"宗教学"划清界限》文章，这是对当时进行的宗教问题论战的一篇总结性文章。

7 月，内蒙古《实践》1965 年第 7 期作为"社论"发表《只有彻底革命才能彻底消灭各民族间事实上的不平等》。

8 月，内蒙古《实践》1965 年第 8 期在"问题解答"栏发表《多民族国家是否永远存在民族问题》。

9 月，内蒙古《实践》1965 年第 9 期在"问题解答"栏发表《压迫民族包不包括压迫民族中的被剥削阶级？被压迫民族包不包括被压迫中的剥削阶级?》。

10 月，内蒙古《实践》1965 年第 10 期发表《〈马克思主义和语言学问题〉校订本读后》。

1966 年

5 月，"文革"开始时在内蒙古大学，先以"走资本主义道路的当权派"宣布被"打倒"，后以"乌兰夫的死党"罪名被"揪斗"，再以"反动学术权威"被批判。内蒙古大学文化革命办公室编印了颠倒黑白罗织罪名的批判材料。一度被关进"牛棚"，受尽各种折磨，无法进行民族研究。

1972 年

春天至 1974 年春天，在内蒙古第二毛纺织厂劳动。

1974 年

春天，应内蒙古大学党委邀请，作关于党的民族政策报告，他从理论和政策的高度，剖析了内蒙古挖"内人党"运动的实质，严肃指出：它是践踏党的民族政策的行为，是犯了路线性的错误。提出：落实少数民族干部政策，彻底平反"乌兰夫反党集团"和"内人党"两大冤案的主张。这个报告受到内蒙古广大干部和群众的称赞。

1975 年

冬天，当时中央有关部门指名让他去北京参加学习班，认为他关于民族政策的报告和中央唱反调，要作深刻检查。由于拒绝检查，被送往河北石家庄水泵厂监督劳动长达 4 年之久。但他没有停止同"四人帮"的斗争。"文革"中有人对解放战争时期党领导的陇右地下斗争进行歪曲和诬蔑，他感到无比愤怒。在劳动期间，他从承担历史责任、恢复历史本来面目的道义出发，写成了《陇右地下斗争》一书。

"文革"中，他对批孔运动感到十分厌恶。认为对孔子这样一位伟大历史人物，采取简单粗暴的一棍子打死的态度，不仅许多中国人想不通，就连许多外国人也想不通。他在靠边站的时期，抽出时间研究中国无神论史的时候，发现孔子还是一位中国古代的伟大的无神论者，中国的无神论思想，实际就是继承了孔子的无神论学说而发展下来的。他认为这是为孔子伸张正义的一个机会，根据他自己的研究成果。写成了两篇学术论文，一篇是《中国无神论史初探》，另一篇是《孔子学说与中国无神论思想的关系——〈中国无神论史初探〉续篇》。这两篇文章是他提出编写《中国无神论史》的认识基础和学术准备。

1978 年

7 月，中共中央组织部对其问题彻底平反，调回中国社会科学院民族研究所工作。

10 月，向中国科学院的领导提出编写多卷本《中国无神论史》的设想，并写了一篇题为《要研究中国的无神论史》的建议文章，发表在中科院规划办公室编的《情况和建议》第 33 期上。

12 月，在他倡导下,在南京召开了第一次全国无神论学术问题研讨会。会上，成立了中国无神论学会，被选为副理事长。

1979 年

2 月，《民族研究》1979 年第 2 期发表《建国以来民族理论战线的一场论战》。

下半年，《中国无神论史》的编写出版作为哲学社会科学"六·五"期间的国家项目正式确定。

7月，将1959年陆续发表的上述有关西藏问题的6篇文章，加上代序《西藏历史的新篇章》共7篇文章，汇编为《西藏历史的新篇章》一书，由四川民族出版社出版。这是继《达赖喇嘛传》之后的又一部有关西藏历史、政治、宗教的著作。这本书对研究西藏的政治、经济、文化有重要的参考价值。

同月，全国政协《文史资料选辑》第64辑刊登《记陇右地区的解放》（回忆录），1979年7月内部发行。

8月17日，中国社会科学院任命牙含章为民族研究所所长，傅懋勣、翁独健、费孝通、秋浦、黄静铸为副所长。

同月，中国社会科学院世界宗教研究所编《世界宗教研究》（第一集）发表《中国无神论史初探》。

10月，中国社会科学院召开全国民族研究工作规划会议。会上，成立中国民族理论研究会，被选举担任理事长。

1980年

2月，在北京香山召开《中国无神论史》第一次编写组会议。会上，被推选为该书主编。在他的主持下，讨论与确定了该书写作的指导思想与内容。

8月，《民族研究》1980年第4期刊登《关于"吐蕃"、"朵甘"、"乌斯藏"和"西藏"的语源考证》。

9月，将此前在报刊上发表过的关于民族问题理论方面的6篇文章，加上代序《建国以来民族理论战线的一场论战》，共7篇文章，编为《民族形成问题研究》一书，由四川民族出版社出版。这本书是他经数十年研究，深刻阐述马克思关于民族起源和形成的基本原理的理论著作，对于从事民族工作、民族研究工作、关心民族工作的读者，都有较大的参考价值。

10月，在武汉水运工程学院举行由中国社会科学院世界宗教研究所、湖北省社会科学院、中国无神论学会、武汉大学、武汉水程学院等单位联合发起召开的中国无神论学术会议。这次会议由牙含章主持讨论了建议加强无神论宣传，反对封建迷信活动；关于无神论研究的几个理论问题；对熊伯龙的历史评价问题。

1981 年

1 月 25 日，吉林省社会科学院、吉林省社会科学学会联合会主办《社会科学战线》第 1 期发表《孔子学说与中国无神论思想的关系——〈中国无神论思想初探〉续篇》。

4 月 29 日，《光明日报》发表《执行宗教信仰自由政策，反对封建迷信活动》。

同月，甘肃人民出版社出版革命回忆录《陇右地下斗争》一书。1983 年 3 月出版修订本，1984 年 3 月第三次印刷。

6 月 10 日，《西藏日报》发表《执行协议，护送班禅额尔德尼返回西藏的回忆》。

10 月 13 日至 21 日，参加甘肃兰州举行的西北五省（区）伊斯兰教学术讨论会，作题为《对开展西北五省（区）伊斯兰教研究的一点意见》的报告。这个报告发表于《甘肃民族研究》1982 年第 1、2 期合刊。

11 月，《云南社会科学》1981 年第 4 期发表《关于民族形成上限问题的两封来信》。

12 月，政协西藏自治区委员会文史资料研究委员会编《西藏文史资料选辑》（纪念西藏和平解放三十周年专辑）第一辑，西藏人民出版社 1981 年 12 月第 1 版发表《护送班禅大师额尔德尼返回西藏的回忆》。

是年，由人民美术出版社出版的日本版《西藏》画册发表《西藏历史的沿革》，国外发行。

1982 年

8 月，中国社会科学院世界宗教研究所宗教原理研究室编《宗教·科学·哲学（论文集）》，河南人民出版社 1982 年 8 月第 1 版，发表《如何划清宗教与封建迷信的界限？》。

11 月，《民族研究》1982 年第 6 期发表《开创民族研究新局面》。

1983 年

1 月，重新修订《达赖喇嘛传》。

同月，中国社会科学编辑部编《中国社会科学》1983 年第 1 期发表《论社会主义时期的民族关系》。

2 月，在厦门主持召开中国无神论学会第三届年会。会上，大家讨论了马克思主义宗教学原理、中国无神论史、西方无神论史的若干问题。

同月，在厦门举行的《中国无神论史》编写工作会议上，代表编委会对该书的写作与出版问题，提出了 25 条设想，规划了编写组写作分工与工作进程。

3 月，北京图书馆《文献》丛刊编辑部、吉林省图书馆学会会刊编辑部编《中国当代社会科学家传记丛书》第三辑刊登《自传》（1981 年 12 月），书目文献出版社 1983 年 3 月北京第 1 版，附《牙含章解放后主要论著目录》。

4 月 8 日，中国地方志指导小组成立，任中国地方志小组成员，中国民族志指导组副组长。

13 日，中国民族研究团体联合会于成都召开成立大会，被选举担任副理事长。

5 月，云南社会科学院编《云南社会科学》1983 年第 3 期发表《马克思主义指明了民族研究的正确方向——纪念马克思逝世一百周年》。

8 月 18 日至 28 日，在青海省西宁市主持召开《中国无神论史》编写组会议。会议讨论和总结前一阶段工作情况，交流了研究成果，通过了《编写组西宁会议纪要》。

是年，《西亚非洲》发表《马克思主义民族理论与非洲民族形成问题》。

是年，辞去所长职务，担任顾问。虽然从第一线领导岗位退了下来，仍担负学科的学术规划任务，并兼任几个学术团体的领导职务，工作依然紧张繁忙。

1984 年

1 月，吉林省社会科学院、吉林省社会科学学会联合会《社会科学战线》1984 年第 1 期刊登《达赖喇嘛和〈达赖喇嘛传〉》。此文并收入《西藏民族问题论文集》，西藏人民出版社 1984 年 10 月第 1 版。

4 月，根据中央指示，开始编写《班禅额尔德尼传》。

5 月，宁夏社会科学院编《宁夏社会科学》1984 年第 2 期刊登《在建设精神文明的斗争中，宗教和封建迷信应划清界限》。

8 月，《中央民族学院学报》1984 年第 3 期刊登《进一步发展社会主义民族关系——庆祝建国三十五周年》。

11 月，将先前出版过的《无神论和宗教问题》与《民族形成问题研究》两本书合编为《民族问题与宗教问题》一书，由中国社会科学出版社、四川民族出版社联合出版 1984 年 11 月第 1 版。

12 月，中国文化书院在中国社会科学院近代史所开会成立，被聘担任中国文化书院导师。

同月，《中国地方志通讯》1984 年第 6 期发表《少数民族社会历史调查研究中的若干问题》。

同月，《新疆地方志》1984 年第 4 期发表《略谈少数民族社会历史调查中的资料积累问题》。

1985 年

1 月，《西藏研究》1985 年第 1 期发表《党的著名的民族工作理论家——悼念李维汉同志》。

同月，《思想战线》1985 年第 1 期发表《努力开创民族研究新局面》。

4 月，离休，享受副省级待遇。此时，完成了《班禅额尔德尼传》的编著；由他主持的《中国无神论史》的编写工作紧张进行。

7 月，中国无神论学会编《宗教与无神论》，福建人民出版社 1985 年 7 月第 1 版，发表《再论如何划清宗教与封建迷信的界限？》。

9 月，晋阳学刊编辑部编《中国现代社会科学家传略》（第六辑）刊登《自传》（1982 年 3 月 18 日），山西人民出版社 1985 年 9 月第 1 版。附《牙含章主要著作目录》。

是年，被聘任为《中国大百科全书》总编辑委员会委员、民族编辑委员会副主任。

1986 年

2 月，民族团结杂志编辑部编《民族团结》1986 年第 2 期刊登《从活佛到共产党员——甘肃南部农民起义领袖肋巴佛》。

6 月，中国大百科全书总编辑委员会委员《民族》编辑委员会、中国大百科全书出版社编辑部编《中国大百科全书·民族》，中国大百科全书出版社 1986 年 6 月第 1 版。所撰词条计：《古代民族》（第 139 页）、《贾拓夫》（第 203 页）、《民族》（第 302—304 页）、《民族研究》（第 328 页）、《民族研究所》（第 329 页）、《中国民族理论研究会》（第 538 页）、《中国民族研究团体联合会》（第 554 页）。

9 月，甘肃民族研究编委会编《甘肃民族研究》1986 年第 3 期刊登《回汉民族团结的楷模——纪念甘肃南部回民农民起义领袖马福善》。

12 月，与王友三共同主编《中国无神论史研究》，青海人民出版社 1986 年 12 月第 1 版。为该书撰写《序言》（1985 年 11 月 25 日）。

是年，二十一个大学和科研单位完成《中国无神论史》的初稿，全书约达 150 万字，由他进行统稿工作。

1987 年

11 月，《班禅额尔德尼传》由西藏人民出版社出版，公开发行。《班禅额尔德尼传》同《达赖喇嘛传》一样，都不是单纯为这两个黄教世系立传，而是采用藏族广大人民喜闻乐见的传记（南木地）体裁，以西藏历史为经，以这两个世系为纬，织成一幅西藏近六百多年历史的画卷，为新藏学的奠基之作。

1988 年

1 月，《西北民族研究》1988 年第 1 期发表《肋巴佛烈士革命事迹碑文》。

2 月，中国藏学研究中心《中国藏学》1988 年第 1 期刊登《试论西藏封建农奴制度》。

同月，吉林社会科学院、吉林省社会科学学会联合会主办《社会科学战线》1988 年第 2 期发表《〈中国无神论史〉导言》。

同月，国家民委《民族团结》1988 年第 2 期发表《加紧制定实施民族区域自治法的具体办法》。

6 月，《云南社会科学》1988 年第 3 期发表《民族形成问题示意图重要正误》。

1989 年

1 月，《中国藏学》1989 年第 1 期刊登《明代中央和西藏地方帕竹政权的关系》。

同月，《史学史研究》1989 年第 1 期发表《回回民族杰出史学家——白寿彝》。

2 月，甘肃省民族事务委员会、甘肃省民族研究所编《甘肃少数民族》，甘肃人民出版社 1989 年 2 月第 1 版，发表《〈甘肃少数民族〉序》。

8 月，经过 3 年时间的辛勤工作，完成了《中国无神论史》100 万字的修订稿，交付中国社会科学出版社安排出版。

10 月，《民族团结》1989 年第 10 期发表《谈点民族研究的感想》。

12 月 19 日，因脑溢血病逝北京。此时距修改定稿的《中国无神论史》送交中国社会科学出版社后，仅四个月。为党和人民的事业奋斗至生命的最后。他在中共中央西北工作委员会、中央调查局第四分局的工作，三年艰苦的陇右地下斗争，护送十世班禅返藏工作，为促进民族解放、加强民族团结、维护祖国的统一做出了重要贡献。他一生的学术活动主要体现在藏学研究、民族理论研究和宗教与无神论三个方面，他坚持把马列主义民族理论与中国实际相结合，撰写出大量高水平的学术著作，奠定了他的坚实学术地位。

余绪

1990 年 9 月，乌兰夫革命史料编研室编《乌兰夫纪念文集（第二集）》，由内蒙古人民出版社出版，这本书中收牙含章生前撰写的《回忆乌兰夫同志二三事》。

1992 年 5 月，《中国无神论史》由中国社会科学出版社出版发行。这本书在详细占有史料的基础上，运用马克思主义的立场、观点和方法，以无神论与有神论的斗争为基本线索，实事求是地揭示了中国各民族无神论思想的产生、发展的历史过程及其规律。本书上起先秦，下至近代，并用专篇探讨了少数民族的无神论思想，是我国第一部系统论述中国无神论思想的专著，填补了理论研究的空白。此时，牙含章已经去世，未能见到花费了大量心血的成果，但是他为弘扬中华传统文化做出的巨大而富有历史意义的思想文化贡献，始终让人们记忆犹新。

2013 年 1 月，鲁华从牙含章出版的 10 本专著和报刊上发表过的 100 多篇文章中，选编完成《中国文化书院九秩导师文集·牙含章卷》（简称为《师说师道·牙含章卷》，由东方出版社出版。

10 月 11 日，由中国社会科学院主办，中国藏学研究中心、国家民委民族问题研究中心和中央民族大学协办，中国社会科学院国际合作局、科研局，中国社会科学院民族学与人类学研究所，中央民族大学中国民族理论与政策研究院，中国民族研究团体联合会和中国民族理论学会承办的"中国民族理论的继承、发展与创新暨纪念牙含章先生诞辰 100 周年学术研讨会"在北京召开，来自大陆与台湾的百余位民族理论学、藏学等领域的专家学者出席。这次会议在全面阐释牙含章学术贡献的基础上，深入探讨了中国当代民族宗教理论的继承、发展与创新问题，取得了丰硕成果。

后 记

　　完成《牙含章传》，是我 30 年来的一个梦想，现在实现了。尤其在我无能为力的时候，我的女儿像古代花木兰替父从军那样，接替着工作，完成了这个梦想，我真的很欣慰。

　　从 2013 年 3 月采访鲁华回来后，晓梅开始操盘工作。到现在，已经时迁三个春秋。这三年中，她是非常辛苦的。有一天，她洗头的时候，抓出一束落发给我看，我当然懂她的意思，心感凄楚。但是，我引述了一位英国女作家的一段话，鼓励她："写作是一项很累的事务，但写作的累是有需求的，是自己思想价值的再现，是一种满足读者要求和期盼的快乐的累。这种累不会成为自身的负担，恰恰相反，这种累是个人的一种思想享受。"

　　还有，写书之事不只让女儿落发，而且牵动着全家人的神经。只要有点有关牙含章的资料线索，女婿邵立宇马上从互联网上搜索，购买回来。当晓梅输入第十一章"师道师说"时，读小学四年级的外孙女邵炜在一旁盯着电脑看，文字输完了，她也看完了，她偏头给女儿晓梅说："妈妈，我喜欢这篇文章"。这些都是令人愉快的情节，足以补偿写作的艰辛。

　　这30万余字的书稿，起码达到了这样一些目标：

　　（一）迄今为止，这是关于牙含章先生的第一本传记，填补了中共党史研究的一个空白，特别是回族和藏族党史研究的空白。

　　（二）这本书收集和保存了牙含章先生及其亲属同事们的口述历史，这些资料极具史料价值，它比较生动地反映了当时社会的实际，我们可以当作一部历史画卷来看。

　　（三）这本书全面展现了牙含章先生的生平和著述，反映牙含章先生用半个世纪以上的时间凝结成的文化成果为后人的历史评价。

　　（四）这本书全方位地呈现出牙含章先生的人生抱负和人生轨迹，他是集革命人生与学术人生为一身的革命家和思想家。书从写牙老的人性、人格、精神各层面上表现出他在复杂多舛的人生境遇中，如何靠一种信仰，一种信念，一种精神，一种勇气，一种顽强，克服着各种来自外部和自己内心的压力，为党、为国家、为人民，用自己的知识系统，做出努力，付出代价，做出贡献，从而创造出自己不平凡的有意义的人生。这本书，则向读者提供了伟人成长的一个范例。精神决定一切。牙含章先生每做成的每一件事，都是精神支撑下的毅力和坚持。这种人格魅力应当成为我们这些后人的精神财富。

　　（五）这本书的出版为以后人们研究牙含章先生，或撰写《牙含章传》，奠定了坚实的文献基础。

　　这本书的完成，不过是对一个伟人的革命理想和文化梦想之存在和追求的一个真实的记录，同时我也深信，人们会从这些材料所蕴藏的历史价值的判定中发现和认识现代中国社会与文化历史的新角度和新希望。

　　文章千古事，《牙含章传》萌发到成书，竟经历了30个春秋，这是我绝没有料到的。但毕竟还是解除了我自己心理和感情上的重负。感谢我的女儿和家人，也感谢所有关心这本书生成的师长、学友和文友们。

　　特别要感谢我的老师水天长、唐振寰、宋伯言、董戈翔、史记录、苟美玉，他们从中学到大学一直指导我写作。《牙含章传》的写作中，凡有疑难，不断请教，他们不厌其烦地给予了精心的指导。史记录老师还给我提供了20

世纪50年代牙含章先生在临夏工作情况的照片。

我的老领导李生林、马少青、贡保甲、任兆瑞、王文华、裴健、郭山吉等一直关注这本书的写作，给予了很多帮助。马少青1971年在北京民族文化宫工作时，听过牙含章先生的讲课。十年后，牙老参加积石山保安族东乡族撒拉族自治县成立庆典活动时，他们进行过交谈。他提供了有关牙老民族宗教思想的丰富材料。贡保甲提供了牙含章先生进行青藏调查和在夏河藏区工作时的重要情况。任兆瑞提供了反映牙含章先生在延安撰写《回回民族问题》实际情况的珍贵文献。郭山吉在担任临夏州志副编审期间，曾于1987年5月25日采访过牙含章先生，他向我无私地提供了与牙老谈话记录及有关的档案材料和剪报资料。

我的老同学鲁廷文提供了河西骆驼队跟牙含章护送班禅大师进藏的情况，且不时从外地打电话询问书稿的进展情况；杨春昌担任中共和政县委书记时陪同我到牙含章家乡进行调查研究；封自珍作为牙含章姻亲，为了弄清胡金棠（系其姨妈）的身世，她曾专程去家乡探问有关情况。

校友苟成哲、马福祥、包景荣对本书写作给予了很大的帮助和支持。

本书写作过程中，老朋友张吉庆、司俊、吴辰旭、王质言、陈剑鸣、滕晓天、谢承华、周梦诗、马克利、马自祥、马文光、许瑞源、赵健君、韩雪梅、李世珍、杨林、宋宗勤、徐也农、王魁、陈永顺等给予了很多鼓励和支持，并经常交换意见，帮助收集资料。

鲁学让、王贵两位老兄带着我匆匆去寻找牙含章先生的战友马永祥的夫人采访有关照片资料的情景，至今仍历历在目。当这本书即将出版的时候，学让兄已去世两年，现在想起仍感伤心。

新华社甘肃分社记者张锋提供了重要的照片资料。

兰州市图书馆张国蓉热情帮助查证了牙含章在上世纪80年代发表在各类期刊上的文章目录。

本书中采用的照片，绝大部分由鲁华、牙萨宁、刘彦超、唐秀兰、牙桂香、张万忠、王自明提供，有一部分采自牙老著作。另外还采用了《内地旅行者眼中的拉卜楞》（宗喀·漾正冈布等著）、《西藏发展纪实——新华社记者眼中的雪域高原》（杨延礼、伊晓编著）、《大西北之魂——中国花儿》（王沛著）、《松鸣岩花儿曲令集》（和政县文化旅游局编）等书籍中的相关照片，还有几张照片采自互联网。

今年7月31日，在王沛、陈秀珍、蒋胜利等几位的陪同下，我们登上牙家嘴，在牙老的重孙辈牙学仁夫妇的指认下，实地察看了牙老故居，并拍摄了照片。

本书完稿后，请中国社会科学院学部委员史金波、甘肃省志办副主任郝玉屏、甘肃省民研所所长张世海、甘肃民族师范学院教授陶柯、西北民族大学副教授魏泉鸣、甘肃省法制报副总编陈仁川、甘肃社会主义学院副教授谭湘、临夏州民族报副总编包天锡、临夏州文化馆研究员王沛、临夏州续志总纂郭山吉等费心阅改，纠正了许多错误，弥补了不少缺失，并提出了中肯的意见，使我们得以进一步修改完善。

当开始写这本书的时候，我们和李树军总编辑讨论了整体的结构、框架；与花儿结缘的马强恰好担任了责任编辑，使编辑出版工作顺风顺水。新华印刷厂担任本书排版工作的何蓉对我们的反复修改，总是那样的耐心、细致，一丝不苟。

出版这本书的最后一道难题是经费问题。在牙含章先生诞辰一百周年之际，为了深切缅怀他们的舅舅和叔叔，牙含章先生的外甥刘彦超、唐文龙、唐秀兰、唐秀萍、唐秀华、刘启芬，侄女牙桂香热情赞助了出版经费。

甘肃省道教协会袁宗善会长慷慨资助《牙含章传》的出版。

我写出以上这些事实，是为了说明：人性伟大，大爱无限，人间总有真情在。大家出于对牙含章先生终其一生为实现自己的梦想不懈奋斗的精神所感动，而无私地帮助支持我们，这本书才得以面世。

再次表达我深深的谢意。

郭正清

2016年11月3日